Selected Verb Forms

Regular Verbs — Simple Tenses and Present Perfect (Indicative)

	PRESENT	PRETERITE	IMPERFECT	PRESENT PERFECT
hablar	hablo	hablé	hablaba	he hablado
comer	como	comí	comía	he comido
vivir	vivo	viví	vivía	he vivido

Common Irregular Verbs — Present and Preterite (Indicative)

caer	caigo	caí	**poner**	pongo	puse
dar	doy	di	**querer**	quiero	quise
decir	digo	dije	**saber**	sé	supe
estar	estoy	estuve	**ser**	soy	fui
hacer	hago	hice	**tener**	tengo	tuve
ir	voy	fui	**traer**	traigo	traje
oír	oigo	oí	**venir**	vengo	vine
poder	puedo	pude	**ver**	veo	vi

Irregular Verbs — Imperfect (Indicative)

ir	iba	**ser**	era	**ver**	veía

Regular Verbs — Simple Tenses and Present Perfect (Subjunctive)

	PRESENT	IMPERFECT	PRESENT PERFECT
hablar	hable	hablara	haya hablado
comer	coma	comiera	haya comido
vivir	viva	viviera	haya vivido

Regular and Irregular Verbs — Future and Conditional

hablar	hablaré	hablaría
comer	comeré	comería
vivir	viviré	viviría

decir	diré	diría	**querer**	querré	querría
hacer	haré	haría	**saber**	sabré	sabría
poder	podré	podría	**tener**	tendré	tendría
poner	pondré	pondría	**venir**	vendré	vendría

Puntos en breve

A BRIEF COURSE

Marty Knorre

Thalia Dorwick

Ana María Pérez-Gironés
Wesleyan University

William R. Glass

Hildebrando Villarreal
California State University, Los Angeles

Boston   Burr Ridge, IL   Dubuque, IA   Madison, WI   New York   San Francisco   St. Louis
Bangkok   Bogotá   Caracas   Lisbon   London   Madrid
Mexico City   Milan   New Delhi   Seoul   Singapore   Sydney   Taipei   Toronto

McGraw-Hill Higher Education

A Division of The **McGraw-Hill** Companies

This is an EBI book.

Puntos en breve
A Brief Course

Published by McGraw-Hill, an imprint of The McGraw-Hill Companies, Inc., 1221 Avenue of the Americas, New York, NY 10020. Copyright © 2003 by The McGraw-Hill Companies, Inc. All rights reserved. No part of this publication may be reproduced or distributed in any form or by any means, or stored in a database or retrieval system, without the prior written consent of The McGraw-Hill Companies, Inc., including, but not limited to, in any network or other electronic storage or transmission, or broadcast for distance learning.

This book is printed on acid-free paper.

1 2 3 4 5 6 7 8 9 0 VNH VNH 9 0 9 8 7 6 5 4 3 2

ISBN 0-07-281794-1 (Student's Edition)
ISBN 0-07-282127-2 (Instructor's Edition)

Vice president and Editor-in-chief: *Thalia Dorwick*
Publisher: *William R. Glass*
Sponsoring editor: *Christa Harris*
Executive marketing manager: *Nick Agnew*
Senior production editor: *David M. Staloch*
Production supervisor: *Enboge Chong*
Senior designer: *Violeta Díaz*
Freelance designer (front and end matter): *Andrew Ogus*
Cover image: *WOODS+WOODS*
Photo researcher: *Nora Agbayani*
Senior supplements producer: *Louis Swaim*
Compositor: *TechBooks*
Typeface: *10/12 Palatino*
Printer and binder: *Von Hoffmann Press*

Because this page cannot legibly accommodate all the copyright notices, credits are listed after the index and constitute an extension of the copyright page.

Library of Congress Cataloging-in-Publication Data

Puntos en breve: a brief course / Marty Knorre ... [et al.]—1st ed.
    p. cm
    Includes index
    ISBN 0-07-281794-1
    1.   Spanish language—Textbooks for foreign speakers—English. I. Knorre, Marty.

PC4129.E5 P86 2002
468.2′421—dc21

2002026550

http://www.mhhe.com

CONTENTS

Preface   xiii

Capítulo preliminar: Ante todo   1

In this chapter, you will be introduced to the Spanish language and the Spanish-speaking world at large. You will learn some useful greetings and other expressions of courtesy, as well as begin to learn to count in Spanish.

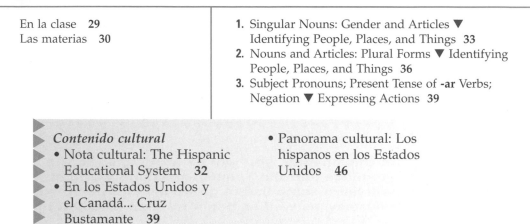

Capítulo 1

En la universidad 28

In this chapter, you will learn vocabulary and grammar that will allow you to talk about your university. You will also read about Hispanic universities, and you will learn more about Hispanics in the United States.

Capítulo 2

La familia 49

In this chapter, you will learn vocabulary and grammar that will allow you to talk about your family. You will also read about the family unit, and you will learn about Mexico.

Capítulo 3

De compras   76

In this chapter, you will learn vocabulary and grammar that will allow you to talk about shopping, clothing, and colors. You will also read about **la guayabera**, a traditional Hispanic shirt, and you will learn more about Nicaragua.

Capítulo 4

En casa   98

In this chapter, you will learn vocabulary and grammar that will allow you to talk about your house and its furnishings. You will read about houses in the Hispanic world, in addition to reviewing some advertisements for homes for sale. You will also learn about Costa Rica and Panama.

Capítulo 5

Las estaciones, el tiempo y un poco de geografía 117

In this chapter, you will learn vocabulary and grammar that will allow you to talk about the seasons and the weather. You will read about seasons in the Southern Hemisphere. You will also learn more about Guatemala.

Capítulo 6

¿Qué le gusta comer? 141

In this chapter, you will learn vocabulary and grammar that will allow you to talk about food and beverages. You will also read about meals in Spanish-speaking countries and learn about Spain.

Capítulo 7

De vacaciones   164

In this chapter, you will learn vocabulary and grammar that will allow you to talk about travel, vacations, and modes of transportation. You will also read about vacation destinations in the Spanish-speaking world and learn more about Honduras and El Salvador.

Capítulo 8

Los días festivos   187

In this chapter, you will learn vocabulary and grammar that will allow you to talk about holidays and celebrations. You will also read about different ways of celebrating holidays and learn more about Cuba.

Capítulo 9

El tiempo libre   205

In this chapter, you will learn vocabulary and grammar that will allow you to talk about your free time and about various pastimes and sports. You will also read about the Hispanic music scene in Canada and learn more about Colombia.

Capítulo 10

La salud   224

In this chapter, you will learn vocabulary and grammar that will allow you to talk about your health and well-being. You will read about medicine in Hispanic countries and learn more about Venezuela.

Capítulo 11

Presiones de la vida moderna 241

In this chapter, you will learn vocabulary and grammar that will allow you to talk about the pressures and stress that you might endure as a student. You will read about attitudes toward courtesy and you will also learn more about Puerto Rico.

Capítulo 12

La calidad de la vida 259

In this chapter, you will learn vocabulary and grammar that will allow you to talk about the things that affect your quality of life. You will read about a famous talk-show host, and you will also learn more about Peru and Chile.

Capítulo 13

El arte y la cultura   280

In this chapter, you will learn vocabulary and grammar that will allow you to talk about the theater and the arts. You will read about the tradition of bull-fighting, and you will learn more about Bolivia and Ecuador.

Capítulo 14

El medio ambiente   297

In this chapter, you will learn vocabulary and grammar that will allow you to talk about the environment and ecology. You will also read about a Mexican Nobel Prize winner and learn more about Argentina.

Capítulo 15

La vida social y la vida afectiva 315

In this chapter, you will learn vocabulary and grammar that will allow you to talk about your social life and personal relationships. You will read about the author Isabel Allende, and you will also learn more about the Dominican Republic.

Capítulo 16

¿Trabajar para vivir o vivir para trabajar? 329

In this chapter, you will learn vocabulary and grammar that will allow you to talk about your job and various professions. You will read about a successful Uruguayan businessman, and you will also learn more about Uruguay and Paraguay.

Appendixes   A1

Vocabularies   V1

Index   I1

PREFACE

> ▶ " . . . to help students develop proficiency
> ▶ in the four language skills essential to
> ▶ truly communicative language teaching
> ▶ . . . "
>
> from the preface to *Puntos de partida,*
> first edition, 1981

Welcome to *Puntos en breve,* the new brief version of the highly acclaimed and successful *Puntos de partida* program for introductory Spanish. In response to requests by instructors from around the country, the authors and McGraw-Hill are pleased to publish this brief alternative to its longer counterpart.

Why is a brief version of *Puntos de partida* needed? In the past decade, significant curricular changes have taken place in language departments at many universities and colleges, changes such as fewer contact hours, a growing emphasis on integrated multimedia, and an increase in teaching workloads. As a result, many of you have told us that it has become difficult to cover all of the material presented in most textbooks in a single year, and to do so successfully is an even greater challenge. Clearly, a brief book that provides thematic vocabulary presentation, comprehensive coverage of grammar, engaging cultural content, and proven, classroom-tested activities is the solution.

In brief (pun intended), that is what you will find in *Puntos en breve.* Capitalizing on the many strengths of the longer *Puntos de partida,* this exciting essentials version—which is briefer by approximately 225 pages—offers a reliable and effective program for introductory Spanish. In addition, *Puntos en breve* is supported by a full range of print and multimedia supplements, including an interactive CD-ROM, an electronic Workbook/Laboratory Manual, an outstanding Website offering resources for students and instructors, and other exciting media supplements. In the context of language learning, these supplements are not window dressing; they are true enhancements that make the Spanish language and cultures come alive for students in ways that classroom instruction alone cannot do.

For these reasons, *Puntos en breve* provides the solution to these curricular challenges. It is a core essentials textbook that lays a solid foundation for students of Spanish, complemented by a robust multimedia package that keeps in step with the new millennium and new approaches to teaching and learning. We hope you enjoy this brief version of a classic textbook, and we look forward to hearing your comments in the future.

Hallmark features of *Puntos en breve* include:

- ▶ an abundance of practice material, ranging from form-focused exercises to communicative activities
- ▶ vocabulary, grammar, and culture that work together as interactive units
- ▶ an emphasis on the meaningful use of Spanish
- ▶ a positive portrayal of Hispanic cultures
- ▶ a **Panorama cultural** page in each chapter that focuses on individual countries of the Spanish-speaking world
- ▶ the **En los Estados Unidos y el Canadá...** feature, which includes cultural information about the Hispanic community in the United States and Canada
- ▶ a special Annotated Instructor's Edition that includes a larger trim size to accommodate a wrap-around design. The result is an AIE that is not only easier to read but one that includes special recurring features, including notes and special activities for Heritage Speaker students, comments on the National Standards, and suggestions for integrating multimedia
- ▶ supplementary materials that are carefully coordinated with the core text and that actually "work" with it
- ▶ an exciting interactive CD-ROM that reviews and practices vocabulary, grammar, and skills in an engaging, meaningful way
- ▶ an Online Learning Center Website that provides important resources and materials for instructors and students
- ▶ additional innovative multimedia products

A GUIDED TOUR

CHAPTER-OPENING PAGE

Each chapter opens with a colorful page that provides an engaging and purposeful introduction to the chapter for both the instructor and the student. A photograph encourages students to reflect on the chapter theme, and the brief overview of the chapter objectives, including vocabulary, grammar, and cultural topics, helps prepare students for the content. This page also includes a preview of the integrated multimedia components of the chapter.

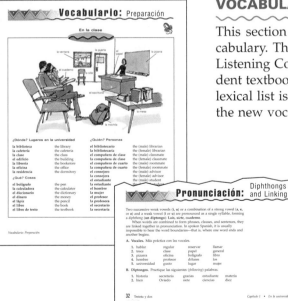

VOCABULARIO: PREPARACIÓN

This section presents and practices the chapter's thematic vocabulary. The lexical lists in these sections are recorded on the Listening Comprehension Audio CD that accompanies the student textbook and are signaled by a headphone icon. Each new lexical list is followed by a **Conversación** section that practices the new vocabulary in context.

PRONUNCIACIÓN

This section, a feature of the first seven chapters, focuses on individual sounds that are particularly difficult for native speakers of English.

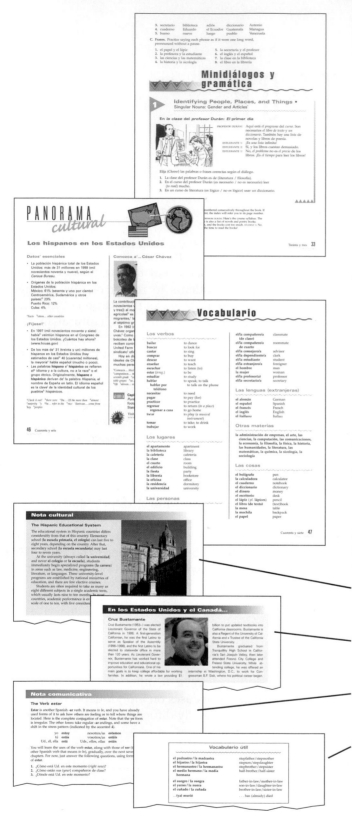

MINIDIÁLOGOS Y GRAMÁTICA

This section presents two to three grammar points. Each point is introduced by a minidialogue, a cartoon or drawing, realia, or a brief reading that presents the grammar topic in context. Grammar explanations, in English, appear in the left-hand column of the two-column design; paradigms and sample sentences appear in the right-hand column. Each grammar presentation is followed by a series of contextualized exercises and activities that progress from more controlled (**Práctica**) to open-ended (**Conversación**). The **Conversación** sections especially contain many partner-pair activities.

PANORAMA CULTURAL

This cultural section focuses on an individual country of the Spanish-speaking world (or in a few instances, two countries presented together). This in-depth look at the Hispanic world features information about prominent figures, the arts, cuisine, politics, history, and so forth.

VOCABULARIO

The end-of-chapter vocabulary lists include all important words and expressions from the chapter that are considered active.

ADDITIONAL FEATURES

Other important features that appear throughout the text include:

► **Nota cultural** features that highlight an aspect of Hispanic cultures throughout the world

► **En los Estados Unidos y el Canadá...** sections that focus on U.S. and Canadian Hispanics and communities

► **Nota comunicativa** sections that provide additional information and strategies for communicating in Spanish

► **Vocabulario útil** boxes that give additional vocabulary that may be necessary to work through specific activities

PUNTOS EN BREVE: A BRIEF COURSE

Puntos en breve is based on the highly successful *Puntos de partida* first-year Spanish text. Responding to the wishes of many instructors across the country, *Puntos en breve* retains the methodology and functionality of the longer *Puntos de partida* program but in a brief version, which can be ideal for classes meeting three or fewer times per week, or for instructors who prefer to incorporate other materials into their first year programs.

In order to create *Puntos en breve* from *Puntos de partida*, the authors reduced the amount of activities and exercises in the *Puntos de partida* main text, as well as the actual number of grammer points presented. In addition, the text-integrated video sections (**Videoteca**) found in *Puntos de partida* have been removed, as well as the **Un poco de todo** review sections. Finally, the **Un paso más** sections of *Puntos de partida*, which contained lengthier reading and writing activities, have also been deleted.

What's left? The essential elements of most first-year Spanish courses: thematic vocabulary, grammar presentation, plenty of culture, plus an abundance of classroom-tested activities that help students develop their listening, speaking, reading, and writing skills.

The *Puntos de partida* grammar points that were modified or removed to create *Puntos en breve* are:

► Asking Yes/No Questions
► Relative Pronouns
► **Hace... que** + *present* and *preterite*
► Summary of the Subjunctive
► Past Subjunctive
► Stressed Possessives
► Conditional
► **Si** Clause Sentences

We believe that *Puntos en breve* will provide instructors with a flexible, manageable book that can be adapted to suit different teaching and learning styles, while providing an engaging learning experience that will motivate both students and instructors alike.

SUPPLEMENTARY MATERIALS

The supplements listed here may accompany *Puntos en breve*. Please contact your local McGraw-Hill Higher Education representative for details concerning policies, prices, and availability, as some restrictions may apply.

Workbook / Laboratory Manual and *Audio Program*, by Alice Arana (formerly of Fullerton College), Oswaldo Arana (formerly of California State University, Fullerton), and María Sabló-Yates. The Workbook / Laboratory Manual provides a wealth of activities, both aural and written, that reinforce chapter content. Audio Program CDs are free to adopting institutions and are also available for student purchase upon request. An Audioscript is also available.

The *Digital Workbook and Laboratory Manual* provides an enhanced alternative to the print *Workbook / Laboratory Manual*. Available for student purchase, this enhanced version offers even more practice than the print *Workbook / Laboratory Manual*, in an electronic environment that offers immediate feedback, self-grading activities, and activity tracking for instructors. The laboratory portion includes the entire Audio Program on the same CD-ROM.

The *Instructor's Manual and Resource Kit* offers an extensive introduction to teaching techniques, general guidelines for instructors, suggestions for lesson planning in semester and quarter schedules, and pre- and post-viewing activities for the video. Also included are a wide variety of interactive and communicative games for practicing vocabulary and grammar.

The *Testing Program* includes sections for testing reading and listening comprehension, as well as tests for oral proficiency and sections designed to test cultural material presented in the program.

Packaged with every new student text is a free *Listening Comprehension Audio CD* that provides additional vocabulary practice for the **Vocabulario: Preparación** sections of the text. This audio supplement was designed to meet the needs of individual students and can be used to review and practice vocabulary as well as to practice pronunciation.

Packaged with every new student text is a free interactive *Student CD-ROM* that provides students with hours of engaging activities. Included are vocabulary and grammar practice activities, cultural video footage with accompanying activities, interactive 'video conversations' with native speakers of Spanish, flashcards for vocabulary study, and other activities.

The *Puntos de partida* **Video on CD** is available for purchase by students. It contains the entire *Puntos de partida* Video Program, shot on location in Spain, Mexico, Ecuador, Peru and Costa Rica. The **Video on CD** is an excellent option for those instructors who wish for students to enjoy the benefits of engaging video input but do not have the time to show video in the classroom.

A set of **Overhead Transparencies**, most in full color, contains drawings from the text and supplementary drawings for use with vocabulary and grammar presentation. An electronic online version of the Transparencies is available to instructors on the *Puntos* Online Learning Center Website.

The **McGraw-Hill Electronic Language Tutor (MHELT)**, available in both PC and Macintosh formats, offers most of the more controlled exercises from the student text as well as some supplementary mechanical practice. A parsing tool provides students with guided feedback while they complete the exercises and keeps track of their work.

A *training/orientation manual* for use with teaching assistants, by James F. Lee (Indiana University), offers practical advice for beginning language instructors and language coordinators.

Also available for use with *Puntos en breve* is a software program called **Spanish Partner**, developed by Monica Morley and Karl Fisher (Vanderbilt University). This user-friendly program helps students master first-year vocabulary and grammar topics. Available for student purchase, Spanish Partner also offers clear feedback that helps students learn from their errors.

The **Destinos Video Modules** are also available for use. Containing footage from the popular "Destinos" telecourse series, as well as from original footage shot on location, the modules offer high-quality video segments that enhance learning of vocabulary, functional language, situational language, and culture.

A **Practical Guide to Language Learning**, by H. Douglas Brown (San Francisco State University), provides beginning foreign-language students with a general introduction to the language-learning process. This guide is free to adopting institutions, and it can also be made available for student purchase.

Ultralingua en español, a Spanish-English bilingual dictionary on CD-ROM, is available for student purchase. This dual-platform CD-ROM contains 180,000 words and expressions, a special wild-card search function, an extensive hyperlinked grammar reference, and other valuable reference tools.

The **¡A leer! Easy Reader Series** features two short readers, **Cocina y comidas hispanas**, on regional Hispanic cuisines; and **Mundos de fantasía**, which contains fairy tales and legends. These readers can be used as early as the second semester.

The **El mundo hispano** reader features five major regions of the Hispanic world as well as a section on Hispanics in the United States.

VIDEO AND INTERACTIVE MULTIMEDIA

Here are some of the people and places featured in the Video Program:

Manuel and Lola, a couple from Seville, celebrate their anniversary.

Mariela, a computer lab director from San José, Costa Rica, purchases vegetables from her local greengrocer.

Juan Carlos, a student in Lima, Peru, purchases medication at a Lima pharmacy.

Roberto, a young man from Mexico City, asks a passerby for directions.

Elisa and her son José Miguel, who live in Quito, Ecuador, help a passing motorist find a mechanic.

Diego, a student from California, meets Antonio, a student in Mexico City, on the campus of the **Universidad Nacional Autónoma de México.**

THE VIDEO

The Video Program that accompanies *Puntos en breve* offers a variety of video materials for use both in and out of class. There are three components to the Video Program, which comprise almost three hours of video material:

- **Minidramas** situational episodes: The **Minidramas**, linked by theme to each chapter of the textbook, follow the story of three different groups of people. The **Minidramas** were filmed on location in Mexico, Spain, and Ecuador.

- **En contexto** functional vignettes: These vignettes illustrate high-frequency functional language exchanges such as purchasing train tickets, bargaining for handcrafted items, shopping for produce, and visiting a post office. The **En contexto** vignettes were filmed on location in Peru, Mexico, and Costa Rica.

- **Panorama cultural** segments: The **Panorama cultural** segments provide cultural overview footage for every Spanish-speaking country and are integrated with the **Panorama cultural** sections of the textbook.

Instructors will find all three of these video components, available on the Video Program, organized by chapter for easy access. Additionally, the Video Program is available to students on the Video on CD, making the video materials completely accessible to students at all times and providing additional flexibility to the instructor.

THE ONLINE LEARNING CENTER WEBSITE

The Online Learning Center (OLC) Website brings the Spanish-speaking world directly into students' lives and their language-learning experience through a myriad of resources and activities. Resources for students include vocabulary and grammar activities for each chapter, Internet cultural links and activities, and vocabulary flashcards. For instructors, the OLC provides grammar PowerPoint slides, online transparencies, and links to professional organizations and other resources. The *Puntos* OLC can be accessed at **www.mhhe.com/puntos**.

THE STUDENT CD-ROM

Packaged free with every new student textbook, the student CD-ROM continues the emphasis on the meaningful use of Spanish that characterizes the student text. Correlated with the textbook by chapter, the CD-ROM offers multiple opportunities for learners to review and practice vocabulary and grammar in a meaningful, interactive format. A video segment in each lesson invites learners to "participate" in a dialogue with a native speaker of Spanish and further practice the language functions presented in the **En contexto** video. In addition, learners continue their development of reading, writing, listening, and speaking skills through interaction with textual passages and other engaging content. Cultural themes introduced in the textbook are further discussed in the CD-ROM, and a link from the CD-ROM takes the user directly to the *Puntos* Online Learning Center Website. The inclusion of additional learning resources, including the McGraw-Hill Electronic Language Tutor program, a "talking" glossary of terms, and verb reference charts, makes the *Puntos en breve* CD-ROM a unique multimedia learning tool for the student of Spanish.

ACKNOWLEDGMENTS

The suggestions, advice, and work of the following friends and colleagues are gratefully acknowledged by the authors.

▶ Dr. Bill VanPatten (University of Illinois, Chicago), whose creativity has been an inspiration to us for many years and from whom we have learned so very much about language teaching and about how students learn

▶ Dr. A. Raymond Elliott (University of Texas, Arlington) and Ana María Pérez-Gironés (Wesleyan University), whose contributions to the Instructor's Edition have served to make that supplement an even more invaluable teaching resource

▶ Dr. Gail Fenderson (Brock University, St. Catherines, Ontario), whose work on the **En los Estados Unidos y el Canadá...** sections has expanded our knowledge of the Hispanic community in Canada

▶ Dr. Manuela González-Bueno (University of Kansas), whose thoughtful suggestions on the **Pronunciación** sections of *Puntos de partida* are retained in *Puntos en breve*

▶ Laura Chastain (El Salvador), whose invaluable contributions to the text range from language usage to suggestions for realia

In addition, the publisher wishes to acknowledge the suggestions received from the following instructors and professional friends across the country. The feedback we received through their formal reviews of *Puntos de partida* was instrumental in shaping this first edition of *Puntos en breve*. The appearance of their names in this list does not necessarily constitute their endorsement of the text or its methodology.

REVIEWERS

Yaw Agawu-Kakraba
Grand Valley State University

Delmar Asbill
Northeastern State University

Frank Attoon
College of the Desert

Deborah A. Dougherty
Alma College

Phillip P. Flahive
North Central College

Marianne Franco
Modesto Junior College

Javier Alejandro Galván
Santa Ana College

Gilberto Gómez
Wabash College

Edna Greenway
Calvin College

Rebecca Harclerode
Drexel University

Caroline Kreide
Merced College

Barbara Lingo
Baptist Bible College

Patricia A. Marshall
Brown University

Olga Marina Moran
Cypress College

Duane Nelson
Cloud County Community College

Comfort Pratt-Panford
*Northwestern State University of
Louisiana*

Diane Rosner
Lake Tahoe Community College

Cynthia Slagter
Calvin College

Gerald R. St. Martin
Salisbury State University

Jim Swann
Northeast Texas Community College

Lynn Walford
Louisiana State University

Alex Whitman
Lower Columbia College

Simi Windward Smith
University of San Diego

Many other individuals deserve our thanks and appreciation for their help and support. Among them are the people who, in addition to authors, read the sixth edition of *Puntos de partida* at various stages of development to ensure its linguistic and cultural authenticity and pedagogical accuracy: Alice Arana (United States), Oswaldo Arana (Peru), Laura Chastain (El Salvador), and María Sabló-Yates (Panama).

Within the McGraw-Hill family, we would like to acknowledge the contributions of the following individuals: Linda Toy and the McGraw-Hill production group, especially Francis Owens for his inspired work on the design of the sixth edition of *Puntos de partida*, David Staloch for his invaluable assistance as production editor, and Enboge Chong and Louis Swaim for their work on various aspects of production. We would also like to thank Jennifer Chow for her helpful editorial assistance. Special thanks are due to Eirik Børve, who originally brought some of us together, and to Nick Agnew and the McGraw-Hill marketing and sales staff for their constant support and efforts. Our thanks also go to Scott Tinetti, our Director of Development, and Christa Harris, our Sponsoring Editor, for their guidance and their contributions to the development of *Puntos en breve*. Finally, we would like to thank Max Ehrsam and Dr. Pennie Alem, the development editors whose thoughtful and patient editorial talents are seen in the textbook and other parts of the *Puntos* package.

The only reasons for publishing a new textbook or to revise an existing one are to help the profession evolve in meaningful ways and to make the task of daily classroom instruction easier and more enjoyable for experienced instructors and teaching assistants alike. Language teaching has changed in important ways in the twenty years since the publication of the first edition of *Puntos de partida*. We are delighted to have been—and to continue to be—agents of that evolution. And we are grateful to McGraw-Hill for its continuing support of our ideas.

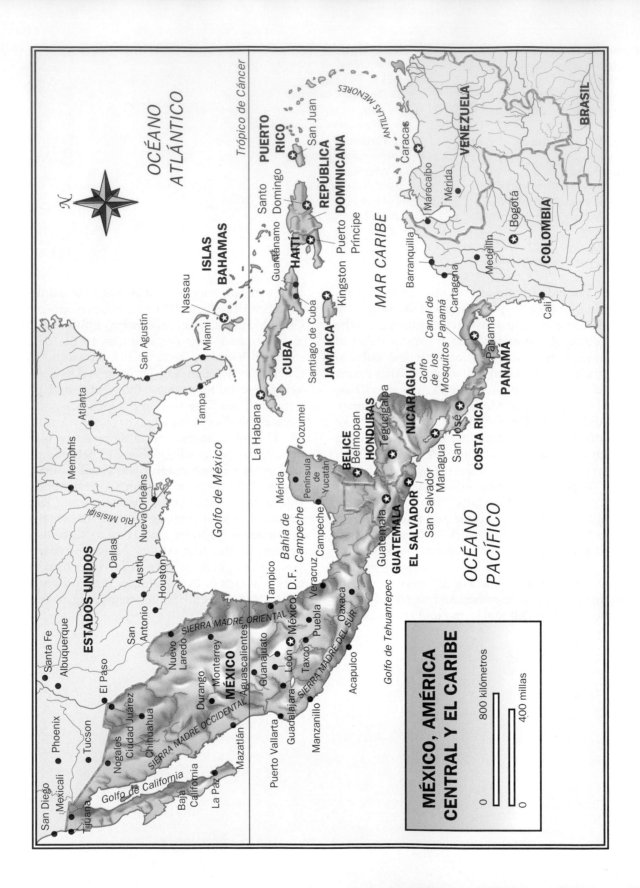

MÉXICO, AMÉRICA CENTRAL Y EL CARIBE

OCÉANO ATLÁNTICO

Trópico de Cáncer

ISLAS BAHAMAS

Nassau

Miami

San Agustín

OCÉANO ATLÁNTICO

PUERTO RICO

San Juan

ANTILLAS MENORES

REPÚBLICA DOMINICANA

Santo Domingo

HAITÍ

Guantánamo

Puerto Príncipe

Kingston

JAMAICA

Santiago de Cuba

CUBA

La Habana

MAR CARIBE

Caracas

VENEZUELA

BRASIL

Maracaibo

Mérida

Barranquilla

Cartagena

Medellín

Bogotá

COLOMBIA

Cali

Golfo de los Mosquitos

Canal de Panamá

PANAMÁ

Panamá

COSTA RICA

San José

Managua

NICARAGUA

Tegucigalpa

HONDURAS

BELICE

Belmopan

Cozumel

Mérida

Península de Yucatán

Bahía de Campeche

Campeche

Veracruz

EL SALVADOR

San Salvador

GUATEMALA

Guatemala

OCÉANO PACÍFICO

Golfo de Tehuantepec

Acapulco

Oaxaca

Puebla

Taxco

México, D.F.

León

Guanajuato

Aguascalientes

SIERRA MADRE ORIENTAL

SIERRA MADRE DEL SUR

Tampico

Nuevo Laredo

Monterrey

Durango

Chihuahua

Ciudad Juárez

Nogales

SIERRA MADRE OCCIDENTAL

MÉXICO

Guadalajara

Manzanillo

Puerto Vallarta

Mazatlán

La Paz

Baja California

Golfo de California

Tijuana

Mexicali

San Diego

Phoenix

Tucson

Santa Fe

Albuquerque

El Paso

San Antonio

Austin

Dallas

Houston

ESTADOS UNIDOS

Nueva Orleáns

Río Misisipi

Memphis

Atlanta

Tampa

Golfo de México

OCÉANO PACÍFICO

0   800 kilómetros

0   400 millas

MAR CARIBE

OCÉANO ATLÁNTICO

Maracaibo
Barranquilla
PANAMÁ
Caracas
Medellín
VENEZUELA
GUYANA
Panamá
Georgetown
Paramaribo
Río Orinoco
Cayena
Cali
SURINAME
Bogotá
GUYANA FRANCESA
COLOMBIA
Quito
Ecuador
ECUADOR
Río Amazonas
Belém
Guayaquil
Manaus
PERÚ
CORDILLERA DE LOS ANDES
BRASIL
Recife
Cuzco
Lima
La Paz
Brasília
Arequipa
BOLIVIA
Sucre
PARAGUAY
Antofagasta
Río de Janeiro
Asunción
Trópico de Capricornio
CHILE
San Miguel de Tucumán
São Paulo
OCÉANO PACÍFICO
La Serena
OCÉANO ATLÁNTICO
Córdoba
Rosario
Valparaíso
URUGUAY
Santiago
ARGENTINA
Concepción
Buenos Aires
Montevideo
Río de la Plata
N
Bahía Blanca
Puerto Montt
Bariloche
Chiloé

AMÉRICA DEL SUR

| 0 | 1500 kilómetros |

| 0 | 1000 millas |

Islas Malvinas
Estrecho de Magallanes
Punta Arenas
Tierra del Fuego
Cabo de Hornos

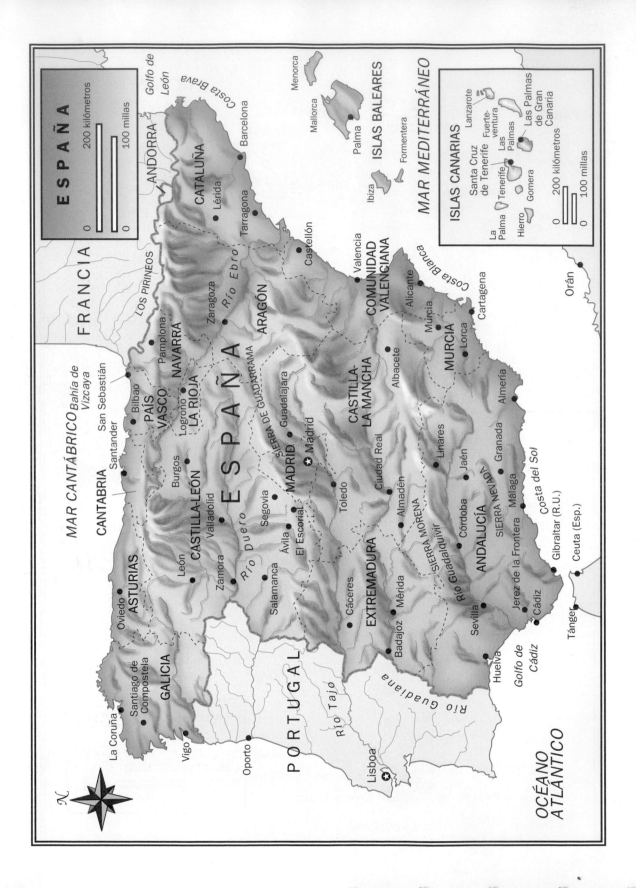

PRELIMINAR

Ante todo

North and Central American students get to know each other in Costa Rica.

En este capítulo...

Primera parte: Saludos y expresiones de cortesía; El alfabeto español; Los cognados; ¿Cómo es usted?

Segunda parte: Más cognados; Los números 0–30, *hay*; Gustos y preferencias

Tercera parte: ¿Qué hora es?; Palabras interrogativas

Multimedia

Practice vocabulary and grammar, expand your cultural knowledge, and develop your conversational skills.

Primera parte

Saludos° y expresiones de cortesía

Greetings

Here are some words, phrases, and expressions that will enable you to meet and greet others appropriately in Spanish.

1. MANOLO: ¡Hola, Maricarmen!
   MARICARMEN: ¿Qué tal, Manolo? ¿Cómo estás?
   MANOLO: Muy bien. ¿Y tú?
   MARICARMEN: Regular. Nos vemos, ¿eh?
   MANOLO: Hasta mañana.

1. Sevilla, España

2. ELISA VELASCO: Buenas tardes, señor Gómez.
   MARTÍN GÓMEZ: Muy buenas, señora Velasco. ¿Cómo está?
   ELISA VELASCO: Bien, gracias. ¿Y usted?
   MARTÍN GÓMEZ: Muy bien, gracias. Hasta luego.
   ELISA VELASCO: Adiós.

¿Qué tal?, ¿Cómo estás?, and **¿Y tú?** are expressions used in informal situations with people you know well, on a first-name basis.

¿Cómo está? and **¿Y usted?** are used to address someone with whom you have a formal relationship.

2. Quito, Ecuador

3. LUPE: Buenos días, profesor.
   PROFESOR: Buenos días. ¿Cómo te llamas?
   LUPE: Me llamo Lupe Carrasco.
   PROFESOR: Mucho gusto, Lupe.
   LUPE: Igualmente.

¿Cómo se llama usted? is used in formal situations. **¿Cómo te llamas?** is used in informal situations—for example, with other students. The phrases **mucho gusto** and **igualmente** are used by both men and women when meeting for the first time. In response to **mucho gusto**, a woman can also say **encantada**; a man can say **encantado**.

3. La Ciudad de México, México

---

1. MANOLO: Hi, Maricarmen! MARICARMEN: How's it going, Manolo? How are you? MANOLO: Very well. And you? MARICARMEN: OK. See you around, OK? MANOLO: See you tomorrow.
2. ELISA VELASCO: Good afternoon, Mr. Gómez. MARTÍN GÓMEZ: Afternoon, Mrs. Velasco. How are you? ELISA VELASCO: Fine, thank you. And you? MARTÍN GÓMEZ: Very well, thanks. See you later. ELISA VELASCO: Bye.
3. LUPE: Good morning, professor. PROFESSOR: Good morning. What's your name? LUPE: My name is Lupe Carrasco. PROFESSOR: Nice to meet you, Lupe. LUPE: Likewise.

Otros saludos y expresiones de cortesía

buenos días	good morning (*used until the midday meal*)
buenas tardes	good afternoon (*used until the evening meal*)
buenas noches	good evening; good night (*used after the evening meal*)
señor (Sr.)	Mr., sir
señora (Sra.)	Mrs., ma'am
señorita (Srta.)	Miss (**¡OJO!*** *There is no Spanish equivalent for Ms. Use* **Sra**. *or* **Srta**. *as appropriate.*)
gracias	thanks, thank you
muchas gracias	thank you very much
de nada, no hay de qué	you're welcome
por favor	please (*also used to get someone's attention*)
perdón	pardon me, excuse me (*to ask forgiveness or to get someone's attention*)
con permiso	pardon me, excuse me (*to request permission to pass by or through a group of people*)

Conversación

A. Cortesía. How many different ways can you respond to the following greetings and phrases?

1. Buenas tardes.
2. Adiós.
3. ¿Qué tal?
4. Hola.
5. ¿Cómo está?
6. Buenas noches.
7. Muchas gracias.
8. Hasta mañana.
9. ¿Cómo se llama usted?
10. Mucho gusto.

B. Situaciones. If the following persons met or passed each other at the times given, what might they say to each other? Role-play the situations with a classmate.

1. Mr. Santana and Miss Pérez, at 5:00 P.M.
2. Mrs. Ortega and Pablo, at 10:00 A.M.
3. Ms. Hernández and Olivia, at 11:00 P.M.
4. you and a classmate, just before your Spanish class

C. Más (*More*) **situaciones.** Are these people saying **por favor**, **con permiso**, or **perdón**?

---

*Watch out!, Careful! **¡OJO!** will be used throughout *Puntos en breve* to alert you to pay special attention to the item that follows.

D. Entrevista (*Interview*). Turn to a person sitting next to you and do the following.

- Greet him or her appropriately, that is, with informal forms.
- Find out his or her name.
- Ask how he or she is.
- Conclude the exchange.

Now have a similar conversation with your instructor, using the appropriate formal forms.

El alfabeto español

There are twenty-eight letters in the Spanish alphabet (**el alfabeto**)—two more than in the English alphabet. The two additional letters are the **ñ** and **rr** (considered one letter even though it is a two-letter group). The letters **k** and **w** appear only in words borrowed from other languages.

Until recently, the **Real Academia Española** (*Royal Spanish Academy*), which establishes many of the guidelines for the use of Spanish throughout the world, considered the **ch** (**che**) and **ll** (**elle**) to be separate letters of the Spanish alphabet. In *Puntos en breve*, you will not see them listed as separate letters. However, the **ch** and **ll** *do* maintain a distinct pronunciation.*

Listen carefully as your instructor pronounces the names listed with the letters of the alphabet.

---

*The **ch** is pronounced with the same sound as in English *cherry* or *chair,* as in **nachos** or **muchacho**. The **ll** is pronounced as a type of *y* sound. Spanish examples of this sound that you may already know are **tortilla** and **Sevilla**.

Letters	Names of Letters	Examples		
a	a	Antonio	Ana	(la) Argentina
b	be	Benito	Blanca	Bolivia
c	ce	Carlos	Cecilia	Cáceres
d	de	Domingo	Dolores	Durango
e	e	Eduardo	Elena	(el) Ecuador
f	efe	Felipe	Francisca	Florida
g	ge	Gerardo	Gloria	Guatemala
h	hache	Héctor	Hortensia	Honduras
i	i	Ignacio	Inés	Ibiza
j	jota	José	Juana	Jalisco
k	ca (ka)	(Karl)	(Kati)	(Kansas)
l	ele	Luis	Lola	Lima
m	eme	Manuel	María	México
n	ene	Nicolás	Nati	Nicaragua
ñ	eñe	Íñigo	Begoña	España
o	o	Octavio	Olivia	Oviedo
p	pe	Pablo	Pilar	Panamá
q	cu	Enrique	Raquel	Quito
r	ere	Álvaro	Clara	(el) Perú
rr	erre *or* ere doble	Rafael	Rosa	Monterrey
s	ese	Salvador	Sara	San Juan
t	te	Tomás	Teresa	Toledo
u	u	Agustín	Lucía	(el) Uruguay
v	ve *or* uve	Víctor	Victoria	Venezuela
w	doble ve, ve doble, *or* uve doble	Oswaldo	(Wilma)	(Washington)
x	equis	Xavier	Ximena	Extremadura
y	i griega	Pelayo	Yolanda	(el) Paraguay
z	ceta (zeta)	Gonzalo	Esperanza	Zaragoza

Práctica

A. **¡Pronuncie!** The letters and combinations of letters listed on the
   following page represent the Spanish sounds that are the most different
   from English. You will practice the pronunciation of some of these letters
   in upcoming chapters of *Puntos en breve.* For the moment pay particular
   attention to their pronunciation when you see them. Can you match the
   Spanish letters with their equivalent pronunciation?

1. mucho: **ch**
2. Geraldo: **ge** (also: **gi**)
   Jiménez: **j**
3. hola: **h**
4. gusto: **gu** (also: **ga, go**)
5. me llamo: **ll**
6. señor: **ñ**
7. profesora: **r**
8. Ramón: **r** (to start a word)
   Monterrey: **rr**
9. nos vemos: **v**

a. like the *g* in English *garden*
b. similar to *tt* of *butter* when pronounced very quickly
c. like *ch* in English *cheese*
d. like Spanish **b**
e. similar to a "strong" English *h*
f. like *y* in English *yes* or like the *li* sound in *million*
g. a trilled sound, several Spanish **r**'s in a row
h. similar to the *ny* sound in *canyon*
i. never pronounced

B. Deletreo (*Spelling*)

Paso (*Step*) **1.** Pronounce these U.S. place names in Spanish. Then spell aloud the names in Spanish. All of them are of Hispanic origin: **Toledo, Los Ángeles, Texas, Montana, Colorado, El Paso, Florida, Las Vegas, Amarillo, San Francisco.**

Paso 2. Spell your own name aloud in Spanish, and listen as your classmates spell their names. Try to remember as many of their names as you can.

MODELO: Me llamo María: **M** (eme) **a** (a) **r** (ere) **í** (i acentuada) **a** (a).

Los cognados

Many Spanish and English words are similar or identical in form and meaning. These related words are called *cognates* (**los cognados**). Spanish and English share so many cognates because a number of words in both languages are derived from the same Latin root words— and also because Spanish and English are "language neighbors," especially in the southwestern United States. Each language has borrowed words from the other and adapted them to its own sound system.

    Many cognates are used in **Ante todo**. Don't try to memorize all of them—just get used to the sound of them in Spanish.

    Here are some Spanish adjectives that are cognates of English words. These adjectives can be used to describe either a man or a woman.

arrogante	importante	pesimista
cruel	independiente	realista
eficiente	inteligente	rebelde
egoísta	interesante	responsable
elegante	liberal	sentimental
emocional	materialista	terrible
flexible	optimista	valiente
idealista	paciente	vulnerable

Cognados
leader → **el líder**
el lagarto (*the lizard*) → *alligator*

adjectives = words used to describe people, places, and things

The following adjectives change form. Use the **-o** ending when describing a man, the **-a** ending when describing a woman.

extrovertido/a	religioso/a	serio/a
generoso/a	reservado/a	sincero/a
impulsivo/a	romántico/a	tímido/a

¿Cómo es usted?°

¿Cómo... *What are you like?*

You can use these forms of the verb **ser** (*to be*) to describe yourself and others.

(yo)	**soy**	I am
(tú)	**eres**	you (*familiar*) are
(usted)	**es**	you (*formal*) are
(él, ella)	**es**	he/she is

—¿Cómo es usted?
—Bueno...° Yo soy moderna, urbana, sofisticada.

Well . . .

Conversación

A. Descripciones

Paso 1. With a classmate, describe the famous Hispanic people in these photos, using cognate adjectives (see page 6 and above). **¡OJO!** Remember that some adjectives can end in **-o** or **-a**, such as **romántico/a, serio/a, tímido/a**. Use the **-o** ending when describing a male and the **-a** ending when describing a female.

MODELOS: ESTUDIANTE 1: ¿Cómo es Ricky Martin?
ESTUDIANTE 2: (Ricky Martin) Es importante, romántico y serio.

ESTUDIANTE 1: ¿Cómo es Cameron Díaz?
ESTUDIANTE 2: (Cameron Díaz) Es elegante y extrovertida.

1. Ricky Martin   **2.** Sammy Sosa   **3.** Cameron Díaz   **4.** Jennifer López

Paso 2. Now describe yourself to your classmate.

MODELO: Yo soy muy sentimental y sincero/a. Yo no soy pesimista.

B. Reacciones

Paso 1. Use the following adjectives, or any others you know, to create one sentence about a classmate. You can begin with **Creo que...** (*I think that . . .*). Your classmate will listen to your sentences, then tell you if you are right.

Adjetivos: eficiente, emocional, generoso/a, inteligente, impulsivo/a, liberal, sincero/a

MODELO: ESTUDIANTE 1: Alicia, (creo que) eres generosa.
ESTUDIANTE 2: Sí, soy generosa. (Sí, soy muy generosa.) (No, no soy generosa.)

Paso 2. Now find out what kind of person your instructor is, using the same adjectives. Use the appropriate formal forms.

MODELO: ¿**Es usted** optimista (generoso/a...)?

Spanish in the United States and in the World

Although no one knows exactly how many languages are spoken around the world, linguists estimate that there are between 3,000 and 6,000. Spanish, with 425 million native speakers, is among the top four languages. It is the language spoken in Spain, in Mexico, in all of South America (except Brazil and the Guianas), in most of Central America, in Cuba, in Puerto Rico, and in the Dominican Republic—in approximately twenty countries in all. It is also spoken by a great number of people in the United States and Canada.

Like all languages spoken by large numbers of people, modern Spanish varies from region to region. The Spanish of Madrid is different from that spoken in Mexico City, Buenos Aires, or Los Angeles, just as the English of London differs from that of Chicago or Toronto. Although these differences are most noticeable in pronunciation ("accent"), they are also found in vocabulary and special expressions used in different geographical areas. In Great Britain one hears the word *lift*, but the same apparatus is called an *elevator* in the United States. What is called an **autobús** (*bus*) in Spain may be called a **guagua** in the Caribbean. Although such differences are noticeable, they result only rarely in misunderstandings among native speakers, since the majority of structures and vocabulary are common to the many varieties of each language.

You don't need to go abroad to encounter people who speak Spanish on a daily basis. The Spanish language and people of Hispanic descent have been an integral part of United States and Canadian life for centuries. In fact, the United States is now the fifth largest Spanish-speaking country in the world!

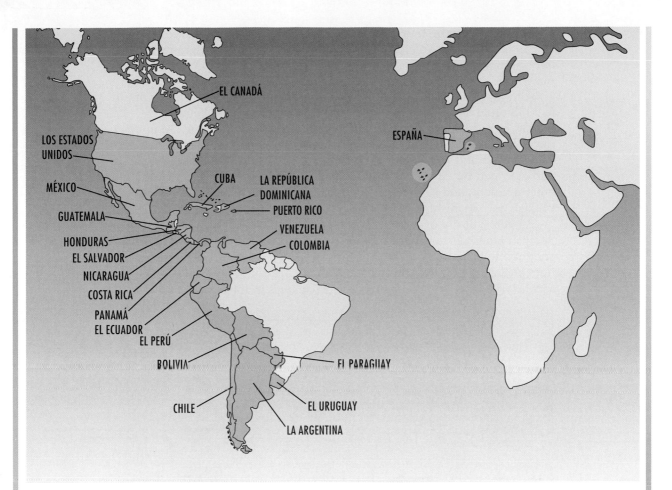

EL CANADÁ

LOS ESTADOS UNIDOS

MÉXICO

GUATEMALA

HONDURAS

EL SALVADOR

NICARAGUA

COSTA RICA

PANAMÁ

EL ECUADOR

EL PERÚ

BOLIVIA

CHILE

CUBA

LA REPÚBLICA DOMINICANA

PUERTO RICO

VENEZUELA

COLOMBIA

EL PARAGUAY

EL URUGUAY

LA ARGENTINA

ESPAÑA

Who are the over 31 million people of Hispanic descent living in the United States today? For one thing, not all Hispanics are similar. They are characterized by great diversity, the result of their ancestors' or their country of origin, socioeconomic and professional factors, and, of course, individual talents and aspirations.

There is also great regional diversity among U.S. Hispanics. Many people of Mexican descent inhabit the southwestern part of the United States, including populations as far north as Colorado. Large groups of

Comparing origins of U.S. Hispanic population

Total population based on U.S. Census, 1999 estimates*
31.7 million

Percentages:

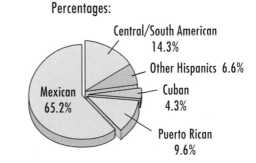

Central/South American 14.3%

Other Hispanics 6.6%

Cuban 4.3%

Puerto Rican 9.6%

Mexican 65.2%

* Does not include Puerto Ricans residing in Puerto Rico.

Puerto Ricans can be found in New York, while Florida is host to a large Cuban and Central American population. More recent immigrants include Nicaraguans and Salvadorans, who have established large communities in many U.S. cities, among them San Francisco and Los Angeles.

Although not all people of Hispanic origin speak Spanish, many are in fact bilingual and bicultural. This dual cultural identity is being increasingly recognized by the media and business community. Many major U.S. cities have one or more Spanish-language newspapers as well as television and radio stations. A wide variety of businesses are owned and operated by Hispanics, and major corporations in the food, clothing, entertainment, and service fields appeal to Hispanic clients . . . in both English and Spanish!

As you will discover in subsequent chapters of *Puntos en breve*, the Spanish language and people of Hispanic descent have been and will continue to be an integral part of the fabric of this country. Take special note of **En los Estados Unidos y el Canadá...**, a routinely occurring section of *Puntos en breve* that profiles Hispanics in these two countries.

Mural de la Pequeña Habana, el barrio cubano de Miami

Segunda parte

Más cognados

[BUROCRACIA!] [SU LECHUGUITA]

^aSu... *(Here is) Your dinner (lit. little piece of lettuce).*

Although some English and Spanish cognate nouns are spelled identically (*idea, general, gas, animal, motor*), most will differ slightly in spelling: *position* / **posición**, *secret* / **secreto**, *student* / **estudiante**, *rose* / **rosa**, *lottery* / **lotería**, *opportunity* / **oportunidad**, *exam* / **examen**.

The following exercises will give you more practice in recognizing and pronouncing cognates. Remember: Don't try to learn all of these words. Just get used to the way they sound.

noun = person, place, or thing

Práctica

A. **Categorías.** Pronounce each of the following cognates and give its English equivalent. You will also recognize the meaning of most of the categories (**Naciones, Personas, ...**). Based on the words listed in the group, can you guess the meaning of the categories indicated with a gloss symbol (°)?

Naciones: el Japón, Italia, Francia, España, el Brasil, China, el Canadá, Rusia

Personas: líder, profesor, actriz, pintor, político, estudiante

Lugares:° restaurante, café, museo, garaje, bar, banco, hotel, oficina, océano, parque

Conceptos: libertad, dignidad, declaración, cooperación, comunismo

Cosas:° teléfono, fotografía, sofá, televisión, radio, bomba, novela, diccionario, dólar, lámpara, yate

Animales: león, cebra, chimpancé, tigre, hipopótamo

Comidas y bebidas:° hamburguesa, cóctel, patata, café, limón, banana

Deportes:° béisbol, tenis, vólibol, fútbol americano

Instrumentos musicales: guitarra, piano, flauta, clarinete, trompeta, violín

OJO

In **Práctica B**, note that Spanish has two different ways to express *a* (*an*): **un** and **una**. All nouns are either masculine (*m.*) or feminine (*f.*)

in Spanish. **Un** is used with masculine nouns, **una** with feminine nouns. You will learn more about this aspect of Spanish in **Capítulo 1**.

Don't try to learn the gender of nouns now. You do not have to know the gender of nouns to do **Práctica B**.

B. **¿Qué es esto?** (*What is this?*) Being able to tell what something is or to identify the group to which it belongs is a useful conversation strategy. Begin to practice this strategy by pronouncing these cognates and identifying the category from **Práctica A** to which they belong. Use the following sentences as a guide.

Es **un** lugar (concepto, animal, deporte, instrumento musical).*
Es **una** nación (persona, cosa, comida, bebida).*

MODELO: béisbol → Es un deporte.

1. calculadora
2. burro
3. sándwich
4. golf
5. México

6. actor
7. clase
8. limonada
9. elefante
10. refrigerador

11. universidad
12. fama
13. terrorista
14. acordeón
15. democracia

Conversación

Identificaciones. With a classmate, practice identifying words, using the categories given in **Práctica A**.

MODELO: ESTUDIANTE 1: ¿Qué es un hospital?
ESTUDIANTE 2: Es un lugar.

1. un saxofón
2. un autobús
3. un rancho

4. un doctor
5. Bolivia
6. una Coca-Cola

7. una enchilada
8. una jirafa
9. una turista

Pronunciación

You have probably already noted that there is a very close relationship between the way Spanish is written and the way it is pronounced. This makes it relatively easy to learn the basics of Spanish spelling and pronunciation.

Many Spanish sounds, however, do not have an exact equivalent in English, so you should not trust English to be your guide to Spanish pronunciation. Even words that are spelled the same in both languages are usually pronounced quite differently. It is important to become so familiar with Spanish sounds that you can pronounce them automatically, right from the beginning of your study of the language.

---

*The English equivalent of these sentences is *It is a place (concept, . . .); It is a country (person, . . .).*

Las vocales (*Vowels*): *a, e, i, o, u*

Unlike English vowels, which can have many different pronunciations or may be silent, Spanish vowels are always pronounced, and they are almost always pronounced in the same way. Spanish vowels are always short and tense. They are never drawn out with a *u* or *i* glide as in English: **lo** ≠ *low;* **de** ≠ *day.*

a: pronounced like the *a* in *father,* but short and tense
e: pronounced like the *e* in *they,* but without the *i* glide
i: pronounced like the *i* in *machine,* but short and tense*
o: pronounced like the *o* in *home,* but without the *u* glide
u: pronounced like the *u* in *rule,* but short and tense

OJO

The *uh* sound or schwa (which is how most unstressed vowels are pronounced in English: c*a*nal, wait*e*d, at*o*m) does not exist in Spanish.

A. Sílabas. Pronounce the following Spanish syllables, being careful to pronounce each vowel with a short, tense sound.

1. ma fa la ta pa	4. mo fo lo to po	7. su mi te so la
2. me fe le te pe	5. mu fu lu tu pu	8. se tu no ya li
3. mi fi li ti pi	6. mi fe la tu do	

B. Palabras (*Words*). Repeat the following words after your instructor.

1. hasta tal nada mañana natural normal fascinante
2. me qué Pérez Elena rebelde excelente elegante
3. sí señorita permiso terrible imposible tímido Ibiza
4. yo con como noches profesor señor generoso
5. uno usted tú mucho Perú Lupe Úrsula

C. Trabalenguas (*Tongue-twister*)

Paso 1. Here is a popular nonsense rhyme, the Spanish version of "Eeny, meeny, miney, moe." (*Note:* The person who corresponds to **fue** is "it.") Listen as your instructor pronounces it.

Pin, marín
de don Pingüé
cúcara, mácara
títere, fue.

Paso 2. Now pronounce the vowels clearly as you repeat the rhyme.

D. Naciones

Paso 1. Here is part of a rental car ad in Spanish. Say aloud the names of the countries where you can find this company's offices. Can you recognize all of the countries?

---

*The word **y** (*and*) is also pronounced like the letter **i**.

Paso 2.   Find the following information in the ad.

1. How many cars does the agency have available?
2. How many offices does the agency have?
3. What Spanish word expresses the English word *immediately*?

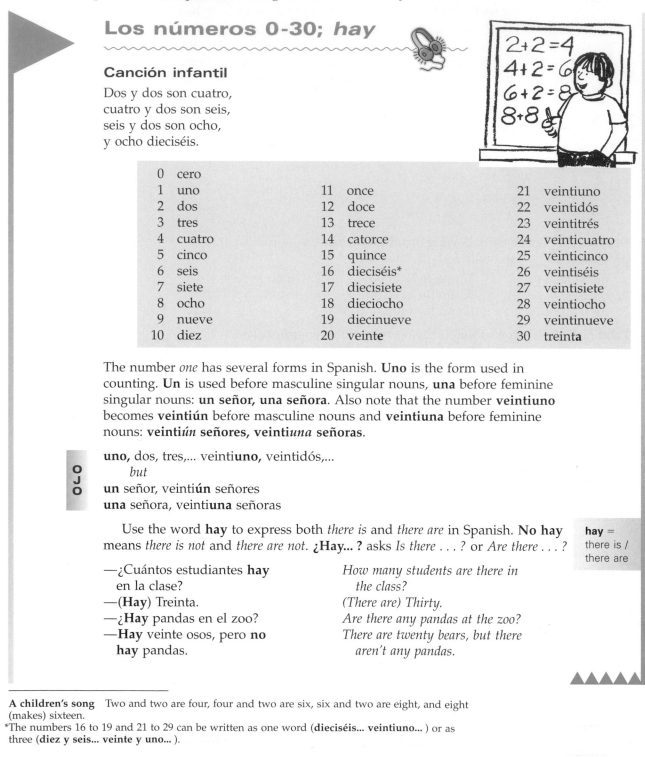

Los números 0-30; *hay*

Canción infantil

Dos y dos son cuatro,
cuatro y dos son seis,
seis y dos son ocho,
y ocho dieciséis.

0	cero				
1	uno	11	once	21	veintiuno
2	dos	12	doce	22	veintidós
3	tres	13	trece	23	veintitrés
4	cuatro	14	catorce	24	veinticuatro
5	cinco	15	quince	25	veinticinco
6	seis	16	dieciséis*	26	veintiséis
7	siete	17	diecisiete	27	veintisiete
8	ocho	18	dieciocho	28	veintiocho
9	nueve	19	diecinueve	29	veintinueve
10	diez	20	vein**te**	30	trein**ta**

The number *one* has several forms in Spanish. **Uno** is the form used in counting. **Un** is used before masculine singular nouns, **una** before feminine singular nouns: **un señor, una señora.** Also note that the number **veintiuno** becomes **veintiún** before masculine nouns and **veintiuna** before feminine nouns: **veinti***ún* **señores, veinti***una* **señoras.**

O J O

uno, dos, tres,... veinti**uno,** veintidós,...
   but
un señor, veinti**ún** señores
una señora, veinti**una** señoras

Use the word **hay** to express both *there is* and *there are* in Spanish. **No hay** means *there is not* and *there are not.* **¿Hay...?** asks *Is there . . . ?* or *Are there . . . ?*

hay =
there is /
there are

—¿Cuántos estudiantes **hay** en la clase?	*How many students are there in the class?*
—(**Hay**) Treinta.	*(There are) Thirty.*
—¿**Hay** pandas en el zoo?	*Are there any pandas at the zoo?*
—**Hay** veinte osos, pero **no hay** pandas.	*There are twenty bears, but there aren't any pandas.*

A children's song   Two and two are four, four and two are six, six and two are eight, and eight (makes) sixteen.
*The numbers 16 to 19 and 21 to 29 can be written as one word (**dieciséis... veintiuno...**) or as three (**diez y seis... veinte y uno...**).

Práctica

A. Los números. Practique los números según (*according to*) el modelo.

MODELO: 1 señor → Hay un señor.

1. 4 señoras
2. 12 pianos
3. 1 café (*m.*)
4. 21 cafés (*m.*)
5. 14 días

6. 1 clase (*f.*)
7. 21 ideas (*f.*)
8. 11 personas
9. 15 estudiantes
10. 13 teléfonos

11. 28 naciones
12. 5 guitarras
13. 1 león (*m.*)
14. 30 señores
15. 20 oficinas

B. Problemas de matemáticas. Do the following simple mathematical equations in Spanish. *Note:* + (**y**), − (**menos**), = (**son**).

MODELO: 2 + 2 = 4 → Dos y dos son cuatro.
         4 − 2 = 2 → Cuatro menos dos son dos.

1. 2 + 4 = ?
2. 8 + 17 = ?
3. 11 + 1 = ?
4. 3 + 18 = ?

5. 9 + 6 = ?
6. 5 + 4 = ?
7. 1 + 13 = ?
8. 15 − 2 = ?

9. 9 − 9 = ?
10. 13 − 8 = ?
11. 14 + 12 = ?
12. 23 − 13 = ?

Conversación

Preguntas (*Questions*)

1. ¿Cuántos estudiantes hay en la clase de español? ¿Cuántos estudiantes hay en clase hoy (*today*)? ¿Hay tres profesores o un profesor?
2. ¿Cuántos días hay en una semana (*week*)? ¿Hay seis? (No, no hay...) ¿Cuántos días hay en un fin de semana (*weekend*)? Hay cuatro semanas en un mes. ¿Qué significa **mes** en inglés? ¿Cuántos días hay en el mes de febrero? ¿en el mes de junio? ¿Cuántos meses hay en un año?
3. Hay muchos edificios (*many buildings*) en una universidad. En esta (*this*) universidad, ¿hay una cafetería? ¿un teatro? ¿un cine (*movie theater*)? ¿un laboratorio de lenguas (*languages*)? ¿un bar? ¿una clínica? ¿un hospital? ¿un museo? ¿muchos estudiantes? ¿muchos profesores?

Gustos° y preferencias

Likes

¿Te gusta el fútbol? →

- Sí, me gusta mucho el fútbol.
- No, no me gusta el fútbol.
- Sí, me gusta, pero me gusta más el fútbol americano.

Do you like soccer? → • Yes, I like soccer very much. • No, I don't like soccer. • Yes, I like soccer, but I like football more.

To indicate that you like something in Spanish, say **Me gusta** ____. To indicate that you don't like something, use **No me gusta** ____. Use the question **¿Te gusta** ____? to ask a classmate if he or she likes something. Use **¿Le gusta** ____? to ask your instructor the same question.

In the following conversations, you will use the word **el** to mean *the* with masculine nouns and the word **la** with feminine nouns. Don't try to memorize which nouns are masculine and which are feminine. Just get used to using the words **el** and **la** before nouns.

You will also be using a number of Spanish verbs in the infinitive form, which always ends in **-r.** Here are some examples: **estudiar** = *to study*; **comer** = *to eat.* Try to guess the meanings of the infinitives used in these activities from context. If someone asks you, for instance, **¿Te gusta** *beber* **Coca-Cola?**, it is a safe guess that **beber** means *to drink.*

En español, **fútbol** = *soccer* y **fútbol americano** = *football*.

verb = a word that describes an action or a state of being

Conversación

A. Gustos y preferencias

Paso 1. Make a list of six things you like and six things you don't like, following the model. If you wish, you may choose items from the **Vocabulario útil** box below. All words are provided with the appropriate definite article.

MODELO: Me gusta *la clase de español.* No me gusta *la clase de matemáticas.*

Vocabulario útil*

el café, el té, la limonada, la cerveza (*beer*)
la música moderna, la música clásica, el rap, la música *country*
la pizza, la pasta, la comida mexicana, la comida de la cafetería (*cafeteria food*)
el actor ____, la actriz ____
el/la cantante (*singer*) ____ (**¡OJO! cantante** is used for both men *and* women)
el cine (*movies*), el teatro, la ópera, el arte abstracto

---

*The material in **Vocabulario útil** lists is not active; that is, it is not part of what you need to focus on learning at this point. You may use these words and phrases to complete exercises or to help you converse in Spanish, if you need them.

Paso 2. Now ask a classmate if he or she shares your likes and dislikes.

MODELO: ¿Te gusta la clase de español? ¿y la clase de matemáticas?

B. Más gustos y preferencias

Paso 1. Here are some useful verbs and nouns to talk about what you like. For each item, combine a verb (shaded) with a noun to form a sentence that is true for you. Can you use context to guess the meaning of verbs you don't know?

MODELO: Me gusta _____. → Me gusta estudiar inglés.

1. beber café té limonada chocolate
2. comer pizza enchiladas hamburguesas pasta
3. estudiar español matemáticas historia
computación (*computer science*)
4. hablar español con mis amigos (*with my friends*)
por teléfono (*on the phone*)
5. jugar al tenis al fútbol al fútbol americano al béisbol
al basquetbol
6. tocar la guitarra el piano el violín

Paso 2. Ask a classmate about his or her likes using your own preferences as a guide.

MODELO: ¿Te gusta comer enchiladas?

Paso 3. Now ask your professor if he or she likes certain things. **¡OJO!** Remember to address your professor in a formal manner.

MODELO: ¿Le gusta jugar al tenis?

LECTURA

El mundo hispánico (Parte 1)

Estrategia:° Recognizing Interrogative Words and *estar*

Strategy

In the following brief reading, note that the word **está** means *is located;* **está** and other forms of the verb **estar** (*to be*) are used to tell where things are. You will learn more about the uses of **estar** in **Capítulo 5**.

The reading also contains a series of questions with interrogative words. You are already familiar with **¿cómo?, ¿qué?,** and **¿cuántos?** (and should be able to guess the meaning of **¿cuántas?** easily). The meaning of other interrogatives may not be immediately obvious to you, but the sentences in which the words appear may offer some clues to meaning. You probably do not know the meaning of **¿dónde?** and **¿cuál?**, but you should be able to guess their meaning in the following sentences.

Cuba está en el Mar Caribe. ¿Dónde está la República Dominicana?
Managua es la capital de Nicaragua. ¿Cuál es la capital de México?

Note that the reading has been divided into four very short parts. Each part
corresponds to a map that offers geographical and population information
about the countries of the Spanish-speaking world. Use the statements in the
short parts as models to answer the questions.

Las naciones del mundo hispánico

Parte 1 México y Centroamérica

Hay casi noventa y siete (*almost 97*) millones
de habitantes en México. ¿Cuántos millones
de habitantes hay en Guatemala? ¿en El
Salvador? ¿en las demás[a] naciones de Centroamérica? ¿En cuántas naciones de Centroamérica se habla español? México es parte
de Norteamérica. ¿En cuántas naciones de
Norteamérica se habla español? ¿Cuál es la
capital de México? ¿de Costa Rica?

Parte 2 El Caribe

Cuba está en el Mar Caribe. ¿Dónde está la
República Dominicana? ¿Qué parte de los Es-
tados Unidos está también[b] en el Mar Caribe?
¿Dónde está el Canal de Panamá?

Parte 3 Sudamérica

¿En cuántas naciones de Sudamérica se habla
español? ¿Se habla español o portugués en el
Brasil? ¿Cuántos millones de habitantes hay
en Venezuela? ¿en Chile? ¿en las demás naciones? ¿Cuál es la capital de cada[c] nación?

[a]las... *the other*   [b]*also*   [c]*each*

Parte 4 España

España está en la Península Ibérica. ¿Qué otra nación está también en esa[d] península? ¿Cuántos millones de habitantes hay en España? No se habla español en Portugal. ¿Qué lengua se habla allí[e]? ¿Cuál es la capital de España? ¿Está en el centro de la península?

[d]*that* [e]*there*

Tercera parte

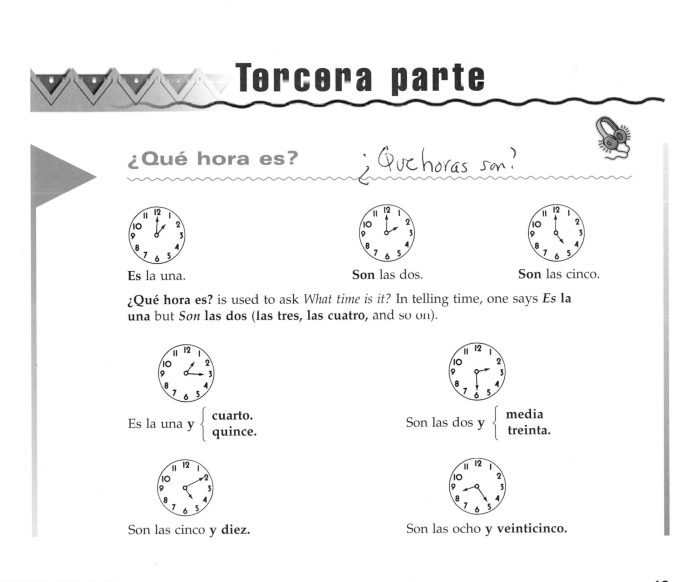

¿Qué hora es?

¿ Que horas son?

Es la una.

Son las dos.

Son las cinco.

¿Qué hora es? is used to ask *What time is it?* In telling time, one says *Es la una* but *Son* las dos (**las tres, las cuatro,** and so on).

Es la una y { **cuarto.** **quince.**

Son las dos y { **media** **treinta.**

Son las cinco **y diez.**

Son las ocho **y veinticinco.**

Note that from the hour to the half-hour, Spanish, like English, expresses time by adding minutes or a portion of an hour to the hour.

Son las dos **menos** {cuarto. / quince.}   Son las ocho **menos diez.**   Son las once **menos veinte.**

From the half-hour to the hour, Spanish usually expresses time by subtracting minutes or a part of an hour from the *next* hour.

Nota comunicativa

Para expresar° la hora

Para... *To express*

de la mañana	A.M., in the morning
de la tarde	P.M., in the afternoon (*and early evening*)
de la noche	P.M., in the evening
en punto	exactly, on the dot, sharp
¿a qué hora?	(at) what time?
a la una (las dos,...)	at 1:00 (2:00, . . .)

Son las cuatro de la tarde **en punto.**	*It's exactly 4:00 P.M.*
¿A qué hora es la clase de español?	*(At) What time is Spanish class?*
Hay una recepción **a las once** de la mañana.	*There is a reception at 11:00 A.M.*

OJO

Don't confuse **Es/Son la(s)...** with **A la(s)...** The first is used for telling time, the second for telling at what time something happens (at what time class starts, at what time one arrives, and so on).

Práctica

A. **¡Atención!** Listen as your instructor says a time of day. Find the clock or watch face that corresponds to the time you heard and say its number in Spanish. (Note the sun or the moon that accompanies each clock to indicate whether the time shown is day or night.)

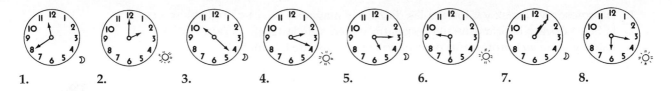

1.   **2.**   **3.**   **4.**   **5.**   **6.**   **7.**   **8.**

B. ¿Qué hora es? Express the time in full sentences in Spanish.

1. 1:00 P.M.
2. 6:00 P.M.
3. 11:00 A.M.
4. 1:30

5. 3:15
6. 6:45
7. 4:15
8. 11:45 exactly

9. 9:10 on the dot
10. 9:50 sharp

Conversación

A. Entrevista

Paso 1.   Ask a classmate at what time the following events or activities take place. He or she will answer according to the cue or will provide the necessary information.

> MODELO: la clase de español (10:00 A.M.) →
> ESTUDIANTE 1: ¿A qué hora es la clase de español?
> ESTUDIANTE 2: A las diez de la mañana... ¡en punto!

1. la clase de francés (1:45 P.M.)
2. la sesión de laboratorio (3:10 P.M.)
3. la excursión (8:45 A.M.)
4. el concierto (7:30 P.M.)

Paso 2.   Now ask what time your partner likes to perform these activities. He or she should provide the necessary information.

> MODELO: cenar (*to have dinner*) →
> ESTUDIANTE 1: ¿A qué hora te gusta cenar?
> ESTUDIANTE 2: Me gusta cenar a las ocho de la noche.

1. almorzar (*to have lunch*)
2. mirar (*to watch*) la televisión
3. ir (*to go*) al laboratorio de lenguas
4. ir al cine

B. Situaciones. How might the following people greet each other if they met at the indicated time? With a classmate, create a brief dialogue for each situation.

> MODELO: Jorge y María, a las once de la noche →
> JORGE: Buenas noches, María.
> MARÍA: Hola, Jorge. ¿Cómo estás?
> JORGE: Bien, gracias. ¿Y tú?
> MARÍA: ¡Muy bien!

1. el profesor Martínez y Gloria, a las diez de la mañana
2. la Sra. López y la Srta. Luna, a las cuatro y media de la tarde
3. usted y su (*your*) profesor(a) de español, en la clase de español

Palabras interrogativas

You have already used a number of interrogative words and phrases to get information. Some other useful ones are listed here, along with the ones you already know, and you will learn more in later chapters. Be sure you know the meaning of all these words before you begin the activities in the **Práctica** section.

¿a qué hora?	¿A qué hora es la clase?
¿cómo?	¿Cómo estás? ¿Cómo es Gloria Estefan?
	¿Cómo te llamas?
¿cuál?*	¿Cuál es la capital de Colombia?
¿cuándo?	¿Cuándo es la fiesta?
¿cuánto?	¿Cuánto es?
¿cuántos?, ¿cuántas?	¿Cuántos días hay en una semana?
	¿Cuántas naciones hay en Sudamérica?
¿dónde?	¿Dónde está España?
¿qué?*	¿Qué es un hospital? ¿Qué es esto?
	¿Qué hora es?
¿quién?	¿Quién es el presidente?

Note that in Spanish the voice falls at the end of questions that begin with interrogative words.

¿Qué es un tren?   ¿Cómo estás?

---

*Use **¿qué?** to mean *what?* when you are asking for a definition or an explanation. Use **¿cuál?** to mean *what?* in all other circumstances. See also Grammar Section 28 in **Capítulo 9.**

Práctica

Preguntas y respuestas (*Questions and answers*)

Paso 1. What interrogative words do you associate with the following information?

1. ¡A las tres en punto!
2. En el centro de la península.
3. Soy profesor.
4. Muy bien, gracias.
5. ¡Es muy arrogante!
6. Hay 5 millones (de habitantes).
7. Dos pesos.
8. (La capital) Es Caracas.
9. Es un instrumento musical.
10. Mañana, a las cinco.
11. Son las once.
12. Soy Roberto González.

Paso 2. Now ask the questions that would result in the answers given in **Paso 1.**

Conversación

Más preguntas. What questions are being asked by the indicated persons? More than one answer is possible for some items. Select questions from the following list or create your own questions.

PREGUNTAS

¿A qué hora es el programa
   sobre (*about*) México?
¿Cómo estás?
¿Cuál es la capital de
   Colombia?
¿Cuándo es la fiesta?
¿Cuántas personas hay
   en la fiesta?
¿Dónde está Buenos
   Aires?
¿Dónde está el diccionario?
¿Qué es esto?
¿Qué hay en la televisión
   hoy?
¿Quién es?

LECTURA

El mundo hispánico (Parte 2)

Estrategia: Guessing Meaning from Context

You will recognize the meaning of a number of cognates in the following reading about the geography of the Hispanic world. In addition, you should be able to guess the meaning of the underlined words from the context (the words that surround them); they are the names of geographical features. The photo captions will also be helpful. You have learned to recognize the meaning of the word **¿qué?** in questions; in this reading, **que** (with no accent mark) means *that* or *which*.

Note also that a series of headings divides the reading into brief parts. It is always a good idea to scan such headings before starting to read, in order to get a sense of a reading's overall content.

La geografía del mundo hispánico

Introducción

La geografía del mundo hispánico es impresionante y muy variada. En algunas[a] regiones hay de todo.[b]

En las Américas

En la Argentina hay <u>pampas</u> extensas en el sur[c] y la <u>cordillera</u> de los Andes en el oeste. En partes de Venezuela, Colombia y el Ecuador, hay regiones tropicales de densa <u>selva</u>.

Una selva tropical en Colombia

En el Brasil está el famoso <u>Río</u> Amazonas. En el centro de México y también en El Salvador, Nicaragua y Colombia, hay <u>volcanes</u> activos. A veces[d] producen erupciones catastróficas. El Perú y Bolivia comparten[e] el enorme <u>Lago</u> Titicaca, situado en una <u>meseta</u> entre los dos países.[f]

La cordillera de los Andes, Chile

En las naciones del Caribe

Cuba, Puerto Rico y la República Dominicana son tres <u>islas</u> situadas en el <u>Mar</u> Caribe.

[a]*some* [b]*de... a bit of everything* [c]*south* [d]*A... Sometimes* [e]*share* [f]*naciones*

Las bellas playas^g del Mar Caribe y de la península de Yucatán son populares entre^h los turistas de todo el mundo.

En la Península Ibérica

España, que comparte la Península Ibérica con Portugal, también tieneⁱ una geografía variada. En el norte están los Pirineos, la cordillera que separa a España del^j resto de Europa. Madrid, la capital del país, está situada en la meseta central. En las costas del sur y del este hay playas tan bonitas como las de^k Latinoamérica y del Caribe.

¿Y las ciudades?

Es importante mencionar también la gran^l diversidad de las ciudades del mundo hispánico. En la Argentina está la gran ciudad de Buenos Aires. Muchos consideran a Buenos Aires «el París» o «la Nueva York» de Sudamérica. En Venezuela está Caracas, y en el Perú está Lima, la capital, y Cuzco, una ciudad antigua de origen indio.

Conclusión

En fin,^m el mundo hispánico es diverso respecto a la geografía. ¿Y Norteamérica? ●

^gbellas... *beautiful beaches*   ^h*among*   ⁱ*has*   ^j*from the*
^ktan... *as pretty as those of*   ^l*great*   ^mEn... *In short*

La isla de Caja de Muertos, Puerto Rico

Una meseta de La Mancha, España

La ciudad de Montevideo, Uruguay

Comprensión

Demonstrate your understanding of the words underlined in the reading and other words from the reading by giving an example of a similar geographical feature found in this country or close to it. Then give an example from the Spanish-speaking world.

MODELO: un río → *the Mississippi,* el Río Orinoco

1. un lago
2. una cordillera
3. un río
4. una isla
5. una playa
6. una costa
7. un mar
8. un volcán
9. una península

Vocabulario

Although you have used and heard many words in this preliminary chapter of *Puntos en breve,* the following words are the ones considered to be active vocabulary. Be sure that you know all of them before beginning **Capítulo 1.**

Saludos y expresiones de cortesía

Buenos días. Buenas tardes. Buenas noches.
Hola. (Muy) Buenas. ¿Qué tal? ¿Cómo está(s)?
Regular. (Muy) Bien.
¿Y tú? ¿Y usted?
Adiós. Hasta mañana. Hasta luego. Nos vemos.

¿Cómo te llamas? ¿Cómo se llama usted?
  Me llamo _____.

señor (Sr.), señora (Sra.), señorita (Srta.)

(Muchas) Gracias.
De nada. No hay de qué.
Por favor. Perdón. Con permiso.
Mucho gusto. Igualmente. Encantado/a.

¿Cómo es usted?

soy, eres, es

Los números

cero, uno, dos, tres, cuatro, cinco, seis, siete, ocho, nueve, diez, once, doce, trece, catorce, quince, dieciséis, diecisiete, dieciocho, diecinueve, veinte, treinta

Gustos y preferencias

¿Te gusta _____? ¿Le gusta _____? Sí, me gusta _____. No, no me gusta _____.

¿Qué hora es?

es la... , son las... y/menos cuarto (quince), y media (treinta), en punto, de la mañana (tarde, noche), ¿a qué hora?, a la(s)...

Palabras interrogativas

¿cómo?	how?; what?
¿cuál?	what?, which?
¿cuándo?	when?
¿cuánto?	how much?
¿cuántos/as?	how many?
¿dónde?	where?
¿qué?	what?, which?
¿quién?	who?, whom?

Palabras adicionales

sí	yes
no	no
está	is (located)
hay	there is/are
no hay	there is not / are not
hoy	today
mañana	tomorrow
y	and
o	or
a	to; at (*with time*)
de	of; from
en	in; on; at
pero	but
también	also

En la universidad

Estudiantes hispanoamericanos charlan (*chat*) en la cafetería de la universidad.

En este capítulo...

Vocabulario: En la clase; Las materias

Gramática:

1 ▸ Singular Nouns: Gender and Articles

2 ▸ Nouns and Articles: Plural Forms

3 ▸ Subject Pronouns; Present Tense of *-ar* Verbs; Negation

Panorama cultural: Los hispanos en los Estados Unidos

Multimedia

Practice vocabulary and grammar, expand your cultural knowledge, and develop your conversational skills.

Vocabulario: Preparación

En la clase

la ventana · la puerta · el papel · la pizarra · el cuaderno · la silla · el escritorio · la mesa · la mochila

¿Dónde? Lugares en la universidad

la biblioteca	the library
la cafetería	the cafeteria
la clase	the class
el edificio	the building
la librería	the bookstore
la oficina	the office
la residencia	the dormitory

¿Qué? Cosas

el bolígrafo	the pen
la calculadora	the calculator
el diccionario	the dictionary
el dinero	the money
el lápiz	the pencil
el libro	the book
el libro de texto	the textbook

¿Quién? Personas

el bibliotecario	the (male) librarian
la bibliotecaria	the (female) librarian
el compañero de clase	the (male) classmate
la compañera de clase	the (female) classmate
el compañero de cuarto	the (male) roommate
la compañera de cuarto	the (female) roommate
el consejero	the (male) advisor
la consejera	the (female) advisor
el estudiante	the (male) student
la estudiante	the (female) student
el hombre	the man
la mujer	the woman
el profesor	the (male) professor
la profesora	the (female) professor
el secretario	the (male) secretary
la secretaria	the (female) secretary

Conversación

▲▲▲▲▲▲▲

A. ¿Dónde están ahora (*are they now*)**?** Tell where these people are. Then identify the numbered people and things: 1 = **la mesa**, 3 = **el consejero**, and so on. Refer to the drawing and lists on page 29 as much as you need to.

1. Están en _____.

2. Están en _____.

3. Están en _____.

4. Están en _____.

B. Identificaciones. ¿Es hombre o mujer?

MODELO: ¿La consejera? → Es mujer.

1. ¿El profesor?
2. ¿La estudiante?
3. ¿El secretario?

4. ¿El estudiante?
5. ¿La bibliotecaria?
6. ¿El compañero de cuarto?

Las materias

The names for most of these subject areas are cognates. See if you can recognize their meaning without looking at the English equivalent. You should learn in particular the names of subject areas that are of interest to you.

la administración de empresas	business	**la computación**	computer science
		las comunicaciones	communications
el arte	art	**la economía**	economics

el español	Spanish
la filosofía	philosophy
la física	physics
la historia	history
el inglés	English
la literatura	literature
las matemáticas	mathematics
la química	chemistry
la sicología	psychology
la sociología	sociology
las ciencias	sciences
las humanidades	humanities
las lenguas extranjeras	foreign languages

Conversación

▲▲▲▲▲▲▲

A. Asociaciones. ¿Con qué materia(s) asocia usted a... ?

1. Louis Pasteur, Marie Curie
2. la doctora Joyce Brothers, B. F. Skinner
3. Barbara Walters, Peter Jennings
4. Aristóteles, Confucio
5. Mark Twain, Toni Morrison
6. Frida Kahlo, Pablo Picasso
7. Microsoft, IBM
8. Isaac Newton, Stephen Hawking

B. ¿Qué estudias? (*What are you studying?*) The right-hand column lists a number of university subjects. Tell about your academic interests by creating sentences using one word or phrase from each column. You can tell what you *are* studying (**Estudio...**), *want* to study (**Deseo estudiar...**), *need* to study (**Necesito estudiar...**), and *like* to study (**Me gusta estudiar...**). Using the word **no** makes the sentence negative.

(No) Estudio _____.	español, francés, inglés
(No) Deseo estudiar _____.	arte, filosofía, literatura, música
(No) Necesito estudiar _____.	ciencias políticas, historia
(No) Me gusta estudiar _____.	antropología, sicología, sociología
	biología, física, química
	matemáticas, computación
	¿ ?

The Hispanic Educational System

The educational system in Hispanic countries differs considerably from that of this country. Elementary school (**la escuela primaria, el colegio**) can last five to eight years, depending on the country. After that, secondary school (**la escuela secundaria**) may last four to seven years.

At the university (always called **la universidad**, and never **el colegio** or **la escuela**), students immediately begin specialized programs (**la carrera**) in areas such as law, medicine, engineering, literature, or languages. These university-level programs are established by national ministries of education, and there are few elective courses.

Students are often required to take as many as eight different subjects in a single academic term, which usually lasts nine to ten months. In most countries, academic performance is evaluated on a scale of one to ten, with five considered passing.

Esta estatua de Fray Luis de León está en la Universidad de Salamanca. La Universidad, que (*which*) data del año 1220 (mil doscientos veinte), es una de las más antiguas (*oldest*) de España.

Pronunciación: Diphthongs and Linking

Two successive weak vowels (**i, u**) or a combination of a strong vowel (**a, e, or o**) and a weak vowel (**i** or **u**) are pronounced as a single syllable, forming a *diphthong* (**un diptongo**): **L*ui*s, s*ie*te, c*ua*derno**.

When words are combined to form phrases, clauses, and sentences, they are linked together in pronunciation. In spoken Spanish, it is usually impossible to hear the word boundaries—that is, where one word ends and another begins.

A. Vocales. Más práctica con las vocales.

1. hablar	regular	reservar	llamar
2. trece	clase	papel	general
3. pizarra	oficina	bolígrafo	libro
4. hombre	profesor	dólares	los
5. universidad	gusto	lugar	mujer

B. Diptongos. Practique las siguientes (*following*) palabras.

1. historia	secretaria	gracias	estudiante	materia
2. bien	Oviedo	siete	ciencias	diez

3.	secretario	biblioteca	adiós	diccionario	Antonio
4.	cuaderno	Eduardo	el Ecuador	Guatemala	Managua
5.	bueno	nueve	luego	pueblo	Venezuela

C. Frases. Practice saying each phrase as if it were one long word, pronounced without a pause.

1. el papel y el lápiz
2. la profesora y la estudiante
3. las ciencias y las matemáticas
4. la historia y la sicología
5. la secretaria y el profesor
6. el inglés y el español
7. la clase en la biblioteca
8. el libro en la librería

Minidiálogos y gramática

Identifying People, Places, and Things •
Singular Nouns: Gender and Articles*

En *la clase* del *profesor* Durán: *El* primer *día*

PROFESOR DURÁN: Aquí está *el programa* del *curso*. Son necesarios *el libro de texto* y *un diccionario*. También hay *una lista* de novelas y libros de poesía.

ESTUDIANTE 1: ¡Es *una lista* infinita!

ESTUDIANTE 2: Sí, y los libros cuestan demasiado.

ESTUDIANTE 1: No, *el problema* no es *el precio* de los libros. ¡Es *el tiempo* para leer los libros!

Elija (*Choose*) las palabras o frases correctas según el diálogo.

1. La clase del profesor Durán es de (literatura / filosofía).
2. En el curso del profesor Durán (es necesario / no es necesario) leer (*to read*) mucho.
3. En un curso de literatura (es lógico / no es lógico) usar un diccionario.

---

*The grammar sections of *Puntos en breve* are numbered consecutively throughout the book. If you need to review a particular grammar point, the index will refer you to its page number.

In Professor Durán's class: The first day PROFESSOR DURÁN: Here's the course syllabus. The textbook and a dictionary are required. There is also a list of novels and poetry books. STUDENT 1: It's an immense list! STUDENT 2: Yes, and the books cost too much. STUDENT 1: No, the problem isn't the price of the books. It's the time to read the books!

To name persons, places, things, or ideas, you need to be able to use nouns. In Spanish, all *nouns* (**los sustantivos**) have either masculine or feminine *gender* (**el género**). This is a purely grammatical feature of nouns; it does not mean that Spanish speakers perceive things or ideas as having male or female attributes.

Since the gender of all nouns must be memorized, it is best to learn the definite article along with the noun; that is, learn **el lápiz** rather than just **lápiz**. The definite article will be given with nouns in vocabulary lists in this book.

	Masculine Nouns		Feminine Nouns	
Definite Articles	**el** hombre	*the man*	**la** mujer	*the woman*
	el libro	*the book*	**la** mesa	*the table*
Indefinite Articles	**un** hombre	*a (one) man*	**una** mujer	*a (one) woman*
	un libro	*a (one) book*	**una** mesa	*a (one) table*

Gender

A. Nouns that refer to male beings and most nouns that end in **-o** are *masculine* (**masculino**) in gender.	**sustantivos masculinos:** hombre, libro
B. Nouns that refer to female beings and most nouns that end in **-a, -ción, -tad,** and **-dad** are *feminine* (**femenino**) in gender.	**sustantivos femeninos:** mujer, mesa, nación, libertad, universidad
C. Nouns that have other endings and that do not refer to either male or female beings may be masculine or feminine. The gender of these words must be memorized.	el lápiz, la clase, la tarde, la noche
D. Many nouns that refer to persons indicate gender	
1. by changing the last vowel.	el compañero → la compañe**ra** el bibliotecario → la bibliotecar**ia**
2. by adding **-a** to the last consonant of the masculine form to make it feminine.	un profesor → una profeso**ra**
E. Many other nouns that refer to people have a single form for both masculine and feminine genders. Gender is indicated by an article.	**el** estudiante (*the male student*) → **la** estudiante (*the female student*) **el** cliente (*the male client*) → **la** cliente (*the female client*) **el** dentista (*the male dentist*) → **la** dentista (*the female dentist*)

However, a few nouns that end in **-e** also have a feminine form that ends in **-a**.

el presidente → la president**a**
el dependiente (*the male clerk*) → la dependient**a**
   (*the female clerk*)

OJO

A common exception to the normal rules of gender is the word **el día**, which is masculine in gender. Many words ending in **-ma** are also masculine: **el problema, el programa, el sistema,** and so on. Watch for these exceptions as you continue your study of Spanish.

Articles

A. In English, there is only one *definite article* (**el artículo definido**): *the.* In Spanish, the definite article for masculine singular nouns is **el**; for feminine singular nouns it is **la**.

definite article: *the*
m. sing. → **el**
f. sing. → **la**

B. In English, the singular *indefinite article* (**el artículo indefinido**) is *a* or *an.* In Spanish, the indefinite article, like the definite article, must agree with the gender of the noun: **un** for masculine nouns, **una** for feminine nouns. **Un** and **una** can mean *one* as well as *a* or *an.* Context determines meaning.

indefinite article: *a, an*
m. sing. → **un**
f. sing. → **una**

Práctica

A. Artículos

Dé (*Give*) el artículo definido apropiado (**el, la**).

1. escritorio
2. biblioteca
3. bolígrafo
4. mochila
5. hombre
6. diccionario
7. universidad
8. dinero
9. mujer
10. nación
11. bibliotecario
12. calculadora

Ahora (*Now*) dé el artículo indefinido apropiado (**un, una**).

1. día
2. mañana
3. problema
4. lápiz
5. clase
6. noche
7. papel
8. condición
9. programa

B. Escenas de la universidad

Paso 1. Haga una oración con las palabras (*words*) indicadas.

MODELO: estudiante / librería → Hay un estudiante en la librería.

1. consejero / oficina
2. profesora / clase
3. lápiz / mesa
4. cuaderno / escritorio
5. libro / mochila
6. bolígrafo / silla
7. palabra / papel
8. oficina / residencia
9. compañero / biblioteca

Paso 2. Now create new sentences by changing one of the words in each item in **Paso 1.** If you do this with a partner, try to come up with as many variations as possible.

MODELO: Hay un estudiante en *la residencia.* (Hay *una profesora* en la librería.)

Conversación

A. Definiciones. Con un compañero / una compañera, definan estas palabras en español según el modelo.

MODELO: biblioteca / edificio → ESTUDIANTE 1: ¿La biblioteca?
ESTUDIANTE 2: Es un edificio.

Categorías: cosa, edificio, materia, persona

1. cliente / persona
2. bolígrafo / cosa
3. residencia / edificio
4. dependiente / ¿ ?
5. hotel (*m.*) / ¿ ?
6. calculadora / ¿ ?
7. computación / ¿ ?
8. inglés / ¿ ?
9. ¿ ?

B. Asociaciones. Identifique dos cosas y dos personas que usted asocia con los siguientes lugares.

MODELO: la clase → la silla, el libro de texto
el profesor, el estudiante

1. la biblioteca
2. la librería
3. una oficina
4. la residencia

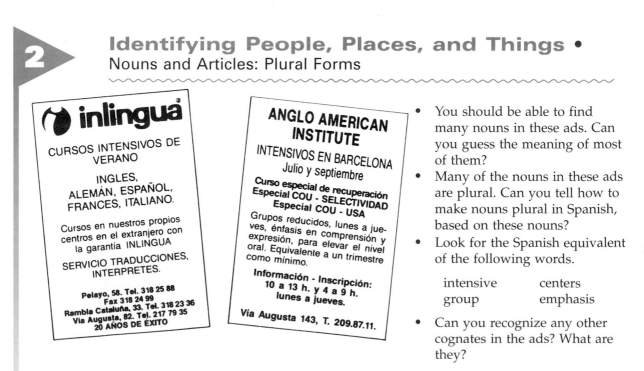

Identifying People, Places, and Things •
Nouns and Articles: Plural Forms

inlingua

CURSOS INTENSIVOS DE
VERANO

INGLES,
ALEMÁN, ESPAÑOL,
FRANCES, ITALIANO.

Cursos en nuestros propios
centros en el extranjero con
la garantía INLINGUA

SERVICIO TRADUCCIONES,
INTERPRETES.

Pelayo, 58. Tel. 318 25 88
Fax 318 24 99
Rambla Cataluña, 33. Tel. 318 23 36
Vía Augusta, 82. Tel. 217 79 35
20 AÑOS DE ÉXITO

ANGLO AMERICAN INSTITUTE

INTENSIVOS EN BARCELONA
Julio y septiembre

Curso especial de recuperación
Especial COU - SELECTIVIDAD
Especial COU - USA

Grupos reducidos, lunes a jueves, énfasis en comprensión y expresión, para elevar el nivel oral. Equivalente a un trimestre como mínimo.

Información - Inscripción:
10 a 13 h. y 4 a 9 h.
lunes a jueves.

Vía Augusta 143, T. 209.87.11.

- You should be able to find many nouns in these ads. Can you guess the meaning of most of them?
- Many of the nouns in these ads are plural. Can you tell how to make nouns plural in Spanish, based on these nouns?
- Look for the Spanish equivalent of the following words.

  intensive   centers
  group   emphasis

- Can you recognize any other cognates in the ads? What are they?

	Singular	Plural	
Nouns Ending in a Vowel	**el** libro	**los** libros	*the books*
	la mesa	**las** mesas	*the tables*
	un libro	**unos** libros	*some books*
	una mesa	**unas** mesas	*some tables*
Nouns Ending in a Consonant	**la** universidad	**las** universidades	*the universities*
	un papel	**unos** papeles	*some papers*

A. Spanish nouns that end in a vowel form plurals by adding **-s**. Nouns that end in a consonant add **-es**. Nouns that end in the consonant **-z** change the **-z** to **-c** before adding **-es: lápiz → lápices**.

Plurals in Spanish:

- vowel + **s**
- consonant + **es**
- **-z → -ces**

B. The definite and indefinite articles also have plural forms: **el → los, la → las, un → unos, una → unas**. **Unos** and **unas** mean *some, several,* or *a few.*

- **el → los**
- **la → las**
- **un → unos**
- **una → unas**

C. In Spanish, the masculine plural form of a noun is used to refer to a group that includes both males and females.

los amig**os**
the friends (both male and female)

unos extranjer**os**
some foreigners (both male and female)

Práctica

A. Singular → plural. Dé la forma plural

1. la mesa
2. el papel
3. el amigo
4. la oficina
5. un cuaderno
6. un lápiz
7. una universidad
8. un bolígrafo
9. un edificio

B. Plural → singular. Dé la forma singular.

1. los profesores
2. las calculadoras
3. las bibliotecarias
4. los estudiantes
5. unos hombres
6. unas tardes
7. unas residencias
8. unas sillas
9. unos escritorios

Conversación

▲▲▲▲▲▲▲

A. Identificaciones. Identifique las personas, las cosas y los lugares.

MODELO: Hay _____ en _____. → Hay unos estudiantes en la clase.

Palabras útiles: la computadora, el experimento, la planta, el teléfono

1.   2.

B. Semejanzas (*Similarities*) **y diferencias**

Paso 1. ¿Cuáles son las semejanzas y las diferencias entre los dos cuartos? Hay por lo menos (*at least*) seis diferencias.

MODELO: En el dibujo A, hay _____.
En el dibujo B, hay sólo (*only*) _____.
En el escritorio del dibujo A, hay _____.
En el escritorio del dibujo B, hay _____.

Palabras útiles: la cama (*bed*), la computadora, el estante (*bookshelf*), la lámpara, la planta

Paso 2. Ahora indique qué hay en su propio (*your own*) cuarto. Use palabras del **Paso 1.**

MODELO: En mi cuarto hay _____. En mi escritorio hay _____.

Cruz Bustamante

Cruz Bustamante (1953–) was elected Lieutenant Governor of the State of California in 1998. A first-generation Californian, he was the first Latino to serve as Speaker of the Assembly (1996–1998), and the first Latino to be elected to statewide office in more than 120 years. As Lieutenant Governor, Bustamante has worked hard to improve education and educational opportunities for Californians. One of his main goals is to keep college affordable for working families. In addition, he wrote a law providing $1 billion to put updated textbooks into California classrooms. Bustamante is also a Regent of the University of California and a Trustee of the California State University.

Bustamante graduated from Tranquillity High School in California's San Joaquín Valley, then later attended Fresno City College and Fresno State University. While attending college, he was offered an internship in Washington, D.C., to work for Congressman B.F. Sisk, where his political career began.

Expressing Actions • Subject Pronouns; Present Tense of -ar Verbs; Negation

Escuchando furtivamente

Escuche lo que Diego le dice a Lupe. Luego haga el papel de Lupe. Modifique las oraciones de Diego con **no** si es necesario.

DIEGO: *Yo hablo* con mi familia con frecuencia. Por eso *pago* mucho en cuentas de teléfono. ¿Y *tú*?

LUPE: [...]

DIEGO: *Necesito* dinero para comprar libros. Por eso *enseño* inglés a un estudiante de matemáticas. ¿Y *tú*?

LUPE: [...]

DIEGO: En mi tiempo libre *escucho* música. También *toco* la guitarra. En las fiestas *bailo* mucho y *tomo* cerveza con mis amigos. Los fines de semana, *busco* libros de antropología en las librerías. ¿Y *tú*?

LUPE: [...]

Comprensión: ¿Cierto o falso?

1. Diego no habla mucho con su familia.
2. Es estudiante de ciencias.

Eavesdropping *Listen to what Diego is saying to Lupe. Then play the role of Lupe. Modify Diego's sentences with* **no** *if necessary.*
DIEGO: I speak often with my family. That's why I pay a lot in telephone bills. And you? LUPE: [...] DIEGO: I need money to buy books. That's why I teach English to a math student. And you? LUPE: [...] DIEGO: In my spare time I listen to music. I also play the guitar. At parties I dance a lot and drink beer with my friends. On weekends, I look for anthropology books in bookstores. And you? LUPE: [...]

3. No le gusta la música.
4. Es una persona introvertida y solitaria.
5. Habla francés.

Subject Pronouns			
Singular		**Plural**	
yo	I	**nosotros / nosotras**	we
tú	you *(fam.)*	**vosotros / vosotras**	you *(fam. Sp.)*
usted (Ud.)*	you *(form.)*	**ustedes (Uds.)***	you *(form.)*
él	he	**ellos / ellas**	they
ella	she		

A. Several *subject pronouns* (**los pronombres personales**) have masculine and feminine forms. The masculine plural form is used to refer to a group of males as well as to a group of males and females.

> **pronoun** = a word that takes the place of a noun
> Ted → *he*
> Martha and Ted → *they*
>
> **ellos** = *they* (all males; males and females)
> **ellas** = *they* (all females)

B. Spanish has different words for *you*. In general, **tú** is used to refer to a close friend or a member of your family, while **usted** is used with people with whom the speaker has a more formal or distant relationship. The situations in which **tú** and **usted** are used also vary among different countries and regions.

> **tú** → close friend, family member
> **usted (Ud.)** → formal or distant relationship

C. In Latin America and in this country, the plural for both **usted** and **tú** is **ustedes**. In Spain, however, **vosotros/vosotras** is the plural of **tú**, while **ustedes** is used as the plural of **usted** exclusively.

> **Latin America, North America**
> tú ⎫
> usted ⎬ ustedes
>
> **Spain**
> tú → vosotros/vosotras
> usted (Ud.) → ustedes

D. Subject pronouns are not used as frequently in Spanish as they are in English and may usually be omitted. You will learn more about the uses of Spanish subject pronouns in **Capítulo 2.**

***Usted** and **ustedes** are frequently abbreviated in writing as **Ud.** or **Vd.**, and **Uds.** or **Vds.**, respectively.

Verbs: Infinitives and Personal Endings

A. The *infinitive* (**el infinitivo**) of a verb indicates the action or state of being, with no reference to who or what performs the action or when it is done (present, past, or future). In Spanish all infinitives end in **-ar**, **-er**, or **-ir**. Infinitives in English are indicated by *to: to* speak, *to* eat, *to* live.

-ar:	habl**ar**	*to speak*
-er:	com**er**	*to eat*
-ir:	viv**ir**	*to live*

B. To *conjugate* (**conjugar**) a verb means to give the various forms of the verb with their corresponding subjects: *I speak, you speak, she speaks,* and so on. All regular Spanish verbs are conjugated by adding *personal endings* (**las terminaciones personales**) that reflect the subject doing the action. These are added to the *stem* (**la raíz** or **el radical**), which is the infinitive minus the infinitive ending.

hablar → habl-
comer → com-
vivir → viv-

C. The right-hand column shows the personal endings that are added to the stem of all regular **-ar** verbs:

Regular **-ar** verb endings:
o, -as, -a, -amos, -áis, -an

hablar (*to speak*): habl-

	Singular			Plural	
(yo)	habl**o**	*I speak*	(nosotros) (nosotras)	habl**amos**	*we speak*
(tú)	habl**as**	*you speak*	(vosotros) (vosotras)	habl**áis**	*you speak*
(Ud.) (él) (ella)	habl**a**	*you speak; he/she speaks*	(Uds.) (ellos) (ellas)	habl**an**	*you/they speak*

Some important **-ar** verbs in this chapter include those on the right.

bailar	to dance	**hablar**	to speak; to talk
buscar	to look for	**necesitar**	to need
cantar	to sing	**pagar**	to pay (for)
comprar	to buy	**practicar**	to practice
desear	to want	**regresar**	to return (*to a place*)
enseñar	to teach	**tocar**	to play (*a musical instrument*)
escuchar	to listen (to)	**tomar**	to take; to drink
estudiar	to study	**trabajar**	to work

O J O
Note that in Spanish the meaning of the English word *for* is included in the verbs **buscar** (*to look for*) and **pagar** (*to pay for*); *to* is included in **escuchar** (*to listen to*).

D. As in English, when two Spanish verbs are used in sequence and there is no change of subject, the second verb is usually in the infinitive form.

Necesito llamar a mi familia.
I need to call my family.

Me gusta bailar.
I like to dance.

E. In both English and Spanish, conjugated verb forms also indicate the *time* or *tense* (**el tiempo**) of the action: *I speak* (present), *I spoke* (past).

Some English equivalents of the present tense forms of Spanish verbs are shown at the right.

hablo
I speak	Simple present tense
I am speaking	Present progressive (indicates an action in progress)
I will speak	Near future action

Negation

In Spanish the word **no** is placed before the conjugated verb to make a negative sentence.

El estudiante **no** habla español.
The student doesn't speak Spanish.

No, **no** necesito dinero.
No, I don't need money.

Práctica

▲▲▲▲▲▲

A. Mis compañeros y yo

Paso 1. Read the following statements and tell whether they are true for you and your classmates and for your classroom environment. If any statement is not true for you or your class, make it negative or change it in another way to make it correct.

MODELO: Toco el piano → Sí, toco el piano.
(No, no toco el piano. Toco la guitarra.)

1. Necesito dinero.
2. Trabajo en la biblioteca.
3. Tomo ocho clases este semestre/trimestre (*this term*).
4. En clase, cantamos en francés.
5. Deseamos practicar español.
6. Tomamos Coca-Cola en clase.
7. El profesor / La profesora enseña español.
8. El profesor / La profesora habla muy bien el alemán.

Paso 2. Now turn to the person next to you and rephrase each sentence, using **tú** forms of the verbs in all cases. Your partner will indicate whether the sentences are true for him or her.

MODELO: ¿Tocas el piano? → Sí, toco el piano. (No, no toco el piano.)

B. En una fiesta. The following paragraphs describe a party. Scan the paragraphs first, to get a general sense of their meaning. Then complete the paragraphs with the correct form of the numbered infinitives.

Esta noche[a] hay una fiesta en el apartamento de Marcos y Julio. Todos[b] los estudiantes (cantar[1]) y (bailar[2]). Una persona (tocar[3]) la guitarra y otras personas (escuchar[4]) la música.

Jaime (buscar[5]) un café. Marta (hablar[6]) con un amigo. María José (desear[7]) enseñarles a todos[c] un baile[d] de Colombia. Todas las estudiantes desean (bailar[8]) con el estudiante mexicano—¡él (bailar[9]) muy bien!

La fiesta es estupenda, pero todos (necesitar[10]) regresar a casa[e] o a su[f] cuarto temprano.[g] ¡Hay clases mañana!

[a]Esta... *Tonight* [b]*All* [c]enseñarles... *to teach everyone* [d]*dance* [e]a... *home* [f]*their* [g]*early*

Comprensión: ¿Cierto o falso?

1. Marcos es un profesor de español.
2. A Jaime le gusta la cerveza.
3. María José es de Colombia.
4. Los estudiantes desean bailar.

Conversación

A. Oraciones lógicas. Form at least eight complete logical sentences by using one word or phrase from each column. The words and phrases may be used more than once, in many combinations. Be sure to use the correct form of the verbs. Make any of the sentences negative, if you wish.

MODELO: Yo no estudio francés.

yo	comprar	la guitarra, el piano, el violín
tú (estudiante)	regresar	el edificio de ciencias
nosotros (los miembros de esta clase)	buscar	en la cafetería, en la universidad
los estudiantes de aquí	trabajar	en una oficina, en una librería
el extranjero	hablar	a casa por la noche
	tocar	a la biblioteca a las dos
un secretario	(no) enseñar	francés, alemán (*German*)
un profesor de español	pagar	bien el español
un dependiente	tomar	los libros de texto con un cheque
	estudiar	libros y cuadernos en la librería
	desear	tomar una clase de computación
	necesitar	hablar bien el español
		estudiar más
		comprar una calculadora, una mochila
		pagar la matrícula (*tuition*) en septiembre

The Verb *estar*

Estar is another Spanish **-ar** verb. It means *to be*, and you have already used forms of it to ask how others are feeling or to tell where things are located. Here is the complete conjugation of **estar**. Note that the **yo** form is irregular. The other forms take regular **-ar** endings, and some have a shift in the stress pattern (indicated by the accented **á**).

yo	**estoy**	nosotros/as	**estamos**
tú	**estás**	vosotros/as	**estáis**
Ud., él, ella	**está**	Uds., ellos, ellas	**están**

You will learn the uses of the verb **estar**, along with those of **ser** (the other Spanish verb that means *to be*), gradually, over the next several chapters. For now, just answer the following questions, using forms of **estar**.

1. ¿Cómo está Ud. en este momento (*right now*)?
2. ¿Cómo están sus (*your*) compañeros de clase?
3. ¿Dónde está Ud. en este momento?

B. ¿Qué hacen? (*What are they doing?*) Tell where these people are and what they are doing. Note that the definite article is used with titles when you are talking about a person: **el señor, la señora, la señorita, el profesor, la profesora**.

MODELO: La Sra. Martínez _____. →
La Sra. Martínez está en la oficina. Busca un libro, trabaja…

Frases útiles: hablar por teléfono, preparar la lección, pronunciar las palabras, tomar apuntes (*to take notes*), usar una computadora

1. Estas (*These*) personas _____.
   La profesora Gil _____.
   Casi (*Almost*) todos los estudiantes _____.
   Unos estudiantes _____.

2. Estas personas están _____.
   El Sr. Miranda _____.
   La bibliotecaria _____.
   El secretario _____.

3. Estas personas _____.
   El cliente _____.
   La dependienta _____.

C. ¿Qué haces? (*What do you do?*)

Paso 1. Use the following cues as a guide to form questions to ask a classmate. Of course, you may ask other questions as well. Write the questions on a sheet of paper first, if you like. (**¡OJO!** Use the **tú** form of the verbs with your partner.)

1. estudiar en la biblioteca por la noche (*in the evening*)
2. practicar español con un amigo / una amiga
3. tomar café por la mañana (*in the morning*)
4. bailar mucho en las fiestas
5. tocar un instrumento musical
6. regresar a casa muy tarde (*late*) a veces (*sometimes*)

Paso 2. Now use the questions to get information from your partner. Jot down his or her answers for use in **Paso 3**.

MODELO: ¿Estudias en la biblioteca… ?

Paso 3. With the information you gathered in **Paso 2**, report your partner's answers to the class. (You will use the **él/ella** form of the verbs when reporting.)

MODELO: Jenny no estudia en la biblioteca por la noche. Estudia en casa.

^a¿Qué… *What the devil is that*   ^bvos = tú en la Argentina y el Uruguay   ^c*Do you understand?*

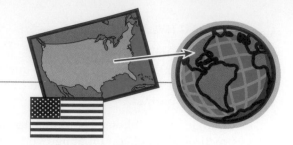

PANORAMA *cultural*

Los hispanos en los Estados Unidos

Datos[a] esenciales

- La población hispánica total de los Estados Unidos: más de 31 millones en 1999 (mil novecientos noventa y nueve), según el *Census Bureau.*

- Orígenes de la población hispánica en los Estados Unidos:
  México: 61% (sesenta y uno por ciento)
  Centroamérica, Sudamérica y otros países:[b] 23%
  Puerto Rico: 12%
  Cuba: 4%

[a]*Facts* [b]otros… *other countries*

¡Fíjese![a]

- En 1997 (mil novecientos noventa y siete) había[b] veintiún hispanos en el Congreso de los Estados Unidos. ¿Cuántos hay ahora? (www.house.gov)

- De los más de[c] 31 (treinta y un) millones de hispanos en los Estados Unidos (hay estimados de casi[d] 40 [cuarenta] millones), la mayoría[e] habla español (mucho o poco).

- Las palabras **hispano** e[f] **hispánico** se refieren al[g] idioma y a la cultura, no a la raza[h] o el grupo étnico. Originalmente, **hispano** e **hispánico** derivan de[i] la palabra *Hispania,* el nombre de España en latín. El idioma español es la clave[j] de la identidad cultural de los pueblos[k] hispánicos.

[a]*Check it out!* [b]*there were* [c]*De… Of the more than* [d]*almost* [e]*majority* [f]*y* [g]*Se… refer to the* [h]*race* [i]*derivan… come from* [j]*key* [k]*peoples*

Conozca a[a]… César Chávez

La contribución de César Chávez (1927–1993 [mil novecientos veintisiete a mil novecientos noventa y tres]) al movimiento de los trabajadores agrícolas[b] es enorme. Hijo de campesinos migrantes,[c] la educación de Chávez sólo llega al séptimo grado.[d]

En 1962 (mil novecientos sesenta y dos), Chávez organiza a los campesinos que cosechan uvas.[e] Como resultado de las huelgas[f] y el boicoteo de las uvas de mesa,[g] los campesinos reciben contratos más favorables para ellos; el United Farm Workers se establece[h] como sindicato[i] oficial.

Hoy en día,[j] la vida,[k] los sacrificios y los ideales de Chávez sirven de[l] inspiración a muchas personas.

[a]*Conozca… Meet* [b]*trabajadores… agricultural workers* [c]*campesinos… migrant farm workers* [d]*llega… reaches the seventh grade* [e]*cosechan… harvest grapes* [f]*strikes* [g]*uvas… table grapes* [h]*se… is established* [i]*union* [j]*Hoy… Nowadays* [k]*life* [l]*sirven… serve as an*

Capítulo 1 of the video to accompany *Puntos de partida* contains cultural footage of Hispanics in the United States.

Visit the *Puntos* Website at www.mhhe.com/puntos.

Vocabulario

Los verbos

bailar	to dance
buscar	to look for
cantar	to sing
comprar	to buy
desear	to want
enseñar	to teach
escuchar	to listen (to)
estar (*irreg.*)	to be
estudiar	to study
hablar	to speak; to talk
hablar por teléfono	to talk on the phone
necesitar	to need
pagar	to pay (for)
practicar	to practice
regresar	to return (*to a place*)
regresar a casa	to go home
tocar	to play (*a musical instrument*)
tomar	to take; to drink
trabajar	to work

Los lugares

el apartamento	apartment
la biblioteca	library
la cafetería	cafeteria
la clase	class
el cuarto	room
el edificio	building
la fiesta	party
la librería	bookstore
la oficina	office
la residencia	dormitory
la universidad	university

Las personas

el/la amigo/a	friend
el/la bibliotecario/a	librarian
el/la cliente	client
el/la compañero/a (de clase)	classmate
el/la compañero/a de cuarto	roommate
el/la consejero/a	advisor
el/la dependiente/a	clerk
el/la estudiante	student
el/la extranjero/a	foreigner
el hombre	man
la mujer	woman
el/la profesor(a)	professor
el/la secretario/a	secretary

Las lenguas (extranjeras)

el alemán	German
el español	Spanish
el francés	French
el inglés	English
el italiano	Italian

Otras materias

la administración de empresas, el arte, las ciencias, la computación, las comunicaciones, la economía, la filosofía, la física, la historia, las humanidades, la literatura, las matemáticas, la química, la sicología, la sociología

Las cosas

el bolígrafo	pen
la calculadora	calculator
el cuaderno	notebook
el diccionario	dictionary
el dinero	money
el escritorio	desk
el lápiz (*pl.* lápices)	pencil
el libro (de texto)	(text)book
la mesa	table
la mochila	backpack
el papel	paper

la pizarra	chalkboard
la puerta	door
la silla	chair
la ventana	window

Otros sustantivos

el café	coffee
la cerveza	beer
el día	day
la matrícula	tuition

¿Cuándo?

ahora	now
con frecuencia	frequently
el fin de semana	weekend
por la mañana	in the morning
(tarde, noche)	(afternoon, evening)
tarde/temprano	late/early
todos los días	every day

Pronombres personales

yo, tú, usted (Ud.), él/ella, nosotros/nosotras,
vosotros/vosotras, ustedes (Uds.), ellos/ellas

Palabras adicionales

aquí	here
con	with
en casa	at home
mal	poorly
más	more
mucho	much; a lot
muy	very
poco	little; a little bit
por eso	therefore
sólo	only

La familia

Una familia hispana. Los hispanos de hoy, especialmente en las zonas urbanas, prefieren tener (*to have*) familias pequeñas (*small*).

En este capítulo...

Vocabulario: La familia y los parientes; Adjetivos; Los números 31–100

Panorama cultural: México

Gramática:

4 Present Tense of *ser*; Summary of Uses

5 Possessive Adjectives (Unstressed)

6 Adjectives: Gender, Number, and Position

7 Present Tense of *-er* and *-ir* Verbs; More about Subject Pronouns

Multimedia

Practice vocabulary and grammar, expand your cultural knowledge, and develop your conversational skills.

La familia y los parientes° *relatives*

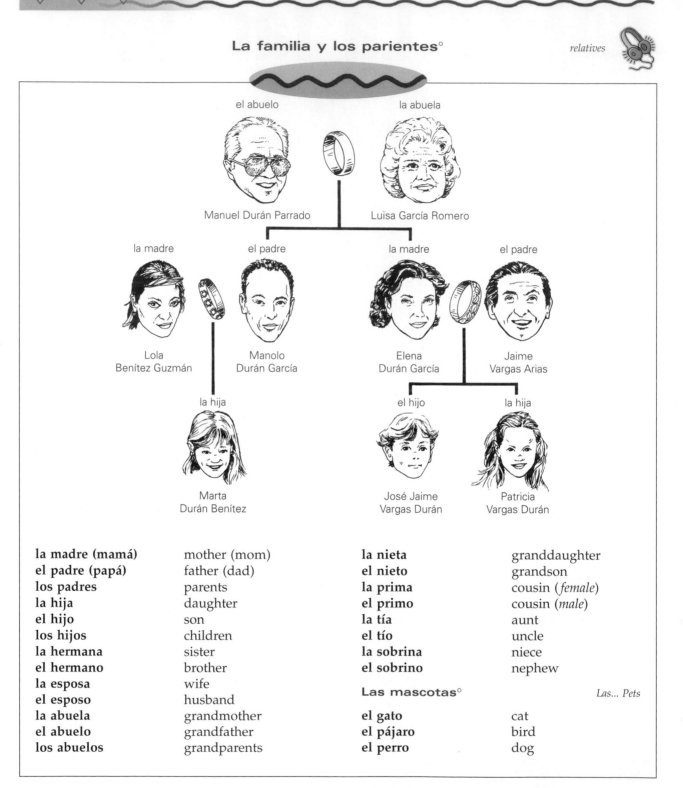

el abuelo
Manuel Durán Parrado

la abuela
Luisa García Romero

la madre
Lola Benítez Guzmán

el padre
Manolo Durán García

la madre
Elena Durán García

el padre
Jaime Vargas Arias

la hija
Marta Durán Benítez

el hijo
José Jaime Vargas Durán

la hija
Patricia Vargas Durán

la madre (mamá)	mother (mom)	**la nieta**	granddaughter
el padre (papá)	father (dad)	**el nieto**	grandson
los padres	parents	**la prima**	cousin (*female*)
la hija	daughter	**el primo**	cousin (*male*)
el hijo	son	**la tía**	aunt
los hijos	children	**el tío**	uncle
la hermana	sister	**la sobrina**	niece
el hermano	brother	**el sobrino**	nephew
la esposa	wife	**Las mascotas°**	*Las... Pets*
el esposo	husband		
la abuela	grandmother	**el gato**	cat
el abuelo	grandfather	**el pájaro**	bird
los abuelos	grandparents	**el perro**	dog

Conversación

▲▲▲▲▲▲▲▲

A. **¿Cierto o falso?** Look at the drawing of the family tree that appears on page 50. Decide whether each of the following statements is true **(cierto)** or false **(falso)** according to the drawing. Correct the false statements.

1. José Jaime es el hermano de Marta.
2. Luisa es la abuela de Patricia.
3. Marta es la sobrina de Jaime y Elena.
4. Patricia y José Jaime son primos.
5. Elena es la tía de Manolo.
6. Jaime es el sobrino de José Jaime.
7. Manuel es el padre de Manolo y Elena.
8. Elena y Lola son las esposas de Jaime y Manolo, respectivamente.

B. **¿Quién es?**

Paso 1. Complete las oraciones lógicamente.

1. La madre de mi (*my*) padre es mi _____.
2. El hijo de mi tío es mi _____.
3. La hermana de mi padre es mi _____.
4. El esposo de mi abuela es mi _____.

Paso 2. Ahora defina estas (*these*) personas, según (*according to*) el mismo (*same*) modelo.

1. prima   2. sobrino   3. tío   4. abuelo

C. **Entrevista.** Find out as much as you can about the family of a classmate using the following dialogue as a guide. Use **tengo** (*I have*) and **tienes** (*you have*), as indicated. Use **¿cuántos?** with male relations and **¿cuántas?** with females.

MODELO: E1:* ¿Cuántos hermanos tienes?
           E2: Bueno (*Well*), tengo seis hermanos y una hermana.
           E1: ¿Y cuántos primos?
           E2: ¡Uf! Tengo un montón (*bunch*). Más de veinte.

---

*From this point on in the text, ESTUDIANTE 1 and ESTUDIANTE 2 will be abbreviated as E1 and E2, respectively.

Adjetivos

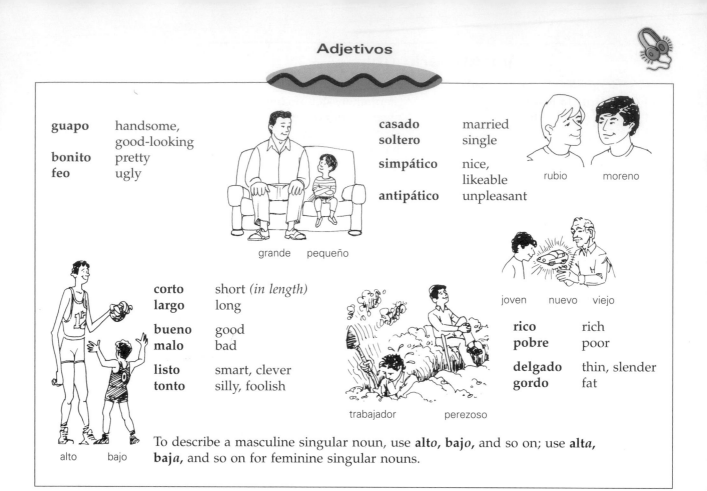

guapo handsome, good-looking
bonito pretty
feo ugly

grande   pequeño

casado married
soltero single
simpático nice, likeable
antipático unpleasant

rubio   moreno

joven   nuevo   viejo

corto short (*in length*)
largo long
bueno good
malo bad
listo smart, clever
tonto silly, foolish

trabajador   perezoso

rico rich
pobre poor
delgado thin, slender
gordo fat

alto   bajo

To describe a masculine singular noun, use **alt*o*, baj*o*,** and so on; use **alt*a*, baj*a*,** and so on for feminine singular nouns.

Conversación

A. Preguntas. Conteste según los dibujos.

el chimpancé
Einstein

Roberto
José

1·60   1·95
Pepe   Pablo

1. Einstein es listo.
   ¿Y el chimpancé?

2. Roberto es trabajador.
   ¿Y José?

3. Pepe es bajo.
   ¿Y Pablo?

Capítulo 2 • La familia

Satanás

el ángel

Ramón Ramírez

Paco Pereda

el libro

el lápiz

4. El ángel es bueno y simpático. También es guapo. ¿Y el demonio?

5. Ramón Ramírez es casado. También es viejo. ¿Y Paco Pereda?

6. El libro es viejo y corto. ¿Y el lápiz?

B. ¿Cómo es? Describe a famous personality, using as many adjectives as possible so that your classmates can guess who the person is. Don't forget to use cognate adjectives that you have seen in **Ante todo** and **Capítulo 1.**

MODELO: Es un hombre importante; controla una gran compañía de *software*. Es muy trabajador y muy rico. (Bill Gates)

Los números 31–100

Continúe la secuencia:

treinta y uno, treinta y dos...
ochenta y cuatro, ochenta y cinco...

31	treinta y uno	36	treinta y seis	50	cincuenta
32	treinta y dos	37	treinta y siete	60	sesenta
33	treinta y tres	38	treinta y ocho	70	setenta
34	treinta y cuatro	39	treinta y nueve	80	ochenta
35	treinta y cinco	40	cuarenta	90	noventa
				100	cien, ciento

¿Qué cuenta (*counts*) el perro?

Beginning with 31, Spanish numbers are *not* written in a combined form; **treinta y uno,** * **cuarenta y dos, sesenta y tres,** and so on must be three separate words.

Cien is used before nouns and in counting.

cien casas   *a (one) hundred houses*
noventa y ocho, noventa y   *ninety-eight, ninety-nine, one*
   nueve, **cien**   *hundred*

---

*Remember that when **uno** is part of a compound number (**treinta y uno, cuarenta y uno,** and so on), it becomes **un** before a masculine noun and **una** before a feminine noun: **cincuenta y *una* mesas; setenta y *un* coches.**

Conversación
▲▲▲▲▲▲▲

A. Más problemas de matemáticas. Recuerde: + **y**, − **menos**, = **son**.

1. $30 + 50 = ?$
2. $45 + 45 = ?$
3. $32 + 58 = ?$
4. $77 + 23 = ?$
5. $100 - 40 = ?$
6. $99 - 39 = ?$
7. $84 - 34 = ?$
8. $78 - 36 = ?$
9. $88 - 28 = ?$

Nota cultural

Hispanic Last Names

In many Hispanic countries, people are given two last names (**apellidos**) such as in the case of **Amalia *Lázaro Aguirre***. The first last name (**Lázaro**) is that of Amalia's father; the second (**Aguirre**) is her mother's. This system for assigning last names is characteristic of all parts of the Spanish-speaking world, although it is not widely used by Hispanics living in this country.

B. Los números de teléfono

Paso 1. Here are parts of several pages from Hispanic telephone books. What can you tell about the names? (See the **Nota cultural** above.)

Paso 2. With a classmate, practice giving telephone numbers at random from the list. Your partner will listen and identify the person. **¡OJO!** In many Hispanic countries phone numbers are said differently than in this country. Follow the model.

MODELO: $4-15-00-46$ →

E1: Es el *cuatro-quince-cero cero-cuarenta y seis*.
E2: Es el número de *A. Lázaro Aguirre*.

Paso 3. Now give your classmate your phone number and get his or hers.

MODELO: Mi número es el...

LAZARO AGUIRRE, A. −Schez Pacheco, 17	415 0046
LAZCANO DEL MORAL, A. −E. Larreta, 14	215 8194
LAZCANO DEL MORAL, A. −Ibiza, 8	274 6868
LEAL ANTON, J. −Pozo, 8	222 3894
LIEBANA RODRIGUEZ, A.	
Guadarrama, 10	463 2593
LOPEZ BARTOLOME, J. −Palma, 69	232 2027
LOPEZ CABRA, J. −E. Solana, 118	407 5086
LOPEZ CABRA, J. −L. Van, 5	776 4602
LOPEZ GONZALEZ, J. A. −Ibiza, 27	409 2552
LOPEZ GUTIERREZ, G. −S. Cameros, 7	478 8494
LOPEZ LOPEZ, J. −Alamedilla, 21	227 3570
LOPEZ MARIN, V. −Illescas, 53	218 6630
LOPEZ MARIN, V. −N. Rey, 7	463 6873
LOPEZ MARIN, V. −Valmojado, 289	717 2823
LOPEZ NUÑEZ, J. −Pl. Pinazo, s/n	796 0035
LOPEZ NUÑEZ, J. −Rocafort, Bl. 321	796 5387
LOPEZ RODRIGUEZ, C. −Pl. Jesus, 7	429 3278
LOPEZ RODRIGUEZ, J. −Pl. Angel, 15	239 4323
LOPEZ RODRIGUEZ, M. E.	
B. Murillo, 104	233 4239
LOPEZ TRAPERO, A. −Cam. Ingenieros, 1	462 5392
LOPEZ VAZQUEZ, J. −A. Torrejón, 17	433 4646
LOPEZ VEGA, J. −M. Santa Ana, 5	231 2131
LORENTE VILLARREAL, G. −Gandia, 7	252 2758
LORENZO MARTINEZ, A. −Moscareta, 5	479 6282
LORENZO MARTINEZ, A. −P. Laborde, 21	778 2800
LORENZO MARTINEZ, A.	
Av. S. Diego, 116	477 1040
LOSADA MIRON, M. −Padilla, 31	276 9373
LOSADA MIRON, M. −Padilla, 31	431 7461
LOZANO GUILLEN, E.	
Juan H. Mendoza, 5	250 3884
LOZANO PIERA, F. J. −Pinguino, 8	466 3205
LUDEÑA FLORES, G. −Lope Rueda, 56	273 3735
LUENGO CHAMORRO, J.	
Gral Ricardos, 99	471 4906
LUQUE CASTILLO, J. −Pto Arlaban, 121	478 5253
LUQUE CASTILLO, L. −Cardeñosa, 15	477 6644

Expressing Age

NIETA: ¿Cuántos años tienes, abuela?
ABUELA: Setenta y tres, Nora.
NIETA: ¿Y cuántos años tiene el abuelo?
ABUELA: Setenta y cinco, mi amor (*love*). Y ahora, dime (*tell me*), ¿cuántos años tienes tú?
NIETA: Tengo tres.

In Spanish, age is expressed with the phrase **tener** _____ **años** (literally, *to have. . . years*). You have now seen all the singular forms of **tener** (*to have*): **tengo, tienes, tiene.**

C. **¡Seamos** (*Let's be*) **lógicos!** Complete las oraciones lógicamente.

1. Un hombre que (*who*) tiene noventa años es muy _____.
2. Un niño (*small child*) que tiene sólo un año es muy _____.
3. La persona más vieja (*oldest*) de mi familia es mi _____. Tiene _____ años.
4. La persona más joven de mi familia es mi _____. Tiene _____ años.
5. En mi opinión, es ideal tener _____ años.
6. Cuando una persona tiene _____ años, ya es adulta.
7. Para (*In order to*) tomar cerveza en este estado, es necesario tener _____ años.
8. Para mí (*For me*), ¡la idea de tener _____ años es inconcebible (*inconceivable*)!

Pronunciación: Stress and Written Accent Marks (Part 1)

By now you will have noticed that some Spanish words have *written accent marks* over one of the vowels. That mark is called **el acento (ortográfico).** It means that the syllable containing the accented vowel is stressed when the word is pronounced, as in the word **bolígrafo** (**bo-LI-gra-fo**), for example.

Although all Spanish words of more than one syllable have a stressed vowel, most words do not have a written accent mark. Most words have the spoken stress exactly where native speakers of Spanish would predict it. These two simple rules tell you which syllable is accented when a word does not have a written accent.

> In this chapter you will learn predictable patterns of stress. In the next chapter, you will learn when the written accent mark is needed.

- Words that end in a vowel, or **-n,** or **-s** are stressed on the next-to-last syllable.

co-sa	e-**xa**-men	i-ta-**lia**-no
gra-cias	**e**-res	**len**-guas

- Words that end in any other consonant are stressed on the last syllable.

us-**ted**	es-pa-**ñol**	doc-**tor**
na-tu-**ral**	pro-fe-**sor**	es-**tar**

A. Sílabas. The following words have been separated into syllables for you. Read them aloud, paying careful attention to where the spoken stress should fall.

1. Stress on the next-to-last syllable

chi-no	me-sa	li-bro	cien-cias
ar-te	si-lla	con-se-je-ra	o-ri-gen
cla-se	Car-men	li-te-ra-tu-ra	com-pu-ta-do-ra

2. Stress on the last syllable

se-ñor	ac-tor	li-ber-tad	lu-gar
mu-jer	co-lor	ge-ne-ral	u-ni-ver-si-dad
fa-vor	po-pu-lar	sen-ti-men-tal	con-trol

B. Vocales. Indicate the stressed vowel in each of the following words.

1. mo-chi-la	**4.** i-gual-men-te	**7.** li-be-ral
2. me-nos	**5.** E-cua-dor	**8.** hu-ma-ni-dad
3. re-gu-lar	**6.** e-le-gan-te	

Minidiálogos y gramática

¿Recuerda Ud.?

Before beginning Grammar Section 5, review the forms and uses of **ser** that you have already learned by answering these questions.

1. ¿Es Ud. estudiante o profesor(a)?
2. ¿Cómo es Ud.? ¿Es una persona sentimental? ¿inteligente? ¿paciente? ¿elegante?
3. ¿Qué hora es? ¿A qué hora es la clase de español?
4. ¿Qué es un hospital? ¿Es una persona? ¿una cosa? ¿un edificio?

Expressing *to be* • Present Tense of *ser*; Summary of Uses

Presentaciones

— Hola. Me llamo Manolo Durán.

- *Soy* profesor en la universidad.
- *Soy* alto y moreno.
- *Soy* de Sevilla, España.

— ¿Y Lola Benítez, mi esposa? Complete la descripción de ella.

Es _____ (profesión).
Es _____ y _____ (descripción).
Es de _____ (origen).

Málaga, España
bonita
profesora
delgada

As you know, there are two Spanish verbs that mean *to be*: **ser** and **estar**. They are not interchangeable; the meaning that the speaker wishes to convey determines their use. In this chapter, you will review the uses of **ser** that you already know and learn some new ones. Remember to use **estar** to express location and to ask how someone is feeling. You will learn more about the uses of **estar** in **Capítulo 5**.

A. Here are some basic language functions of **ser.** You have used or seen all of them already in this and previous chapters.

ser (*to be*)			
yo	**soy**	nosotros/as	**somos**
tú	**eres**	vosotros/as	**sois**
Ud. él ella	**es**	Uds. ellos ellas	**son**

- To *identify* people and things

[Práctica A]

When you see a note in brackets [**Práctica A**] here, it refers you to that exercise for the grammar point. In this case, Exercise A (page 58) in the next **Práctica** section will allow you to practice this point.

Yo soy **estudiante.**
Alicia y yo somos **amigas.**
La doctora Ramos es **profesora.**
Esto (*This*) es **un libro.**

- To *describe* people and things*

Soy **sentimental.**
I'm sentimental (a sentimental person).

El coche es **muy viejo.**
The car is very old.

- With **de,** to express *origin*

  [Práctica B–C]

Somos **de los Estados Unidos,** pero nuestros
padres son **de la Argentina.** ¿**De dónde** es Ud.?
*We're from the United States, but our parents are
from Argentina. Where are you from?*

- To express *generalizations* (only **es**)

  [Conversación B]

Es **importante** estudiar, pero no es **necesario**
estudiar todos los días.
*It's important to study, but it's not necessary to
study every day.*

B. Here are two basic language functions of **ser**
that you have not yet practiced.

- With **de,** to express *possession*

  [Práctica D]

Es el perro **de Carla.**
It's Carla's dog.

Note that there is no **'s** in Spanish.

Son las gatas **de Jorge.**
They're Jorge's (female) cats.

OJO
The masculine singular article **el** contracts
with the preposition **de** to form **del.** No
other article contracts with **de.**

Es la casa **del** profesor.
It's the (male) professor's house.

Es la casa **de la** profesora.
It's the (female) professor's house.

de + el → del

- With **para,** to tell for whom or what
something *is intended*

  [Conversación A]

¿*Romeo y Julieta*? Es **para** la clase de inglés.
Romeo and Juliet? It's for English class.

_____ ¿**Para** quién son los regalos?
_____ (Son) **Para** mi nieto.
Who are the presents for?
(They're) For my grandson.

Práctica

A. Los parientes de Manolo. Look back at the family tree on page 50. Then
tell whether the following statements are true (**cierto**) or false (**falso**) from
Manolo's standpoint. Correct the false statements.

*You will practice this language function of **ser** in Grammar 6 in this chapter and in subsequent
chapters.

1. Lola y yo somos hermanos.
2. Mi esposa es la prima de Patricia.
3. Manuel y Luisa son mis (*my*) padres.
4. José Jaime es mi sobrino.
5. Mi hermana es la esposa de Jaime.
6. Mi padre no es abuelo todavía (*yet*).
7. Mi familia no es muy grande.

B. Nacionalidades

Paso 1. ¿De dónde son, según los nombres y apellidos?

Naciones: Francia, México, Italia, los Estados Unidos, Inglaterra (*England*), Alemania (*Germany*)

1. John Doe
2. Karl Lotze
3. Graziana Lazzarino
4. María Gómez
5. Claudette Moreau
6. Timothy Windsor

Paso 2. Ahora, ¿de dónde es Ud.? ¿de este estado? ¿de una metrópoli? ¿de un área rural? ¿Es Ud. de una ciudad (*city*) que tiene un nombre hispano? ¿Es de otro país (*another country*)?

C. Personas extranjeras

Paso 1. ¿Quiénes son, de dónde son y dónde trabajan ahora?

MODELO: Teresa: actriz / de Madrid / en Cleveland →
Teresa es actriz. Es de Madrid. Ahora trabaja en Cleveland.

1. Carlos Miguel: médico (*doctor*) / de Cuba / en Milwaukee
2. Maripili: profesora / de Burgos / en Miami
3. Mariela: dependienta / de Buenos Aires / en Nueva York
4. Juan: dentista* / de Lima / en Los Ángeles

Paso 2. Ahora hable sobre (*about*) un amigo o pariente suyo (*of yours*) según el **Paso 1.**

D. ¡Seamos (*Let's be*) lógicos! ¿De quién son estas cosas? Con un compañero/una compañera, haga y conteste preguntas (*ask and answer questions*) según el modelo.

MODELO: E1: ¿De quién es el perro?
E2: Es de…

Personas: las estudiantes, la actriz, el niño, la familia con diez hijos, el estudiante extranjero, los señores Schmidt

¿De quién es/son… ?

1. la casa en Beverly Hills
2. la casa en Viena
3. la camioneta (*station wagon*)
4. el perro
5. las fotos de la Argentina
6. las mochilas con todos los libros

---

*A number of professions end in **-ista** in both masculine and feminine forms. The article indicates gender: **el/la dentista, el/la artista,** and so on.

Explaining Your Reasons

In conversation, it is often necessary to explain a decision, tell why someone did something, and so on. Here are some simple words and phrases that speakers use to offer explanations.

porque   because

— ¿Por qué necesitamos un televisor nuevo?

— Pues... **para** mirar el partido de fútbol... ¡Es el campeonato!

— ¿Por qué trabajas tanto?

— ¡**Porque** necesitamos el dinero!

para   in order to

Why do we need a new TV set?

Well . . . (in order) to watch the soccer game . . . It's the championship!

Why do you work so much?
Because we need the money!

Note the differences between **porque** (one word, no accent) and the interrogative **¿por qué?**

Conversación

▲▲▲▲▲▲▲▲

A. **El regalo ideal.** The first column below lists gifts that Diego would like to give to certain members of his family, listed in the second column. For him, money is no object! Decide who receives each gift, and explain your decisions by using the additional information included about the family members.

MODELO: _____ es para _____ →
   El dinero es para Carmina, la hermana. Ella desea estudiar en otro estado. Por eso necesita el dinero.

REGALOS

1. la calculadora
2. los libros de literatura clásica
3. los discos compactos de Andrés Segovia
4. el televisor
5. el radio
6. el dinero

MIEMBROS DE LA FAMILIA

a. José, el padre: Le gusta escuchar las noticias (*news*).
b. Julián y María, los abuelos: Les gusta mucho la música de guitarra clásica.
c. Carmen, la madre: Le gusta mirar programas cómicos.
d. Joey, el hermano: Le gustan mucho las historias viejas.
e. Carmina, la hermana: Desea estudiar en otro estado.
f. Raulito, el primo: Le gustan las matemáticas.

B. ¿Qué opinas? Exprese opiniones originales, afirmativas o negativas, con estas palabras.

Es importante
Es muy práctico
Es necesario
(No) Es tonto (*foolish*)
Es fascinante
Es una lata (*pain, drag*)
Es posible

mirar la televisión todos los días
hablar español en la clase
tener muchas mascotas
llegar (*to arrive*) a clase puntualmente
tomar cerveza en clase
hablar con los animales / las plantas
tomar mucho café y fumar cigarrillos
trabajar dieciocho horas al día
tener muchos hermanos
ser amable con todos los miembros
   de la familia
estar en las fiestas familiares
pasar mucho tiempo con la familia

Expressing Possession • Possessive Adjectives (Unstressed)

La familia de Carlos IV (cuarto)

La familia de Carlos IV, un rey español del siglo XVIII. En el cuadro están su esposa, sus hijos… ¿y sus padres y sus abuelos? ¿Quiénes son las personas a la izquierda del rey?

¿Tiene Ud. una foto reciente de su familia? ¿Quiénes están en la foto?

Carlos IV's Family The family of Carlos IV, an eighteenth century Spanish king. In the painting are his wife, his children . . . and his parents and grandparents? Who are the people to the left of the king?

You have already seen and used several possessive adjectives in Spanish. Here is the complete set.

Possessive Adjectives

	my			our		
	mi libro/mesa			nuestro libro	nuestra mesa	
	mis libros/mesas			nuestros libros	nuestras mesas	
	your			your		
	tu libro/mesa			vuestro libro	vuestra mesa	
	tus libros/mesas			vuestros libros	vuestras mesas	
	your, his, her, its	**su** libro/mesa		your, their	**su** libro/mesa	
		sus libros/mesas			**sus** libros/mesas	

In Spanish, the ending of a possessive adjective agrees in form with the person or thing possessed, not with the owner or possessor. Note that these possessive adjectives are placed before the noun.

Son $\left\{\begin{array}{c} \text{mis} \\ \text{tus} \\ \text{sus} \end{array}\right\}$ cuadernos.

The possessive adjectives **mi(s)**, **tu(s)**, and **su(s)** show agreement in number only with the nouns they modify **Nuestro/a/os/as** and **vuestro/a/os/as**, like all adjectives that end in **-o**, show agreement in both number and gender.

Es $\left\{\begin{array}{c} \text{nuestra} \\ \text{vuestra} \\ \text{su} \end{array}\right\}$ casa.

The possessive adjectives **vuestro/a/os/as** are used extensively in Spain, but are not common in Latin America.

$\left.\begin{array}{l} \text{el coche} \\ \text{la casa} \\ \text{los libros} \\ \text{las mesas} \end{array}\right\}$ de él (de ella, de Ud., de ellos, de ellas, de Uds.)

O J O

Su(s) can have several different equivalents in English: *your* (*sing.*), *his*, *her*, *its*, *your* (*pl.*), and *their*. Usually its meaning will be clear in context. When context does not make the meaning of **su(s)** clear, **de** and a pronoun are used instead, to indicate the possessor.

¿Son jóvenes los hijos **de él**?
Are his children young?

¿Dónde vive el abuelo **de ellas**?
Where does their grandfather live?

Práctica

A. **Posesiones.** Which nouns can these possessive adjectives modify without changing form?

1. su: problema primos dinero tías escritorios familia
2. tus: perro idea hijos profesoras abuelo examen
3. mi: ventana médicos cuarto coche abuela gatos
4. sus: animales oficina nietas padre hermana abuelo
5. nuestras: guitarra libro materias lápiz sobrinas tía
6. nuestro: gustos consejeros parientes puerta clase residencia

B. ¿Cómo es la familia de Carlos IV?

Paso 1. Mire la ilustración de Carlos IV y su familia en la página 61. Conteste según el modelo.

MODELO: familia / grande →
Su familia es grande.

1. hijo pequeño / guapo
2. esposa / fea
3. retrato (*portrait*) / bueno
4. hijas / solteras
5. familia / importante y rica

Paso 2. Imagine que Ud. es Carlos IV. Cambie las respuestas (*answers*) del 1 al 3.

MODELO: hijo pequeño / guapo → Mi hijo pequeño es guapo.

Paso 3. Imagine que Ud. es la esposa de Carlos IV y hable por (*for*) Ud. y por su esposo. Cambie las respuestas del 3 al 5.

MODELO: retrato / bueno →
Nuestro retrato es bueno.

Conversación

▲▲▲▲▲▲▲▲

Entrevista. You have already learned a great deal about the families of your classmates and instructor. This interview will help you gather more information. Use the questions as a guide to interview your instructor or a classmate and take notes on what he or she says. (Use **tu[s]** when interviewing a classmate.) Then report the information to the class.

1. ¿Cómo es su familia? ¿grande? ¿pequeña? ¿Cuántas personas viven (*live*) en su casa?
2. ¿Son simpáticos sus padres? ¿generosos? ¿cariñosos (*caring*)?
3. ¿Cuántos hijos tienen (*have*) sus padres? ¿Cuántos años tienen?
4. ¿Cómo son sus hermanos? ¿inteligentes? ¿traviesos (*mischievous*)? ¿trabajadores? Si (*If*) son muy jóvenes, ¿prefieren (*do they prefer*) estudiar o mirar la televisión? Si son mayores (*older*), ¿trabajan o estudian? ¿Dónde?
5. ¿Tiene Ud. (*Do you have*) esposo/a (compañero/a de cuarto)? ¿Cómo es? ¿Trabaja o estudia?

6 ▸ Describing • Adjectives: Gender, Number, and Position

Un poema sencillo

Amigo
Fiel
Amable
Simpático
¡Lo admiro!

Amiga
Fiel
Amable
Simpática
¡La admiro!

According to their form, which of the adjectives below can be used to describe each person? Which can refer to you?

Marta:
Mario: { fiel   amable   simpática   simpático

Adjectives (**Los adjetivos**) are words used to talk about nouns or pronouns. Adjectives may describe or tell how many there are.

You have been using adjectives to describe people since **Ante todo**. In this section, you will learn more about describing the people and things around you.

  adjective = a word used to describe a noun or pronoun

large desk   *few* desks
tall woman   *several* women

Adjectives with *ser*

In Spanish, forms of **ser** are used with adjectives that describe basic, inherent qualities or characteristics of the nouns or pronouns they modify.

Tú **eres amable.**
You're nice. (You're a nice person.)

El diccionario **es barato.**
The dictionary is inexpensive.

A simple poem Friend Loyal Kind Nice I admire him/her!

Forms of Adjectives

Spanish adjectives agree in gender and number with the noun or pronoun they modify. Each adjective has more than one form.

A. Adjectives that end in **-o (alto)** have four forms, showing gender and number.*

	Masculine	Feminine
Singular	amigo alt**o**	amiga alt**a**
Plural	amigos alt**os**	amigas alt**as**

B. Adjectives that end in **-e (inteligente)** or in most consonants (**fiel**) have only two forms, a singular and a plural form. The plural of adjectives is formed in the same way as that of nouns.

[Práctica A–C]

	Masculine	Feminine
Singular	amigo inteligent**e**	amiga inteligent**e**
	amigo fiel	amiga fiel
Plural	amigos inteligent**es**	amigas inteligent**es**
	amigos fiel**es**	amigas fiel**es**

C. Most adjectives of nationality have four forms.

The names of many languages —which are masculine in gender—are the same as the masculine singular form of the corresponding adjective of nationality: **el español, el inglés, el alemán, el francés,** and so on.

[Práctica D]

Note that in Spanish the names of languages and adjectives of nationality are not capitalized, but the names of countries are: **español, española,** but **España.**

	Masculine	Feminine
Singular	el doctor	la doctor**a**
	mexican**o**	mexican**a**
	español	español**a**
	alemán	aleman**a**
	inglés	ingl**esa**
Plural	los doctor**es**	las doctor**as**
	mexican**os**	mexican**as**
	español**es**	español**as**
	aleman**es**	aleman**as**
	ingl**eses**	ingl**esas**

Placement of Adjectives

As you have probably noticed, adjectives do not always precede the noun in Spanish as they do in English. Note the following rules for adjective placement.

A. Adjectives of quantity, like numbers, *precede* the noun, as do the interrogatives **¿cuánto/a?** and **¿cuántos/as?**

Hay **muchas** sillas y **dos** escritorios.
There are many chairs and two desks.

¿**Cuánto** dinero necesitas?
How much money do you need?

---

*Adjectives that end in **-dor, -ón, -án,** and **-ín** also have four forms: **trabajador, trabajadora, trabajadores, trabajadoras.**

O J O **Otro/a** by itself means *another* or *other*. The indefinite article is never used with **otro/a**.	Busco **otro** coche *I'm looking for another car.*

B. Adjectives that describe the qualities of a noun and distinguish it from others generally *follow* the noun. Adjectives of nationality are included in this category.

un perro **bueno**
un dependiente **trabajador**
una joven **delgada** y **morena**
un joven **español**

C. The adjectives **bueno** and **malo** may precede or follow the noun they modify. When they precede a masculine singular noun, they shorten to **buen** and **mal** respectively.

[Práctica C]

un **buen** perro / un perro **bueno**
una **buena** perra / una perra **buena**
un **mal** día / un día **malo**
una **mala** noche / una noche **mala**

D. The adjective **grande** may also precede or follow the noun. When it precedes a singular noun—masculine or feminine—it shortens to **gran** and means *great* or *impressive*. When it follows the noun, it means *large* or *big*.

[Conversación]

Nueva York es una ciudad **grande.**
New York is a large city.
Nueva York es una **gran** ciudad.
New York is a great (impressive) city.

Forms of *this/these*

A. The demonstrative adjective *this/these* has four forms in Spanish.* Learn to recognize them when you see them.

est**e** hijo	*this son*
est**a** hija	*this daughter*
est**os** hijos	*these sons*
est**as** hijas	*these daughters*

B. You have already seen the neuter demonstrative **esto**. It refers to something that is as yet unidentified.

¿Qué es esto?
What is this?

Práctica

▲▲▲▲▲▲

A. La familia de José Miguel. The following incomplete sentences describe some members of the family of José Miguel Martín Velasco, a student from Quito, Ecuador. For each item, scan through the adjectives to see which ones can complete the statement. Pay close attention to the form of each adjective.

---

*You will learn all forms of the Spanish demonstrative adjectives (*this, that, these, those*) in Grammar 8.

1. El tío Miguel es _____. (trabajador / alto / nueva / grande / fea / amable)
2. Los abuelos son _____. (rubio / antipático / inteligentes / viejos / religiosos / sinceras)
3. La madre de José Miguel es _____. (rubio / elegante /sentimental / buenas / casadas / simpática)
4. Las primas son _____. (solteras / morenas / lógica / bajos / mala)

Vocabulario útil

Here are some additional adjectives to use in this section. You should be able to guess the meaning of some of them.

agresivo/a	¿ ?	**difícil**	difficult
amistoso/a	friendly	**encantador(a)**	delightful
animado/a	lively	**fácil**	easy
atrevido/a	daring	**sensible**	sensitive
cariñoso/a	affectionate	**suficiente**	¿ ?
chistoso/a	amusing	**tolerante**	¿ ?
comprensivo/a	understanding	**travieso/a**	mischievous

B. **Hablando** (*Speaking*) **de la universidad.** Tell what you think about aspects of your university by telling whether you agree (**Estoy de acuerdo.**) or disagree (**No estoy de acuerdo.**) with the statements. If you don't have an opinion, say **No tengo opinión.**

1. Hay suficientes actividades sociales.
2. Los profesores son excelentes.
3. Las residencias son buenas.
4. Hay suficientes gimnasios.
5. Es fácil aparcar el coche.
6. Es fácil llegar a la universidad en autobús.
7. Hay suficientes zonas verdes.
8. Los restaurantes, cafeterías y cafés son buenos.
9. En la librería, los precios son bajos.
10. Los bibliotecarios son cooperativos.

C. **¡Dolores es igual!** Cambie Diego → Dolores.

Diego es un buen estudiante. Es listo y trabajador y estudia mucho. Es estadounidense de origen mexicano, y por eso habla español. Desea ser profesor de antropología. Diego es moreno, guapo y atlético. Le gustan las fiestas grandes y tiene buenos amigos en la universidad. Tiene parientes estadounidenses y mexicanos.

D. Nacionalidades. Tell what nationality the following persons could be and where they might live: **Portugal, Alemania, China, Inglaterra, España, Francia, Italia.**

1. Monique habla francés; es _____ y vive (*she lives*) en _____.
2. José habla español; es _____ y vive en _____.
3. Greta y Hans hablan alemán; son _____ y viven en _____.
4. Gilberto habla portugués; es _____ y vive en _____.
5. Gina y Sofía hablan italiano; son _____ y viven en _____.
6. Winston habla inglés; es _____ y vive en _____.
7. Hai (*m.*) y Han (*m.*) hablan chino; son _____ y viven en _____.

Conversación

▲▲▲▲▲▲▲▲

Asociaciones: With several classmates, how many names can you associate with the following phrases? To introduce your suggestions, you can say **Creo que** (_____ **es un gran hombre**). To express agreement or disagreement, use **(No) Estoy de acuerdo.**

1. un mal restaurante
2. un buen programa de televisión
3. una gran mujer, un gran hombre
4. un buen libro (¿una novela?), un libro horrible

En los Estados Unidos y el Canadá...

La famosa familia Iglesias

Two generations of the Iglesias family now live in the United States: Julio Iglesias, who moved to the U.S. in the early 1980s, and all his children. Like their father, Julio's eldest children, Chabeli (Isabel), Julio, and Enrique, were born in Spain. They started spending most of the year in the U.S. when their father moved to Miami in 1982.

Some people consider Julio Iglesias (1943–) to be one of the most famous singers in the world. In countries that speak Spanish, English, and Portuguese, he has been a major celebrity for almost 20 years. His crossover to the English language musical scene happened in 1984.

Now his oldest sons are following in his footsteps. Enrique (1975–) started his own career at age 20, and has already won a Grammy for the best Latin pop singer. His older brother, Julio Jr. (1973–), recently began singing professionally, after having worked as an actor and a model. Their sister Chabeli is a TV host for the Univision channel.

¿Recuerda Ud.?

The personal endings used with **-ar** verbs share some characteristics of those used with **-er** and **-ir** verbs, which you will learn in the next section. Review the endings of **-ar** verbs by telling which subject pronoun(s) you associate with each of these endings.

1. -amos 2. -as 3. -áis 4. -an 5. -o 6. -a

Expressing Actions • Present Tense of *-er* and *-ir* Verbs; More about Subject Pronouns

Diego se presenta.

Hola. Me llamo Diego González. Soy estudiante de UCLA, pero este año *asisto* a la Universidad Nacional Autónoma de México. *Vivo* con mi tía Matilde en la Ciudad de México. *Como* pizza con frecuencia y *bebo* cerveza en las fiestas. Me gusta la ropa de moda; por eso *recibo* varios catálogos. *Leo* muchos libros de antropología para mi especialización. También *escribo* muchas cartas a mi familia. *Creo* que una educación universitaria es muy importante. Por eso estudio y *aprendo* mucho. ¡Pero *comprendo* también que es muy importante estar con los amigos y con la familia!

¿Es Diego un estudiante típico? ¿Cómo es Ud.? Adapte las oraciones de Diego a su conveniencia.

Verbs That End in *-er* and *-ir*

A. The present tense of **-er** and **-ir** verbs is formed by adding personal endings to the stem of the verb (the infinitive minus its **-er/-ir** ending). The personal endings for **-er** and **-ir** verbs are the same except for the first and second person plural.

comer (*to eat*)		vivir (*to live*)	
como	com**emos**	vivo	viv**imos**
comes	com**éis**	vives	viv**ís**
come	com**en**	vive	viv**en**

Diego introduces himself. Hello. My name is Diego González. I'm a student at UCLA, but this year I attend the Universidad Nacional Autónoma de México. I live with my Aunt Matilde in Mexico City. I eat pizza frequently and I drink beer at parties. I like the latest fashions; that's why I receive various catalogues. I read lots of anthropology books for my major. I also write a lot of letters to my family. I think that a university education is very important. That's why I study and learn a lot. But I also understand that it's very important to be with friends and family!

B. Some frequently used -**er** and -**ir** verbs in this chapter include those on the right.

-*er* verbs		-*ir* verbs	
aprender	to learn	**abrir**	to open
beber	to drink	**asistir (a)**	to attend, go to
comer	to eat		(*a class, function*)
comprender	to understand	**escribir**	to write
creer (en)	to think, believe (in)	**recibir**	to receive
deber (+ *inf.*)	should, must, ought	**vivir**	to live
	to (*do something*)		
leer	to read		
vender	to sell		

Remember that the Spanish present tense has a number of present tense equivalents in English and can also be used to express future meaning.

como = *I eat, I am eating, I will eat*

Use and Omission of Subject Pronouns

In English, a verb must have an expressed subject (a noun or pronoun): *she says, the train arrives.* In Spanish, however, as you have probably noticed, an expressed subject is not required. Verbs are accompanied by a subject pronoun only for clarification, emphasis, or contrast.

- *Clarification:* When the context does not make the subject clear, the subject pronoun is expressed. This happens most frequently with third person singular and plural verb forms.

Ud./él/ella vende
Uds./ellos/ellas venden

- *Emphasis:* Subject pronouns are used in Spanish to emphasize the subject when in English you would stress it with your voice.

—¿Quién debe pagar?
—¡**Tú** debes pagar!
Who should pay?
***You** should pay!*

- *Contrast:* Contrast is a special case of emphasis. Subject pronouns are used to contrast the actions of two individuals or groups.

Ellos leen mucho; **nosotros** leemos poco.
They read a lot; we read little.

Práctica

A. En la clase de español

Paso 1. Read the following statements and tell whether they are true for your classroom environment. If any statement is not true for you or your class, make it negative or change it in another way to make it correct.

MODELO: Bebo café en clase. → Sí, bebo café en clase.
(No, no bebo café en clase. Bebo café en casa.)

1. Debo estudiar más para esta clase.
2. Leo todas las partes de las lecciones.
3. Comprendo bien cuando mi profesor/profesora habla.
4. Asisto al laboratorio con frecuencia.
5. Debemos abrir más los libros en clase.
6. Escribimos mucho en esta clase.
7. Aprendemos a hablar español en esta clase.*
8. Vendemos nuestros libros al final del año (*year*).

Paso 2. Now turn to the person next to you and rephrase each sentence, using **tú** forms of the verbs. Your partner will indicate whether the sentences are true for him or her.

MODELO: Debes estudiar más para esta clase, ¿verdad (*right*)? →
Sí, debo estudiar más.
(No, no debo estudiar más.)
(No. Debo estudiar más para la clase de matemáticas.)

B. Diego habla de su padre. Complete este párrafo con la forma correcta de los verbos entre paréntesis.

Mi padre (vender[1]) coches y trabaja mucho. Mis hermanos y yo (aprender[2]) mucho de papá. Según mi padre, los jóvenes (deber[3]) (asistir[4]) a clase todos los días, porque es su[a] obligación. Papá también (creer[5]) que no es necesario mirar la televisión por la noche. Es más interesante (leer[6]) el periódico[b] o un buen libro. Por eso nosotros (leer[7]) o (escribir[8]) por la noche y no miramos la televisión mucho. Yo admiro mucho a[†] mi papá y (creer[9]) que él (comprender[10]) la importancia de la educación.

[a]*their* [b]*newspaper*

C. Un sábado (*Saturday*) en Sevilla. Using all the cues given, form complete sentences about Manolo's narration about a certain Saturday at home with his family. Make any changes and add words when necessary. When the subject pronoun is in parentheses, do not use it in the sentence.

1. yo / leer / periódico
2. mi hija, Marta / mirar / televisión
3. también / (ella) escribir / composición
4. mi esposa, Lola / abrir / y / leer / cartas
5. ¡hoy / (nosotros) recibir / carta / tío Ricardo!
6. (él) ser de / España / pero / ahora / vivir / México
7. ¡ay! / ser / dos / de / tarde
8. ¡(nosotros) / deber / comer / ahora!

---

*Note: **aprender** + **a** + infinitive = to learn how to (*do something*)

†Note the use of **a** here. In this context, the word **a** has no equivalent in English. It is used in Spanish before a direct object that is a specific person. You will learn more about this use of **a** in **Capítulo 6.** Until then, the exercises and activities in *Puntos en breve* will indicate when to use it.

Nota comunicativa

Telling How Frequently You Do Things

Use the following words and phrases to tell how often you perform an activity. Some of them will already be familiar to you.

todos los días, siempre	every day, always
con frecuencia	frequently
a veces	at times
una vez a la semana	once a week
casi nunca	almost never
nunca	never

Hablo con mis amigos **todos los días.** Hablo con mis padres **una vez a la semana. Casi nunca** hablo con mis abuelos. Y **nunca** hablo con mis tíos que viven en Italia.

For now, use the expressions **casi nunca** and **nunca** only at the beginning of a sentence. You will learn more about how to use them in Grammar 18.

¿Con qué frecuencia?

Paso 1. How frequently do you do the following things?

	CON FRECUENCIA	A VECES	CASI NUNCA	NUNCA
1. Asisto al laboratorio de lenguas (o uso las cintas [*tapes*]).	☐	☐	☐	☐
2. Recibo cartas.	☐	☐	☐	☐
3. Escribo poemas.	☐	☐	☐	☐
4. Leo novelas románticas.	☐	☐	☐	☐
5. Como en una pizzería.	☐	☐	☐	☐
6. Recibo y leo catálogos.	☐	☐	☐	☐
7. Aprendo palabras nuevas en español.	☐	☐	☐	☐
8. Asisto a todas las clases.	☐	☐	☐	☐
9. Compro regalos para los amigos.	☐	☐	☐	☐
10. Vendo los libros al final del semestre/trimestre.	☐	☐	☐	☐

Paso 2. Now compare your answers with those of a classmate. Then answer the following questions. (*Note:* **los/las dos** = *both* [*of us*]; **ninguno/a** = *neither*)

	YO	MI COMPAÑERO/A	LOS/LAS DOS	NINGUNO/A
1. ¿Quién es muy estudioso/a?	☐	☐	☐	☐
2. ¿Quién come mucha pizza?	☐	☐	☐	☐
3. ¿Quién compra muchas cosas?	☐	☐	☐	☐
4. ¿Quién es muy romántico/a?	☐	☐	☐	☐
5. ¿Quién recibe mucho (*a lot*) por correo (*by mail*)?	☐	☐	☐	☐

PANORAMA *cultural*

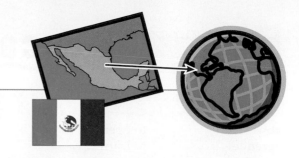

México

Datos esenciales

- Nombre oficial: Estados Unidos Mexicanos
- Capital: la Ciudad de México, o México, Distrito Federal (el D.F.)
- Población: 94.000.000 (noventa y cuatro millones) de habitantes
- Moneda:[a] el nuevo peso
- Idiomas:[b] el español (oficial), el zapoteca, el mixteca, el náhuatl, varios dialectos mayas

[a]*Currency* [b]*Languages*

¡Fíjese!

- México tiene 31 estados y el Distrito Federal.
- La población de México es aproximadamente: 25% indígena, 15% blanca y 60% mestiza (que se refiere a las personas de padres de razas indígena y blanca).
- Los indígenas mexicanos pertenecen a[a] grupos diversos: aztecas, mayas, zapotecas, mixtecas, olmecas y otros. La influencia de estas culturas indígenas contribuye a la diversidad y la riqueza de la cultura mexicana actual.[b]
- La ciudad de México ocupa el lugar del antiguo[c] Lago Texcoco. En el centro del lago estaba[d] Tenochtitlán, la capital del imperio azteca. Tenochtitlán era[e] una de las ciudades más grandes del mundo en el siglo XVI.[f]
- La Universidad Nacional Autónoma de México es una de las universidades más antiguas[g] de las Américas: es del año[h] 1551 (mil quinientos cincuenta y uno).

[a]pertenecen... *belong to* [b]*current* [c]*old, ancient* [d]*was* [e]*was* [f]siglo... *sixteenth century* [g]más... *oldest* [h]es... *it dates from the year*

Conozca a... los grandes muralistas mexicanos

El muralismo es el estilo de pintura[a] que decora las paredes[b] de edificios públicos. Con su obra,[c] los muralistas desean enseñar la historia y la cultura de su país, y con frecuencia sus murales representan sus ideales políticos también.

Tres pintores mexicanos—Diego Rivera (1886–1957 [mil ochocientos ochenta y seis a mil novecientos cincuenta y siete]), José Clemente Orozco (1883–1949 [mil ochocientos ochenta y tres a mil novecientos cuarenta y nueve]) y David Alfaro Siqueiros (1898–1974 [mil ochocientos noventa y ocho a mil novecientos setenta y cuatro])—son probablemente los muralistas más famosos de hoy. Hay muchos murales de estos tres grandes muralistas por todo México.

[a]*painting* [b]*walls* [c]*work*

The Epic of American Civilization es un mural de Orozco. Está en Dartmouth College.

 Capítulo 2 of the video to accompany *Puntos de partida* contains cultural footage of Mexico.

Visit the *Puntos* Website at www.mhhe.com/puntos.

Vocabulario

Los verbos

abrir	to open
aprender	to learn
asistir (a)	to attend, go to (*a class, function*)
beber	to drink
comer	to eat
comprender	to understand
creer (en)	to think, believe (in)
deber (+ *inf.*)	should, must, ought to (*do something*)
escribir	to write
leer	to read
llegar	to arrive
mirar	to look at, watch
mirar la televisión	to watch television
recibir	to receive
ser (*irreg.*)	to be
vender	to sell
vivir	to live

La familia y los parientes

el/la abuelo/a	grandfather/grandmother
los abuelos	grandparents
el/la esposo/a	husband/wife
el/la hermano/a	brother/sister
el/la hijo/a	son/daughter
los hijos	children
la madre (mamá)	mother (mom)
el/la nieto/a	grandson/granddaughter
el/la niño/a	small child; boy/girl
el padre (papá)	father (dad)
los padres	parents
el/la primo/a	cousin
el/la sobrino/a	niece/nephew
el/la tío/a	uncle/aunt

Las mascotas

el gato	cat
el pájaro	bird
el perro	dog

Otros sustantivos

la carta	letter
la casa	house, home
la ciudad	city
el coche	car
el estado	state
el/la médico/a	(medical) doctor
el país	country
el periódico	newspaper
el regalo	present, gift
la revista	magazine

Los adjetivos

alto/a	tall
amable	kind; nice
antipático/a	unpleasant
bajo/a	short (*in height*)
bonito/a	pretty
buen, bueno/a	good
casado/a	married
corto/a	short (*in length*)
delgado/a	thin, slender
este/a	this
estos/as	these
feo/a	ugly
fiel	faithful
gordo/a	fat
gran, grande	large, big; great
guapo/a	handsome; good-looking
inteligente	intelligent
joven	young
largo/a	long
listo/a	smart; clever
mal, malo/a	bad
moreno/a	brunette
mucho/a	a lot
muchos/as	many
necesario/a	necessary
nuevo/a	new
otro/a	other, another
pequeño/a	small
perezoso/a	lazy
pobre	poor
posible	possible

rico/a	rich
rubio/a	blonde
simpático/a	nice; likeable
soltero/a	single (*not married*)
todo/a	all; every
tonto/a	silly, foolish
trabajador(a)	hardworking
viejo/a	old

Los adjetivos de nacionalidad

alemán/alemana, español(a), francés/francesa, inglés/inglesa, mexicano/a, norteamericano/a

Los adjetivos posesivos

mi(s)	my
tu(s)	your (*fam. sing.*)
nuestro/a(s)	our
vuestro/a(s)	your (*fam. pl. Sp.*)
su(s)	his, hers, its, your (*form. sing.*); their, your (*form. pl.*)

Los números

treinta, cuarenta, cincuenta, sesenta, setenta, ochenta, noventa, cien (ciento)

¿Con qué frecuencia... ?

a veces	sometimes, at times
casi nunca	almost never
con frecuencia	frequently
nunca	never
siempre	always
una vez a la semana	once a week

Palabras adicionales

bueno...	well . . .
¿de dónde es Ud.?	where are you from?
¿de quién?	whose?
del	of the, from the
(no) estoy de acuerdo	I (don't) agree
para	(intended) for; in order to
¿por qué?	why?
porque	because
que	that; who
según	according to
si	if
tener (*irreg.*) **... años**	to be . . . years old

De compras

Estos mexicanos van de compras (*go shopping*) en el centro comercial Plaza del Sol, en Guadalajara, México.

En este capítulo...

Vocabulario: De compras: La ropa; ¿De qué color es?; Más allá del número 100

Panorama cultural: Nicaragua

Gramática:

▶ 8 Demonstrative Adjectives

▶ 9 *Tener*, *venir*, *preferir*, *querer*, and *poder*; Some Idioms with *tener*

▶ 10 *Ir*; *Ir* + *a* + Infinitive; The Contraction *al*

Multimedia

Practice vocabulary and grammar, expand your cultural knowledge, and develop your conversational skills.

Vocabulario: Preparación

De compras: La ropa°

De... *Shopping: Clothing*

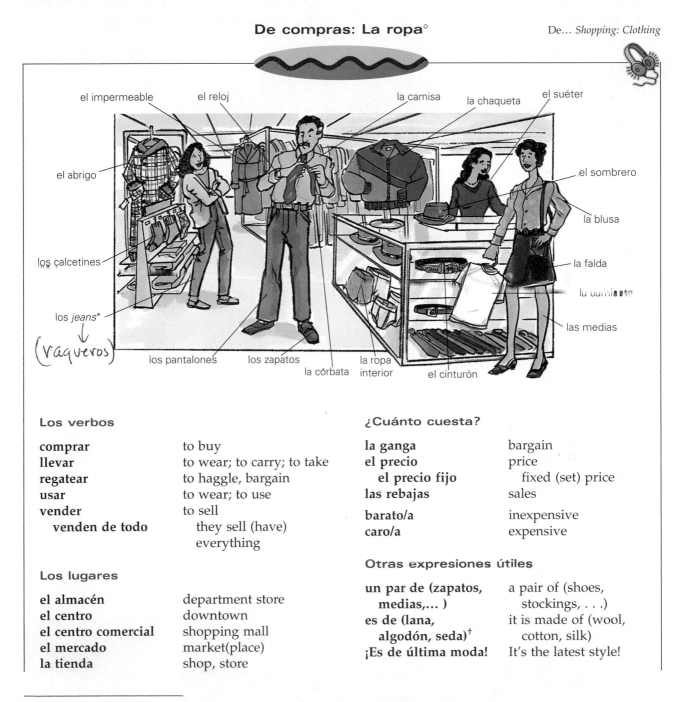

el impermeable · el reloj · el abrigo · los calcetines · los jeans* (vaqueros) · los pantalones · los zapatos · la corbata · la ropa interior · la camisa · la chaqueta · el suéter · el sombrero · la blusa · la falda · la camiseta · las medias · el cinturón

Los verbos

comprar	to buy
llevar	to wear; to carry; to take
regatear	to haggle, bargain
usar	to wear; to use
vender	to sell
venden de todo	they sell (have) everything

Los lugares

el almacén	department store
el centro	downtown
el centro comercial	shopping mall
el mercado	market(place)
la tienda	shop, store

¿Cuánto cuesta?

la ganga	bargain
el precio	price
el precio fijo	fixed (set) price
las rebajas	sales
barato/a	inexpensive
caro/a	expensive

Otras expresiones útiles

un par de (zapatos, medias,...)	a pair of (shoes, stockings, . . .)
es de (lana, algodón, seda)[†]	it is made of (wool, cotton, silk)
¡Es de última moda!	It's the latest style!

---

*The influx of U.S. goods to Latin America and Spain has affected common language. *Jeans* is one example of an English word that is commonly used in Spanish-speaking countries.

[†]Note another use of **ser** + **de**: to tell what material something is made of.

¿Qué más?

la bolsa	purse	**el traje**	suit
las botas	boots	**el traje de baño**	swimsuit
la cartera	wallet	**el vestido**	dress
las sandalias	sandals	**los zapatos de tenis**	tennis shoes

Conversación
▲▲▲▲▲▲▲

A. La ropa. ¿Qué ropa llevan estas personas?

1. El Sr. Rivera lleva _____.

2. La Srta. Alonso lleva _____. El perro lleva _____.

3. Sara lleva _____.

4. Alfredo lleva _____. Necesita comprar _____.

De estas personas, ¿quién trabaja hoy? ¿Quién va a (*is going to*) una fiesta? ¿Quién no trabaja en este momento?

B. Asociaciones. Complete las oraciones lógicamente.

1. Un _____ es una tienda grande.
2. No es posible _____ cuando hay precios fijos.
3. En la librería, _____ de todo: textos y otros libros, cuadernos, lápices, cintas (*tapes*). Hay grandes _____ al final del semestre/trimestre, en los cuales (*in which*) todo es muy barato.
4. Siempre hay *boutiques* en los _____.
5. El _____ de una ciudad es la parte céntrica.
6. Estos artículos de ropa no son para hombres: _____.
7. Estos artículos de ropa son para hombres y mujeres: _____.
8. La ropa de _____ (*material*) es muy elegante.
9. La ropa de _____ es muy práctica.

C. **¿Qué lleva Ud.?** Para hablar de Ud. y de la ropa, complete estas oraciones lógicamente.

1. Para ir (*go*) a la universidad, me gusta usar _____.
2. Para ir a las fiestas con los amigos, me gusta usar _____.
3. Para pasar un día en la playa (*beach*), me gusta llevar _____.
4. Cuando estoy en casa todo el día, llevo _____.
5. Nunca uso _____.
6. _____ es un artículo / son artículos de ropa absolutamente necesario(s) para mí.

¿De qué color es?

Here are colors and other helpful phrases you can use to describe clothing and other objects.

amarillo/a	yellow		**negro/a**	black
anaranjado/a	orange		**pardo/a**	brown
azul	blue		**rojo/a**	red
blanco/a	white		**rosado/a**	pink
gris	gray		**verde**	green
morado/a	purple			

¿Cuántos colores hay en este cuadro (*painting*) de Gonzalo Endara Crow? ¿Cuáles son?

Otras frases útiles

de cuadros	plaid
de lunares	polka-dotted
de rayas	striped

OJO

Note that some colors only have one form for masculine and feminine nouns.

el traje **azul**, la camisa **azul**

Después de (After) *la noche,* por Gonzalo Endara Crow (ecuatoriano)

Nota cultural

La guayabera

In the Caribbean and other warm parts of Latin America, it is common for men to wear an article of clothing called **una guayabera**. It's an elegant short-sleeved shirt, often embroidered or with pleats, that is worn outside the pants (not tucked in). It is ideal for warm, humid climates and can be worn in formal and informal situations. The famous Colombian writer Gabriel García Márquez even wore a similar shirt, a **liquelique**, when he accepted the Nobel Prize for literature in 1982.

Gabriel García Márquez acepta el Premio Nóbel.

Conversación

▲▲▲▲▲▲▲

A. ¿Escaparates idénticos? These showcase windows are almost alike . . . but not quite! Can you find at least eight differences between them? In Spanish, activities like this one are often called **¡Ojo alerta!** (*Eagle eye!*).

MODELO: En el dibujo A hay _____, pero en el dibujo B hay _____.

A.

B.

B. **¿De qué color es?**

Paso 1. Tell the color of things in your classroom, especially the clothing your classmates are wearing.

MODELO: El bolígrafo de Anita es amarillo. Roberto lleva calcetines azules, una camisa de cuadros morados y azules, *jeans*…

Paso 2. Now describe what someone in the class is wearing, without revealing his or her name. Using your clues, can your classmates guess whom you are describing?

C. **Asociaciones.** ¿Qué colores asocia Ud. con… ?

1. el dinero
2. la una de la mañana
3. una mañana bonita
4. una mañana fea
5. el demonio
6. los Estados Unidos
7. una jirafa
8. un pingüino
9. un limón
10. una naranja
11. un elefante
12. las flores (*flowers*)

Más allá del° número 100

Más… *Beyond the*

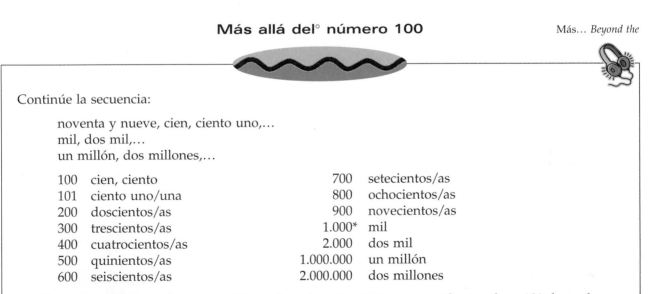

Continúe la secuencia:

noventa y nueve, cien, ciento uno,…
mil, dos mil,…
un millón, dos millones,…

100	cien, ciento	700	setecientos/as
101	ciento uno/una	800	ochocientos/as
200	doscientos/as	900	novecientos/as
300	trescientos/as	1.000*	mil
400	cuatrocientos/as	2.000	dos mil
500	quinientos/as	1.000.000	un millón
600	seiscientos/as	2.000.000	dos millones

- **Ciento** is used in combination with numbers from 1 to 99 to express the numbers 101 through 199: **ciento uno, ciento dos, ciento setenta y nueve,** and so on. **Cien** is used in counting and before numbers greater than 100: **cien mil, cien millones.**

---

*In many parts of the Spanish-speaking world, a period in numerals is used where English uses a comma, and a comma is used to indicate the decimal where English uses a period: **$10,45; 65,9%.**

- When the numbers 200 through 900 modify a noun, they must agree in gender: **cuatrocientas niñas, doscientas dos casas**.
- **Mil** means *one thousand* or *a thousand*. It does not have a plural form in counting, but **millón** does. When used with a noun, **millón** (**dos millones**, and so on) must be followed by **de**.

3.000 habitantes	tres mil habitantes
14.000.000 **de** habitantes	catorce millones de habitantes

- Note how years are expressed in Spanish.

1899	mil ochocientos noventa y nueve
2002	dos mil dos

Conversación

▲▲▲▲▲▲▲

A. ¿Cuánto pesan? (*How much do they weigh?*)

Paso 1. Estos son los animales terrestres más grandes. ¿Cuánto pesan en kilos? **¡OJO!** (*Watch out!*) Use el artículo masculino para todos los nombres, menos para (*except for*) los nombres que terminan (*that end*) en **-a**.

Paso 2. Pregunte (*Ask*) a un compañero / una compañera aproximadamente cuánto pesa en libras:

1. su perro/gato
2. su mochila con los libros para hoy
3. su coche
4. su libro de español
5. el animal más grande del mundo (*world*)

B. ¿Cuánto es? Diga los precios.

el dólar (los Estados Unidos, el Canadá, Puerto Rico)
el nuevo peso (México)
el bolívar (Venezuela)
el euro* (España)
el quetzal (Guatemala)

1. 734 euros
2. $100
3. 5.710 quetzales
4. 670 bolívares
5. $1.000.000
6. 528 nuevos pesos
7. 836 bolívares
8. 101 euros
9. $4.000.000,00
10. 6.000.000 quetzales

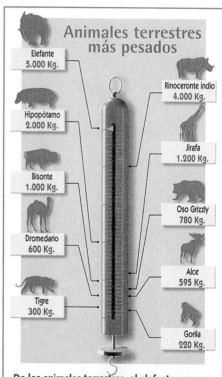

Animales terrestres más pesados

Elefante 5.000 Kg.
Rinoceronte indio 4.000 Kg.
Hipopótamo 2.000 Kg.
Jirafa 1.200 Kg.
Bisonte 1.000 Kg.
Oso Grizzly 780 Kg.
Dromedario 600 Kg.
Alce 595 Kg.
Tigre 300 Kg.
Gorila 220 Kg.

De los animales terrestres, el elefante, con sus 5.000 kilos de peso medio entre todas sus especies, es sin duda el mamífero más pesado. El hipopótamo y el rinoceronte son los siguientes en la lista, y el hombre, ni aparece.

---

*The **euro** replaced the **peseta** as the official currency of Spain in 2002. The **euro** was adopted as the common monetary unit by the member countries of the European Union.

Pronunciación:

The written accent mark is used in the following situations.

- A written accent mark is needed when a word does not follow the two basic rules presented. Look at the words in this group.

    ta-bú   a-le-mán   na-ción   in-glés   es-tás

    These words end in a vowel, **-n**, or **-s**, so one would predict that they would be stressed on the next-to-last syllable. But the written accent mark shows that they are in fact accented on the last syllable.
    Now look at the words in this group.

    lá-piz   dó-lar   ál-bum   á-gil   dó-cil

    These words end in a consonant (other than **-n** or **-s**), so one would predict that they would be stressed on the last syllable. But the written accent mark shows that they are in fact accented on the next-to-last syllable.

- All words that are stressed on the third-to-last syllable must have a written accent mark.

    bo-lí-gra-fo   ma-trí-cu-la   ma-te-má-ti-cas

- When two consecutive vowels do not form a diphthong (see **Capítulo 1**), the vowel that receives the spoken stress will have a written accent mark. This pattern is very frequent in words that end in **-ía**.

    Ma-rí-a   dí-a   po-li-cí-a   bio-lo-gí-a   as-tro-no-mí-a

    Contrast the pronunciation of those words with the following words in which the vowels **i** and **a** *do* form a diphthong: **Patricia, Francia, infancia, distancia**.

- Some one-syllable words have accents to distinguish them from other words that sound like them. For example:

    él (*he*)/el (*the*)   tú (*you*)/tu (*your*)
    sí (*yes*)/si (*if*)   mí (*me*)/mi (*my*)

- Interrogative and exclamatory words have a written accent on the stressed vowel. For example:

    ¿quién?   ¿dónde?   ¡Qué ganga! (*What a bargain!*)

A. Sílabas.   The following words have been separated into syllables for you. Read them aloud, paying careful attention to where the spoken stress should fall. Don't worry about the meanings of words you haven't heard before. The rules you have learned will help you pronounce them correctly.

> As you know, most Spanish words do not need a written accent mark because their pronunciation is completely predictable by native speakers. Here are the two basic rules.
> - A word that ends in a vowel, **-n**, or **-s** is stressed on the next-to-last syllable.
> - A word that ends in any other consonant is stressed on the last syllable.

1. a-quí	pa-pá	a-diós	bus-qué
2. prác-ti-co	mur-cié-la-go	te-lé-fo-no	ar-chi-pié-la-go
3. Ji-mé-nez	Ro-drí-guez	Pé-rez	Gó-mez
4. si-co-lo-gí-a	so-cio-lo-gí-a	sa-bi-du-rí-a	e-ner-gí-a
5. his-to-ria	te-ra-pia	Pre-to-ria	me-mo-ria

B. Reglas (*Rules*).   Indicate the stressed vowel of each word in the list that follows. Give the rule that determines the stress of each word.

1. exámenes	7. dólares	12. mujer
2. lápiz	8. francés	13. plástico
3. necesitar	9. están	14. María
4. perezoso	10. hombre	15. Rodríguez
5. actitud	11. peso	16. Patricia
6. acciones		

Minidiálogos y gramática

¿Recuerda Ud.?

You have already used the forms of **este** (*this*), one of the Spanish demonstrative adjectives. Review them by describing objects near you and the clothes you are wearing.

MODELO: Esta camisa es de rayas. Estos lápices son amarillos.

Pointing Out People and Things •
Demonstrative Adjectives

Suéteres a buenos precios

VENDEDOR: *Estos* suéteres de aquí cuestan 150 pesos y *ese* suéter en su
mano cuesta 250 pesos.
SUSANA: ¿Por qué es más caro *este*?
VENDEDOR: Porque *esos* son de pura lana virgen, de excelente calidad.
SUSANA: ¿Y *aquellos* suéteres de rayas?
VENDEDOR: *Aquellos* cuestan cien pesos solamente; son acrílicos.

Sweaters at good prices   SALESMAN: These sweaters here cost 150 pesos and that sweater in your hand costs 250 pesos. SUSANA: Why is this one more expensive? SALESMAN: Because those are of pure virgin wool, of excellent quality. SUSANA: What about those striped sweaters over there? SALESMAN: Those cost only one hundred pesos; they are acrylic.

Susana

Jorge

Vendedor

¿Quién habla, Susana, Jorge o el vendedor?

1. Me gustan estos suéteres de rayas, y sólo cuestan cien pesos.
2. Señores, miren (*look at*) estos suéteres en mi mesa. Cuestan 150 pesos.
3. Voy a (*I am going to*) comprar este suéter. Me gusta la ropa de lana.
4. Este suéter acrílico es más barato que aquel suéter de lana.

	Singular			Plural	
this	este libro	esta mesa	*these*	estos libros	estas mesas
that	ese libro	esa mesa	*those*	esos libros	esas mesas
	aquel libro (allí)	aquella mesa (allí)		aquellos libros (allí)	aquellas mesas (allí)

OJO

est**e** *but* est**os**, es**e** *but* es**os** (no **o** in the masculine singular forms)

est**e** cuaderno	*this notebook*
es**a** casa	*that house*
aquell**os** chic**os**	*those boys (over there)*

Demonstrative adjectives (**Los adjetivos demostrativos**) are used to point out or indicate a specific noun or nouns. In Spanish, demonstrative adjectives precede the nouns they modify. They also agree in number and gender with the nouns.

• There are two ways to say *that/those* in Spanish. Forms of **ese** refer to nouns that are not close to the speaker in space or in time. Forms of **aquel** are used to refer to nouns that are even farther away.

Este niño es mi hijo. **Ese** joven es mi hijo también. Y **aquel** señor allí es mi esposo.
This boy is my son. That young man is also my son. And that man over there is my husband.

- To express English *this one (that one)*, just drop the noun.

este coche y **ese**
this car and that one

aquella casa y **esta***
that house (over there) and this one

- Use the neuter demonstratives **esto, eso,** and **aquello** to refer to as yet unidentified objects or to a whole idea, concept, or situation.

¿Qué es **esto**?
What is this?

Eso es todo.
That's it. That's all.

¡**Aquello** es terrible!
That's terrible!

Práctica

A. Comparaciones

Paso 1. Restate the sentences, changing forms of **este** to **ese** and adding **también,** following the model.

MODELO: Este abrigo es muy grande. →
Ese abrigo también es muy grande.

1. Esta falda es muy pequeña.
2. Estos pantalones son muy largos.
3. Este libro es muy bueno.
4. Estas corbatas son muy feas.

Paso 2. Now change the forms of **este** to **aquel**.

MODELO: Este abrigo es muy grande. →
Aquel abrigo también es muy grande.

B. Situaciones. Find an appropriate response for each situation.

Posibilidades: ¡Eso es un desastre!, ¿Qué es esto?, ¡Eso es magnífico!, ¡Eso es terrible!

1. Aquí hay un regalo para Ud.
2. Ocurre un accidente en la cafetería: Ud. tiene tomate en su camisa favorita.
3. No hay clases mañana.
4. La matrícula cuesta más este semestre/trimestre.
5. Ud. tiene una A en su examen de español.

---

*Some Spanish speakers prefer to use accents on these forms: **este coche y ése, aquella casa y ésta**. However, it is acceptable in modern Spanish, per the **Real Academia Española** in Madrid, to omit the accent on these forms when context makes the meaning clear and no ambiguity is possible. To learn more about these forms, consult Appendix 2, Using Adjectives as Nouns.

Conversación

▲▲▲▲▲▲

Una tarde en un patio mexicano

Paso 1. ¿A qué parte del dibujo se refieren las siguientes oraciones? Habla la mujer de los zapatos verdes.

1. Aquella mujer es de Cuernavaca.
2. Estas plantas son un regalo de un amigo chileno.
3. Ese pájaro habla inglés y español.
4. Aquel joven es un primo de Taxco.

Paso 2. Ahora, con un compañero/una compañera, imaginen que Uds. son otras personas en el dibujo e inventen oraciones sobre el dibujo.

En los Estados Unidos y el Canadá...

Diseñadores de moda° famosos

Two Hispanic designers have led the American fashion industry for more than twenty years: the Venezuelan Carolina Herrera and the Dominican Óscar de la Renta. One, Óscar de la Renta, has the distinction of being the first high-fashion designer whose business ventures were publicly traded on the U.S. stock market.

Narciso Rodríguez

Now a young Cuban-American from New Jersey has joined the fashion limelight. Narciso Rodríguez has been highly sought after since designing Carolyn Bessette Kennedy's wedding gown in 1996. Rodríguez likes designs that include intricate beadwork and embroidery, an influence he attributes to his Cuban roots.

Diseñadores... *Fashion designers*

Minidiálogos y gramática

Expressing Actions and States • *Tener, venir, preferir, querer,* and *poder;* Some Idioms with *tener*

Una gorra para José Miguel, después de mirar en tres tiendas

ELISA: ¿Qué gorra *prefieres,* José Miguel?
JOSÉ MIGUEL: *Prefiero* la gris.
ELISA: ¡Pero ya *tienes* una gris, y es casi idéntica!
JOSÉ MIGUEL: Pues, no *quiero* esas otras gorras. ¿*Podemos* mirar en la tienda anterior otra vez?
ELISA: ¿Otra vez? Bueno, si realmente insistes…

Comprensión: ¿Sí o no?

1. José Miguel quiere comprar una corbata.
2. Él prefiere la gorra azul.
3. No puede decidir entre las gorras.
4. Parece que (*It seems that*) Elisa tiene mucha paciencia.

tener (*to have*)	**venir** (*to come*)	**preferir** (*to prefer*)	**querer** (*to want*)	**poder** (*to be able, can*)
tengo	vengo	prefiero	quiero	puedo
tienes	vienes	prefieres	quieres	puedes
tiene	viene	prefiere	quiere	puede
tenemos	venimos	preferimos	queremos	podemos
tenéis	venís	preferís	queréis	podéis
tienen	vienen	prefieren	quieren	pueden

- The **yo** forms of **tener** and **venir** are irregular.

- In other forms of **tener, venir, preferir,** and **querer,** when the stem vowel **e** is stressed, it becomes **ie.**

- Similarly, the stem vowel **o** in **poder** becomes **ue** when stressed. In vocabulary lists these changes are shown in parentheses after the infinitive: **poder (ue).** You will learn more verbs of this type in Grammar Section 12.

OJO **Nosotros** and **vosotros** forms for these verbs do not have irregular changes.

Irregularities:
tener: yo tengo, tú tienes (e → ie)…
venir: yo vengo, tú vienes (e → ie)…
preferir, querer: (e → ie)
poder: (o → ue)

A cap for José Miguel, after looking in three stores ELISA: Which cap do you prefer, José Miguel? JOSÉ MIGUEL: I prefer the gray one. ELISA: But you already have a gray one, and it's almost identical! JOSÉ MIGUEL: Well, I don't want those other caps. Can we look in the previous store again? ELISA: Again? Well, if you really insist . . .

Some Idioms with *tener*

A. Many ideas expressed in English with the verb *to be* are expressed in Spanish with *idioms* (**los modismos**) using **tener**. You have already used one **tener** idiom: **tener... años**. At the right are some additional ones. Note that they describe a condition or state that a person can experience.

tener miedo (de)	to be afraid (of)
tener prisa	to be in a hurry
(no) tener razón	to be right (wrong)
tener sueño	to be sleepy

> Idiomatic expressions are often different from one language to another. For example, in English, *to pull Mary's leg* usually means *to tease her*, not *to grab her leg and pull it*. In Spanish, *to pull Mary's leg* is **tomarle el pelo a Mary** (literally, *to take hold of Mary's hair*).

B. Other **tener** idioms include **tener ganas de** (*to feel like*) and **tener que** (*to have to*). The infinitive is always used after these two idiomatic expressions.

Tengo ganas de comer.
I feel like eating.

¿No tiene Ud. que leer este capítulo?
Don't you have to read this chapter?

> Note that the English translation of one of these examples results in a verb ending in *-ing*, not the infinitive.

Práctica

A. ¡Sara tiene mucha tarea (*homework*)**!**

Paso 1. Haga oraciones con las palabras indicadas. Añada (*Add*) palabras si es necesario.

1. Sara / tener / muchos exámenes
2. (ella) venir / a / universidad / todos los días
3. hoy / trabajar / hasta (*until*) / nueve / de / noche
4. preferir / estudiar / en / biblioteca
5. querer / leer / más / pero / no poder
6. por eso / regresar / a / casa
7. tener / ganas de / leer / más
8. pero / unos amigos / venir a mirar / televisión
9. Sara / decidir / mirar / televisión / con ellos

Paso 2. Now retell the same sequence of events, first as if they had happened to you, using **yo** as the subject of all but sentence number 8, then as if they had happened to you and your roommate, using **nosotros/as**.

B. Situaciones. Expand the situations described in these sentences by using an appropriate idiom with **tener**. There is often more than one possible answer.

MODELO: Tengo un examen mañana. Por eso… → Por eso tengo que estudiar mucho.

1. ¿Cuántos años? ¿Cuarenta? No, yo…
2. Un perro grande y feo vive en esa casa. Por eso yo…
3. ¿Ya son las tres de la mañana? Ah, por eso…
4. No, dos y dos no son cinco. Son cuatro. Tú…
5. Tengo que estar en el centro a las tres. Ya (*Already*) son las tres menos cuarto. Yo…
6. Cuando hay un terremoto (*earthquake*), todos…
7. ¿Los exámenes de la clase de español? ¡Esos son siempre muy fáciles! Yo no…
8. Sí, la capital de la Argentina es Buenos Aires. Tú…

Conversación

▲▲▲▲▲▲▲

A. Estereotipos. Draw some conclusions about Isabel based on this scene. Think about things that she has, needs to or has to do or buy, likes, and so on. When you have finished, compare your predictions with those of others in the class. Did you all reach the same conclusions?

Palabras útiles: los aretes (*earrings*), el juguete (*toy*), hablar por teléfono, los muebles (*furniture*), el sofá, tener alergia a (*to be allergic to*)

Using *mucho* and *poco*

In the first chapters of *Puntos en breve*, you have used the words
mucho and **poco** as both adjectives and adverbs. *Adverbs* **(Los
adverbios)** are words that modify verbs, adjectives, or other adverbs:
*quickly, **very** smart, **very** quickly*. In Spanish and in English, adverbs are
invariable in form. However, in Spanish adjectives agree in number
and gender with the word they modify.

adverb = a word that
modifies a verb, adjective,
or another adverb

ADVERB

Rosario estudia **mucho** hoy.	*Rosario is studying a lot today.*
Julio come **poco**.	*Julio doesn't eat much.*

ADJECTIVE

Rosario tiene **mucha** ropa. Sobre todo tiene **muchos** zapatos.	*Rosario has a lot of clothes. She especially has a lot of shoes.*
Julio come **poca** carne. Come **pocos** postres.	*Julio doesn't eat much meat. He eats few desserts.*

B. Entrevista: Preferencias. Try to predict the choices your instructor will
make in each of the following cases. Then, using tag questions, find out if
you are correct.

MODELO: El profesor / La profesora tiene…
(muchos libros) / pocos libros →
Ud. tiene muchos libros, ¿verdad?

1. El profesor / La profesora tiene…
   mucha ropa / poca ropa
   sólo un coche / varios coches
2. Prefiere…
   los gatos / los perros
   la ropa elegante / la ropa informal
3. Quiere comprar…
   un coche deportivo (*sports car*), por ejemplo, un Porsche / una
      camioneta (*station wagon*)
   un abrigo / un impermeable
4. Viene a la universidad…
   todos los días / sólo tres veces a la semana
   en coche / en autobús / en bicicleta / a pie (*on foot*)
5. Esta noche tiene muchas ganas de…
   mirar la televisión / leer
   comer en un restaurante / comer en casa

C. Entrevista: Más preferencias. With a classmate, explore preferences in a number of areas by asking and answering questions based on the following cues. Form your questions with expressions like these:

¿Prefieres... o... ?
¿Te gusta más (*infinitive*) o (*infinitive*)?

If you have no preference, express that by saying **No tengo preferencia.** Be prepared to report some of your findings to the class. If you both agree, you will express this by saying **Preferimos...** or **No tenemos preferencia.** If you do not agree, give the preferences of both persons: **Yo prefiero..., pero Cecilia prefiere...**

1. Los animales: ¿los gatos siameses o los persas? ¿los perros pastores alemanes o los perros de lanas (*poodles*)?
2. El color de la ropa informal: ¿el color negro o el blanco? ¿el rojo o el azul?
3. La ropa informal: ¿las camisas de algodón o las de seda? ¿los *jeans* de algodón o los pantalones de lana?
4. La ropa de mujeres: ¿las faldas largas o las minifaldas? ¿los pantalones largos o los pantalones cortos?
5. La ropa de hombres: ¿las camisas de cuadros o las de rayas? ¿las camisas de un solo (*single*) color? ¿chaqueta y pantalón o un traje formal?
6. Las actividades en casa: ¿mirar la televisión o leer una novela? ¿escribir cartas o hablar con unos amigos?

10 Expressing Destination and Future Actions • *ir*; *ir* + *a* + Infinitive; The Contraction *al*

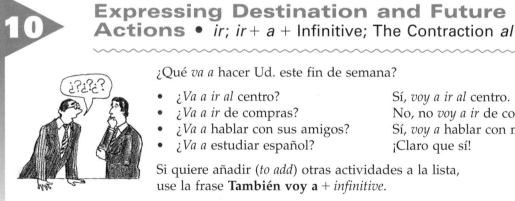

¿Qué *va a* hacer Ud. este fin de semana?

- ¿*Va a ir* al centro?   Sí, *voy a ir* al centro.
- ¿*Va a ir* de compras?   No, no *voy a ir* de compras.
- ¿*Va a* hablar con sus amigos?   Sí, *voy a* hablar con mis amigos.
- ¿*Va a* estudiar español?   ¡Claro que sí!

Si quiere añadir (*to add*) otras actividades a la lista, use la frase **También voy a** + *infinitive*.

Ir is the irregular Spanish verb used to express *to go*.

ir (*to go*)	
voy	vamos
vas	vais
va	van

The first person plural of **ir, vamos** (*we go, are going, do go*), is also used to express *let's go*.

Ir + **a** + *infinitive* is used to describe actions or events in the near future.

Vamos a clase ahora mismo.
Let's go to class right now.

Van a venir a la fiesta esta noche.
They're going to come to the party tonight.

Voy a ir de compras esta tarde.
I'm going to go shopping this afternoon.

The Contraction *al*

In **Capítulo 2** you learned about the contraction **del (de** + **el** → **del)**. The only other contraction in Spanish is **al (a** + **el** → **al). ¡OJO!** Both **del** and **al** are obligatory contractions.

a + **el** → **al**

Voy **al** centro comercial.
I'm going to the mall.

Vamos **a la** tienda.
I'm going to the store.

Práctica

A. **¿Adónde van de compras?** Haga oraciones completas usando **ir**.

Recuerde: **a** + **el** = **al**.

MODELO: Marta / el centro → Marta *va al* centro.

1. Ud. / una *boutique*
2. Francisco / el almacén Goya
3. Jorge y Carlos / el centro comercial
4. tú / un mercado
5. nosotros / una tienda pequeña
6. yo / ¿ ?

B. **¡Vamos de compras en Sevilla!** Describa el día, desde el punto de vista (*from the point of view*) de Lola Benítez. Use **ir** + **a** + **el** infinitivo, según el modelo.

MODELO: Manolo compra un regalo para su madre. →
Manolo *va a comprar* un regalo para su madre.

1. Llegamos al centro a las diez de la mañana.
2. La niña quiere comer algo (*something*).
3. Compro unos chocolates para Marta.
4. Manolo busca una blusa de seda.
5. No compras esta blusa de rayas, ¿verdad?
6. Buscamos algo más barato.
7. ¿Vas de compras mañana también?

Conversación

A. ¿Adónde vas si... ? ¿Cuántas oraciones puede hacer Ud.?

Me gusta
{
leer novelas.
ir de compras —y ¡no regateo!
buscar gangas y regatear.
hablar con mis amigos.
comer en restaurantes elegantes.
mirar programas de detectives.
}
Por eso voy a _____.

B. Entrevista: El fin de semana

Paso 1. Interview a classmate about his or her plans for the weekend. Try to "personalize" the interview by asking additional questions. For example, if your partner is going to read a novel, ask questions like **¿Qué novela?** or **¿Quién es el autor?**

¿Vas a... ?	SÍ	NO
1. ir de compras	☐	☐
2. leer una novela	☐	☐
3. asistir a un concierto	☐	☐
4. estudiar para un examen	☐	☐
5. ir a una fiesta	☐	☐
6. escribir una carta	☐	☐
7. ir a bailar	☐	☐
8. escribir los ejercicios para la clase de español	☐	☐
9. practicar un deporte (*sport*)	☐	☐
10. mirar mucho la televisión	☐	☐

Paso 2. En general, ¿es muy activo/a su compañero/a? ¿O prefiere la tranquilidad? En el **Paso 1,** los números pares (2, 4, 6,...) son actividades más o menos pasivas o tranquilas. Los números impares (1, 3, 5,...) representan actividades más activas. ¿Cómo es su compañero/a?

PANORAMA *cultural*

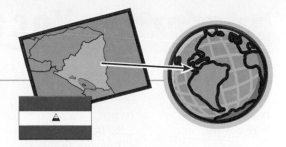

Nicaragua

Datos esenciales

- Nombre oficial: República de Nicaragua
- Capital: Managua
- Población: 4.000.000 de habitantes
- Moneda: el córdoba
- Idiomas: el español (oficial), el misquito, el sumo*

¡Fíjese!

- En 1856, un norteamericano, William Walker, se declaró[a] presidente de Nicaragua. Dos años después, fue derrotado por[b] los nicaragüenses, liberales y conservadores que se unieron[c] para expulsarlo[d] del país.

- El Lago de Nicaragua es el lago más grande de Centroamérica. Hay más de 300 islas en el lago. En «las Isletas», hay pequeñas comunidades agrícolas[e] y, en algunas,[f] casas de personas ricas.

Violeta Barrios de Chamorro.

- Violeta Barrios de Chamorro fue[g] presidenta de Nicaragua de 1990 a 1997. Fue la primera[h] presiden**ta** en Centroamérica. En 1997, Arnaldo Alemán Lacayo fue elegido[i] presidente.

[a]se... *declared himself*   [b]fue... *he was defeated by*   [c]se... *joined together*   [d]*expel him*   [e]*agricultural*   [f]*some*   [g]*was*   [h]*first*   [i]*fue... was elected*

Nota histórica

Cristóbal Colón llegó[a] a las costas de Nicaragua en 1502, pero la región no fue colonizada[b] hasta[c] 1524.

Nicaragua tiene una historia turbulenta por las luchas[d] entre las fuerzas conservadoras y las fuerzas liberales. La lucha se complicó[e] por la intervención de los Estados Unidos en la política del país. En 1990 terminó[f] una época[g] difícil de dictadura y lucha: hubo[h] una revolución y un movimiento en contra de la revolución. Esta lucha fue entre los sandinistas (revolucionarios marxistas) y los «contras» (antirrevolucionarios).

[a]*arrived*   [b]*no... was not colonized*   [c]*until*   [d]*struggles*   [e]*se... was complicated*   [f]*ended*   [g]*time*   [h]*there was*

Capítulo 3 of the video to accompany *Puntos de partida* contains cultural footage of Nicaragua.

Visit the *Puntos* Website at www.mhhe.com/puntos.

---

*En la costa oeste (*west coast*) de Nicaragua, también se habla un dialecto criollo (*creole*) que está basado en el inglés.

Vocabulario

Los verbos

ir (*irreg.*)	to go
ir a + *inf.*	to be going to (*do something*)
ir de compras	to go shopping
llevar	to wear; to carry; to take
poder (*irreg.*)	to be able, can
preferir (ie,i)	to prefer
querer (*irreg.*)	to want
regatear	to haggle, bargain
tener (*irreg.*)	to have
usar	to wear; to use
venir (*irreg.*)	to come

Repaso: comprar, vender

La ropa

el abrigo	coat
los aretes	earrings
la blusa	blouse
la bolsa	purse
la bota	boot
los calcetines	socks
la camisa	shirt
la camiseta	T-shirt
la cartera	wallet
la chaqueta	jacket
el cinturón	belt
la corbata	tie
la falda	skirt
el impermeable	raincoat
los *jeans*	jeans
las medias	stockings
los pantalones	pants
el par	pair
el reloj	watch
la ropa interior	underwear
la sandalia	sandal
el sombrero	hat
el suéter	sweater
el traje	suit
el traje de baño	swimsuit
el vestido	dress
el zapato (de tenis)	(tennis) shoe

Los colores

amarillo/a	yellow
anaranjado/a	orange
azul	blue
blanco/a	white
gris	gray
morado/a	purple
negro/a	black
pardo/a	brown
rojo/a	red
rosado/a	pink
verde	green

De compras

de cuadros	plaid
de lunares	polka-dotted
de rayas	striped
de última moda	the latest style
la ganga	bargain
el precio (fijo)	(fixed) price
las rebajas	sales, reductions
¿cuánto cuesta?	how much does it cost?
¿cuánto es?	how much is it?

Los materiales

es de...	it is made of . . .
algodón (*m.*)	cotton
lana	wool
seda	silk

Los lugares

el almacén	department store
el centro	downtown
el centro comercial	shopping mall
el mercado	market(place)
la tienda	shop, store

Otros sustantivos

la cinta	tape
el ejercicio	exercise
el examen	exam, test

Los adjetivos

barato/a	inexpensive
caro/a	expensive
poco/a	little

Los números

doscientos/as, trescientos/as, cuatrocientos/as, quinientos/as, seiscientos/as, setecientos/as, ochocientos/as, novecientos/as, mil, un millón (de)

Repaso: cien(to)

Formas demostrativas

aquel, aquella, aquellos/as	that, those (over there)

ese/a, esos/as	that, those
esto, eso, aquello	this, that, that (over there)

Repaso: este/a, estos/as

Palabras adicionales

¿adónde?	where (to)?
al	to the
algo	something
allí	(over) there
de todo	everything

tener…	
ganas de + *inf.*	to feel like (*doing something*)
miedo (de)	to be afraid (of)
prisa	to be in a hurry
que + *inf.*	to have to (*do something*)
razón	to be right
sueño	to be sleepy
no tener razón	to be wrong
¿no?, ¿verdad?	right?, don't they (you, etc.)?

En casa

¿Cómo es su casa? ¿Es moderna y urbana o es antigua (*old*) y rural como esta en Guadalajara, México?

En este capítulo...

Vocabulario: ¿Qué día es hoy?; Los muebles, los cuartos y otras partes de la casa; ¿Cuándo?—Preposiciones

Panorama cultural: Costa Rica y Panamá

Gramática:

▶ 11 *Hacer, oír, poner, salir, traer,* and *ver*
▶ 12 Present Tense of Stem-Changing Verbs
▶ 13 Reflexive Pronouns

Multimedia

Practice vocabulary and grammar, expand your cultural knowledge, and develop your conversational skills.

¿Qué día es hoy?

lunes	Monday
martes	Tuesday
miércoles	Wednesday
jueves	Thursday
viernes	Friday
sábado	Saturday
domingo	Sunday
el lunes, el martes…	on Monday, on Tuesday . . .
los lunes, los martes…	on Mondays, on Tuesdays . . .
Hoy (Mañana) es viernes.	Today (Tomorrow) is Friday.
Ayer fue miércoles.	Yesterday was Wednesday.
el fin de semana	(on) the weekend
pasado mañana	the day after tomorrow
el próximo (martes, miércoles,…)	next (Tuesday, Wednesday, . . .)
la semana que viene	next week

agosto

lunes 14	jueves 17
martes 15	viernes 18
miércoles 16	sábado 19 domingo 20

OJO

- Except for **el sábado / los sábados** and **el domingo / los domingos**, all the days of the week use the same form for the plural as they do for the singular.
- The definite articles are used to express *on* with the days of the week.
- The days are not capitalized in Spanish.
- In Spanish-speaking countries, the week usually starts with **lunes**.

Conversación

A. Preguntas

1. ¿Qué día es hoy? ¿Qué día es mañana? Si hoy es sábado, ¿qué día es mañana? Si hoy es jueves, ¿qué día es mañana? ¿Qué día fue ayer?
2. ¿Qué días de la semana tenemos clase? ¿Qué días no?
3. ¿Estudia Ud. mucho durante (*during*) el fin de semana? ¿y los domingos por la noche?
4. ¿Qué le gusta hacer (*to do*) los viernes por la tarde? ¿Le gusta salir (*to go out*) con los amigos los sábados por la noche?

B. Mi semana

Indique una cosa que Ud. quiere, puede o tiene que hacer cada (*each*) día de esta semana.

> MODELO: El lunes tengo que (puedo, quiero) ir al laboratorio de lenguas.

Palabras útiles: dormir (*to sleep*) hasta muy tarde, jugar (*to play*) al tenis (al golf, al vólibol, al…), ir al cine (*movies*), ir al bar (al parque, al museo, a…)

Los muebles,° los cuartos y otras partes de la casa

Los... *Furniture*

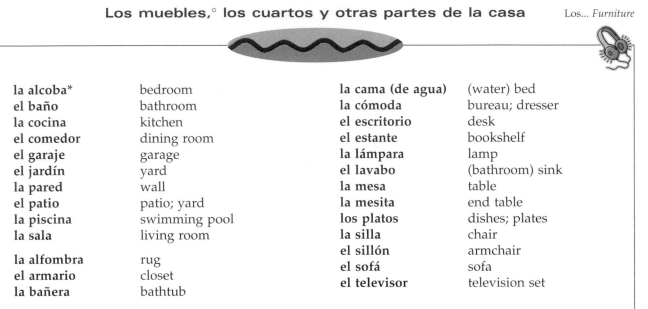

la alcoba*	bedroom	la cama (de agua)	(water) bed
el baño	bathroom	la cómoda	bureau; dresser
la cocina	kitchen	el escritorio	desk
el comedor	dining room	el estante	bookshelf
el garaje	garage	la lámpara	lamp
el jardín	yard	el lavabo	(bathroom) sink
la pared	wall	la mesa	table
el patio	patio; yard	la mesita	end table
la piscina	swimming pool	los platos	dishes; plates
la sala	living room	la silla	chair
		el sillón	armchair
la alfombra	rug	el sofá	sofa
el armario	closet	el televisor	television set
la bañera	bathtub		

Note: This is the first group of words you will learn for talking about where you live and the things found in your house or apartment. You will learn additional vocabulary for those topics in **Capítulos 9**, **12**, and **14**.

Conversación

A. ¿Qué hay en esta casa? Identifique las partes de esta casa y diga lo que hay en cada cuarto. ¿Qué hay en el patio? ¿Hay una piscina? ¿O solamente hay plantas?

B. Asociaciones

Paso 1. ¿Qué muebles o partes de la casa asocia Ud. con las siguientes actividades?

1. estudiar para un examen
2. dormir la siesta (*taking a nap*) por la tarde

---

*Other frequently used words for *bedroom* include **el dormitorio** and **la habitación**.

3. pasar una noche en casa con la familia
4. celebrar con una comida (*meal*) especial
5. tomar el sol (*sunbathing*)
6. hablar de temas (*topics*) serios con los amigos (padres, hijos)

Paso 2. Ahora compare sus asociaciones con las (*those*) de otros estudiantes. ¿Tienen todos las mismas costumbres (*customs*)?

¿Cuándo? • Preposiciones

Prepositions express relationships in time and space.	The book is *on* the table.
	The homework is *for* tomorrow.
Some common prepositions you have already used include **a, con, de, en, para,** and **por.** Here are some prepositions that express time relationships.	**antes de** *before* **durante** *during* **después de** *after* **hasta** *until*
The infinitive is the only verb form that can follow a preposition.	¿Adónde vas **después de estudiar**? *Where are you going after studying (after you study)?*

Conversación

A. ¿Antes o después? Complete las oraciones lógicamente, con **antes de** o **después de.**

1. Voy a la clase de español _____ preparar la lección.
2. Por lo general, prefiero estudiar _____ mirar un poco la televisión.
3. Los viernes siempre descanso (*I rest*) _____ salir para una fiesta.
4. Me gusta investigar un tema _____ escribir una composición.
5. Prefiero comer fuera (*to eat out*) _____ ir al cine.
6. Tengo que estudiar mucho _____ tomar un examen.

B. Preguntas

1. ¿Estudia Ud. durante su programa favorito de televisión? ¿Qué más hace (*do you do*) cuando estudia?
2. ¿Habla por teléfono antes o después de estudiar? ¿Dónde habla por teléfono, en la sala o en su cuarto?
3. ¿Hasta qué hora estudia, generalmente? ¿Estudia hasta dormirse (*you fall asleep*)?

4. ¿Lee durante las conferencias (*lectures*) en una clase? ¿Lee la lección antes o después de la explicación (*explanation*) del profesor / de la profesora?
5. ¿Trabaja durante las vacaciones? ¿Cuántas horas? ¿Trabaja por la noche hasta muy tarde?

Nota cultural

Houses in the Hispanic World

There is no such thing as a typical Hispanic house. Often, the style of housing depends on geographic location. For example, in hot regions, many houses are built around a central interior patio. These patios are filled with plants, and some even have a fountain.

However, the population in Hispanic countries tends to be centered in urban areas. That's why the majority of people that live in a city live in apartments, like people in larger cities in this country. Here are some more details about Hispanic houses.

El balcón de una casa en San Juan, Puerto Rico

- While the Spanish word **hogar** literally means *home*, Hispanics often speak of a **casa**, whether they live in an actual house or an apartment.

    Voy a casa.   *I'm going home.*

- Hispanics are generally more concerned with the appearance of the inside of their homes than the outside.
- A balcony or terrace is a very desirable feature in an apartment.
- Many houses are also homes to birds. They are normally small birds that sing beautifully, such as canaries.

Pronunciación: b and v

In Spanish, the pronunciation of the letters **b** and **v** is identical. At the beginning of a phrase or sentence—that is, after a pause—or after **m** or **n,** the letters **b** and **v** are pronounced just like the English stop [b]. Everywhere else they are pronounced like the fricative [b], produced by creating friction when pushing the air through the lips. This sound has no equivalent in English.

A. Práctica. Practique las siguientes palabras y frases.

1. [b] bueno viejo verde venir barato Vicente viernes
   también hombre sombrero

2. [ƀ] nueve llevar libro pobre abrir abrigo universidad
   abuelo

3. [b/ƀ] bueno / es bueno   busca / Ud. busca   bien / muy bien
   en Venezuela / de Venezuela   vende / se vende
   en Bolivia / de Bolivia

4. [b/ƀ] beber bebida vivir biblioteca Babel vívido

B. Adivinanza (*Riddle*). Practice saying the following riddle aloud. Pay
special attention to the pronunciation of the **b** sound.

Busca, busca, estoy abajo;	*Look, look, I'm below;*
busca, busca, estoy arriba;	*look, look, I'm above;*
busca, busca, en la cabeza,	*look, look, in your head,*
busca, busca, en la barriga.	*look, look, in your belly.*
¿No me encuentras? Busca, busca,	*You can't find me? Look, look,*
que me doblo en las bombillas.	*because I appear twice in*
	lightbulbs.

Minidiálogos y gramática

11 Expressing Actions • *Hacer, oír, poner, salir, traer,* and *ver*

Los jóvenes de hoy

«¡Estos muchachos sólo quieren *salir*! No *ponen* sus
cosas en orden en sus cuartos… Los jóvenes de
hoy día no *hacen* nada bien; no son responsables…
¡Hasta quieren *traer* muchachas a sus cuartos!»

¿Son estos comentarios típicos de las personas
mayores (*elderly*) de su país?
¿Cree Ud. que tienen razón?
¿Tienen los jóvenes algunos (*any*) estereotipos
sobre (*about*) las personas mayores?

Today's young people These boys only want to go out! They don't put things in order in their
rooms. . . Today's young people don't do anything right; they are not responsible people . . .
They even want to bring girls to their rooms!

hacer (*to do; to make*)		oír (*to hear*)		poner (*to put; to place*)		salir (*to leave;* *to go out*)		traer (*to bring*)		ver (*to see*)	
hago	hacemos	oigo	oímos	pongo	ponemos	salgo	salimos	traigo	traemos	veo	vemos
haces	hacéis	oyes	oís	pones	ponéis	sales	salís	traes	traéis	ves	veis
hace	hacen	oye	oyen	pone	ponen	sale	salen	trae	traen	ve	ven

- **hacer**

  Some common idioms with **hacer** are **hacer ejercicio** (*to exercise*), **hacer un viaje** (*to take a trip*), and **hacer una pregunta** (*to ask a question*).

  ¿Por qué no **haces** los ejercicios?
  Why aren't you doing the exercises?

  Quieren **hacer un viaje** al Perú.
  They want to take a trip to Peru.

  Los niños siempre **hacen muchas preguntas.**
  Children always ask a lot of questions.

- **oír**

  The command forms of **oír**—**oye (tú), oiga (Ud.),** and **oigan (Uds.)**—are used to attract someone's attention in the same way that English uses *Listen!* or *Hey!*

  No **oigo** bien por el ruido.
  I can't hear well because of the noise.

  Oye, Juan, ¿vas a la fiesta?
  Hey, Juan, are you going to the party?

  ¡Oigan! ¡Silencio, por favor!
  Listen! Silence, please!

- **poner**

  Many Spanish speakers use **poner** with appliances to express *to turn on.*

  Siempre **pongo** leche y mucho azúcar en el café.
  I always put milk and a lot of sugar in my coffee.

  Voy a **poner** el televisor.
  I'm going to turn on the TV.

- **salir**

  Note that **salir** is always followed by **de** to express leaving a place. **Salir con** can mean *to go out with, to date.*

  Use **salir para** to indicate destination.

  Salen de la clase ahora.
  They're leaving class now.

  Salgo con el hermano de Cecilia.
  I'm going out with Cecilia's brother.

  Salimos para la sierra pasado mañana.
  We're leaving for the mountains the day after tomorrow.

- **traer**

  ¿Por qué no **traes** la radio a la cocina?
  Why don't you bring the radio to the kitchen?

- **ver**

  No **veo** bien sin mis lentes de contacto.
  I can't see well without my contact lenses.

Práctica

Cosas rutinarias

Paso 1. ¿Cierto o falso?

1. Hago ejercicio en el gimnasio con frecuencia.
2. Siempre veo la televisión por la noche.
3. Nunca salgo con mis primos por la noche.
4. Siempre hago los ejercicios para la clase de español.
5. Salgo para clase a las ocho de la mañana.
6. Nunca pongo la ropa en la cómoda o en el armario.
7. Siempre traigo todos los libros necesarios a clase.
8. Siempre oigo todo lo que dice (*says*) el profesor / la profesora de español.

Paso 2. Now rephrase each sentence in **Paso 1** as a question and interview a classmate. Use the **tú** form of the verb.

Conversación

A. Consecuencias lógicas. Con un compañero / una compañera, indiquen una acción lógica para cada situación, usando (*using*) las siguientes frases.

Frases útiles: poner el televisor / el estéreo, oír al profesor / a la profesora,* salir con/de/para… , hacer un viaje / una pregunta, traer el libro a clase, ver mi programa favorito.

1. Me gusta esquiar en las montañas. Por eso…
2. En la clase de español usamos este libro todos los días. Por eso…
3. Mis compañeros de cuarto hacen mucho ruido en la sala. Por eso…
4. El televisor no funciona. Por eso no…
5. Hay mucho ruido en la clase. Por eso no…
6. Estoy en la biblioteca y ¡no puedo estudiar más! Por eso…
7. Queremos bailar y necesitamos música. Por eso…
8. No comprendo la lección. Por eso…

B. Preguntas

1. ¿Qué pone Ud. en el armario? ¿en la cómoda? ¿Qué pone en su mochila o bolsa todos los días para ir a clase? Generalmente, ¿qué más trae a clase?
2. ¿Qué quiere hacer esta noche (*tonight*)? ¿Qué necesita hacer? ¿Qué va a hacer? ¿Va a salir con sus amigos (con su familia)? ¿Adónde van?
3. ¿A qué hora sale Ud. de la clase de español? ¿de las otras clases? ¿A veces sale tarde de clase? ¿Por qué?

---

*Remember that the word **a** is necessary in front of a human direct object. You will study this usage of **a** in **Capítulo 6**. For now, you can answer following the pattern of the **frase útil**.

4. ¿Oye Ud. las noticias (*news*) todos los días? ¿Pone Ud. la radio o el televisor para oír las noticias? ¿Y para oír música? ¿Qué programa ve en la televisión todas las semanas?

¿Recuerda Ud.?

The change in the stem vowels of **querer** and **poder** (**e** and **o**, respectively) follows the same pattern as that of the verbs presented in the next section. Review the forms of **querer** and **poder** before beginning that section.

querer: **e** → ¿ ? qu ____ ro   queremos
                       qu ____ res   queréis
                       qu ____ re   qu ____ ren

poder: **o** → ¿ ?   p ____ do   podemos
                       p ____ des   podéis
                       p ____ de   p ____ den

12 Expressing Actions • Present Tense of Stem-Changing Verbs

¡Nunca más!

ALICIA: ¡No *vuelvo* a comprar en la papelería Franco!
ARMANDO: Yo también *empiezo* a cansarme de esa tienda. Nunca *tienen* los materiales que les *pido.*
ALICIA: ¿No *piensas* que los precios son muy caros? Yo creo que siempre *perdemos* dinero cuando compramos allí.
ARMANDO: Te *entiendo* perfectamente. Los precios son horribles. Como la papelería está tan cerca de la facultad, ¡*piensan* que *pueden* pedir mucho dinero por todo!

¿Quién piensa que…

1. los precios de la papelería son muy caros?
2. la papelería no tiene muchas cosas necesarias?
3. pueden pedir mucho dinero porque la papelería está muy cerca de la facultad?
4. los estudiantes pierden dinero cuando compran en la papelería Franco?

Never again! ALICIA: I'm not going to shop at Franco's stationery store again! ARMANDO: I'm also beginning to get fed up with that store. They never have the things I ask them for. ALICIA: Don't you think that the prices are very expensive? I think that we always lose money when we buy there. ARMANDO: I understand you perfectly. The prices are awful. Since the stationery store is so close to the campus, they think that they can ask a lot of money for everything!

e → ie **pensar (ie)** *(to think)*		o (u) → ue **volver (ue)** *(to return)*		e → i **pedir (i)** *(to ask for; to order)*	
pienso	pensamos	vuelvo	volvemos	pido	pedimos
piensas	pensáis	vuelves	volvéis	pides	pedís
piensa	piensan	vuelve	vuelven	pide	piden

A: You have already learned five *stem-changing verbs* (**los verbos que cambian el radical**): **querer, preferir, tener, venir,** and **poder.** In these verbs the stem vowels **e** and **o** become **ie** and **ue,** respectively, in stressed syllables. The stem vowels are stressed in all present tense forms except **nosotros** and **vosotros.** All three classes of stem-changing verbs follow this regular pattern in the present tense. In vocabulary lists, the stem change will always be shown in parentheses after the infinitive: **volver (ue).**

Stem vowel changes:

e → ie
e → i
o → ue

Nosotros and **vosotros** forms do not have a stem vowel change.

B: Some stem-changing verbs practiced in this chapter include the following.

e → ie		o (u) → ue		e → i	
cerrar (ie)	*to close*	almorzar (ue)	*to have lunch*	pedir (i)	*to ask for; to order*
empezar (ie)	*to begin*	dormir (ue)	*to sleep*	servir (i)	*to serve*
entender (ie)	*to understand*	jugar (ue)*	*to play* (a game, sport)		
pensar (ie)	*to think*				
perder (ie)	*to lose; to miss (a function)*	volver (ue)	*to return (to a place)*		

- When used with an infinitive, **empezar** is followed by **a.**

Uds. **empiezan a hablar** muy bien el español.
You're beginning to speak Spanish very well.

- When used with an infinitive, **volver** is also followed by **a.** The phrase then means *to do (something) again.*

¿Cuándo **vuelves a jugar** al tenis?
When are you going to play tennis again?

---

*__Jugar__ is the only **u → ue** stem-changing verb in Spanish. **Jugar** is often followed by **al** when used with the name of a sport: **Juego *al* tenis.** Some Spanish speakers, however, omit the **al.**

- When followed directly by an infinitive, **pensar** means *to intend, plan to.*

  The phrase **pensar en** can be used to express *to think about.*

¿Cuándo **piensas contestar** la carta?
When do you intend to answer the letter?

—¿**En** qué **piensas**?
What are you thinking about?

—**Pienso en** la tarea para la clase de física.
I'm thinking about the homework for physics class.

Práctica

A. **¿Dónde están Diego y Antonio?** Tell in what part of Antonio's apartment the following things are happening. More than one answer is possible in some cases.

MODELO: Diego y Antonio empiezan a hacer la tarea. → Están en la alcoba.

1. Antonio sirve el desayuno (*breakfast*).
2. Antonio cierra la revista y pone el televisor.
3. Los dos almuerzan con un compañero de la universidad.
4. Los dos juegan al ajedrez (*chess*), y Diego pierde.
5. Diego piensa en las cosas que tiene que hacer hoy.
6. Antonio vuelve a casa después de las clases.
7. Antonio duerme la siesta.
8. Diego pide una pizza por teléfono.

B. **Una tarde típica en casa.** ¿Cuáles son las actividades de todos? Haga oraciones completas con una palabra o frase de cada grupo. Use sólo los nombres que son apropiados para Ud.

yo		almorzar	descansar, dormir
mi padre/madre		volver	en un sillón / en el patio / en la cocina
mi esposo/a		preferir	toda la tarde
los niños		perder	su pelota (*ball*)
mi amigo/a ___ y yo	(no)	pensar	muchos refrescos (*soft drinks*)
el perro/gato		jugar	tarde/temprano a casa
mi compañero/a		pedir	afuera (*outside*)
		dormir	la siesta
		¿ ?	en el patio / en la piscina
			al golf (tenis, vólibol…)
			las películas (*movies*) viejas/recientes
			¿ ?

C. **Hoy queremos comer paella**

Paso 1. Using the following cues as a guide, tell about the visit of Ismael's family to a restaurant that specializes in Hispanic cuisine. Use **ellos** as the subject except where otherwise indicated.

1. familia / de / Ismael / tener ganas / comer / paella
2. volver / a / su / restaurante / favorito

3. pensar / que / paella / de / restaurante / ser / estupendo
4. pedir / paella / para / seis / persona
5. pero / hoy / sólo / servir / menú (*m.*) / mexicano
6. por eso / pedir / tacos / y / guacamole (*m.*)

Paso 2. Now retell the story as if it were your family, using **nosotros** as the subject, except in item 5, where you will use **ellos**.

Conversación

Preguntas

1. ¿A qué hora cierran la biblioteca? ¿A qué hora cierran la cafetería? Y durante la época de los exámenes finales, ¿a qué hora cierran?
2. ¿A qué hora almuerza Ud., por lo general? ¿Dónde le gusta almorzar? ¿Con quién? ¿Dónde piensa Ud. almorzar hoy? ¿mañana?
3. ¿Es Ud. un poco olvidadizo/a? Es decir (*That is*), ¿pierde las cosas con frecuencia? ¿Qué cosa pierde Ud.? ¿el dinero? ¿su cuaderno? ¿su mochila? ¿sus llaves (*keys*)?

13 Expressing -self/selves • Reflexive Pronouns

La rutina diaria de Diego

Me despierto a las siete y media y *me levanto* en seguida (1). Primero, *me ducho* (2). y luego *me cepillo* los dientes (3). *Me peino* (4). *me pongo* la bata (5). y voy al cuarto a *vestirme* (6). Por fin, salgo para mis clases (7). No tomo nada antes de salir para la universidad porque, por lo general, ¡tengo prisa!

Diego's daily routine I wake up at seven-thirty and I get up right away. First, I take a shower and then I brush my teeth. I comb my hair, I put on my robe, and I go to my room to get dressed. Finally, I leave for my classes. I don't eat or drink anything before leaving for the university because I'm generally in a hurry!

¿Cómo es la rutina diaria de Ud.?

1. Yo me levanto a las _____.
2. Me ducho por la (mañana/noche).
3. Me visto en (el baño/mi cuarto).
4. Me peino (antes de/después de) vestirme.
5. Antes de salir para las clases, (tomo/no tomo) el desayuno.

Uses of Reflexive Pronouns

bañarse (*to take a bath*)		
(yo)	**me** baño	*I take a bath*
(tú)	**te** bañas	*you take a bath*
(Ud.)		*you take a bath*
(él)	**se** baña	*he takes a bath*
(ella)		*she takes a bath*
(nosotros)	**nos** bañamos	*we take baths*
(vosotros)	**os** bañáis	*you take baths*
(Uds.)		*you take baths*
(ellos)	**se** bañan	*they take baths*
(ellas)		*they take baths*

A. The pronoun **se** at the end of an infinitive indicates that the verb is used reflexively. The reflexive pronoun in Spanish reflects the subject doing something to or for himself, herself, or itself. When the verb is conjugated, the reflexive pronoun that corresponds to the subject must be used.

Reflexive Pronouns

me	myself
te	yourself (*fam., sing.*)
se	himself, herself, itself; yourself (*form. sing.*)

Many English verbs that describe parts of one's daily routine—to get up, to take a bath, and so on—are expressed in Spanish with a reflexive construction.

nos	ourselves
os	yourselves (*fam. pl. Sp.*)
se	themselves; yourselves (*form. pl.*)

me baño = I take a bath (bathe myself)

B. Here are some reflexive verbs you will find useful as you talk about daily routines. Note that some of these verbs are also stem-changing.

acostarse (ue)	to go to bed	**levantarse**	to get up; to stand up
afeitarse	to shave		
bañarse	to take a bath	**ponerse**	to put on (*clothing*)
despertarse (ie)	to wake up		
divertirse (ie)	to have a good time, enjoy oneself	**quitarse**	to take off (*clothing*)
		sentarse (ie)	to sit down
dormirse (ue)	to fall asleep	**vestirse (i)**	to get dressed
ducharse	to take a shower		

Note also the verb **llamarse** (*to be called*), which you have been using since **Ante todo: Me llamo_____. ¿Cómo se llama Ud.?**

All of these verbs can also be used nonreflexively, often with a different meaning. Some examples of this appear at the right:

dormir = to sleep   **dormirse** = to fall asleep
poner = to put, place   **ponerse** = to put on

OJO

After **ponerse** and **quitarse**, the definite article, not the possessive as in English, is used with articles of clothing.

Se pone **el** abrigo.
He's putting on his coat.

Se quitan **el** sombrero.
They're taking off their hats.

[Práctica A–B]

Placement of Reflexive Pronouns

Reflexive pronouns are placed before a conjugated verb but after the word **no** in a negative sentence: **No *se* bañan.** They may either precede the conjugated verb or be attached to an infinitive.

[Práctica B]

Me tengo que levantar temprano.
Tengo que levantar**me** temprano.
I have to get up early.

Práctica

A. Su rutina diaria

Paso 1. ¿Hace Ud. lo mismo (*the same thing*) todos los días? Conteste con sí o no.

	LOS LUNES		LOS SÁBADOS	
	SÍ	NO	SÍ	NO
1. Me levanto antes de las ocho.	☐	☐	☐	☐
2. Siempre me baño o me ducho.	☐	☐	☐	☐
3. Siempre me afeito.	☐	☐	☐	☐

		LOS LUNES		LOS SÁBADOS	
		SÍ	NO	SÍ	NO
4.	Me pongo un traje / un vestido / una falda.	☐	☐	☐	☐
5.	Me quito los zapatos después de llegar a casa.	☐	☐	☐	☐
6.	Me acuesto antes de las once de la noche.	☐	☐	☐	☐

Paso 2. ¿Tiene Ud. una rutina diferente los sábados? ¿Qué día prefiere? ¿Por qué?

B. La rutina diaria de los Durán

Paso 1. ¿Qué acostumbran hacer los miembros de la familia Durán? Conteste, imaginando (*imagining*) que Ud. es Manolo Durán. Use el sujeto pronominal cuando sea (*whenever it is*) necesario.

1. yo / levantarse / a las siete
2. mi esposa Lola / levantarse / más tarde
3. nosotros / ducharse / por la mañana
4. por costumbre / nuestro / hija Marta / bañarse / por la noche
5. yo / vestirse / antes de tomar el desayuno
6. Lola / vestirse / después de tomar un café
7. por la noche / Marta / acostarse / temprano
8. yo / acostarse / más tarde, a las once
9. por lo general / Lola / acostarse / más tarde que (*than*) yo

Paso 2. En la familia Durán, ¿quién… ?

1. se levanta primero
2. se acuesta primero
3. no se baña por la mañana
4. se viste antes de tomar el desayuno

Conversación

Entrevista: ¿Cómo es tu rutina diaria?

Paso 1. Ahora, con un compañero / una compañera, hagan y contesten preguntas breves sobre su rutina diaria. Anote (*Jot down*) las respuestas de su compañero/a.

1. Los días de semana (*weekdays*), ¿te levantas temprano? ¿antes de las siete de la mañana? ¿A qué hora te levantas los sábados?
2. ¿Te bañas o te duchas? ¿Cuándo lo haces (*do you do it*), por la mañana o por la noche?
3. ¿Te afeitas todos los días? ¿Usas una afeitadora eléctrica? ¿Prefieres no afeitarte los fines de semana?
4. Por lo general, ¿te vistes con elegancia o informalmente? ¿Qué ropa te pones cuando quieres estar elegante? ¿cuando quieres estar muy cómodo/a (*comfortable*)? ¿Qué te pones para ir a la universidad?

5. ¿A qué hora vuelves a casa, generalmente? ¿Qué haces cuando regresas? ¿Te quitas los zapatos? ¿Te pones ropa más cómoda? ¿Estudias? ¿Miras la televisión? ¿Preparas la cena (*dinner*)?

6. ¿A qué hora te acuestas? ¿Cuál es la última (*last*) cosa que haces antes de acostarte? ¿Cuál es la última cosa o persona en que piensas antes de dormirte?

Paso 2. Ahora, describa la rutina de su compañero/a a la clase, usando las respuestas del **Paso 1.** ¿Cuántos estudiantes de la clase tienen rutinas parecidas (*similar*)?

En los Estados Unidos y el Canadá...

Vicente Wolf

As a boy in Cuba, designer Vicente Wolf spent hours in architects' studios and at construction sites. The visits he paid to museums in Havana when he was a teenager awakened his love for art. The experience of being a Cuban refugee who moved to Miami at age 14 and was forced to begin a new life in a foreign country also drove him in his determination to succeed.

Wolf never formally studied interior design, but rather learned it on the job. When he was 18, he moved from Miami to New York and found work at

Una sala decorada por Vicente Wolf

the Design and Decoration Building in Manhattan. He successfully completed several commissions and then became a business associate of the Spanish designer Robert Patino, a partnership that lasted for sixteen years.

Currently, Wolf runs his own business and lectures at the Parsons School of Design. He believes that it is important for Hispanics to hear about the success that other Hispanic immigrants have had in this country, with the hope that it will instill in them the desire to succeed as he has done.

PANORAMA *cultural*

Costa Rica   Panamá

Costa Rica y Panamá

Datos esenciales

Costa Rica
- Nombre oficial: República de Costa Rica
- Capital: San José
- Población: 3.534.174 de habitantes
- Moneda: el colón
- Idioma oficial: el español

Panamá
- Nombre oficial: República de Panamá
- Capital: Ciudad de Panamá
- Población: 2.778.526 de habitantes
- Moneda: el balboa (también se usa el dólar estadounidense)
- Idioma oficial: el español

¡Fíjese!

- El ecoturismo es importante para la economía de Costa Rica y para la preservación de la biodiversidad y la belleza[a] natural que existe en el país. El ecoturismo tiene como propósito[b] controlar la entrada[c] de turistas en regiones protegidas[d] y, a la vez,[e] obtener fondos[f] para continuar con la protección de las regiones naturales.

- **Panamá** es una palabra indígena que significa «tierra de muchos peces[g]».

- La Carretera[h] Panamericana, el sistema de carreteras que va de Alaska al Canadá, termina[i] por un tiempo en la densa e[j] impenetrable selva[k] panameña de Darién. Para llegar a Sudamérica es necesario tomar un barco[l] hasta Colombia, donde continúa la carretera.

[a]*beauty* [b]*purpose* [c]*entrance* [d]*protected* [e]*a... at the same time* [f]*funds* [g]*fish* [h]*Highway* [i]*ends* [j]*y* [k]*jungle* [l]*boat*

Conozca a... Óscar Arias Sánchez

Óscar Arias Sánchez (1941–), presidente de Costa Rica de 1986 a 1990, asistió a[a] la Universidad de Costa Rica, a Boston University y a otras universidades en Inglaterra.[b] En 1987, Arias recibió[c] el Premio Nóbel de la Paz[d] por sus esfuerzos[e] por aliviar las tensiones entre el gobierno sandinista de Nicaragua y los Estados Unidos. El acuerdo de paz[f] de Arias se firmó[g] en 1986. Desde 1990, se encarga de[h] la Fundación Arias para la paz y el progreso humano.

[a]*asistió... attended* [b]*England* [c]*received* [d]*Premio... Nobel Peace Prize* [e]*efforts* [f]*acuerdo... peace agreement* [g]*se... was signed* [h]*se... he has been running*

Óscar Arias Sánchez

 Capítulo 4 of the video to accompany *Puntos de partida* contains cultural footage of Costa Rica. Footage for Panama is found with **Capítulo 6**.

 Visit the *Puntos* Website at www.mhhe.com/puntos.

Vocabulario

Los verbos

almorzar (ue)	to have lunch
cerrar (ie)	to close
contestar	to answer
descansar	to rest
dormir (ue)	to sleep
dormir la siesta	to take a nap
empezar (ie)	to begin
entender (ie)	to understand
hacer (*irreg.*)	to do; to make
hacer ejercicio	to exercise
hacer un viaje	to take a trip
hacer una pregunta	to ask a question
jugar (ue) (al)	to play (*a game, sport*)
oír (*irreg.*)	to hear
pedir (i)	to ask for; to order
pensar (ie)	to think; to intend
perder (ie)	to lose; to miss (*a function*)
poner (*irreg.*)	to put; to place
salir (*irreg.*) (de)	to leave; to go out
servir (i)	to serve
traer (*irreg.*)	to bring
ver (*irreg.*)	to see
volver (ue)	to return (*to a place*)
volver a + *inf.*	to (*do something*) again

Los verbos reflexivos

acostarse (ue)	to go to bed
afeitarse	to shave
bañarse	to take a bath
cepillarse los dientes	to brush one's teeth
despertarse (ie)	to wake up
divertirse (ie)	to have a good time, enjoy oneself
dormirse (ue)	to fall asleep
ducharse	to take a shower
levantarse	to get up; to stand up
llamarse	to be called
peinarse	to comb one's hair
ponerse (*irreg.*)	to put on (*clothing*)
quitarse	to take off (*clothing*)
sentarse (ie)	to sit down
vestirse (i)	to get dressed

Los cuartos y otras partes de una casa

la alcoba	bedroom
el baño	bathroom
la cocina	kitchen
el comedor	dining room
el garaje	garage
el jardín	yard
la pared	wall
el patio	patio; yard
la piscina	swimming pool
la sala	living room

Los muebles y otras cosas de una casa

la alfombra	rug
el armario	closet
la bañera	bathtub
la cama (de agua)	(water) bed
la cómoda	bureau; dresser
el estante	bookshelf
la lámpara	lamp
el lavabo	(bathroom) sink
la mesita	end table
los platos	dishes; plates
el sillón	armchair
el sofá	sofa
el televisor	television set

Repaso: el escritorio, la mesa, la silla

Otros sustantivos

el ajedrez	chess
el cine	movies, movie theater
el desayuno	breakfast
el/la muchacho/a	boy/girl
la película	movie

el ruido	noise
la rutina diaria	daily routine
la tarea	homework

Los adjetivos

| cada (*inv.*) | each, every |
| cómodo/a | comfortable |

Preposiciones

antes de	before
después de	after
durante	during
hasta	until
por	during; for
sin	without

¿Cuándo?

ayer fue (miércoles)	yesterday was (Wednesday)
pasado mañana	the day after tomorrow
el próximo (martes)	next (Tuesday)
la semana que viene	next week

Los días de la semana: lunes, martes, miércoles, jueves, viernes, sábado, domingo

Repaso: el fin de semana, hoy, mañana

Palabras adicionales

por fin	finally
por lo general	generally
primero	first

Las estaciones, el tiempo y un poco de geografía

Estos pingüinos viven en la Patagonia, en el extremo sur de la Argentina.

En este capítulo...

Vocabulario: ¿Qué tiempo hace hoy?; Los meses y las estaciones del año; ¿Dónde está? Las preposiciones

Gramática:

14 Present Progressive: *estar* + *-ndo*

15 Summary of the Uses of *ser* and *estar*

16 Comparisons

Panorama cultural: Guatemala

Multimedia

Practice vocabulary and grammar, expand your cultural knowledge, and develop your conversational skills.

Vocabulario: Preparación

Hace frío.   Hace calor.   Hace viento.   Hace sol.

Está (muy) nublado.   Llueve.   Nieva.   Hay mucha/poca contaminación.

Hace (mucho) frío (calor, viento, sol).   It's (very) cold (hot, windy, sunny).

Hace fresco.   It's cool.

Hace (muy) buen/mal tiempo.   It's (very) good/bad weather. The weather is (very) good/bad.

> In Spanish, many weather conditions are expressed with **hace**. The adjective **mucho** is used with the nouns **frío, calor, viento,** and **sol** to express *very*.

Pronunciation hint: Remember that, in most parts of the Spanish-speaking world, **ll** is pronounced exactly like **y: llueve.**

Conversación

A. El tiempo y la ropa. Diga qué tiempo hace, según la ropa de cada persona.

1. San Diego: María lleva pantalones cortos y una camiseta.
2. Madison: Juan lleva suéter, pero no lleva chaqueta.
3. Toronto: Roberto lleva suéter y chaqueta.
4. San Miguel de Allende: Ramón lleva impermeable y botas y también tiene paraguas (*umbrella*).
5. Buenos Aires: Todos llevan abrigo, botas y sombrero.

B. Consejos (*Advice*) **para Joaquín.** Joaquín es de Valencia, España. El clima (*climate*) allí es mediterráneo: hace mucho sol y las temperaturas son moderadas. No hay mucha contaminación.

Paso 1.   Joaquín tiene una lista de lugares que desea visitar en los Estados Unidos. Ayúdelo (*Help him*) con información sobre el clima. Como Joaquín no sabe (*As Joaquín doesn't know*) en qué estación va a viajar (*travel*), es bueno ofrecerle información sobre el clima de todo el año.

1. Seattle, Washington
2. Los Ángeles, California
3. Phoenix, Arizona
4. Nueva Orleans, Louisiana
5. Buffalo, Nueva York

Paso 2.   Es obvio que la lista de Joaquín no está completa. ¿Qué otros tres lugares cree Ud. que debe visitar? ¿Qué clima hace allí?

C. El tiempo y las actividades. Haga oraciones completas, indicando una actividad apropiada para cada situación.

cuando llueve	me quedo (*I stay*) en cama/casa
cuando hace buen tiempo	juego al basquetbol/vólibol con mis amigos
cuando hace calor	almuerzo afuera (*outside*) / en el parque
cuando hace frío	
cuando nieva	me divierto en el parque / en la playa (*beach*) con mis amigos
cuando hay mucha contaminación	no salgo de casa
	vuelvo a casa y trabajo o estudio

Nota comunicativa

More *tener* Idioms

Several other conditions expressed in Spanish with **tener** idioms—not with *to be*, as in English—include the following.

tener (mucho) calor   to be (very) warm, hot
tener (mucho) frío   to be (very) cold

These expressions are used to describe people or animals only. To be comfortable—neither hot nor cold—is expressed with **estar bien**.

D. ¿Tienen frío o calor? ¿Están bien? Describe the following weather conditions and tell how the people pictured are feeling.

Los meses y las estaciones° del año

seasons

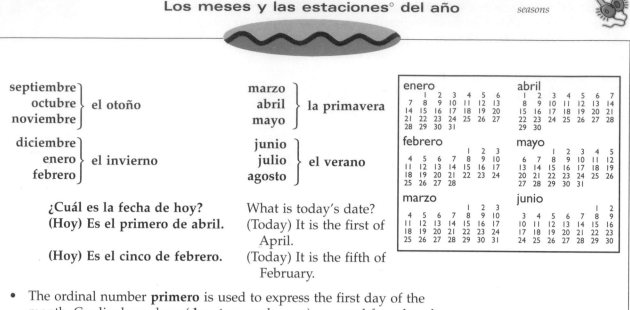

septiembre		
octubre	} el otoño	
noviembre		

marzo		
abril	} la primavera	
mayo		

diciembre		
enero	} el invierno	
febrero		

junio		
julio	} el verano	
agosto		

¿Cuál es la fecha de hoy? — What is today's date?
(Hoy) Es el primero de abril. — (Today) It is the first of April.

(Hoy) Es el cinco de febrero. — (Today) It is the fifth of February.

- The ordinal number **primero** is used to express the first day of the month. Cardinal numbers (**dos, tres,** and so on) are used for other days.
- The definite article **el** is used before the date. However, when the day of the week is expressed, **el** is omitted: **Hoy es jueves, tres de octubre.**
- As you know, **mil** is used to express the year after 999.

  1950 mil novecientos cincuenta   2003 dos mil tres

Conversación

A. El mes de noviembre. Mire este calendario para el mes de noviembre.
¿Qué día de la semana es el 12 (1, 20, 16, 11, 4, 29) de noviembre?

B. Fechas

Paso 1. Exprese estas fechas en español. ¿En qué estación caen (*do they fall*)?

1. March 7
2. August 24
3. December 1
4. June 5

5. September 19, 1997
6. May 30, 1842
7. January 31, 1660
8. July 4, 1776

Paso 2. ¿Cuándo se celebran?

1. el Día de la Raza (*Columbus Day*)
2. el Día del Año Nuevo
3. el Día de los Enamorados (de San Valentín)
4. el Día de la Independencia de los Estados Unidos

Note that the word **se** before a verb changes the verb's meaning slightly. **¿Cuándo se celebran?** = *When are they celebrated?* You will see this construction throughout *Puntos en breve.* Learn to recognize it, for it is frequently used in Spanish.

Capítulo 5 • Las estaciones, el tiempo y un poco de geografía

5. el Día de los Inocentes (*Fools*), en los Estados Unidos
6. la Navidad (*Christmas*)
7. su cumpleaños (*birthday*)

Nota cultural

The Southern Hemisphere

Seasons are reversed in the Southern Hemisphere, where many Spanish-speaking countries are located. This means, of course, that when it is summer in this country, it is winter in Argentina, and vice versa. You may never have thought about the effect of this phenomenon on the celebration of many traditional holidays. Christmas and New Year's Eve, winter holidays for residents of this country, are generally associated with snow and ice, snow figures, winter sports, and so on.

C. **¿En qué año... ?** Lea los siguientes años en español. ¿A qué hecho (*event*) corresponden?

1.	1492	a.	la Declaración de la Independencia
2.	1776	b.	el asesinato de John F. Kennedy
3.	1945	c.	Cristóbal Colón llega a América
4.	2001	d.	la bomba atómica
5.	1963	e.	una película famosa
6.	1984	f.	la novela de George Orwell
7.	¿ ?	g.	este año

D. **¡Feliz (*Happy*) cumpleaños!**

Paso 1. Entreviste a un compañero / una compañera de clase acerca de (*about*) su cumpleaños. Use las siguientes preguntas.

1. ¿Cuál es la fecha de tu cumpleaños?
2. ¿En qué estación es?
3. Generalmente, ¿qué tiempo hace en tu ciudad el día de tu cumpleaños?
4. ¿Cómo celebras tu cumpleaños? (por lo menos tres actividades)
5. ¿Con quién(es) prefieres celebrar tu cumpleaños?

Paso 2. Su profesor(a) o un(a) estudiante va a escribir en la pizarra los nombres de los meses del año. Luego cada estudiante va a escribir la fecha de su cumpleaños en la columna apropiada. ¿En qué mes son la mayoría de los cumpleaños de los estudiantes de la clase? ¿Qué signo del horóscopo tienen?

Los signos: Aries, Tauro, Géminis, Cáncer, Leo, Virgo, Libra, Escorpión, Sagitario, Capricornio, Acuario, Piscis

¿Dónde está? Las preposiciones

¿Dónde está España? Está *en* la Península Ibérica, *al lado de* Portugal. *Al norte* está Francia, y el continente de África está *al sur*. *Al oeste* está el Océano Atlántico y *al este* está el Mar Mediterráneo. La capital de España es Madrid. *Cerca de* la Península Ibérica están las Islas Baleares, que son parte de España. Las Islas Canarias, también parte de España, están *al oeste de* África. Gibraltar está *entre* España y África. No es parte de España. Pertenece (*It belongs*) a Inglaterra.

cerca de	close to	**delante de**	in front of
lejos de	far from	**detrás de**	behind
encima de	on top of	**a la izquierda de**	to the left of
debajo de	below	**a la derecha de**	to the right of
al lado de	alongside of		
entre	between, among		

al este / oeste / norte / sur de   to the east / west / north / south of

In Spanish, the pronouns that serve as objects of prepositions are identical in form to the subject pronouns, except for **mí** and **ti**.

Julio está delante de **mí**.	*Julio is in front of me.*
María está detrás de **ti**.	*María is behind you.*
Me siento a la izquierda de **ella**.	*I sit on her left.*

OJO

Note that **mí** has a written accent, but **ti** does not. This is to distinguish the object of a preposition (**mí**) from the possessive adjective (**mi**).

Conversación

A. ¿De qué país se habla?

Paso 1. Escuche la descripción que da (*gives*) su profesor(a) de un país de Sudamérica. ¿Puede Ud. identificar el país?

Paso 2. Ahora describa un país de Sudamérica. Sus compañeros de clase van a identificarlo. Siga el modelo, usando (*using*) todas las frases que sean (*are*) apropiadas.

MODELO: Este país está al norte/sur/este/oeste de _____.
También está cerca de _____.
Pero está lejos de _____. Está entre _____ y _____. ¿Cómo se llama?

Paso 3. Ahora trate de (*try to*) emparejar los nombres de estas capitales de Sudamérica con sus países.

MODELO: _____ es la capital de _____.

Capitales: Brasilia, Buenos Aires, Bogotá, La Paz, Santiago, Asunción, Quito, Caracas, Montevideo, Lima

B. ¿De dónde es Ud.? Give as much information as you can about the location of your hometown or state, or about the country you are from. You should also tell what the weather is like there.

MODELO: Soy del pueblo (de la ciudad) de _____. Está cerca de la ciudad de _____. En verano hace _____. En invierno _____. (No) Llueve mucho en primavera.

Pronunciación: r and rr

Spanish has two **r** sounds, one of which is called a *flap*, the other a *trill*. The rapid pronunciation of *tt* and *dd* in the English words *Betty* and *ladder* produces a sound similar to the Spanish flap **r**: The tongue touches the alveolar ridge (behind the upper teeth) once. Although English has no trill, when English speakers imitate a motor they often produce the Spanish trill, which is a rapid series of flaps.

The trilled **r** is written **rr** between vowels (**carro, correcto**) and **r** at the beginning of a word (**rico, roon**). Any other **r** is pronounced as a flap. Be careful to distinguish between the flap **r** and the trilled **r**. A mispronunciation will often change the meaning of a word—for example, **pero** (*but*) versus **perro** (*dog*).

A. Comparaciones

inglés:	*potter*	*ladder*	*cotter*	*meter*	*total*	*motor*
español:	para	Lara	cara	mire	toro	moro

B. Práctica

1. rico
2. ropa
3. roca
4. Roberto
5. Ramírez
6. rebelde
7. reportero
8. real

C. ¡Necesito compañero/a! With a classmate, pronounce one word from the following pairs of words, alternatively choosing one containing **r** or **rr**. Your partner will pronounce the one that you did not.

1. coro/corro
2. coral/corral
3. pero/perro
4. vara/barra
5. ahora/ahorra
6. caro/carro
7. cero/cerro
8. para/parra

D. Pronuncie.

1. el nombre correcto
2. un corral grande
3. una norteamericana
4. Puerto Rico
5. rosas amarillas
6. un libro negro y rojo
7. una mujer refinada
8. Enrique, Carlos y Rosita

9. El perro está en el corral.
10. Estos errores son raros.
11. Busco un carro caro.
12. Soy el primo de Roberto Ramírez.

E. Trabalenguas (*Tongue-twister*)

Paso 1. Listen as your instructor says the following tongue-twister.

Erre con erre, guitarra,
Erre con erre, barril;[a]
¡qué rápido corren[b] los carros
del ferrocarril[c]!

[a]*barrel* [b]*run* [c]*train*

Paso 2. Now repeat the tongue-twister, paying special attention to the pronunciation of the trilled **r** sound.

Minidiálogos y gramática

14

¿Qué están haciendo? • Present Progressive: *estar + -ndo*

¿Qué están haciendo en Quito, Ecuador?

José Miguel juega al tenis y levanta pesas con frecuencia. Ahora no *está jugando al tenis*. Tampoco *está levantando* pesas. ¿Qué *está haciendo? Está* _____.

Elisa es periodista. Por eso escribe mucho y habla mucho por teléfono. Pero ahora, no *está escribiendo*. Tampoco *está hablando* por teléfono. ¿Qué *está haciendo? Está* _____.

¿Y Ud.? ¿Qué está haciendo Ud. en este momento?

1. ¿Está estudiando en casa? ¿en clase? ¿en la cafetería?
2. ¿Está leyendo? ¿Está mirando la tele al mismo (*same*) tiempo?
3. ¿Está escuchando al profesor / a la profesora?

Uses of the Progressive

In Spanish, you can use special verb forms to describe an action in progress—that is, something actually happening at the time it is being described. These Spanish forms, called **el progresivo,** correspond in form to the English *progressive: I am walking, we are driving, she is studying.* But their use is not identical. Compare the Spanish and English verb forms in the sentences at the right.

In Spanish, the present progressive is used primarily to describe an action that is actually *in progress,* as in the first example. The simple Spanish present is used in other cases where English would use the present progressive: to tell what is going to happen (the second sentence), and to tell what someone is doing over a period of time but not necessarily at this very moment (the third sentence).

1. Ramón **está comiendo** ahora mismo. *Ramón is eating right now.*
2. **Compramos** la casa mañana. *We're buying the house tomorrow.*
3. Adelaida **estudia** química este semestre. *Adelaida is studying chemistry this semester.*

Formation of the Present Progressive

A. The Spanish present progressive is formed with **estar** plus the *present participle* (**el gerundio**), which is formed by adding **-ando** to the stem of **-ar** verbs and **-iendo** to the stem of **-er** and **-ir** verbs.* The present participle never varies; it always ends in **-o.**

tomar → **tomando**   *taking; drinking*
comprender → **comprendiendo** *understanding*
abrir → **abriendo**   *opening*

O J O
Unaccented **i** represents the sound [y] in the participle ending **-iendo: comiendo, viviendo.** Unaccented **i** between two vowels becomes the letter **y: leyendo, oyendo.**

B. The stem vowel in the present participle of **-ir** stem-changing verbs also shows a change. From this point on in *Puntos en breve,* both stem changes for **-ir** verbs will be given with infinitives in vocabulary lists.

preferir (ie, i) → prefiriendo *preferring*
pedir (i, i) → pidiendo   *asking*
dormir (ue, u) → durmiendo   *sleeping*

Using Pronouns with the Present Progressive

Reflexive pronouns may be attached to a present participle or precede the conjugated form of

---

*Ir, poder,** and **venir** have irregular present participles: **yendo, pudiendo, viniendo.** These three verbs, however, are seldom used in the progressive.

estar. Note the use of a written accent mark when pronouns are attached to the present participle.

Pablo **se** está bañando. }
Pablo está bañándo**se**. } *Pablo is taking a bath.*

Práctica

A. Un sábado típico. Indique lo que Ud. está haciendo a las horas indicadas en un sábado típico. En algunos (*some*) casos hay más de una respuesta (*answer*) posible.

A las ocho de la mañana...   SÍ   NO

1. estoy durmiendo   ☐   ☐
2. estoy tomando el desayuno   ☐   ☐
3. estoy mirando los dibujos animados   ☐   ☐
   (*cartoons*) en la tele
4. estoy duchándome   ☐   ☐
5. estoy trabajando   ☐   ☐
6. estoy _____   ☐   ☐

A mediodía (*noon*)...   SÍ   NO

1. estoy durmiendo   ☐   ☐
2. estoy almorzando   ☐   ☐
3. estoy estudiando   ☐   ☐
4. estoy practicando algún deporte   ☐   ☐
5. estoy trabajando   ☐   ☐
6. estoy _____   ☐   ☐

A las diez de la noche...   SÍ   NO

1. estoy durmiendo   ☐   ☐
2. estoy preparándome para salir   ☐   ☐
3. estoy mirando un programa en la tele   ☐   ☐
4. estoy bailando en una fiesta o en   ☐   ☐
   una discoteca
5. estoy trabajando   ☐   ☐
6. estoy hablando por teléfono con   ☐   ☐
   un amigo / una amiga
7. estoy _____   ☐   ☐

B. Un día especial. Ricardo Guzmán Rama, el tío de Lola Benítez, acaba de llegar (*has just arrived*) de México para visitar a su familia en Sevilla. Por eso, hoy es un día especial. Complete las siguientes oraciones para indicar lo que (*what*) está pasando en este momento en la familia de Lola.

1. Generalmente, Lola está en la universidad toda la mañana. Hoy Lola... (hablar con su tío Ricardo)
2. Casi siempre, Lola va a casa después de sus clases. Hoy Lola y su tío... (tomar un café en la universidad)
3. De lunes a viernes, la hija Marta va al colegio por la tarde. Ahora, a las dos de la tarde ella... (jugar con Ricardo)
4. Generalmente, la familia come a las dos. Hoy todos... (comer a las tres)

C. En casa con la familia Duarte

Paso 1. The Duarte family leads a busy life. Each picture sequence shows what the parents, the teenage daughter, and the twins are doing at a particular time of their day. Read the following sentences and tell to which drawing each refers.

MODELO: Se está duchando. Dibujo A.

1. Está levantándose.
2. Está escribiendo cartas.
3. Está vistiéndose.
4. Está preparando la cena (*dinner*).
5. Está leyendo el periódico.
6. Están durmiendo.
7. Está trabajando.
8. Están jugando con el perro.
9. Están comiendo.
10. Está quitándose los zapatos.

A.

B.

C.

Paso 2. Now tell what is happening in each drawing.

MODELO: Dibujo A. Son las seis. Los niños están...

Conversación

Preguntas

1. ¿Pasa Ud. más tiempo leyendo o viendo la televisión? ¿tocando o escuchando música? ¿trabajando o estudiando? ¿estudiando o viajando?
2. ¿Cómo se divierte Ud. más, viendo la tele o bailando en una fiesta? ¿practicando un deporte o leyendo una buena novela? ¿haciendo un *picnic* o preparando una cena elegante en casa? ¿mirando una película en casa o en el cine?

¿Recuerda Ud.?

You have been using forms of **ser** and **estar** since **Ante todo,** the preliminary chapter of *Puntos en breve*. The following section will help you consolidate everything you know so far about these two verbs, both of which express *to be* in Spanish. You will learn a bit more about them as well.

Before you begin, think in particular about the following questions: **¿Cómo está Ud.? ¿Cómo es Ud.?** What do these questions tell you about the difference between **ser** and **estar**?

15 ¿Ser o estar? • Summary of the Uses of *ser* and *estar*

Una conversación por larga distancia

Aquí hay un lado de la conversación entre una esposa que *está* en un viaje de negocios y su esposo, que *está* en casa. Habla el esposo. ¿Qué contesta la esposa?

Aló. [...[1]] ¿Cómo *estás*, mi amor? [...[2]] ¿Dónde *estás* ahora? [...[3]] ¿Qué hora *es* allí? [...[4]] ¡Huy!, *es* muy tarde. Y el hotel, ¿cómo *es*? [...[5]] Oye, ¿qué *estás* haciendo ahora? [...[6]] Ay, pobre, lo siento. *Estás* muy ocupada. ¿Con quién *estás* citada mañana? [...[7]] ¿Quién *es* el dueño de la compañía? [...[8]] Ah, él *es* de Cuba, ¿verdad? [...[9]] Bueno, ¿qué tiempo hace allí? [...[10]] Muy bien, mi vida. Hasta luego, ¿eh? [...[11]] Adiós.

A long-distance conversation Here is one side of a conversation between a wife who is on a business trip and her husband, who is at home. The husband is speaking. What does the wife answer? Hello. . . How are you, dear?. . . Where are you now?. . . What time is it there?. . . Boy, it's very late. And how's the hotel?. . . Hey, what are you doing now?. . . You poor thing, I'm sorry. You're very busy. Who are you meeting with tomorrow?. . . Who's the owner of the company?. . . Ah, he's from Cuba, isn't he?. . . Well, what's the weather like? Very well, sweetheart. See you later, OK?. . . Good-bye.

Aquí está el otro lado de la conversación... pero las respuestas no están en orden. Ponga las respuestas en el orden apropiado.

a. _____ Es muy moderno. Me gusta mucho.
b. _____ Sí, pero vive en Nueva York ahora.
c. _____ Son las once y media.
d. _____ Hola, querido (*dear*). ¿Qué tal?
e. _____ Es el Sr. Cortina.
f. _____ Pues, todavía (*still*) tengo que trabajar.
g. _____ Sí, hasta pronto.
h. _____ Estoy en Nueva York.
i. _____ Un poco cansada, pero estoy bien.
j. _____ Pues, hace buen tiempo, pero está un poco nublado.
k. _____ Con un señor de Computec, una nueva compañía de computadoras.

Summary of the Uses of *ser*

• To *identify* people and things	Ella **es doctora.**
• To express *nationality;* with **de** to express *origin*	**Son cubanos. Son de** La Habana.
• With **de** to tell of what *material* something is made	Este bolígrafo **es de plástico.**

• With **para** to tell *for whom something is intended*	El regalo **es para Sara.**
• To tell *time*	**Son las once. Es la una y media.**
• With **de** to express *possession*	**Es de Carlota.**
• With *adjectives* that describe *basic, inherent characteristics*	Ramona **es inteligente.**
• To form many *generalizations*	**Es necesario** llegar temprano. **Es importante** estudiar.

Summary of the Uses of *estar*

• To tell *location*	El libro **está en la mesa.**
• To describe *health*	**Estoy** muy **bien,** gracias.
• With *adjectives* that describe *conditions*	**Estoy** muy **ocupada.**
• In a number of *fixed expressions*	**(No) Estoy de acuerdo. Está bien.**
• With *present participles* to form the *progressive tense*	**Estoy estudiando** ahora mismo.

A. **Ser** is used with adjectives that describe the fundamental qualities of a person, place, or thing.

Esa mujer es muy **baja.**
That woman is very short.

Sus calcetines son **morados.**
His socks are purple.

Este sillón es **cómodo.**
This armchair is comfortable.

Sus padres son **cariñosos.**
Their parents are affectionate people.

B. **Estar** is used with adjectives to express conditions or observations that are true at a given moment but that do not describe inherent qualities of the noun. The following adjectives are generally used with **estar.**

abierto/a	open	**limpio/a**	clean
aburrido/a	bored	**loco/a**	crazy
alegre	happy	**nervioso/a**	nervous
cansado/a	tired	**ocupado/a**	busy
cerrado/a	closed	**ordenado/a**	neat
congelado/a	frozen; very cold	**preocupado/a**	worried
contento/a	content, happy	**seguro/a**	sure, certain
desordenado/a	messy	**sucio/a**	dirty
enfermo/a	sick	**triste**	sad
furioso/a	furious, angry		

C. Many adjectives can be used with either **ser** or **estar**, depending on what the speaker intends to communicate. In general, when *to be* implies *looks*, *feels*, or *appears*, **estar** is used. Compare the following pairs of sentences.

Daniel **es** guapo.
Daniel is handsome. (He is a handsome person.)

Daniel **está** muy guapo esta noche.
Daniel looks very nice (handsome) tonight.

—¿Cómo **es** Amalia?
—**Es** simpática.
What is Amalia like (as a person)?
She's nice.

—¿Cómo **está** Amalia?
—**Está** enferma todavía.
How is Amalia (feeling)?
She's still sick.

Práctica

A. **¿Quiénes son?** Identifique a los jóvenes que aparecen en esta foto.

Los jóvenes son/están…

1. mis primos argentinos
2. de Buenos Aires
3. aquí este mes para visitar a la familia

4. al lado de los abuelos en la foto
5. muy simpáticos
6. muy contentos con el viaje en general
7. un poco cansados por (*because of*) el viaje

B. Actividades sociales. Complete the following description with the correct form of **ser** or **estar,** as suggested by the context.

Las fiestas

Las fiestas (ser/estar[1]) populares entre los jóvenes de todas partes del mundo. Ofrecen una buena oportunidad para (ser/estar[2]) con los amigos y conocer[a] a nuevas personas. Imagine que Ud. (ser/estar[3]) en una fiesta con unos amigos hispanos en este momento: todos (ser/estar[4]) alegres, comiendo, hablando y bailando... ¡Y (ser/estar[5]) las dos de la mañana!

La pandilla[b]

Ahora en el mundo hispánico no (ser/estar[6]) necesario tener chaperona. Muchas de las actividades sociales se dan[c] en grupos. Si Ud. (ser/estar[7]) miembro de una pandilla, sus amigos (ser/estar[8]) el centro de su vida social y Ud. y su novio[d] o novia salen frecuentemente con otras parejas[e] o personas del grupo.

[a]*meet*　[b]*group of friends*　[c]*se... occur*　[d]*boyfriend*　[e]*couples*

Comprensión: ¿Sí o no? ¿Son estas las opiniones de un joven hispano?

1. Me gustan mucho las fiestas.
2. Nunca bailamos en las fiestas.
3. Es necesario salir con chaperona.
4. La pandilla tiene poca importancia para mí.

C. Una tarde terrible

Paso 1. Describa lo que (*what*) pasa hoy por la tarde en esta casa, cambiando por antónimos las palabras indicadas.

1. No hace *buen* tiempo; hace _____.
2. El bebé no está *bien*; está _____.
3. El gato no está *limpio*; está _____.
4. El esposo no está *tranquilo*; está _____ por el bebé.
5. El garaje no está *cerrado*; está _____.
6. Los niños no están *ocupados*; están _____.
7. La esposa no está *contenta*; está _____ por el tiempo.
8. La casa no está *ordenada*; está _____.

Paso 2. Ahora imagine que son las 6:30 de la tarde. Exprese lo que están haciendo los miembros de la familia en este momento. Use su imaginación y diga también lo que generalmente hacen estas personas a esa hora.

MODELO: Hoy, a las seis y media, la madre está conduciendo su coche a casa. Generalmente está preparando la comida a esa hora.

Palabras útiles: cenar (*to have dinner*), conducir (*to drive*), ladrar (*to bark*), llorar (*to cry*)

Conversación

Ana   Estela

Ana y Estela. Describa este dibujo de un cuarto típico de la residencia. Invente los detalles necesarios. ¿Quiénes son las dos compañeras de cuarto? ¿De dónde son? ¿Cómo son? ¿Dónde están en este momento? ¿Qué hay en el cuarto? ¿En qué condición está el cuarto? ¿Son ordenadas o desordenadas las dos?

Palabras útiles: el cartel (*poster*), la foto

En los Estados Unidos y el Canadá...

Alfredo Jaar

Upon arriving in the United States, Chilean artist Alfredo Jaar was surprised to learn that English speakers generally don't think of Canadians, Mexicans, Colombians, and so forth as "Americans." It bothered him that he was perceived as "Hispanic" or "Latin" but not as "American." "This country has co-opted the word *America*," he claimed.

So, Jaar used his artistic talents in an effort to enlighten people in the United States about the true meaning of the word *America*. He created a computerized animation that appeared on a sign board above New York City's Times Square in April of 1987. The computer animation depicted a lighted map of the United States with the statement "This is not America" written across it. Slowly the word *America* grew larger and larger until it filled the entire sign. At the same time,

El arte electrónico de Alfredo Jaar

the letter R transformed itself into a map of North and South America. This use of *America* is the meaning used in Spanish, the meaning that Jaar had known.

The message that Jaar was trying to send was that *America* does not belong only to the United States. Another thirty-three nations say that they are a part of America and that their approximately 500 million inhabitants are also Americans.

Jaar was also trying to combat the stereotype that all Hispanics are alike and that all the inhabitants of South America are Hispanics. For one thing, many inhabitants of South America are Brazilians, and thus of Portuguese rather than of Spanish heritage. In addition, there are many indigenous peoples throughout Latin America that have traditions, cultures, and languages that precede Columbus' arrival in this hemisphere.

Capítulo 5 • Las estaciones, el tiempo y un poco de geografía

Describing • Comparisons

Dos ciudades

México, D.F. (Distrito Federal)

El barrio de Santa Cruz, Sevilla, España

Ricardo, el tío de Lola Benítez, hace comparaciones entre la Ciudad de México, o el D.F. (Distrito Federal), y Sevilla.

«De verdad, me gustan las dos ciudades.

- La Ciudad de México es *más* grande *que* Sevilla.
- Tiene *más* edificios altos *que* Sevilla.
- En el D.F. no hace *tanto* calor *como* en Sevilla.

Pero...

- Sevilla es *tan* bonita *como* la Ciudad de México.
- No tiene *tantos* habitantes *como* el D.F.
- Sin embargo, los sevillanos son *tan* simpáticos *como* los mexicanos.

En total, ¡me gusta Sevilla *tanto como* la Ciudad de México!»

Ahora, hable Ud. de su ciudad o pueblo.

Mi ciudad/pueblo...

- (no) es tan grande como Chicago
- es más/menos cosmopolita que Quebec

Me gusta _____ (nombre de mi ciudad/pueblo)

- más que _____ (nombre de otra ciudad)
- menos que _____ (nombre de otra ciudad)
- tanto como _____ (nombre de otra ciudad)

Two Cities Ricardo, Lola Benítez's uncle, makes comparisons between Mexico City, or D.F. (Federal District), and Seville. "Really, I like both cities.
- Mexico City is bigger than Seville.
- It has more tall buildings than Seville.
- It is not as hot in Mexico City as it is in Seville.
But...
- Seville is as beautiful as Mexico City.
- It doesn't have as many inhabitants as Mexico City.
- Nevertheless, the people from Seville are as nice as those from Mexico City.
All told, I like Seville as much as Mexico City!"

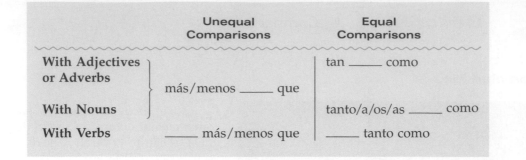

	Unequal Comparisons	Equal Comparisons
With Adjectives or Adverbs	más/menos _____ que	tan _____ como
With Nouns		tanto/a/os/as _____ como
With Verbs	_____ más/menos que	_____ tanto como

Comparison of Adjectives

EQUAL COMPARISONS

tan + *adjective* + como
(*as*)   (*as*)

Enrique es **tan** trabajador **como** Amalia.
Enrique is as hardworking as Amalia.

In English the *comparative* (**el comparativo)** is formed by using the adverbs *more* or *less* (**more** *intelligent*, **less** *important*), or by adding *-er* at the end of the adjective (*taller, smarter*).

UNEQUAL COMPARISONS (REGULAR)

más + *adjective* + que
(*more*)   (*than*)

Alicia es **más** perezosa **que** Marta.
Alicia is lazier than Marta.

menos + *adjective* + que
(*less*)   (*than*)

Julio es **menos** listo **que** Jaime.
Julio is not as bright as Jaime.

UNEQUAL COMPARATIVES WITH IRREGULAR FORMS

bueno/a → mejor

Estos coches son **buenos,** pero esos son **mejores.**
These cars are good, but those are better.

malo/a → peor

Mi lámpara es **peor que** esta.
My lamp is worse than this one.

mayor (*older*)

Mi hermana es **mayor que** yo.
My sister is older than I (am).

menor (*younger*)

Mis primos son **menores que** yo.
My cousins are younger than I (am).

Comparison of Nouns

EQUAL COMPARISONS

Tanto must agree in gender and number with the noun it modifies.

> tanto/a/os/as + *noun* + como
> (*as much/many*)　　　　(*as*)

Alicia tiene **tantas** bolsas **como** Pati.
Alicia has as many purses as Pati (does).

Pablo tiene **tanto** dinero **como** Sergio.
Pablo has as much money as Sergio (does).

UNEQUAL COMPARISONS

> más/menos + *noun* + que
> (*more/less*)　　　　(*than*)

The preposition **de** is used when the comparison is followed by a number.

> más/menos de + *noun*
> (*more/less than*)
>
> [Práctica A–C]

Alicia tiene **más / menos** bolsas **que** Susana.
Alicia has more/fewer purses than Susana (does).

Alicia tiene **más de** cinco bolsas.
Alicia has more than five purses.

Comparison of Verbs

EQUAL COMPARISONS

Note that **tanto** is invariable is this construction.

> tanto como
> (*as much as*)

Yo estudio **tanto como** mi hermano mayor.
I study as much as my older brother (does).

UNEQUAL COMPARISONS

> más/menos que
> (*more/less than*)
>
> [Práctica D]

Yo duermo **más que** mi hermano menor.
I sleep more than my younger brother (does).

Comparison of Adverbs

EQUAL COMPARISONS

> tan + *adverb* + como

Yo juego al tenis **tan** bien **como** mi hermano.
I play tennis as well as my brother (does).

UNEQUAL COMPARISONS

> más/menos + *adverb* + que
>
> mejor/peor que

Yo como **más** rápido **que** mi padre.
I eat faster than my father (does).

Yo juego al tenis **peor que** mi hermana.
I play tennis worse than my sister (does).

A. ¿Es Ud. sincero/a?

Paso 1. Conteste las preguntas lógicamente. ¿Es Ud. … ?

1. tan guapo/a como Antonio Banderas/Jennifer López
2. tan rico como Bill Gates
3. tan fiel como su mejor amigo/a
4. tan inteligente como Einstein
5. tan honesto/a como su padre/madre (novio/a…)

Paso 2. ¿Tiene Ud. … ?

1. tantos tíos como tías
2. tantos amigos como amigas
3. tanto talento como Carlos Santana
4. tanta sabiduría (*knowledge*) como su profesor(a)

B. Opiniones. Cambie las siguientes oraciones para expresar su opinión personal: **tan _____ como** → **más/menos _____ que.** Si está de acuerdo con la oración tal como está (*just as it is*), diga (*say*) **Estoy de acuerdo.**

1. Mi casa (apartamento/residencia) es tan grande como la casa del presidente / de la presidenta de la universidad.
2. El fútbol (*soccer*) es tan popular como el fútbol americano.
3. Las artes son tan importantes como las ciencias.
4. Los estudios son menos importantes que los deportes.
5. La comida (*food*) de la cafetería es tan buena como la de mi mamá/papá (esposo/a, compañero/a…)

C. Alfredo y Gloria. Compare la casa y las posesiones que tienen Alfredo y Gloria, haciendo oraciones con **más/menos _____ que** o **tanto/a/os/as _____ como.**

	ALFREDO	GLORIA
cuartos en total	8	6
baños	2	1
alcobas	3	3
camas	3	5
coches	3	1
dinero en el banco	$500.000	$5.000

D. Cambie, indicando su opinión personal: **tanto como** → **más/menos que,** o vice versa. O, si es apropiado, diga **Estoy de acuerdo.**

1. Los profesores trabajan más que los estudiantes.
2. Me divierto tanto con mis amigos como con mis parientes.
3. Los niños duermen tanto como los adultos.
4. Aquí llueve más en primavera que en invierno.
5. Necesito más el dinero que la amistad.

A. La familia de Amalia y Sancho Jordán

Paso 1. Mire la siguiente foto e identifique a los miembros de esta familia. Luego compárelos (*compare them*) con otro pariente. **¡OJO!** Amalia tiene dos hermanos y un sobrino.

> MODELO: Amalia es la hermana de Sancho. Ella es menor que Sancho, pero es más alta que él.

Paso 2. Su familia. Now compare the members of your own family, making ten comparative statements.

> MODELO: Mi hermana Mary es mayor que yo, pero yo soy más alto/a que ella

Ramón (24)
Amalia (19)
Sancho (20)
Ramoncito (1)
Lucía (43) Miguel (45) Sarita (25) Laura (75) Javier (80)

Paso 3. Now read your sentences from **Paso 2** to a classmate, who should not take notes on them. Ask him or her questions about your comparisons and see if he or she remembers the details of your family.

> MODELO: ¿Qué miembro de mi familia es mayor que yo?

B. La rutina diaria... en invierno y en verano

Paso 1. ¿Es diferente nuestra rutina diaria en las diferentes estaciones? Complete las siguientes oraciones sobre su rutina.

Palabras útiles: el gimnasio, el parque, afuera

EN INVIERNO...

1. me levanto a _____ (hora)
2. almuerzo en _____
3. me divierto con mis amigos en _____
4. estudio _____ horas todos los días
5. estoy / me quedo en _____ (lugar) por la noche
6. me acuesto a _____

EN VERANO...

me levanto a _____
almuerzo en _____
me divierto con mis amigos en _____
(no) estudio _____ horas todos los días
estoy / me quedo en _____ por la noche
me acuesto a _____

Paso 2. Ahora compare sus actividades en invierno y en verano, según el modelo.

> MODELO: En invierno me levanto más temprano/tarde que en verano.
> (En invierno me levanto a la misma hora que en verano.)
> (En invierno me levanto tan temprano como en verano.)

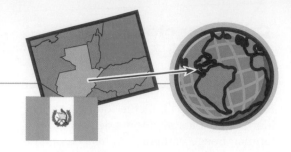

Guatemala

Datos esenciales

- Nombre oficial: República de Guatemala
- Capital: la Ciudad de Guatemala
- Población: 12.007.580 de habitantes
- Moneda: el quetzal
- Idiomas: el español (oficial), 23 lenguas indígenas (que incluyen el quiché, el cakchiquel y el kekchi)

¡Fíjese!

Más del cincuenta por ciento de los habitantes de Guatemala son descendientes de los antiguos[a] mayas. Esta civilización antigua tenía[b] un sistema de escritura jeroglífica que usaban[c] para documentar su historia, sus costumbres[d] religiosas y su mitología. El calendario maya, base del famoso calendario azteca, era[e] el calendario más exacto de su época. Los mayas también tenían un sistema político y social muy desarrollado.[f] Tikal, en Guatemala, fue[g] una de las ciudades mayas más importantes y también una de las más grandes. Las ruinas de Tikal son muestra[h] de la grandeza de la civilización maya. Hoy día,[i] son un lugar turístico muy visitado.

[a]ancient [b]had [c]they used [d]customs [e]was [f]developed [g]was [h]an example [i]Hoy... Nowadays

Conozca a... Rigoberta Menchú

Al período entre los años 1978 y 1985 en Guatemala se le llama[a] con frecuencia «La violencia». Durante este tiempo el ejército guatemalteco[b] empieza una campaña[c] violenta contra la población indígena[d] del norte del país.

Rigoberta Menchú, mujer de la región indígena y de lengua[e] quiché (un grupo étnico de la familia de los mayas) pierde a sus padres y dos hermanos, todos asesinados por el ejército.

Menchú describe esta tragedia durante «La violencia» en su famosa autobiografía *Yo, Rigoberta Menchú.*

El trabajo de Menchú a favor de los derechos humanos[f] y del pluralismo étnico de Guatemala le otorgó[g] el Premio Nóbel de la Paz en 1992, exactamente quinientos años después de la llegada[h] de Cristóbal Colón a América.

[a]Al... *The period between 1978 and 1985 in Guatemala is called* [b]*ejército... Guatemalan army* [c]*campaign* [d]*población... indigenous population* [e]*language* [f]*a... on behalf of human rights* [g]*le... won her* [h]*arrival*

Tikal, Guatemala

Capítulo 5 of the video to accompany *Puntos de partida* contains cultural footage of Guatemala.

Visit the *Puntos* Website at www.mhhe.com/puntos.

Vocabulario

Los verbos

celebrar	to celebrate
pasar	to spend (*time*); to happen
quedarse	to stay, remain (*in a place*)

¿Qué tiempo hace?

está (muy) nublado	it's (very) cloudy, overcast
hace...	it's . . .
buen/mal tiempo	good/bad weather
calor	hot
fresco	cool
frío	cold
sol	sunny
viento	windy
hay (mucha)	there's (lots of)
contaminación	pollution
llover (ue)	to rain
llueve	it's raining
nevar (ie)	to snow
nieva	it's snowing

Los meses del año

enero, febrero, marzo, abril, mayo, junio, julio, agosto, septiembre, octubre, noviembre, diciembre

Las estaciones del año

la primavera	spring
el verano	summer
el otoño	fall, autumn
el invierno	winter

Los lugares

la capital	capital city
la isla	island
el parque	park
la playa	beach

Otros sustantivos

el clima	climate
el cumpleaños	birthday
la fecha	date (*calendar*)
el/la novio/a	boyfriend/girlfriend
la respuesta	answer

Los adjetivos

abierto/a	open
aburrido/a	bored
alegre	happy
cansado/a	tired
cariñoso/a	affectionate
cerrado/a	closed
congelado/a	frozen; very cold
contento/a	content, happy
desordenado/a	messy
difícil	hard, difficult
enfermo/a	sick
fácil	easy
furioso/a	furious, angry
limpio/a	clean
loco/a	crazy
nervioso/a	nervous
ocupado/a	busy
ordenado/a	neat
preocupado/a	worried
querido/a	dear
seguro/a	sure, certain
sucio/a	dirty
triste	sad

Las comparaciones

más/menos... que	more/less . . . than
tan... como	as . . . as
tanto/a(s)... como	as much/many . . . as
tanto como	as much as
mayor	older
mejor	better; best
menor	younger
peor	worse

Las preposiciones

a la derecha de	to the right of
a la izquierda de	to the left of
al lado de	alongside of
cerca de	close to
debajo de	below
delante de	in front of
detrás de	behind
encima de	on top of
entre	between, among
lejos de	far from

Los puntos cardinales

el norte, el sur, el este, el oeste

Palabras adicionales

afuera	outdoors
¿Cuál es la fecha de hoy?	What's today's date?
esta noche	tonight
estar (*irreg.*) bien	to be comfortable (*temperature*)
mí (*obj. of prep.*)	me
el primero de	the first of (*month*)
siguiente	following
tener (*irreg.*) (mucho) calor	to be (very) warm, hot
tener (*irreg.*) (mucho) frío	to be (very) cold
ti (*obj. of prep.*)	you
todavía	still

¿Qué le gusta comer?

Este carrito en el viejo San Juan, Puerto Rico, está lleno de (*is full of*) frutas tropicales.

En este capítulo...

Vocabulario: La comida; *Saber* and *conocer*; Personal *a*

Gramática:

17 ▶ Direct Object Pronouns

18 ▶ Indefinite and Negative Words

19 ▶ Formal Commands

Panorama cultural: España

Multimedia

Practice vocabulary and grammar, expand your cultural knowledge, and develop your conversational skills.

La comida

Las comidas

el desayuno → desayunar
breakfast → to have (eat) breakfast

el almuerzo → almorzar (ue)
lunch → to have (eat) lunch

la cena → cenar
dinner → to have (eat) dinner, supper

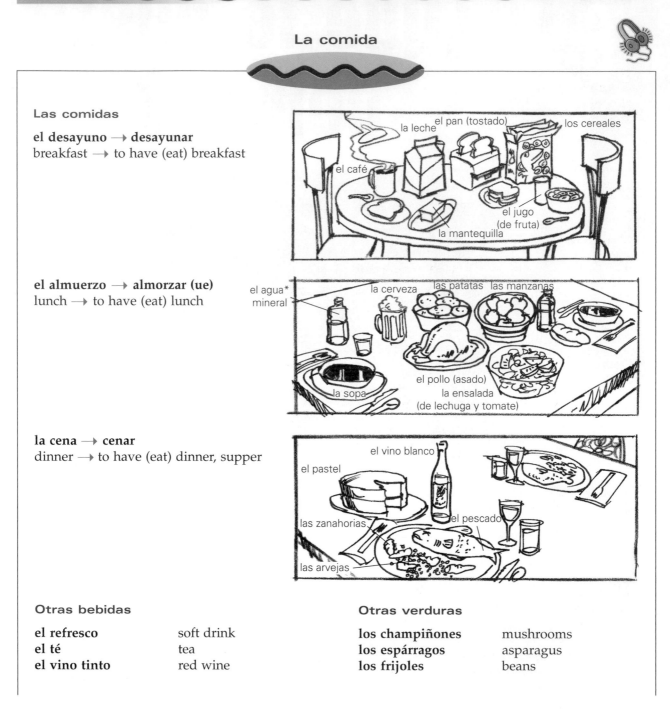

la leche   el pan (tostado)   los cereales
el café
el jugo (de fruta)
la mantequilla

el agua* mineral   la cerveza   las patatas   las manzanas
la sopa
el pollo (asado)
la ensalada (de lechuga y tomate)

el vino blanco
el pastel
las zanahorias   el pescado
las arvejas

Otras bebidas

el refresco	soft drink
el té	tea
el vino tinto	red wine

Otras verduras

los champiñones	mushrooms
los espárragos	asparagus
los frijoles	beans

---

*The noun **agua** (*water*) is feminine, but the masculine articles are used with it in the singular: *el* **agua.** This occurs with all feminine nouns that begin with a stressed **a** sound, for example, *el (un)* **ama de casa** (*homemaker*).

Otras frutas		**Otros postres**	
la banana	banana	el flan	(baked) custard
la naranja	orange	la galleta	cookie
		el helado	ice cream

Otras carnes		**Otras comidas**	
el bistec	steak	el arroz	rice
la chuleta (de cerdo)	(pork) chop	el huevo	egg
la hamburguesa	hamburger	el queso	cheese
el jamón	ham	el sándwich	sandwich
el pavo	turkey	el yogur	yogurt
la salchicha	sausage; hot dog		

Otros pescados y mariscos

el atún	tuna
los camarones	shrimp
la langosta	lobster
el salmón	salmon

Conversación

A. ¿Qué quiere tomar? Match the following descriptions of meals with these categories: **un menú ligero** (*light*) **para una dieta, una comida rápida, una cena elegante, un desayuno estilo norteamericano.**

1. una sopa fría, langosta, espárragos, una ensalada de lechuga y tomate, todo con vino blanco y, para terminar, un pastel
2. jugo de fruta, huevos con jamón, pan tostado y café
3. pollo asado, arroz, arvejas, agua mineral y, para terminar, una manzana
4. una hamburguesa con patatas fritas, un refresco y un helado

B. Definiciones. ¿Qué es?

1. un plato de lechuga y tomate
2. una bebida alcohólica blanca o roja
3. un líquido caliente (*hot*) que se toma* con cuchara (*spoon*)
4. una verdura anaranjada
5. la carne típica para la barbacoa en este país
6. una comida muy común en la China y en el Japón
7. la comida favorita de los ratones
8. una verdura frita que se come con las hamburguesas
9. una fruta roja o verde
10. una fruta amarilla de las zonas tropicales

---

*Placing **se** before a verb form can change its English equivalent slightly: **usa** (*he/she/it uses*) —→ **se usa** (*is used*). This construction is introduced in **Capítulo 7.**

More *tener* Idioms

Here are two additional **tener** idioms that you can use to talk about foods and eating.

tener (mucha) hambre	to be (very) hungry
tener (mucha) sed	to be (very) thirsty

C. Consejos (*Advice*) **a la hora de comer.** ¿Qué debe Ud. comer o beber en las siguientes situaciones?

1. Ud. quiere comer algo ligero porque no tiene hambre.
2. Ud. quiere comer algo fuerte (*heavy*) porque tiene mucha hambre.
3. Ud. tiene un poco de sed y quiere tomar algo antes de la comida.
4. Ud. quiere comer algo antes del plato principal.
5. Ud. quiere comer algo después del plato principal.
6. Ud. está a dieta.
7. Ud. está de vacaciones en Maine (o Boston).
8. Después de levantarse, Ud. no está completamente despierto/a (*awake*).

Nota cultural

Meals in the Spanish-Speaking World

Although Hispanic eating habits are becoming more and more like ours in this country, there are still many significant differences. Not only does the food itself differ somewhat, but the meals occur at different times.

There are three fundamental meals: **el desayuno, la comida / el almuerzo** (*midday meal*), and **la cena** (*supper*). Breakfast, which is generally eaten between 7:00 and 9:00, is a very simple meal, frugal by most U.S. or Canadian standards: **café con leche** or **chocolate** (*hot chocolate*) with a plain or sweet roll or toast; that is all. The **café con leche** is heated milk with very strong coffee to add flavor and color.

The main meal of the day, **la comida / el almuerzo**, is frequently eaten as late as 3:00 P.M., and it is a much heartier meal than our average lunch. It might consist of soup, a meat or fish dish with vegetables and potatoes or rice, a green salad, and then dessert (often fruit or cheese). Coffee is usually served after the meal.

The evening meal, **la cena**, is somewhat lighter than the noon meal. It is rarely eaten before 8:00, and in Spain it is commonly served as late as 10:00 or 11:00 P.M. Because the evening meal is served at such a late hour, it is customary to eat a light snack, or **merienda**, about 5:00 or 6:00 P.M. The **merienda** might consist of a sandwich or other snack with **café con leche** or **chocolate.** Similarly, a snack is often eaten in the morning between breakfast and the midday meal.

¿Le importa (*Does it matter to you*) mucho la comida? Si son ciertas para Ud. tres de las siguientes oraciones, sí le importa muchísimo (*a lot*).

1. Sé preparar muchos platos diferentes.
2. Conozco al dueño / a la dueña (*owner*) de mi restaurante favorito.
3. Sé el número de teléfono de mi restaurante favorito.
4. Sé cuánto cuesta, aproximadamente, una docena de huevos y un litro de leche.
5. Conozco muchos restaurantes en esta ciudad.

Saber and conocer

Two Spanish verbs express *to know*: **saber** and **conocer.**

saber (*to know*)		conocer (*to know*)	
sé	sabemos	conozco	conocemos
sabes	sabéis	conoces	conocéis
sabe	saben	conoce	conocen

saber

- to know facts or pieces of information

Ud. **sabe** su número de teléfono, ¿verdad?
You know her phone number, right?

saber + *infinitive*

- to know how to (*do something*)

¿**Sabes jugar** al ajedrez?
Do you know how to play chess?

conocer

- to know or be acquainted (familiar) with a person, place, or thing

¿**Conoces** a la nueva estudiante francesa?
Do you know the new French student?

Conozco un buen restaurante cerca de aquí.
I know (am familiar with) a good restaurant nearby.

- to meet

¿Quieres **conocer** al nuevo profesor?
Do you want to meet the new professor?

Personal *a*

In Spanish, the word **a** immediately precedes the direct object* of a sentence when the direct object refers to a specific person or persons. This **a,** called the **a personal,** has no equivalent in English.†

¿Conoces **a** María?
Do you know María?

Llamo **a** mis padres con frecuencia.
I call my parents often.

OJO

The personal *a* is used before the interrogative words **¿quién?** and **¿quiénes?** when they function as direct objects.

¿A quién llamas?
Whom are you calling?

OJO

The verbs **buscar** (*to look for*), **escuchar** (*to listen to*), **esperar** (*to wait for*), and **mirar** (*to look at*) include the sense of the English prepositions *for, to,* and *at*. These verbs take direct objects in Spanish (not prepositional phrases, as in English).

Busco **mi abrigo.**
I'm looking for my overcoat.

Espero **a mi hijo.**
I'm waiting for my son.

Conversación

A. **¿Dónde cenamos?** En esta escena del video, Lola y Manolo quieren cenar fuera. Pero, ¿dónde? Complete el diálogo con la forma correcta de **saber** o **conocer.**

LOLA: ¿(Sabes/Conoces¹) adónde quieres ir a cenar?

MANOLO: No (sé/conozco²). ¿Y tú?

LOLA: No. Pero hay un restaurante nuevo en la calle Betis. Creo que se llama Guadalquivir. ¿(Sabes/Conoces³) el restaurante?

---

*The *direct object* **(el complemento directo)** is the part of the sentence that indicates to whom or to what the verb is directed or upon whom or what it acts. In the sentence *I saw John,* the direct object is *John.*

†The personal **a** is not generally used with **tener: Tengo cuatro hijos.**

MANOLO: No, pero (sé/conozco[4]) que tiene mucha
fama. Es el restaurante favorito de
Virginia. Ella (sabe/conoce[5]) al dueño.

LOLA: ¿(Sabes/Conoces[6]) qué tipo de comida
tienen?

MANOLO: No (sé/conozco[7]). Pero podemos llamar a
Virginia. ¿(Sabes/Conoces[8]) su teléfono?

LOLA: Está en mi guía telefónica.
Y pregúntale[a] a Virginia si ella
(sabe/conoce[9]) si aceptan reservas
con anticipación[b] o no.

MANOLO: De acuerdo.[c]

[a]*ask*   [b]con... *in advance*   [c]*De... OK.*

B. ¡Qué talento!

Paso 1. Invente oraciones sobre tres cosas que Ud. sabe hacer.

MODELO: Sé tocar el acordeón.

Paso 2. Ahora, en grupos de tres estudiantes, pregúnteles a sus compañeros
si saben hacer esas actividades. Escriba sí o no, según sus respuestas.

MODELO: ¿Sabes tocar el acordeón?

Paso 3. Ahora describa las habilidades de los estudiantes en su grupo.

MODELO: Marta y yo sabemos tocar el acordeón, pero Elena no. (En el
grupo, sólo yo sé tocar el acordeón.)

C. Preguntas

1. ¿Qué restaurantes conoce Ud. en esta ciudad? ¿Cuál es su
restaurante favorito? ¿Por qué es su favorito? ¿Es buena la comida
de allí? ¿Qué tipo de comida sirven? ¿Le gusta el ambiente
(*atmosphere*)? ¿Come Ud. allí con frecuencia? ¿Llama primero para
hacer reservaciones?

2. ¿Conoce Ud. a alguna persona famosa? ¿Quién es? ¿Cómo es? ¿Qué
detalles sabe Ud. de la vida de esta persona?

3. ¿Qué platos sabe Ud. preparar? ¿tacos? ¿enchiladas? ¿pollo frito?
¿hamburguesas? ¿Le gusta cocinar? ¿Cocina con frecuencia?

4. ¿Espera Ud. a alguien para ir a la universidad? ¿Espera a alguien
después de la clase? ¿A quién busca cuando necesita ayuda (*help*) con
el español? ¿Dónde busca a sus amigos por la noche? ¿Dónde busca a
sus hijos/amigos cuando es hora de comer?

Pronunciación: d and t

Some sounds, such as English [b], are called *stops* because, as you pronounce them, you briefly stop the flow of air and then release it. Other sounds, such as English [f] and [v], pronounced by pushing air out with a little friction, are called *fricatives*.

- Spanish **d** has two basic sounds. At the beginning of a phrase or sentence or after **n** or **l**, it is pronounced as a stop [d] (similar to English *d* in *dog*). Like the Spanish [t], it is produced by putting the tongue against the back of the upper teeth. In all other cases, it is pronounced as a fricative [đ], that is, like the *th* sound in English *they* and *another*.

- The main difference in the pronunciation of Spanish **t** and English **t** is that in English the tip of the tongue is placed against the top of the mouth, while in Spanish it is placed against the upper teeth. In addition, Spanish **t** is not pronounced with as much aspiration (pushing air out of the mouth) as in English. Spanish **t** sounds more like the **t** in the English word *star*. When it appears between two vowels, Spanish **t** uses full dental pronunciation, not a short pronunciation as occurs in English *matter*.

A. Práctica. Practique las siguientes palabras y frases.

1. [d]   diez   dos   doscientos   doctor
         ¿dónde?   el doctor   el dinero   venden
2. [đ]   mucho dinero adiós   usted   seda
         ciudad   la doctora   cuadros   todo

B. Pronuncie.

1. ¿Dónde está el dinero?
2. David Dávila es doctor.
3. Dos y diez son doce.
4. ¿Qué estudia Ud.?
5. Venden de todo, ¿verdad?

C. Más práctica. Practique las siguientes palabras y frases.

1. traje   todo   mantequilla
   trimestre   patata   pastel
   zapatos   cartera   tenis
   necesito   tomate   tinto
   tres   trabajo

2. ¿Cómo te llamas?
3. ¿Cuánto cuesta?
4. Mi tío trabaja en una tienda.

Minidiálogos y gramática

Expressing *what* or *whom* • Direct Object Pronouns

De compras en el supermercado

Indique cuáles de estas afirmaciones son verdaderas para Ud.

1. **la leche**
   - ☐ *La* bebo todos los días. Por eso tengo que comprar*la* con frecuencia.
   - ☐ *La* bebo de vez en cuando (*once in a while*). Por eso no *la* compro a menudo (*often*).
   - ☐ Nunca *la* bebo. No necesito comprar*la*.

2. **el café**
   - ☐ *Lo* bebo todos los días. Por eso tengo que comprar*lo* con frecuencia.
   - ☐ *Lo* bebo de vez en cuando. Por eso no *lo* compro a menudo.
   - ☐ Nunca *lo* bebo. No necesito comprar*lo*.

3. **los huevos**
   - ☐ *Los* como todos los días. Por eso tengo que comprar*los* con frecuencia.
   - ☐ *Los* como de vez en cuando. Por eso no *los* compro a menudo.
   - ☐ Nunca *los* como. No necesito comprar*los*.

4. **las bananas**
   - ☐ *Las* como todos los días. Por eso tengo que comprar*las* con frecuencia.
   - ☐ *Las* como de vez en cuando. Por eso no *las* compro a menudo.
   - ☐ Nunca *las* como. No necesito comprar*las*.

Direct Object Pronouns

me	me	**nos**	us
te	you (*fam. sing.*)	**os**	you (*fam. pl.*)
lo*	you (*form. sing.*), him, it (*m.*)	**los**	you (*form. pl.*), them (*m., m. + f.*)
la	you (*form. sing.*), her, it (*f.*)	**las**	you (*form. pl.*), them (*f.*)

A. Like direct object nouns, *direct object pronouns* (**los pronombres del complemento directo**) are the first recipient of the action of the verb. Direct object pronouns are placed before a conjugated verb and after the word **no** when it appears. Third person direct object pronouns are used only when the direct object noun has already been mentioned.

[Práctica A]

¿El libro? Diego no **lo** necesita.
The book? Diego doesn't need it.

¿Dónde están el libro y el periódico? **Los** necesito ahora.
Where are the book and the newspaper? I need them now.

Ellos **me** ayudan.
They're helping me.

B. The direct object pronouns may be attached to an infinitive or a present participle.

[Práctica B]

Las tengo que leer.⎫
Tengo que leer**las**.⎭   *I have to read them.*

Lo estoy comiendo.⎫
Estoy comiéndo**lo**.⎭   *I am eating it.*

C. Note that many verbs commonly used with reflexive pronouns can also be used with direct object nouns and pronouns when the action of the verb is directed at someone other than the subject of the sentence. The meaning of the verb will change slightly.

[Práctica C]

Generalmente me despierto a las ocho. La radio **me** despierta.
I generally wake up at eight. The radio wakes me.

En un restaurante, el camarero **nos** sienta.
In a restaurant, the waiter seats us.

D. Note that the direct object pronoun **lo** can refer to actions, situations, or ideas in general. When used in this way, **lo** expresses English *it* or *that*.

Lo comprende muy bien.
He understands it (that) very well.

No **lo** creo.
I don't believe it (that).

Lo sé.
I know (it).

---

*In Spain and in some other parts of the Spanish-speaking world, **le** is frequently used instead of **lo** for the direct object pronoun *him*. This usage will not be followed in *Puntos en breve*.

Práctica

A. ¿Qué comen los vegetarianos?

Paso 1. Aquí hay una lista de diferentes comidas. ¿Van a formar parte de la dieta de un vegetariano? Conteste según los modelos.

MODELOS: el bistec → No *lo* va a comer.
la banana → *La* va a comer.

1. las patatas
2. el arroz
3. las chuletas de cerdo
4. los huevos
5. la zanahoria
6. la manzana
7. los camarones
8. el pan
9. los frijoles
10. la ensalada

Paso 2. Si hay un estudiante vegetariano / una estudiante vegetariana en la clase, pídale que verifique (*ask him or her to verify*) las respuestas de Ud.

B. La cena de Lola y Manolo.
La siguiente descripción de la cena de Lola y Manolo es muy repetitiva. Combine las oraciones, cambiando los nombres de complemento directo por pronombres cuando sea (*whenever it is*) necesario.

MODELO: El camarero (*waiter*) trae un menú. Lola lee el menú. →
El camarero trae un menú y Lola *lo* lee.

1. El camarero trae una botella de vino tinto. Pone la botella en la mesa.
2. El camarero trae las copas (*glasses*) de vino. Pone las copas delante de Lola y Manolo.
3. Lola quiere la especialidad de la casa. Va a pedir la especialidad de la casa.
4. Manolo prefiere el pescado fresco (*fresh*). Pide el pescado fresco.
5. Lola quiere una ensalada también. Por eso pide una ensalada.
6. El camerero trae la comida. Sirve la comida.
7. Manolo necesita otra servilleta (*napkin*). Pide otra servilleta.
8. «¿La cuenta (*bill*)? El dueño está preparando la cuenta para Uds.»
9. Manolo quiere pagar con tarjeta (*card*) de crédito. No trae su tarjeta.
10. Por fin, Lola toma la cuenta. Paga la cuenta.

C. ¿Quién o qué lo hace?
Indique a la persona o cosa que hace lo siguiente. Hay más de una respuesta posible.

Palabras útiles: el barbero, los (buenos) amigos, el camarero / la camarera, mi compañero/a, el despertador (*alarm clock*), el doctor / la doctora, el dueño / la dueña, los esposos, mi esposo/a, los estudiantes, mi padre/madre, los padres, los profesores, la radio

1. Por la mañana, _____ me despierta.
2. En un restaurante, _____ nos sienta.
3. En una barbería (*barber shop*), _____ nos afeita.
4. En un hospital, _____ nos examina.

5. _____ nos escuchan cuando necesitamos hablar.
6. _____ nos esperan cuando vamos a llegar tarde.
7. Generalmente los niños no se acuestan solos (by *themselves*).
   _____ los acuesta. _____ también los baña y los viste.
8. En una clase, _____ hacen las preguntas y _____ las contestan.

Nota comunicativa

Talking about What You Have Just Done

To talk about what you have *just* done, use the phrase **acabar** + **de** with an infinitive.

> **Acabo de almorzar** con Beto.   *I just had lunch with Beto.*
> **Acabas de celebrar** tu   *You just celebrated your birthday,*
> cumpleaños, ¿verdad?   *didn't you?*

Note that the infinitive follows **de.** As you already know, the infinitive is the only verb form that can follow a preposition in Spanish.

D. **¡Acabo de hacerlo!** Imagine that a friend is pressuring you to do the following things. With a classmate, tell him or her that you just did each one, using either of the forms in the model.

MODELO: E1: ¿Por qué no estudias la lección? →
         E2: Acabo de estudiar*la*. (*La* acabo de estudiar.)

1. ¿Por qué no escribes las composiciones para tus clases?
2. ¿Vas a comprar el periódico hoy?
3. ¿Por qué no pagas los cafés?
4. ¿Vas a preparar la comida para la fiesta?
5. ¿Puedes pedir la cuenta?
6. ¿Tienes hambre? ¿Por qué no comes los tacos que preparé (*I made*)?

Conversación
▲▲▲▲▲▲▲▲

A. **¿Quién ayuda?** Todos necesitamos la ayuda de alguien en diferentes circunstancias. ¿Quién los/las ayuda a Uds. con lo siguiente? Use **nos** en sus respuestas.

Palabras útiles: nuestros padres (compañeros, consejeros, amigos, …)

1. con las cuentas   2. con la tarea   3. con la matrícula
4. con el horario de clases   5. con los problemas personales

B. **Una encuesta sobre la comida.** Hágales (*Ask*) preguntas a sus compañeros de clase para saber si toman las comidas o bebidas indicadas y con qué frecuencia. Deben explicar también por qué toman o *no* toman cierta cosa.

MODELO: la carne → E1: ¿Comes carne?
                     E2: No *la* como casi nunca porque tiene mucho
                         colesterol.

Palabras útiles: la cafeína, las calorías, el colesterol, la grasa (*fat*)

Frases útiles: estar a dieta, ser alérgico/a a, ser bueno/a para la salud (*health*), me pone (*it makes me*) nervioso/a, me da asco (*it makes me sick*) / me dan asco (*they make me sick*), lo/la/los/las detesto

1. la carne
2. los mariscos
3. el yogur
4. la pizza
5. las hamburguesas
6. el pollo

7. el café
8. los dulces (*sweets; candy*)
9. el alcohol
10. el atún
11. los espárragos
12. el hígado (*liver*)

18 Expressing Negation • Indefinite and Negative Words

En la cocina de Diego y Antonio

DIEGO: Quiero comer *algo*, pero *no* hay *nada* de comer en esta casa. Y no tengo ganas de ir de compras. Y además, ¡*no* tengo *ni* un centavo!

ANTONIO: ¡Ay! *Siempre* eres así. Tú *nunca* tienes ganas de ir de compras. Y lo del dinero… ¡esa ya es otra historia!

¿Quién… ?

1. tiene hambre
2. nunca tiene dinero

3. critica a su amigo
4. no quiere ir de compras

A. Here is a list of the most common indefinite and negative words in Spanish. You have been using many of them since the first chapters of *Puntos en breve*.

algo	something, anything	**nada**	nothing, not anything
alguien	someone, anyone	**nadie**	no one, nobody, not anybody
algún (alguno/a/os/as)	some, any	**ningún (ninguno/a)**	no, none, not any
siempre	always	**nunca, jamás**	never
también	also	**tampoco**	neither, not either

Pronunciation hint: Remember to pronounce the *d* in *nada* and *nadie* as a fricative, that is, like a *th* sound: *na da, na die.*

In Diego and Antonio's kitchen DIEGO: I want to eat something, but there's nothing to eat in this house. And I don't feel like going shopping. And furthermore, I don't have a cent! ANTONIO: Ah! You're always like that. You never feel like going shopping. And that bit about the money . . . , that's another story!

B. Pay particular attention to the following aspects of using negative words.

- When a negative word comes after the main verb, Spanish requires that another negative word—usually **no**—be placed before the verb. When a negative word precedes the verb, **no** is not used.

¿**No** estudia **nadie**?
¿**Nadie** estudia? } *Isn't anyone studying?*

No estás en clase **nunca**.
Nunca estás en clase. } *You're never in class.*

No quieren cenar aquí **tampoco**.
Tampoco quieren cenar aquí. } *They don't want to have dinner here, either.*

- The adjectives **alguno** and **ninguno** shorten to **algún** and **ningún,** respectively, before a masculine singular noun—just as **uno** shortens to **un, bueno** to **buen,** and **malo** to **mal.** The plural forms **ningunos** and **ningunas** are rarely used.

—¿Hay **algunos** recados para mí hoy?
—Lo siento, pero hoy no hay **ningún** recado para Ud.
Are there any messages for me today?
I'm sorry, but there are no messages for you today.
(There is not a single message for you today.)

Práctica

A. ¡Por eso no come nadie allí! Exprese negativamente, usando la negativa doble.

1. Hay algo interesante en el menú.
2. Tienen algunos platos típicos.
3. El profesor cena allí también.
4. Mis amigos siempre almuerzan allí.
5. Preparan algo especial para grupos grandes.
6. Siempre hacen platos nuevos.
7. Y también sirven paella, mi plato favorito.

B. Manolo está de mal humor (*in a bad mood*).

Paso 1. Lola y su esposo Manolo son profesores en la Universidad de Sevilla. Hoy Manolo está de mal humor y tiene una actitud muy negativa. ¿Qué opina Manolo de las afirmaciones de Lola sobre las clases y la vida universitaria en general?

MODELO: LOLA: Tengo algunos estudiantes excelentes este año.
MANOLO: Pues, yo *no* tengo *ningún* estudiante excelente este año.
LOLA:

1. Hay muchas clases interesantes en el departamento.
2. Me gusta tomar café con mis estudiantes con frecuencia.
3. Hay algunas personas buenas en la administración.
4. También hay un candidato bueno para el puesto (*position*) de rector de la facultad (*department*).
5. Hay muchas personas inteligentes en la universidad.
6. Me gustan algunas conferencias (*lectures*) que están planeadas para este mes.

Paso 2. Ahora imagine las preguntas que hace Lola, según las respuestas de Manolo.

MODELO: MANOLO: No, no hay nada interesante en el periódico.
LOLA: ¿Hay *algo* interesante en el periódico?

MANOLO:

1. No, no hay nada interesante en la tele esta noche.
2. No, no hay nadie cómico en el programa.
3. No, no hay ninguna película buena en el cine esta semana.
4. No, no como nunca en la facultad.
5. Tampoco almuerzo entre clases.

C. **¿Qué pasa esta noche en casa?** Tell whether the following statements about what is happening at this house are true **(cierto)** or false **(falso).** Then create as many additional sentences as you can about what is happening, following the model of the sentences.

1. No hay nadie en el baño.
2. En la cocina, alguien está preparando la cena.
3. No hay ninguna persona en el patio.
4. Hay algo en la mesa del comedor.
5. Algunos amigos se están divirtiendo en la sala.
6. Hay algunos platos en la mesa del comedor.
7. No hay ningún niño en la casa.

Conversación
▲▲▲▲▲▲▲▲

Preguntas

1. ¿Vamos a vivir en la luna (*moon*) algún día? ¿Vamos a viajar a otros planetas? ¿Vamos a vivir allí algún día? ¿Vamos a establecer contacto con seres (*beings*) de otros planetas algún día?
2. ¿Algunos de los estudiantes de esta universidad son de países extranjeros? ¿De dónde son? ¿Algunos de sus amigos son de habla española (*Spanish-speaking*)? ¿De dónde son?
3. En esta clase, ¿quién...

siempre tiene algunas buenas ideas?	nunca tiene tiempo para divertirse?
tiene algunos amigos españoles?	nunca ve la televisión?
siempre lo entiende todo?	no practica ningún deporte?
nunca contesta ninguna pregunta?	siempre invita a los otros a comer?
va a ser muy rico/a algún día?	

Felipe Rojas-Lombardi

El cocinero[a] **peruano Felipe Rojas-Lombardi** es autor del libro de cocina *The Art of South American Cooking.* Rojas-Lombardi presenta **la cocina**[b] **tradicional latinoamericana** a los norteamericanos en su restaurante The Ballroom en Nueva York.

La cocina de su familia, como la[c] del Perú, combina varios elementos. Primero tiene **los ingredientes nativos** y las combinaciones hechas por[d] **los quechuas** (los descendientes de los antiguos incas). Los quechuas cultivaban[e] más de cien tipos de patata, maíz[f] y ají[g] de distintas variedades. La cocina de la mayoría[h] de las naciones sudamericanas se basa en estos ingredientes.

El pescado y **los mariscos** también son una parte importante de la cocina peruana. Algunos consideran que **el cebiche,** pescado crudo[i] con jugo de limón, es

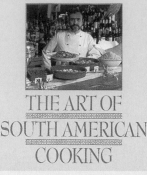

el plato nacional del Perú.

Otra influencia importante es **la cocina española.** Los españoles introdujeron[j] en América ingredientes como el trigo,[k] además de animales de corral, como el cerdo, la vaca[l] y el pollo.

En la cocina de cada nación sudamericana hay también **influencias de los distintos grupos de inmigrantes.** La abuela de Rojas-Lombardi, por ejemplo, es **chilena.** En Chile el número elevado de **inmigrantes alemanes** significa que la cocina alemana tiene una importante influencia en la chilena. La familia **italiana** de su madre usa elementos de la cocina italiana, como la pasta y los tomates (los tomates son nativos de México). Rojas-Lombardi combina todos estos elementos para ofrecer[m] una aventura culinaria—¡e internacional!

[a]*chef* [b]*cuisine* [c]*la cocina* [d]*hechas... made by* [e]*grew* [f]*corn* [g]*chile* [h]*majority* [i]*raw* [j]*introduced* [k]*wheat* [l]*cow* [m]*offer*

---

19 Influencing Others • Formal Commands

Receta para guacamole

El guacamole

Ingredientes:
1 aguacate[a]
1 diente de ajo,[b] prensado[c]
1 tomate
jugo de un limón
sal
un poco de cilantro fresco[d]

Cómo se prepara
Corte el aguacate y el tomate en trozos[e] pequeños. *Añada* el jugo del limón, el ajo, el cilantro y la sal a su gusto. *Mezcle* bien todos los ingredientes y *sírvalo* con tortillas fritas de maíz.[f]

En español, los mandatos se usan con frecuencia en las recetas. Estos verbos se usan en forma de mandato en esta receta. ¿Puede encontrarlos?

añadir	to add
cortar	to cut
mezclar	to mix
servir (i, i)	to serve

[a]*avocado* [b]*diente... clove of garlic* [c]*crushed* [d]*fresh* [e]*pieces* [f]*corn*

---

*From this point on in *Puntos en breve*, the **En los Estados Unidos y el Canadá...** sections will be written in Spanish. Important words will be in boldface type. Scanning those words before you begin to read will help you get the gist of the passage.

Formal Command Forms

In *Puntos en breve* you have seen commands throughout the direction lines of exercises: **haga, complete, conteste,** and so on.

Commands (imperatives) are verb forms used to tell someone to do something. In Spanish, *formal commands* **(los mandatos formales)** are used with people whom you address as **Ud.** or **Uds.** Here are some of the basic forms.

	hablar	comer	escribir	volver	decir
Ud.	hable	coma	escriba	vuelva	diga
Uds.	hablen	coman	escriban	vuelvan	digan
English	*speak*	*eat*	*write*	*come back*	*tell*

A. Almost all formal commands are based on the **yo** form of the present tense. Replace the **-o** with **-e** or **-en** for **-ar** verbs; replace the **-o** with **-a** or **-an** for **-er** and **-ir** verbs.

hablo → hable
como → coma
escribo → escriba

B. Formal commands of stem-changing verbs will show the stem change.

piense Ud.
vuelva Ud.
pida Ud.

C. Verbs ending in **-car, -gar,** and **-zar** have a spelling change to preserve the **-c-, -g-,** and **-z-** sounds.

c → qu   buscar: busque Ud.
g → gu   pagar: pague Ud.
z → c   empezar: empiece Ud.

D. The **Ud./Uds.** commands for verbs that have irregular **yo** forms will reflect the irregularity.

conocer → **conozca** Ud.
decir* (*to say, tell*) → **diga** Ud.
hacer → **haga** Ud.
oír → **oiga** Ud.
poner → **ponga** Ud.
salir → **salga** Ud.
tener → **tenga** Ud.
traer → **traiga** Ud.
venir → **venga** Ud.
ver → **vea** Ud.

E. A few verbs have irregular **Ud./Uds.** command forms.

dar* (*to give*) → **dé** Ud.
estar → **esté** Ud.
ir → **vaya** Ud.
saber → **sepa** Ud.
ser → **sea** Ud.

---

*Decir** and **dar** are used primarily with indirect objects. Both of these verbs and indirect object pronouns will be formally introduced in **Capítulo 7.**

Position of Pronouns with Formal Commands

- Direct object pronouns and reflexive pronouns must follow affirmative commands and be attached to them. In order to maintain the original stress of the verb form, an accent mark is added to the stressed vowel if the original command has two or more syllables.

Léalo Ud.	*Read it.*
Siéntese, por favor.	*Sit down, please.*

- Direct object and reflexive pronouns must precede negative commands.

No lo lea Ud.	*Don't read it.*
No se siente.	*Don't sit down.*

Práctica

A. **Profesor(a) por un día.** Imagine que Ud. es el profesor / la profesora hoy. ¿Qué mandatos debe dar a la clase?

MODELOS: hablar español → Hablen Uds. español.
          hablar inglés → No hablen Uds. inglés.

1. llegar a tiempo
2. leer la lección
3. escribir una composición
4. abrir los libros
5. estar en clase mañana
6. traer los libros a clase
7. estudiar los verbos nuevos
8. ¿ ?

B. **¡Pobre Sr. Casiano!**

Paso 1.   El Sr. Casiano no se siente (*feel*) bien. Lea la descripción que él da de algunas de sus actividades.

«*Trabajo* muchísimo[a] —¡me gusta trabajar! En la oficina, *soy* impaciente y *critico* bastante[b] a los otros. En mi vida personal, a veces *soy* un poco impulsivo. *Fumo* bastante y también *bebo* cerveza y otras bebidas alcohólicas, a veces sin moderación… *Almuerzo* y *ceno* fuerte, y casi nunca *desayuno*. Por la noche, con frecuencia *salgo* con los amigos—me gusta ir a las discotecas— y *vuelvo* tarde a casa.»

[a]*a great deal*   [b]*a good deal*

Paso 2.   ¿Qué *no* debe hacer el Sr. Casiano para estar mejor? Aconséjele (*Advise him*) sobre lo que (*what*) no debe hacer. Use los verbos indicados o cualquier (*any*) otro, según los modelos.

MODELOS: Trabajo → Sr. Casiano, no trabaje tanto.
          soy → Sr. Casiano, no sea tan impaciente.

C. **Situaciones.** El Sr. Casiano quiere adelgazar (*to lose weight*). ¿Debe o no debe comer o beber las siguientes cosas? Con otro/a estudiante, haga y conteste preguntas según los modelos:

MODELOS: ensalada → E1: ¿Ensalada?
                                E2: Cómala.
              postres → E1: ¿Postres?
                                E2: No los coma.

1. alcohol (*m.*)
2. verduras
3. pan
4. dulces
5. leche
6. hamburguesas con queso
7. frutas
8. refrescos dietéticos
9. pollo
10. carne
11. pizza
12. jugo de fruta

D. Consejos. Su vecino Pablo es una persona muy perezosa y descuidada (*careless*). No estudia mucho y tampoco hace sus quehaceres (*chores*) en el apartamento donde vive con un compañero. Déle (*Give him*) consejos lógicos usando estos verbos, según el modelo.

MODELO: afeitarse → ¡Aféitese!

1. despertarse más temprano
2. levantarse más temprano
3. bañarse más
4. quitarse esa ropa sucia
5. ponerse ropa limpia
6. vestirse mejor
7. estudiar más
8. no divertirse tanto con los amigos
9. ir más a la biblioteca
10. no acostarse tan tarde
11. ayudar con los quehaceres
12. ¿ ?

Nota comunicativa

El subjuntivo

Except for the command form, all verb forms that you have learned thus far in *Puntos en breve* have been part of what is called the *indicative mood* (**el modo indicativo**). In both English and Spanish, the indicative is used to state facts and to ask questions. It objectively expresses most real-world actions or states of being.

Both English and Spanish have another verb system called the *subjunctive mood* (**el modo subjuntivo**). The **Ud./Uds.** command forms that you have just learned are part of the subjunctive system. You will not use the subjunctive actively until it is introduced (in **Capítulo 12**). But from this point on in *Puntos en breve* you will see the subjunctive used where it is natural to use it. What follows is a brief introduction to the subjunctive that will make it easy for you to recognize it when you see it.

Here are some examples of the forms of the subjunctive. The **Ud./Uds.** forms (identical to the **Ud./Uds.** command forms) are highlighted.

hablar		comer		servir		salir	
hable	hablemos	coma	comamos	sirva	sirvamos	salga	salgamos
hables	habléis	comas	comáis	sirvas	sirváis	salgas	salgáis
hable	hablen	coma	coman	sirva	sirvan	salga	salgan

The subjunctive is used to express more subjective or conceptualized states, in contrast to the indicative, which reports facts, information that is objectively true. Here are just a few of the situations in which the subjunctive is used in Spanish.

- to express what the speaker wants others to do (I want you to . . .)
- to express emotional reactions (I'm glad that . . .)
- to express probability or uncertainty (it's likely that . . .)

E. El cumpleaños de María. Fíjese en (*Notice*) los verbos subrayados (*underlined*). Diga por qué razón están subrayados. (Use la lista de la **Nota comunicativa**.)

En el parque

RAÚL: Como hoy es tu cumpleaños, quiero invitarte a cenar. ¿En qué restaurante quieres que <u>cenemos</u>?
MARÍA: Prefiero que tú me[a] <u>prepares</u> una de tus espléndidas cenas.
RAÚL: ¡Con mucho gusto!

En casa de María

MADRE: (*Hablando por teléfono.*) No, lo siento,[b] pero María no está en casa.
LUISA: ¿Es posible que <u>esté</u> en la biblioteca?
MADRE: No. Sé que ella y Raúl están cenando en casa de él.
LUISA: Ah, sí. Bueno, ¿puede pedirle a ella que <u>llame</u> a Luisa cuando regrese?
MADRE: Sí, cómo no,[c] Luisa. Adiós.
LUISA: Hasta luego.

[a]*for me* [b]*lo... I'm sorry* [c]*cómo... of course*

Conversación

En la oficina del consejero. Imagine that you are a guidance counselor. Students consult you with all kinds of questions, some trivial and some important. Offer advice to them in the form of affirmative or negative commands. How many different commands can you invent for each situation?

1. EVELIA: No me gusta tomar clases por la mañana. Siempre estoy muy cansada durante esas clases y además a esa hora tengo hambre. Pienso constantemente en el almuerzo… y no puedo concentrarme en las explicaciones.
2. FABIÁN: En mi clase de cálculo, ¡no entiendo nada! No puedo hacer los ejercicios y durante la clase tengo miedo de hacer preguntas, porque no quiero parecer (*to seem*) tonto.
3. FAUSTO: Fui (*I went*) a México el verano pasado y me gustó (*I liked it*) mucho. Quiero volver a México este verano. Ahora que lo conozco mejor, quiero ir en mi coche y no en autobús como el verano pasado. Desgraciadamente (*Unfortunately*) no tengo dinero para hacer el viaje.

PANORAMA cultural

España

Datos esenciales

- Nombre oficial: Reino de España
- Capital: Madrid
- Población: 39.000.000 de habitantes
- Moneda: el euro
- Idiomas: el español, el catalán, el gallego y el vasco*

¡Fíjese!

- España es una país donde muchas culturas se han encontrado a través de[a] la historia. Sin embargo son los romanos los que marcan el principio de la historia de la España que hoy conocemos. Ellos introducen el latín a la península durante su dominio (desde el año 200 a.C.[b] hasta la invasión de los visigodos, un pueblo germánico, en el 419 d.C.[c]).

- El latín es la lengua madre del español y también del catalán, el gallego y el portugués. La otra lengua que se habla en la península, el vasco, es una lengua ancestral de origen desconocido: ni siquiera es[d] una lengua indoeuropea.

- España no fue[e] siempre un solo país. España se unifica en el siglo XV cuando los Reyes Católicos, Isabel y Fernando, monarcas de dos reinos[f] independientes, se casan. Su campaña[g] de unificación termina en 1492 con la conquista del reino musulmán[h] de Granada.

- Los árabes vivieron[i] en España durante ocho siglos, hasta su expulsión, junto con los judíos, en el año 1492.

[a]se... have met throughout   [b]a.C.... antes de Cristo   [c]d.C.... después de Cristo   [d]was   [e]ni... it is not even   [f]kingdoms   [g]campaign   [h]Moslem   [i]lived

El escudo (*shield*) de Fernando e Isabel

Conozca a... Pedro Almodóvar

Las películas del cineasta[a] Pedro Almodóvar (1951–) tienen un éxito enorme dentro y fuera de España, y Almodóvar es el director de cine español más conocido de las últimas décadas. Con temas que satirizan actitudes tradicionales respecto a la familia, la religión, el machismo y la moralidad convencional, sus películas presentan una sociedad española moderna y cambiante.[b]

Muchas de sus películas se pueden conseguir en las bibliotecas públicas y universitarias, así como en los videoclubs de este país: *Mujeres al borde de un ataque de nervios*, *La ley del deseo*, *¿Qué he hecho yo para merecer esto?*, *¡Átame!*,[c] *Kika*, *La flor de mi secreto* y *Todo sobre mi madre*, esta última de 1999 y ganadora del Óscar para la mejor película extranjera.

[a]director de cine   [b]changing   [c]Tie Me Up! Tie Me Down!

 Capítulo 18 of the video to accompany *Puntos de partida* contains cultural footage of Spain.

 Visit the *Puntos* Website at www.mhhe.com/puntos.

---

*El español es el lenguaje oficial de todo el país; el catalán, el gallego y el vasco también son lenguas oficiales en Cataluña, Galicia y el País Vasco, respectivamente.

Vocabulario

Los verbos

acabar de + *inf.*	to have just (*done something*)
ayudar	to help
cenar	to have (eat) dinner
cocinar	to cook
conocer	to know, be acquainted with
desayunar	to have (eat) breakfast
esperar	to wait (for); to expect
invitar	to invite
llamar	to call
preguntar	to ask a question
preparar	to prepare
saber (*irreg.*)	to know;
saber + *inf.*	to know how to (*do something*)

Repaso: almorzar (ue)

La comida

el arroz	rice
las arvejas	peas
el atún	tuna
el bistec	steak
los camarones	shrimp
la carne	meat
los cereales	cereal
el champiñón	mushroom
la chuleta (de cerdo)	(pork) chop
los dulces	sweets; candy
los espárragos	asparagus
el flan	(baked) custard
los frijoles	beans
la galleta	cookie
el helado	ice cream
el huevo	egg
el jamón	ham
la langosta	lobster
la lechuga	lettuce
la mantequilla	butter
la manzana	apple
los mariscos	shellfish

la naranja	orange
el pan	bread
el pan tostado	toast
el pastel	cake; pie
la patata (frita)	(French fried) potato
el pavo	turkey
el pescado	fish
el pollo (asado)	(roast) chicken
el postre	dessert
el queso	cheese
la salchicha	sausage; hot dog
la sopa	soup
las verduras	vegetables
la zanahoria	carrot

Las bebidas

el agua (mineral)	(mineral) water
el jugo (de fruta)	(fruit) juice
la leche	milk
el refresco	soft drink
el té	tea
el vino (blanco, tinto)	(white, red) wine

Repaso: el café, la cerveza

Los cognados

la banana, la ensalada, la fruta, la hamburguesa, el salmón, el sándwich, el tomate, el yogur

Las comidas

el almuerzo	lunch
la cena	dinner, supper

Repaso: el desayuno

En un restaurante

el/la camarero/a	waiter/waitress
la cuenta	check, bill

el menú	menu
el plato	dish; course

Otros sustantivos

el consejo	(piece of) advice
el detalle	detail
el/la dueño/a	owner
la tarjeta de crédito	credit card

Los adjetivos

fresco/a	fresh
frito/a	fried
fuerte	heavy (*meal, food*); strong
ligero/a	light, not heavy
rápido/a	fast

Palabras indefinidas y negativas

alguien	someone, anyone
algún (alguno/a/os/as)	some, any
jamás	never
nada	nothing, not anything
nadie	no one, nobody, not anybody
ningún (ninguno/a)	no, none, not any
tampoco	neither, not either

Repaso: algo, nunca, siempre, también

Palabras adicionales

tener (*irreg.*) (**mucha**) hambre	to be (very) hungry
tener (*irreg.*) (**mucha**) sed	to be (very) thirsty

De vacaciones

El Museo Guggenheim, en Bilbao (España), abrió sus puertas en octubre del 1997. Con el nuevo museo, diseñado por Frank O. Gehry, Bilbao se convierte en (*becomes*) uno de los centros artísticos más importantes del mundo.

En este capítulo...

Vocabulario: ¡Buen viaje!

Gramática:

20 Indirect Object Pronouns; *Dar* and *decir*

21 *Gustar*

22 Preterite of Regular Verbs and of *dar, hacer, ir,* and *ser*

Panorama cultural: Honduras y El Salvador

Multimedia

Practice vocabulary and grammar, expand your cultural knowledge, and develop your conversational skills.

Vocabulario: Preparación

¡Buen viaje!°   Buen… *Have a good trip!*

Ir en avión

el aeropuerto	airport
el/la asistente de vuelo	flight attendant
la sala de espera	waiting room
la sección de (no) fumar	(non)smoking section
el vuelo	flight

Ir en tren/autobús/barco

el barco	boat, ship
la cabina	cabin (*in a ship*)
la estación	station
de autobuses	bus
del tren	train
el maletero	porter
el puerto	port

De viaje

la agencia de viajes	travel agency
el/la agente de viajes	travel agent
el asiento	seat
el billete/el boleto/ el pasaje*	ticket
de ida	one-way
de ida y vuelta	round-trip
la demora	delay
el equipaje	baggage, luggage
la llegada	arrival
el/la pasajero/a	passenger
la salida	departure
bajar (de)	to get down (from, off of)
estar atrasado/a	to be late
facturar el equipaje	to check one's bags
guardar (un puesto)	to save (a place)

hacer (*irreg.*) cola	to stand in line
hacer (*irreg.*) escalas/paradas	to make stops
hacer (*irreg.*) la(s) maleta(s)	to pack one's suitcase(s)
hacer (*irreg.*) un viaje	to take a trip
ir (*irreg.*) / estar (*irreg.*) de vacaciones	to go/be on vacation
sacar fotos	to take photos
subir (a)	to go up; to get on (*a vehicle*)
viajar	to travel

De vacaciones

hacer (*irreg.*) *camping*	to go camping
nadar	to swim
tomar el sol	to sunbathe
la camioneta	station wagon
el *camping*	campground
el mar	sea
las montañas	mountains
el océano	ocean
la playa	beach
la tienda (de campaña)	tent

*Throughout Spanish America, **el boleto** is the word used for a *ticket for travel*. **El billete** is commonly used in Spain. **El pasaje** is used throughout the Spanish-speaking world. The words **la entrada** and **la localidad** are used to refer to tickets for movies, plays, or similar functions.

Conversación

▲▲▲▲▲▲▲

A. Un viaje en avión. Imagine que Ud. va a hacer un viaje en avión. El vuelo sale a las siete de la mañana. Usando los números del 1 al 9, indique en qué orden van a pasar las siguientes cosas.

a. _____ Subo al avión.

b. _____ Voy a la sala de espera.

c. _____ Hago cola para comprar el boleto de ida y vuelta y facturar el equipaje.

d. _____ Llego al aeropuerto a tiempo (*on time*) y bajo del taxi.

e. _____ Por fin se anuncia la salida del vuelo.

f. _____ Estoy atrasado/a. Salgo para el aeropuerto en taxi.

g. _____ La asistente me indica el asiento.

h. _____ Pido asiento en la sección de no fumar.

i. _____ Hay demora. Por eso todos tenemos que esperar el vuelo allí antes de subir al avión.

B. En el aeropuerto. ¿Cuántas cosas y acciones puede Ud. identificar o describir en este dibujo?

VUELO 430 · Miami La Paz · Sala de espera

Nota cultural

Vacaciones en el mundo hispánico

El mundo hispánico ofrece una variedad completa de lugares interesantes para pasar las vacaciones. Estas son algunas de las opciones que Ud. tiene, según el tipo de actividades que prefiere hacer.

- Si le gusta el sol y el mar, le va a costar mucho[a] decidir adónde ir. No sólo hay playas maravillosas en los países del Caribe y de Centroamérica, sino[b] en toda Sudamérica y en muchas partes de España también.

Punta de Este, Uruguay

- Si prefiere la aventura y el contacto con la naturaleza,[c] quizás[d] prefiera ir a las selvas tropicales de Colombia, el Perú, el Ecuador, Costa Rica… Y no se olvide de[e] las islas Galápagos, las islas ecuatorianas que inspiraron[f] a Charles Darwin en su teoría de la evolución.

[a]le… *you're going to have a tough time* [b]*but also* [c]*nature* [d]*perhaps* [e]no… *don't forget* [f]*inspired*

- Si le gusta esquiar, Sudamérica tiene la impresionante cordillera de los Andes, donde hay estaciones[g] de esquí maravillosas.
- Finalmente, si desea hacer turismo cultural, el mundo hispánico tiene muchos lugares históricos de máximo interés, de todas las épocas y de muchas culturas.

[g]*resorts*

C. Preguntas

1. Por lo general, ¿cuándo toma Ud. sus vacaciones? ¿en invierno? ¿en verano? En las vacaciones, ¿le gusta viajar o prefiere no salir de su ciudad? ¿Le gusta ir de vacaciones con su familia? ¿Prefiere ir solo/a (*alone*), con un amigo/una amiga o con un grupo de personas?
2. De los medios de transporte mencionados en **¡Buen viaje!** (página 165), ¿cuáles conoce Ud. por experiencia? De estos medios de transporte, ¿cuál es el más rápido? ¿el más económico? ¿Cuáles hacen más escalas o hacen paradas con más frecuencia? ¿Cómo prefiere Ud. viajar?

Nota comunicativa

Other Uses of *se* (For Recognition)

It is likely that you have often seen and heard the phrase shown in the photo that accompanies this box: **Se habla español.** (*Spanish is spoken* [*here*]). Here are some additional examples of this use of **se** with Spanish verbs. Note how the meaning of the verb changes slightly.

Se venden billetes aquí.	*Tickets are sold here.*
Aquí no **se fuma**.	*You don't (One doesn't) smoke here. Smoking is forbidden here.*

Be alert to this use of **se** when you see it, because it will occur with some frequency in readings and in direction lines in *Puntos en breve*. The activities in this text will not require you to use this grammar point on your own, however.

Nueva York

D. ¿Dónde se hace esto? Indique el lugar (o los lugares) donde se hacen las siguientes actividades.

Lugares: en casa, en la agencia de viajes, en el aeropuerto, en el avión, en la playa

1. Se factura el equipaje.
2. Se hacen las maletas.
3. Se compran los pasajes.
4. Se hace una reservación.
5. Se espera en la sala de espera.
6. Se pide un cóctel.
7. Se mira una película.
8. Se nada y se toma el sol.

Pronunciación: g, gu, and j

- In Spanish, the letter **g** followed by **e** or **i** has the same sound as the letter **j** followed by any vowel: [x]. It is similar to the English **h**, although in some dialects it is pronounced with a harder sound.

   general
   gigante

   jamón, jota, jugo
   jersey
   jirafa

- As you know, the letter **g** has another pronunciation, similar to **g** in the English word *go*: [g]. The Spanish letter **g** is pronounced [g] when it is followed directly by **a, o,** or **u** or by the combinations **ue** and **ui.**

   galante   gorila   gusto   guerrilla   siguiente

- The [g] pronunciation actually has two forms, a harder [g] and a fricative [ğ] that sounds softer. The [g] pronunciation is used at the beginning of a phrase (that is, after a pause) or after the letter **n.**

   mango   tango   ángulo

- In any other position, the softer, fricative [ğ] is used.

   el gato   el gorila   el gusto

A. [x]   jamón   Juan   Jesús   joya   rojo
   geranio   genio   gimnasio   gitano   germinal
   Jijona   Jorge   jipijapa

B. [g]   gato galleta gas tengo algodón ganga

C. [g/ğ]   un gato/el gato   un grupo/el grupo
   gracias/las gracias   guapos niños/niños guapos

D. [x/g]   gigante   jugoso   jugar   jugamos   juguete

Minidiálogos y gramática

20

Expressing *to whom* or *for whom* •
Indirect Object Pronouns; *Dar* and *decir*

Prueba: ¿Cómo son sus relaciones con otros?

¿Con qué frecuencia hace Ud. las siguientes cosas, con mucha frecuencia, a veces o nunca?

1. *Les* escribo cartas a mis amigos.
2. *Les* escribo cartas a mis padres (hijos).
3. *Les* doy (*I give*) consejos a mis amigos.
4. *Les* doy consejos a mis padres (hijos).
5. *Les* digo (*I tell*) la verdad a mis amigos.
6. *Les* digo la verdad a mis padres (hijos).
7. *Les* pido dinero a mis amigos.
8. *Les* pido dinero a mis padres (hijos).

La siguiente parte de la prueba le va a mostrar (*show*) si hay reciprocidad en sus relaciones con sus amigos y con sus padres (hijos). Conteste con: **con mucha frecuencia, a veces** o **nunca**.

1. Mis amigos me escriben cartas.
2. Mis padres (hijos) me escriben cartas.
3. Mis amigos me dan consejos.
4. Mis padres (hijos) me dan consejos.
5. Mis amigos me dicen sus problemas.
6. Mis padres (hijos) me dicen sus problemas.
7. Mis amigos me piden dinero.
8. Mis padres (hijos) me piden dinero.

¿Qué le dicen a Ud. sus respuestas? ¿Cómo son sus relaciones con otros?

Indirect Object Pronouns

me	to/for me	**nos**	to/for us
te	to/for you (*fam. sing.*)	**os**	to/for you (*fam. pl.*)
le	to/for you (*form. sing.*), him, her, it	**les**	to/for you (*form. pl.*), them

Note that indirect object pronouns have the same form as direct object pronouns, except in the third person: **le, les**.

A. Indirect object nouns and pronouns are the second recipient of the action of the verb. They usually answer the questions *to whom?* or *for whom?* in relation to the verb. The word *to* is frequently omitted in English.

Indicate the direct and indirect objects in the following sentences.

1. I'm giving her the present tomorrow.
2. Could you tell me the answer now?
3. El profesor nos va a hacer algunas preguntas.
4. ¿No me compras una revista ahora?

B. Like direct object pronouns, *indirect object pronouns* (**los pronombres del complemento indirecto**) are placed immediately before a conjugated verb. They may also be attached to an infinitive or a present participle.

No, no **te** presto el coche.
No, I won't lend you the car.

Voy a guardar**te** el asiento.
Te voy a guardar el asiento.
I'll save your seat for you.

Le estoy escribiendo una carta **a Marisol**.
Estoy escribiéndo**le** una carta **a Marisol**.
I'm writing Marisol a letter.

C. Since **le** and **les** have several different equivalents, their meaning is often clarified or emphasized with the preposition **a** followed by a pronoun (object of a preposition).

Voy a mandar**le** un telegrama **a Ud**. (**a él, a ella**).
I'm going to send you (him, her) a telegram.

Les hago una comida **a Uds**. (**a ellos, a ellas**).
I'm making you (them) a meal.

D. It is common for a Spanish sentence to contain both the indirect object noun and the indirect object pronoun, especially with third person forms.

Vamos a decir**le** la verdad **a Juan**.
Let's tell Juan the truth.

¿**Les** guardo los asientos **a Jorge y Marta?**
Shall I save the seats for Jorge and Marta?

E. As with direct object pronouns, indirect object pronouns are attached to the affirmative command form and precede the negative command form.

Sírva**nos** un café, por favor.
Serve us some coffee, please.

No me dé su número de teléfono ahora.
Don't give me your phone number now.

F. Here are some verbs frequently used with indirect objects.

dar (*irreg.*)	to give	**pedir (i, i)**	to ask for
decir (*irreg.*)	to say; to tell	**preguntar**	to ask (*a question*)
escribir	to write		
explicar	to explain	**prestar**	to lend
hablar	to speak	**prometer**	to promise
mandar	to send	**recomendar (ie)**	to recommend
ofrecer (ofrezco)	to offer	**regalar**	to give (*as a gift*)
		servir (i, i)	to serve

Dar and *decir*

dar (*to give*)		**decir** (*to say; to tell*)	
d**oy**	damos	digo	decimos
das	dais	dices	decís
da	dan	dice	dicen

• **Dar** and **decir** are almost always used with indirect object pronouns in Spanish.

¿Cuándo **me das** el dinero?
When will you give me the money?

¿Por qué no **le dice** Ud. la verdad, señor?
Why don't you tell him/her the truth, sir?

OJO

In Spanish it is necessary to distinguish between the verbs **dar** (*to give*) and **regalar** (*to give as a gift*). Also, do not confuse **decir** (*to say* or *to tell*) with **hablar** (*to speak*).

• **Dar** and **decir** also have irregular formal command forms. There is a written accent on **dé** to distinguish it from the preposition **de**.

Formal commands of **dar** and **decir**:

dar → **dé, den**
decir → **diga, digan**

Práctica

A. De vuelta a Honduras

Paso 1. Your friends the Padillas, from Honduras, need help arranging for and getting on their flight back home. Explain how you will help them, using the cues as a guide.

> MODELO: confirmar el vuelo → Les confirmo el vuelo.

1. llamar un taxi
2. bajar (*to carry down*) las maletas
3. guardar el equipaje
4. facturar el equipaje
5. guardar el puesto en la cola
6. guardar el asiento en la sala de espera
7. comprar una revista
8. por fin decir adiós

Paso 2. Now explain the same sequence of actions as if you were talking about your friend Guillermo: *Le* **confirmo el vuelo.**

Paso 3. Finally, tell your friend Marisol how you will help her: *Te* **confirmo el vuelo.**

B. ¿Qué hacen estas personas? Complete las siguientes oraciones con un verbo lógico y un pronombre de complemento indirecto.

> MODELO: El vicepresidente *le ofrece* consejos al presidente.

Verbos posibles: dar, ofrecer, prestar, prometer, servir

1. Romeo _____ flores a Julieta.
2. Snoopy _____ besos (*kisses*) a Lucy… ¡Y a ella no le gusta!
3. Eva _____ una manzana a Adán.
4. Ann Landers _____ consejos a sus lectores (*readers*).
5. Los bancos _____ dinero a las personas que quieren comprar una casa.
6. Los asistentes de vuelo _____ bebidas a los pasajeros.
7. George Washington _____ a su padre decir la verdad.

C. ¿Qué va a pasar? Dé varias respuestas.

Palabras útiles: medicinas, Santa Claus, tarjetas navideñas (*Christmas cards*), flores, juguetes (*toys*)

1. Su amiga Elena está en el hospital con un ataque de apendicitis. Todos le mandan… Le escriben… Las enfermeras (*nurses*) le dan… De comer, le sirven…
2. Es Navidad. Los niños les prometen a sus padres… Les piden… También le escriben… Le piden… Los padres les mandan… a sus amigos. Les regalan…
3. Hay una demora y el avión no despega (*doesn't take off*) a tiempo. Un asistente de vuelo nos sirve… Otra asistente de vuelo nos ofrece… El piloto nos dice…

4. Mi coche no funciona hoy. Mi amigo me presta… Mis padres me preguntan… Luego me dan…

5. Es la última (*last*) semana de clases y hay exámenes finales la próxima semana. En la clase de computación, todos le preguntan al profesor… El profesor les explica a los estudiantes…

D. En un restaurante. Imagine that your four-year-old cousin Benjamín has never eaten in a restaurant before. Explain to him what will happen, filling in the blanks with the appropriate indirect object pronoun.

Primero el camarero ＿＿＿[1] indica una mesa desocupada.[a] Luego tú ＿＿＿[2] pides el menú al camarero. También ＿＿＿[3] haces preguntas sobre los platos y las especialidades de la casa y ＿＿＿[4] dices tus preferencias. El camarero ＿＿＿[5] trae la comida. Por fin tu papá ＿＿＿[6] pide la cuenta al camarero. Si tú quieres pagar, ＿＿＿[7] pides dinero a tu papá y ＿＿＿[8] das el dinero al camarero.

[a]*vacant*

Conversación

▲▲▲▲▲▲▲▲▲

Entrevista: ¿Quién… ? Read through the following items and think about people whom you associate with the indicated action. Then, working with a partner, ask and answer questions to find out information about each topic.

MODELO: darle consejos →
E1: ¿A quién le das consejos?
E2: Con frecuencia le doy consejos a mi compañero de cuarto. ¡Él los necesita!
E1: ¿Quién te da consejos a ti?
E2: Mis abuelos me dan muchos consejos.

1. darle consejos
2. pedirle ayuda con los estudios
3. prestarle la ropa
4. mandarle flores
5. decirle secretos
6. hacerle favores
7. escribirle tarjetas postales (*postcards*)
8. ofrecerle bebidas

Destinos[a] hispánicos

Como sabe Ud., no es necesario salir de los Estados Unidos para encontrar[b] y disfrutar de[c] la cultura hispánica. Aquí se mencionan tres de los muchos lugares de influencia hispánica que se pueden visitar en este país.

- En el pueblo de **San Juan Bautista, California**, se encuentra una famosa misión, construida por **los frailes[d] franciscanos** en 1797. Desde 1980, San Juan Bautista es la sede[e] del **Teatro Campesino**,[f] la compañía teatral chicana más antigua del país. El Teatro Campesino, fundado por **Luis Valdez** durante la «Great Delano Grape Strike,» presenta obras[g] de teatro en español y también en inglés. Muchas de las obras presentadas son clásicas, pero también hay obras escritas[h] especialmente para el Teatro.
- **Santa Fe, Nuevo México**, está situada en el valle del Río Grande al pie[i] de las montañas

La misión en San Juan Bautista

Sangre[j] de Cristo. Cada verano se celebra allí el **Mercado Tradicional Español**, donde se venden **artesanías** típicas y hechas[k] con métodos antiguos. Allí se pueden encontrar artículos como santos de bulto (imágenes de santos talladas[l]), retablos (imágenes de santos pintadas), alfombras, muebles y otros objectos de adorno.

- ¿Quiere bailar o escuchar música? Pues, vaya a **Miami**, donde se celebra la feria hispánica más grande del país, **el festival de la calle[m] Ocho**. Cada verano, más de un millón de personas llegan a la calle principal de **la Pequeña Habana**, centro de **la comunidad cubana** en el sur de Florida. Allí se sirve comida hispánica, se escucha música latina y se baila. Y aunque[n] predomina la música tropical y caribeña, también hay conjuntos musicales de toda Latinoamérica que ofrecen música de todos los estilos.

[a]*Destinations* [b]*find* [c]*disfrutar... enjoy* [d]*priests* [e]*headquarters* [f]*Teatro... Country (Peasant) Theater* [g]*works* [h]*written* [i]*foot*
[j]*Blood* [k]*made* [l]*carved* [m]*street* [n]*although*

¿Recuerda Ud.?

You have already used forms of **gustar** to express your likes and dislikes (**Ante todo**). Review what you know by answering the following questions. Then, changing their form as needed, use them to interview your instructor.

1. ¿Te gusta el café (el vino, el té, …)?
2. ¿Te gusta jugar al béisbol (al golf, al vólibol, al…)?
3. ¿Te gusta viajar en avión (fumar, viajar en tren, …)?
4. ¿Qué te gusta más, estudiar o ir a fiestas (trabajar o descansar, cocinar o comer)?

21

Expressing Likes and Dislikes • *Gustar*

Los chilenos viajeros

Según el anuncio, a muchos chilenos les gusta viajar a otros países. Lea el anuncio y luego indique si las oraciones son ciertas o falsas.

1. A los chilenos les gusta viajar sólo en este hemisferio.
2. A los chilenos les gustan mucho las playas.
3. Sólo les gusta viajar en países de habla española.
4. No les gustaría el precio del viaje.

MEDIO MILLON DE CHILENOS
DE VACACIONES 2003 AL EXTRANJERO

Y USTED... NO SE QUEDE SIN VIAJAR
¡RESERVE AHORA MISMO!

El próximo verano '03, con el bajo valor del dólar, muchas personas desearán viajar, los cupos disponibles se agotarán rapidamente. ¡Asegure sus vacaciones! Elija ahora cualquiera de nuestros fantásticos programas.

**MIAMI - ORLANDO - BAHAMAS - MEXICO - CANCÚN
ACAPULCO - IXTAPA - COSTA RICA - RIO - SALVADOR
PLAYA TAMBOR - PUNTA CANA - LA HABANA
VARADERO - GUATEMALA - SUDÁFRICA**

Infórmese sobre nuestro **SUPER CRÉDITO PREFERENCIAL**

Economy Tour

Santa Magdalena 94, Providencia
☎2334429 - 2331774 - 2314252
2328294 - 2318608 - 2334862
Fax: 2334428

Y a Ud., ¿le gusta viajar? ¿Le gustan los viajes en avión? ¿Cuál de estos lugares le gustaría visitar?

Constructions with *gustar*

Spanish	Literal Equivalent	English Phrasing
Me gusta la playa.	The beach is pleasing to me.	*I like the beach.*
No le gustan sus cursos.	His courses are not pleasing to him.	*He doesn't like his courses.*
Nos gusta leer.	Reading is pleasing to us.	*We like to read.*

You have been using the verb **gustar** since the beginning of *Puntos en breve* to express likes and dislikes. However, **gustar** does not literally mean *to like*, but rather *to be pleasing*.

Me gusta viajar.
Traveling is pleasing to me. (I like traveling.)

A. **Gustar** is always used with an indirect object pronoun: Someone or something is pleasing *to* someone else. The verb must agree with the subject of the sentence—that is, the person or thing that is pleasing.

Me **gusta** la comida mexicana.
Mexican food is pleasing to me. (I like Mexican food.)

Me **gustan** los viajes aventureros.
Adventurous trips are pleasing to me. (I like adventurous trips.)

B. A phrase with **a** + a *noun* or *pronoun* is often used for clarification or emphasis. This prepositional phrase usually appears before the indirect object pronoun, but it can also appear after the verb.

> Note that an infinitive is viewed as a singular subject in Spanish.

> **OJO** The indirect object pronoun *must* be used with **gustar** even when the prepositional phrase **a** + *noun* or *pronoun* is used.

CLARIFICATION

¿Le gusta **a Ud.** viajar?
Do you like to travel?

A David no le gustan los aviones.
David doesn't like airplanes.

EMPHASIS

A mí me gusta viajar en avión, pero **a mi esposo** le gusta viajar en coche.
I like to travel by plane, but my husband likes to travel by car.

Would Like/Wouldn't Like

What one *would* or *would not* like to do is expressed with the form **gustaría*** + *infinitive* and the appropriate indirect objects.

A mí me gustaría viajar a Colombia.
I would like to travel to Colombia.

Nos gustaría hacer *camping* este verano.
We would like to go camping this summer.

Práctica

A. Gustos y preferencias

Paso 1. Using the models as a guide, tell whether or not you like the following.

MODELOS. ¿el café? → (No) Me gusta el café.
¿los pasteles? → (No) Me gustan los pasteles.

1. ¿el vino?
2. ¿los niños pequeños?
3. ¿la música clásica?
4. ¿Ricky Martin?
5. ¿el invierno?
6. ¿hacer cola?
7. ¿el chocolate?
8. ¿las películas de terror?
9. ¿las clases que empiezan a las ocho de la mañana?
10. ¿cocinar?
11. ¿la gramática?
12. ¿las clases de este semestre/trimestre?
13. ¿los vuelos con muchas escalas?
14. ¿bailar en las discotecas?

Paso 2. Now share your reactions with a classmate. He or she will respond with one of the following reactions. How do your likes and dislikes compare? Keep track of them.

REACCIONES

A mí también.   *So do I.*
A mí tampoco.   *I don't either. (Neither do I.)*
Pues a mí, sí.   *Well, I do.*
Pues a mí, no.   *Well, I don't.*

---

*This is one of the forms of the conditional of **gustar**. The conditional expresses what you *would* do. Learn to recognize this verb form, which attaches the ending **-ía** to the infinitive in the **yo**, **Ud.**, **él** and **ella** forms of regular verbs: **hablaría, comería, viviría.**

B. ¿Adónde vamos este verano?

Paso 1. The members of the Soto family all prefer different vacation activities and, of course, would like to go to different places this summer. Imagine that you are one of the Sotos and describe the family's various preferences, following the model.

MODELO: padre/nadar: ir a la playa →
A mi padre le gusta nadar. Le gustaría ir a la playa.

1. padre/el océano: ir a la playa
2. hermanos pequeños/nadar también: ir a la playa
3. hermano Ernesto/hacer *camping*: ir a las montañas
4. abuelos/descansar: quedarse en casa
5. madre/la tranquilidad: visitar un pueblecito (*small town*) en la costa
6. hermana Elena/discotecas: pasar las vacaciones en una ciudad grande
7. mí/¿ ?

Paso 2. Now, remembering what you have learned about the vacation preferences of your imaginary family, answer the following questions.

1. ¿A quién le gustaría ir a Nueva York?
2. ¿A quién le gustaría viajar a Acapulco?
3. ¿Quién no quiere salir de casa?
4. ¿A quién le gustaría ir a Cabo San Lucas?
5. ¿Quién quiere ir a Colorado?

Conversación

A. ¿Conoce bien as sus compañeros de clase?

Paso 1. Piense en una persona de la clase de español que Ud. conoce un poco. En su opinión, ¿a esa persona le gustan o no las siguientes cosas?

	SÍ, LE GUSTA(N)	NO, NO LE GUSTA(N)
1. la música clásica	☐	☐
2. el color negro	☐	☐
3. las canciones de los años 70	☐	☐
4. viajar en coche	☐	☐
5. la comida mexicana	☐	☐
6. tener clases por la mañana	☐	☐
7. estudiar otras lenguas	☐	☐
8. el arte surrealista	☐	☐
9. las películas trágicas	☐	☐
10. las casas viejas	☐	☐

Paso 2. Ahora entreviste a su compañero/a para verificar sus respuestas. ¿Cuántas respuestas correctas tiene Ud.? ¿Conoce bien a su compañero/a?

MODELO: ¿Te gusta la música clásica?

More about Expressing Likes and Dislikes

Here are some ways to express intense likes and dislikes.

Me gusta mucho/muchísimo.	*I like it a lot/a whole lot.*
No me gusta (para) nada.	*I don't like it at all.*

To express *love* and *hate* in reference to likes and dislikes, you can use **encantar** and **odiar**.

- **Encantar** is used just like **gustar**.

Me encanta el chocolate.	*I love chocolate.*
Les encanta viajar, ¿verdad?	*You love traveling, right?*

- **Odiar**, on the other hand, functions like a transitive verb (one that can take a direct object).

Odio el apio.	*I hate celery.*
Mi madre **odia** viajar sola.	*My mother hates traveling alone.*

To express interest in something, use **interesar**. This verb is also used like **gustar** and **encantar**.

Me interesa la comida salvadoreña.	*I'm interested in Salvadorian food.*

B. ¿Qué te gusta? ¿Qué odias? Almost every situation has aspects that one likes or dislikes, even hates. Pick at least two of the following situations and tell what you like or don't like about them. Add as many details as you can, using **me gustaría** when possible.

MODELO. en la playa →
Me gusta mucho el agua, pero no me gusta el sol. Por eso no me gusta pasar todo el día en la playa. Me encanta nadar pero odio la arena. Por eso me gustaría más ir a nadar en una piscina.

Situaciones: en un avión, en el coche, en un autobús, en un tren, en una discoteca, en una fiesta, en la biblioteca, en clase, en casa con mis padres/hijos, en casa con mis amigos, en una cafetería, en un almacén grande, en un parque, en la playa

22 · Talking about the Past (1) · Preterite of Regular Verbs and of *dar*, *hacer*, *ir*, and *ser*

Elisa habla de su viaje a Puerto Rico

«Recientemente *fui* a Puerto Rico para escribir un artículo sobre ese país. *Hice* el viaje en avión. El vuelo *fue* largo, pues el avión *hizo* escala en Miami. *Pasé* una semana entera en la

Elisa talks about her trip to Puerto Rico. Recently I went to Puerto Rico to write an article about that country. I made the trip by plane. The flight was long because the plane made a stop in Miami. I spent a whole week on the island. I spoke with many people in the tourist industry and I visited the most interesting places in Puerto Rico. I also ate lots of typical food from the island. Furthermore, I sunbathed on the beautiful Puerto Rican beaches and swam in the Caribbean Sea. I had lots of fun. My trip was almost like a vacation!

isla. *Hablé* con muchas personas de la industria turística y *visité* los lugares más interesantes de Puerto Rico. También *comí* mucha comida típica de la isla. Además, *tomé* el sol en las preciosas playas puertorriqueñas y *nadé* en el mar Caribe. Me *divertí* mucho. ¡Mi viaje *fue* casi como unas vacaciones!»

Comprensión: ¿Cierto o falso?

1. Elisa fue a Puerto Rico para pasar sus vacaciones.
2. El avión hizo escala en los Estados Unidos.
3. Elisa no visitó ningún lugar importante de Puerto Rico.
4. Elisa también pasó tiempo cerca del océano.

In previous chapters of *Puntos en breve*, you have talked about a number of your activities, but always in the present tense. In this section, you will begin to work with the forms of the preterite, one of the tenses that will allow you to talk about the past. To talk about all aspects of the past in Spanish, you need to know how to use two *simple tenses* (tenses formed without an auxiliary or "helping" verb): the preterite and the imperfect. In this chapter, you will learn the regular forms of the preterite and those of four irregular verbs: **dar**, **hacer**, **ir**, and **ser**. In this chapter and in **Capítulos 8**, **9**, and **10**, you will learn more about preterite forms and their uses as well as about the imperfect and the ways in which it is used alone and with the preterite.

The *preterite* (**el pretérito**) has several equivalents in English. For example, **hablé** can mean *I spoke* or *I did speak*. The preterite is used to report finished, completed actions or states of being in the past. If the action or state of being is viewed as completed—no matter how long it lasted or took to complete—it will be expressed with the preterite.

Preterite of Regular Verbs

hablar		comer		vivir	
hablé	*I spoke (did speak)*	comí	*I ate (did eat)*	viví	*I lived (did live)*
hablaste	*you spoke*	comiste	*you ate*	viviste	*you lived*
habló	*you/he/she spoke*	comió	*you/he/she ate*	vivió	*you/he/she lived*
hablamos	*we spoke*	comimos	*we ate*	vivimos	*we lived*
hablasteis	*you spoke*	comisteis	*you ate*	vivisteis	*you lived*
hablaron	*you/they spoke*	comieron	*you/they ate*	vivieron	*you/they lived*

- Note that the **nosotros** forms of regular preterites are the same as the present tense forms for **-ar** and **-ir** verbs. Context usually helps determine meaning.

Hoy **hablamos** con la profesora Benítez.
Today we're speaking with Professor Benítez.

Ayer **hablamos** con el director de la facultad.
Yesterday we spoke with the head of the department.

- Note the accent marks on the first and third person singular of the preterite tense. These accent marks are dropped in the conjugation of **ver: vi, vio**.

ver: **vi**, viste, **vio**, vimos, visteis, vieron

- Verbs that end in **-car**, **-gar**, and **-zar** show a spelling change in the first person singular **(yo)** of the preterite. (This is the same change you have already learned to make in present subjunctive forms.)

-car → qu   buscar: bus**qué**, buscaste, ...
-gar → gu   pagar: pa**gué**, pagaste, ...
-zar → c   empezar: empe**cé**, empezaste, ...

- **-Ar** and **-er** stem-changing verbs show no stem change in the preterite.
  -Ir stem-changing verbs do show a change.*

despertar (ie): **desperté**, **despertaste**, ...
volver (ue): **volví**, **volviste**, ...

- An unstressed **-i-** between two vowels becomes **-y-**.

creer: creyó, creyeron   leer: leyó, leyeron

Irregular Preterite Forms

dar		hacer		ir/ser	
di	dimos	hice	hicimos	fui	fuimos
diste	disteis	hiciste	hicisteis	fuiste	fuisteis
dio	dieron	hizo	hicieron	fue	fueron

- The preterite endings for **dar** are the same as those used for regular **-er/-ir** verbs in the preterite, except that the accent marks are dropped.

- **Hizo** is spelled with a **z** to keep the [s] sound of the infinitive.

hic- + **-o** → **hizo**

- **Ir** and **ser** have identical forms in the preterite. Context will make the meaning clear.

Fui a la playa el verano pasado.
I went to the beach last summer.

Fui agente de viajes.
I was a travel agent.

---

*You will practice the preterite of most stem-changing verbs in **Capítulo 8**.

Práctica

A. ¿Qué hizo Ud. el verano pasado? Indique las oraciones que son ciertas para Ud., contestando con **sí** o **no**.

El verano pasado...

1. tomé una clase en la universidad
2. asistí a un concierto
3. trabajé mucho
4. hice *camping* con algunos amigos / mi familia
5. viví con mis padres / mis hijos
6. me quedé en este pueblo / esta ciudad
7. fui a una playa
8. hice una excursión a otro país
9. fui a muchas fiestas
10. no hice nada especial

B. El día de tres compañeras

Paso 1. Teresa, Evangelina y Liliana comparten (*share*) un apartamento en un edificio viejo. Ayer Teresa y Evangelina fueron a la universidad mientras Liliana se quedó en casa. Describa lo que (*what*) hicieron, según la perspectiva de cada una.

TERESA Y EVANGELINA

1. (nosotras) salir / de / apartamento / a / nueve
2. llegar / biblioteca / a / diez
3. estudiar / toda la mañana / para / examen
4. escribir / muchos ejercicios
5. almorzar / con / amigos / en / cafetería
6. ir / a / laboratorio / a / una
7. hacer / todos los experimentos / de / manual (*m.*)
8. tomar / examen / a / cuatro
9. ¡examen / ser / horrible!
10. regresar / a casa / después de / examen
11. ayudar / Liliana / a / preparar / cena
12. cenar / todas juntas / a / siete

LILIANA

1. (yo) quedarse / en casa / todo el día
2. ver / televisión / por / mañana
3. llamar / mi / padres / a / once
4. tomar / café / con / vecinos (*neighbors*)
5. estudiar / para / examen / de / historia / y / escribir / composición / para / clase / sociología
6. ir / a / garaje / para / dejar / muebles / viejo / allí
7. ir / a / supermercado / y / comprar / comida
8. empezar / a / preparar / cena / a / cinco

Paso 2. ¿Quién lo dijo (*said*), Evangelina o Liliana?

1. Mis compañeras no pasaron mucho tiempo en casa hoy.
2. ¡El examen fue desastroso!
3. Estudié mucho hoy.
4. Me gustó mucho el programa de «Oprah» hoy.
5. ¿Saben? Hablé con mis padres hoy y...

Paso 3. Ahora vuelva a contar (*tell*) cómo fue el día de Liliana, pero desde el punto de vista de sus compañeras de cuarto. Luego diga cómo fue el día de Teresa y Evangelina según Liliana.

Conversación
▲▲▲▲▲▲▲

Nota comunicativa

Putting Events in Sequence

When telling about what you did, you often want to emphasize the sequence in which events took place. Use the following phrases to put events into a simple sequence in Spanish. You will learn additional words and phrases of this kind as you learn more about the past tenses.

Primero...	First . . .
Luego... y...	Then . . . and . . .
Después... y...	Afterward . . . and . . .
Finalmente (Por fin)...	Finally . . .

A. El sábado por la tarde... The following drawings depict what Julián did last Saturday night. Match the phrases with the individual drawings in the sequence. Then narrate what Julián did, using verbs in the preterite. Use as many of the words and phrases from the preceding **Nota comunicativa** as possible.

a. _____ hacer cola para comprar las entradas (*tickets*)
b. _____ regresar tarde a casa
c. _____ volver a casa después de trabajar
d. _____ ir a un café a tomar algo
e. _____ llegar al cine al mismo tiempo
f. _____ llamar a un amigo
g. _____ no gustarles la película
h. _____ comer rápidamente
i. _____ ducharse y afeitarse
j. _____ entrar en el cine
k. _____ ir al cine en autobús
l. _____ decidir encontrarse (*to meet up*) en el cine

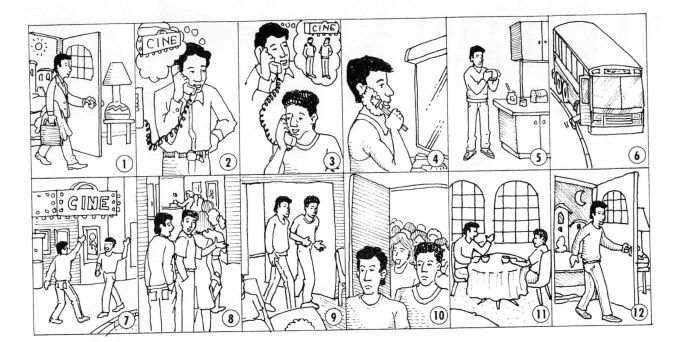

B. Preguntas

1. ¿Qué le(s) dio Ud. a su mejor amigo/a (su esposo/a, su novio/a, sus hijos) para su cumpleaños el año pasado? ¿Qué le regaló a Ud. esa persona para su cumpleaños? ¿Alguien le mandó a Ud. flores el año pasado? ¿Le mandó Ud. flores a alguien? ¿Le gusta a Ud. que le traigan chocolates? ¿otras cosas?

2. ¿Dónde y a qué hora comió Ud. ayer? ¿Con quién(es) comió? ¿Le gustaron todos los platos que comió? Si comió fuera, ¿quién pagó?

3. ¿Cuándo decidió Ud. estudiar español? ¿Cuándo lo empezó a estudiar? ¿Va a seguir con el español el semestre/trimestre que viene?

4. ¿Qué hizo Ud. ayer? ¿Adónde fue? ¿Con quién(es)? ¿Ayudó a alguien a hacer algo? ¿Lo/La llamó alguien? ¿Llamó Ud. a alguien? ¿Lo/La invitaron a hacer algo especial algunos amigos?

PANORAMA *cultural*

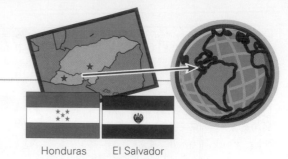

Honduras   El Salvador

Honduras y El Salvador

Datos esenciales

Honduras
- Nombre oficial: República de Honduras
- Capital: Tegucigalpa
- Población: 6.000.000 de habitantes
- Moneda: el lempira
- Idioma oficial: el español

El Salvador
- Nombre oficial: República de El Salvador
- Capital: San Salvador
- Población: 6.000.000 de habitantes
- Moneda: el colón
- Idioma oficial: el español

¡Fíjese!

- El centro ceremonial maya de Copán, en Honduras, es hoy un parque nacional que contiene una colección de ruinas mayas superadas[a] sólo por las ruinas de Tikal en Guatemala.

- La moneda de Honduras, el lempira, lleva el nombre de un cacique[b] indígena que luchó contra[c] los españoles.

- El nombre indígena de la capital de Honduras, Tegucigalpa, significa «cerros de plata».[d] Honduras recibió su nombre español por la profundidad[e] de sus aguas costeras.[f] El nombre indígena de El Salvador era[g] Cuzcatlán, que significa «tierra de joyas[h] y cosas preciosas».

- Las erupciones del Volcán de Izalco en El Salvador fueron constantes entre los años 1770 y 1966, por casi dos siglos.[i] Este volcán se conoce con el nombre de «el faro[j] del Pacífico», porque estuvo encendido[k] por muchos años y sirvió de[l] guía a los navegantes.

[a]*exceeded (in quality)* [b]*chief* [c]*luchó... fought against* [d]*cerros... silver hills* [e]*depth* [f]*coastal* [g]*was* [h]*jewels* [i]*centuries* [j]*lighthouse* [k]*estuvo... it was lit up* [l]*sirvió de... served as a*

El Volcán de Izalco, El Salvador

Conozca... al Arzobispo[a] Óscar Arnulfo Romero

El 24 de marzo de 1980 un héroe de El Salvador fue asesinado mientras oficiaba una misa.[b] En vida,[c] el arzobispo Óscar Arnulfo Romero (1917–1980) fue la conciencia de su país. Criticó a los líderes por su violencia e injusticia, y trabajó para mejorar[d] las condiciones económicas y sociales del país. Por eso, fue nominado para el premio Nóbel de la Paz[e] en el 1979 la gran labor del arzobispo.

[a]*Archbishop* [b]*oficiaba... he was celebrating a Mass* [c]*life* [d]*improve* [e]*premio... Nobel Peace Prize*

 Capítulo 7 of the video to accompany *Puntos de partida* contains cultural footage about Honduras and El Salvador.

 Visit the *Puntos* Website at www.mhhe.com/puntos.

Vocabulario

Los verbos

anunciar	to announce
bajar (de)	to get down (from); to get off (of)
contar (ue)	to tell
dar (*irreg.*)	to give
decir (*irreg.*)	to say; to tell
encantar	to like very much, love
explicar	to explain
facturar	to check (*baggage*)
fumar	to smoke
guardar	to save (*a place*)
gustar	to be pleasing
mandar	to send
mostrar (ue)	to show
nadar	to swim
odiar	to hate
ofrecer	to offer
prestar	to lend
prometer	to promise
recomendar (ie)	to recommend
regalar	to give (*as a gift*)
sacar	to take (*photos*)
subir (a)	to go up; to get on (*a vehicle*)
viajar	to travel

¡Buen viaje!

el aeropuerto	airport
la agencia de viajes	travel agency
el/la agente de viajes	travel agent
el asiento	seat
el/la asistente de vuelo	flight attendant
el autobús	bus
el avión	airplane
el barco	boat, ship
el billete/boleto	ticket
de ida	one-way
de ida y vuelta	round-trip
la cabina	cabin (*in a ship*)
la camioneta	station wagon
el *camping*	campground
la clase turística	tourist class
la demora	delay
el equipaje	baggage, luggage
la estación	station
de autobuses	bus
del tren	train
la foto(grafía)	photo(graph)
la llegada	arrival
el maletero	porter
el mar	sea
la montaña	mountain
el océano	ocean
el pasaje	passage, ticket
el/la pasajero/a	passenger
la primera clase	first class
el puerto	port
el puesto	place (*in line, etc.*)
la sala de espera	waiting room
la salida	departure
la sección de (no) fumar	(non)smoking section
la tarjeta (postal)	(post)card
la tienda (de campaña)	tent
el tren	train
el vuelo	flight
estar (*irreg.*) de vacaciones	to be on vacation
hacer (*irreg.*) *camping*	to go camping
hacer (*irreg.*) cola	to stand in line
hacer (*irreg.*) escalas/paradas	to make stops
hacer (*irreg.*) la(s) maleta(s)	to pack one's suitcase(s)
ir (*irreg.*) de vacaciones	to go on vacation
tomar el sol	to sunbathe

Repaso: hacer (*irreg.*) un viaje, la playa

Otros sustantivos

la flor	flower
el mundo	world
el/la niño/a	child; boy (girl)

Los adjetivos

atrasado/a (*with* **estar**)	late
solo/a	alone
último/a	last

Palabras adicionales

a tiempo	on time
de viaje	on a trip
lo que	what, that which
me gustaría...	I would (really) like...

Los días festivos

Los tres reyes magos (*Magi*), Melchor, Gaspar y Baltasar, acompañan (*accompany*) a esta niña mexicana.

En este capítulo...

Vocabulario: Los días festivos y las fiestas; Emociones y condiciones

Gramática:

23 ▶ Irregular Preterites
24 ▶ Preterite of Stem-Changing Verbs
25 ▶ Double Object Pronouns

Panorama cultural: Cuba

Multimedia

Practice vocabulary and grammar, expand your cultural knowledge, and develop your conversational skills.

Los días festivos y las fiestas

Porque eres una persona bondadosa y llena de amor, espero que esta Navidad sea para ti la mejor.

Un Próspero Año Nuevo

los entremeses	hors d'œuvres	**gastar dinero**	to spend money
los refrescos	refreshments	**pasarlo bien/mal**	to have a good/bad time
la sorpresa	surprise		
¡felicitaciones!	congratulations!	**regalar**	to give (*as a gift*)
		reunirse (me reúno) (con)	to get together (with)
celebrar	to celebrate		
cumplir años	to have a birthday	**ser** (*irreg.*) + **en** + *place*	to take place at (*place*)
dar (*irreg.*)/**hacer** (*irreg.*) **una fiesta**	to give/have a party	—¿**Dónde es** la fiesta?	*Where is the party?*
divertirse (ie, i)	to have a good time	—(**Es**) **En** casa de Julio.	(*It's*) *At Julio's house.*
faltar	to be absent, lacking		

Vocabulario útil*

el Día de Año Nuevo	New Year's Day
el Día de los Reyes Magos	Day of the Magi (Three Kings)
el Día de San Valentín (de los Enamorados)	Valentine's Day
el Día de San Patricio	Saint Patrick's Day
la Pascua (de los hebreos)	Passover
la Pascua (Florida)	Easter
las vacaciones de primavera	spring break
el Cinco de Mayo	Cinco de Mayo (*Mexican awareness celebration in some parts of the U.S.*)
el Día del Canadá	Canada Day (July 1)
el Cuatro de Julio (el Día de la Independencia) (estadounidense)	Independence Day (*U.S.*)
el Día de la Raza	Columbus Day (*Hispanic awareness day in some parts of the U.S.*)
el Día de todos los Santos	All Saints' Day (November 1)
el Día de los Muertos	Day of the Dead (November 2)
el Día de Acción de Gracias	Thanksgiving
la Fiesta de las Luces	Hanukkah
la Nochebuena	Christmas Eve
la Navidad	Christmas
la Noche Vieja	New Year's Eve
el cumpleaños	birthday
el día del santo	saint's day (*the saint for whom one is named*)
la quinceañera	young woman's fifteenth birthday party

Conversación

A. **Definiciones.** ¿Qué palabra o frase corresponde a estas definiciones?

1. el día en que se celebra el nacimiento (*birth*) de Jesús
2. algo que alguien no sabe o no espera
3. algo de comer y algo de beber que se sirve en las fiestas (dos respuestas)
4. el día en que algunos hispanos visitan el cementerio para honrar la memoria de los difuntos (*deceased*)
5. la fiesta en que se celebra el hecho (*fact*) de que una muchacha cumple quince años
6. el día en que todo el mundo (*everybody*) debe llevar ropa verde
7. la noche en que se celebra el final del año
8. palabra que se dice para mostrar una reacción muy favorable, por ejemplo, cuando un amigo cumple años

---

*All of the items on this list are not considered active vocabulary for this chapter. Just learn the holidays and celebrations that are relevant to you.

Nota cultural

Celebraciones

En la vida de uno hay muchas ocasiones para dar fiestas. Claro que todos los años hay que celebrar **el cumpleaños**. Pero en partes del mundo hispánico se celebra también **el día del santo**. En el calendario religioso católico cada día corresponde al nombre de un santo. Si Ud. se llama Juan, por ejemplo, su santo es San Juan Bautista y el día de su santo es el 24 de junio. Este día se celebra igual que el día de su cumpleaños.

Para las señoritas, la fiesta de los quince años, **la quinceañera**, es una de las más importantes, porque desde esa edad a la muchacha se le considera ya (*already*) mujer. Para los muchachos, la fiesta de los dieciocho o veintiún años representa la llegada a la mayoría de edad (*coming of age*).

Una quinceañera mexicana

B. Hablando de fiestas

Paso 1. ¿Cuál es su opinión de las siguientes fiestas, positiva, negativa o neutra?

1. el Cuatro de Julio
2. el Día de Acción de Gracias
3. el Día de San Patricio
4. la Noche Vieja
5. el Día de la Raza
6. el Día de los Enamorados

Paso 2. Ahora compare sus respuestas con las (*those*) de sus compañeros de clase. ¿Coinciden todos en su opinión de algunas fiestas?

Paso 3. Ahora piense en su fiesta favorita. Puede ser una de la lista del **Paso 1** o una del **Vocabulario útil** de la página 189. Piense en cómo celebra Ud. esa fiesta, para explicárselo (*explain it*) luego a un compañero / una compañera de clase. Debe pensar en lo siguiente:

- los preparativos que Ud. hace de antemano (*beforehand*)
- la ropa especial que lleva
- las comidas o bebidas especiales que compra o prepara
- el lugar donde se celebra
- los adornos especiales que hay

Vocabulario útil

el árbol	tree	**la fiesta del barrio**	neighborhood (block) party
el corazón	heart		
la corona	wreath	**los fuegos artificiales**	fireworks
el desfile	parade	**el globo**	balloon

David está contento.
Se ríe.

David **llora** porque **se siente triste.**

David **se pone feliz** otra vez y **sonríe.**

discutir (sobre) (con)	to argue (about) (with)	**portarse bien/mal**	to behave well/poorly
enfermar(se)	to get sick	**quejarse (de)**	to complain (about)
enojar(se) (con)	to get mad (at)	**recordar (ue)**	to remember
llorar	to cry	**reír(se) (i, i) (de)**	to laugh (about)
olvidar(se) de	to forget about	**sentir(se) (ie, i)**	to feel
ponerse + *adj.*	to become, get + *adjective*	**sonreír(se) (i, i)**	to smile

Nota comunicativa

Being Emphatic

To emphasize the quality described by an adjective or an adverb, speakers of Spanish often add **-ísimo/a/os/as** to it, adding the idea *extremely (exceptionally; very, very; super)* to the quality. You have already used one emphatic form of this type: **Me gusta muchísimo.**

Estos entremeses son **dificilísimos** de preparar.
Durante la época navideña, los niños son **buenísimos.**

These hors d'œuvres are very hard to prepare.
At Christmastime, the kids are extremely good.

- If the adjective ends in a consonant, **-ísimo** is added to the singular form: **difícil** → **dificilísimo** (and any accents on the word stem are dropped).
- If the adjective ends in a vowel, the final vowel is dropped before adding **-ísimo: bueno** → **buenísimo.**
- Spelling changes occur when the final consonant of an adjective is **c, g,** or **z: riquísimo, larguísimo, felicísimo.**

Vocabulario: Preparación

Conversación

A. Reacciones. ¿Cómo reacciona o cómo se pone Ud. en estas situaciones? Use estos adjetivos o cualquier otro, y también los verbos que describen las reacciones emocionales. No se olvide de usar las formas enfáticas cuando sea (*whenever it is*) apropiado.

serio/a	feliz/triste	avergonzado/a (*embarrassed*)
nervioso/a	furioso/a	contento/a

1. Es Navidad y alguien le hace a Ud. un regalo carísimo.
2. Es su cumpleaños y sus padres/hijos no le regalaron nada.
3. Ud. da una fiesta en su casa pero los invitados no se divierten. Nadie ríe ni sonríe.
4. Hay un examen importante hoy, pero Ud. no estudió anoche.
5. Ud. acaba de terminar un examen difícil/fácil y cree que lo hizo bien/mal.
6. En un examen de química, Ud. no puede recordar una fórmula muy importante.

B. ¿Son buenos todos los días festivos? Los días festivos pueden ser difíciles para muchas personas. Para Ud., ¿son ciertas o falsas las siguientes oraciones? Cambie las oraciones falsas para que sean (*so that they are*) ciertas. Luego compare sus respuestas con las de sus compañeros de clase.

EN LAS FIESTAS DE FAMILIA

1. Toda o casi toda mi familia, incluyendo a mis tíos, primos, abuelos, etcétera, se reúne por lo menos (*at least*) una vez al año.
2. Las fiestas de familia me gustan muchísimo.
3. Hay un pariente que siempre se queja de algo.
4. Uno de mis parientes siempre me hace preguntas indiscretas.
5. Alguien siempre bebe/come demasiado y luego se enferma.
6. A todos les gustan los regalos que reciben.
7. Todos lo pasan bien en las fiestas de familia.

LOS DÍAS FESTIVOS EN GENERAL

8. La Navidad / La Fiesta de las Luces es esencialmente una excusa para gastar dinero.
9. La época de fiestas en noviembre y diciembre es triste y deprimente (*depressing*) para mí.
10. Sólo las personas que practican una religión deben tener vacaciones en los días de fiestas religiosas.
11. Las vacaciones de primavera son para divertirse muchísimo. De hecho (*In fact*), son las mejores vacaciones del año.
12. Debería haber (*There should be*) más días festivos… por lo menos uno al mes.

Minidiálogos y gramática

23 ## Talking about the Past (2) • Irregular Preterites

La fiesta de la Noche Vieja

Conteste las siguientes preguntas sobre esta fiesta.

1. ¿Quién *estuvo* hablando por teléfono?
2. ¿Quién *dio* la fiesta?
3. ¿Quién no *pudo* ir a la fiesta?
4. ¿Quién *puso* su copa de champán en el televisor?
5. ¿Quién *hizo* mucho ruido?
6. ¿Quiénes *tuvieron* que salir temprano?
7. ¿Quiénes no *quisieron* beber más?
8. ¿Quiénes *vinieron* con sus niñas?
9. ¿Quiénes le *trajeron* un regalo al anfitrión (*host*)?

Y Ud., ¿*estuvo* alguna vez en una fiesta como esta? ¿*Tuvo* que salir temprano o se quedó hasta después de la medianoche (*midnight*)? ¿Le *trajo* algo al anfitrión / a la anfitriona?

• You have already learned the irregular preterite forms of **dar, hacer, ir**, and **ser**. The following verbs are also irregular in the preterite. Note that the first and third person singular endings, which are the only irregular ones, are unstressed, in contrast to the stressed endings of regular preterite forms.

estar	
estuve	estuvimos
estuviste	estuvisteis
estuvo	estuvieron

estar:	estuv-
poder:	pud-
poner:	pus-
querer:	quis-
saber:	sup-
tener:	tuv-
venir:	vin-

-e
-iste
-o
-imos
-isteis
-ieron

Minidiálogos y gramática Ciento noventa y tres **193**

- When the preterite verb stem ends in **-j-**, the **-i-** of the third person plural ending is omitted: **dijeron, trajeron.**

decir: **dij-** ⎫
traer: **traj-** ⎬ -e, -iste, -o, -imos, -isteis, **-eron**

- The preterite of **hay (haber)** is **hubo** (*there was/were*).

Hubo un accidente ayer en el centro.
There was an accident yesterday downtown.

- Several of the following Spanish verbs have an English equivalent in the preterite tense that is different from that of the infinitive.

	Infinitive Meaning	Preterite Meaning
saber	to know (*facts, information*)	to find out
	Ya lo sé.	Lo **supe** ayer.
	I already know it.	*I found it out (learned it) yesterday.*
conocer	to know (*be familiar with*) people, places	to meet (*for the first time*)
	Ya la conozco.	La **conocí** ayer.
	I already know her.	*I met her yesterday.*
querer	to want	to try
	Quiero hacerlo hoy.	**Quise** hacerlo ayer.
	I want to do it today.	*I tried to do it yesterday.*
no querer	not to want	to refuse
	No quiero hacerlo hoy.	**No quise** hacerlo anteayer.
	I don't want to do it today.	*I refused to do it the day before yesterday.*
poder	to be able	to succeed (*in doing something*)
	Puedo leerlo.	**Pude** leerlo ayer.
	I can (am able to) read it.	*I could (and did) read it yesterday.*
no poder	not to be able, capable	to fail (*in doing something*)
	No puedo leerlo.	**No pude** leerlo anteayer.
	I can't (am not able to) read it.	*I couldn't (did not) read it the day before yesterday.*

Práctica

A. La última Noche Vieja. Piense en lo que Ud. hizo la Noche Vieja del año pasado e indique si las siguientes oraciones son ciertas o falsas para Ud.

1. Fui a una fiesta en casa de un amigo / una amiga.
2. Di una fiesta en mi casa.
3. No estuve con mis amigos, sino (*but rather*) con la familia.
4. Quise ir a una fiesta, pero no pude.

5. Les dije «¡Feliz Año Nuevo!» a muchas personas.
6. No le dije «¡Feliz Año Nuevo!» a nadie.
7. Conocí a algunas personas nuevas.
8. Todos eran mis amigos.
9. Tuve que preparar la comida de esa noche.
10. Me puse ropa elegante esa noche.
11. Pude quedarme despierto/a (*awake*) hasta la medianoche.
12. No quise bailar. Me sentía mal.

B. Una Nochebuena en casa de los Ramírez

Paso 1. Describa lo que pasó en casa de los Ramírez, haciendo el papel (*playing the role*) de uno de los hijos. Haga oraciones en el pretérito según las indicaciones, usando el sujeto pronominal cuando sea necesario.

1. todos / estar / en casa / abuelos / antes de / nueve
2. (nosotros) poner / mucho / regalos / debajo / árbol
3. tíos y primos / venir / con / comida y bebidas
4. yo / tener / que / ayudar / a / preparar / comida
5. haber / cena / especial / para / todos
6. más tarde / alguno / amigos / venir / a / cantar / villancicos (*carols*)
7. niños / ir / a / alcoba / a / diez y / acostarse
8. niños / querer / dormir / pero / no / poder
9. a / medianoche / todos / decir / «¡Feliz Navidad!»
10. al día siguiente / todos / decir / que / fiesta / estar / estupendo

Paso 2. ¿Cierto, falso o no se sabe? Corrija las oraciones falsas.
1. Hubo muy poca gente (*people*) en la fiesta.
2. Sólo vinieron miembros de la familia.
3. Todos comieron bien… ¡y mucho!
4. Los niños abrieron sus regalos antes de las doce.

Conversación

A. ¡Un viaje inolvidable!

Conteste las siguientes preguntas sobre un viaje de sueños. Debe inventar una historia muy extraordinaria o fantástica. Puede ser de un viaje que a Ud. le gustaría hacer, de un viaje hecho (*taken*) por un amigo o de un viaje totalmente imaginario. ¡Sea creativo/a!

1. ¿Adónde fue de viaje? ¿Con quién(es) fue?
2. ¿Cuánto tiempo estuvo allí? ¿Dónde se alojó (*did you stay*)?
3. ¿A qué persona famosa o interesante conoció allí? ¿Qué le dijo a esa persona cuando la conoció? ¿Supo algo interesante de esa persona?

4. ¿Qué cosa divertida (*enjoyable*) hizo durante el viaje? ¿Qué no pudo hacer?
5. ¿Qué recuerdos (*souvenirs*) trajo a casa?

Nota comunicativa

Thanking Someone

You can use the preposition **por** to thank someone for something.

gracias por + *noun*
   Gracias por el regalo.
   Gracias por la invitación.

gracias por + *infinitive*
   Gracias por llamarme.
   Gracias por invitarnos.

B. Preguntas

1. ¿En qué mes conoció Ud. al profesor / a la profesora de español? ¿A quién(es) más conoció ese mismo (*same*) día? ¿Tuvo Ud. que hablar español el primer día de clase? ¿Qué les dijo a sus amigos después de esa primera clase? ¿Qué les va a decir hoy?
2. El año pasado, ¿dónde pasó Ud. la Nochebuena? ¿el Día de Acción de Gracias? ¿Dónde estuvo durante las vacaciones de primavera? ¿Dónde piensa Ud. estar este año en estas ocasiones?
3. ¿Alguien le dio a Ud. una fiesta de cumpleaños este año? (¿O le dio Ud. una fiesta a alguien?) ¿Fue una fiesta sorpresa? ¿Dónde fue? ¿Qué le trajeron sus amigos? ¿Qué le regalaron sus parientes? ¿Alguien le hizo un pastel? ¿Qué le dijeron todos? ¿Y qué les dijo Ud.? ¿Quiere Ud. que le den otra fiesta para su próximo cumpleaños?

24 ▶ **Talking about the Past (3)** • Preterite of Stem-Changing Verbs

La quinceañera de Lupe Carrasco

Imagine los detalles de la fiesta de Lupe cuando cumplió quince años.

1. Lupe *se vistió* con
   ☐ un vestido blanco muy elegante.
   ☐ una camiseta y unos *jeans*.
   ☐ el vestido de novia[a] de su abuela.

2. Cortando el pastel de cumpleaños, Lupe
   ☐ *empezó* a llorar.
   ☐ *rió* mucho.
   ☐ *sonrió* para una foto.

[a]vestido... *wedding gown*

3. Lupe *pidió* un deseo[b] al cortar el pastel. Ella
   ☐ les dijo a todos su deseo.
   ☐ *prefirió* guardarlo en secreto.

4. En la fiesta *sirvieron*
   ☐ champán y otras bebidas alcohólicas.
   ☐ refrescos.
   ☐ sólo té y café.

5. Todos *se divirtieron* mucho en la fiesta. Los invitados *se despidieron*[c] a la(s) _____.

[b]*wish*   [c]*se… said good-bye*

Y Ud., ¿recuerda qué hizo cuando cumplió quince años? ¿Pidió muchos regalos? ¿Se divirtió? ¿Cómo se sintió?

A. As you learned in **Capítulo 7**, the **-ar** and **-er** stem-changing verbs have no stem change in the preterite (or in the present participle).

recordar (ue): re**cord**é, re**cord**aste, re**cord**ó, re**cord**amos, re**cord**asteis, re**cord**aron; re**cord**ando

perder (ie): p**erd**í, p**erd**iste, p**erd**ió, p**erd**imos, p**erd**isteis, p**erd**ieron; p**erd**iendo

B. The **-ir** stem-changing verbs do have a stem change in the preterite, but only in the third person singular and plural, where the stem vowels **e** and **o** change to **i** and **u,** respectively. This is the same change that occurs in the present participle of **-ir** stem-changing verbs.

pedir (i, i)		**dormir (ue, u)**	
pedí	pedimos	dormí	dormimos
pediste	pedisteis	dormiste	dormisteis
p**i**dió	p**i**dieron	d**u**rmió	d**u**rmieron
p**i**diendo		d**u**rmiendo	

C. Here are some **-ir** stem-changing verbs. You already know or have seen many of them. The reflexive meaning, if different from the non-reflexive meaning, is in parentheses.

OJO

Note the simplification:
ri-ió → rió; ri-ieron → rieron
son-ri-ió → sonrió
son-ri-ieron → sonrieron

conseguir (i, i)	to get, obtain
conseguir + *inf.*	to succeed in (*doing something*)
despedirse (i, i) (de)	to say good-bye (to), take leave (of)
divertir(se) (ie, i)	to entertain (to have a good time)
dormir(se) (ue, u)	to sleep (to fall asleep)
morir(se) (ue, u)	to die
pedir (i, i)	to ask for; to order
preferir (ie, i)	to prefer
reír(se) (i, i)	to laugh
sentir(se) (ie, i)	to feel
servir (i, i)	to serve
sonreír(se) (i, i)	to smile
sugerir (ie, i)	to suggest
vestir(se) (i, i)	to dress (to get dressed)

A. ¿Quién lo hizo? ¿Ocurrieron algunas de estas cosas en clase la semana pasada? Conteste con el nombre de la persona apropiada. Si nadie lo hizo, conteste con **Nadie...**

1. _____ se vistió de una manera muy elegante.
2. _____ se vistió de una manera rara (*strange*).
3. _____ se durmió en clase.
4. _____ le pidió al profesor / a la profesora más tarea.
5. _____ se sintió muy contento/a.
6. _____ se divirtió muchísimo, riendo y sonriendo.
7. _____ no sonrió ni siquiera (*not even*) una vez.
8. _____ sugirió tener la clase afuera.
9. _____ prefirió no contestar ninguna pregunta.

B. Historias breves. Cuente las siguientes historias breves en el pretérito. Luego continúelas, si puede.

1. **En un restaurante:** Juan (sentarse) a la mesa. Cuando (venir) el camarero, le (pedir) una cerveza. El camarero no (recordar) lo que Juan (pedir) y le (servir) una Coca-Cola. Juan no (querer) beber la Coca-Cola. Le (decir) al camarero: «Perdón, señor. Le (pedir: *yo*) una cerveza.» El camarero le (contestar): «_____.»
2. **Un día típico:** Rosa (acostarse) temprano y (dormirse) en seguida. (Dormir) bien y (despertarse) temprano. (Vestirse) y (salir) para la universidad. En el autobús (ver) a su amigo José y los dos (sonreír). A las nueve _____.
3. **Dos noches diferentes:** Yo (vestirse), (ir) a una fiesta, (divertirse) mucho y (volver) tarde a casa. Mi compañero de cuarto (decidir) quedarse en casa y (ver) la televisión toda la noche. No (divertirse) nada. (Perder) una fiesta excelente y lo (sentir) mucho. Yo _____.

Conversación

La fiesta de disfraz (*Costume party*).

Paso 1. Use the following sentences as a guide for telling about a childhood or more recent costume party, if appropriate.

Palabras útiles: la bruja (*witch*), el esqueleto, el monstruo

1. ¿De qué se vistió?
2. ¿Cómo se sintió?
3. ¿Fue de casa en casa?
4. ¿Qué les dijo y qué les pidió a los vecinos (*neighbors*)?

5. ¿Qué le dieron?
6. ¿Se rieron los vecinos cuando lo/la vieron?
7. ¿Consiguió muchos dulces?
8. ¿También asistió a una fiesta?
9. ¿Qué sirvieron en la fiesta?
10. ¿Se divirtió mucho?

Paso 2. De todos los miembros de la clase, ¿quién llevó el disfraz más cómico? ¿el más espantoso (*frightening*)? ¿el más original?

En los Estados Unidos y el Canadá...

Celebraciones hispánicas

Cada grupo hispánico de los Estados Unidos celebra sus propios[a] **días festivos**. Aquí hay algunos ejemplos.

- **El Cinco de Mayo** es una de las celebraciones de **los mexicoamericanos**. Conmemora la victoria de un ejército[b] mexicano sobre invasores franceses en la Batalla de Puebla en 1862. Es una fecha patriótica en México, pero en los Estados Unidos, este día festivo es una oportunidad para celebrar la cultura, música, comida y solidaridad de la comunidad mexicoamericana.

- Cada 6 de enero, **los puertorriqueños** suelen[c] celebrar **la Fiesta de los Reyes Magos (la Epifanía)**. Se conmemora la visita al niño Jesús por los Reyes Magos. En Nueva York, es conmemorado con un desfile[d] de niños, organizado por **el Museo del Barrio**, institución que fomenta[e] la cultura puertorriqueña.

Estos mexicoamericanos celebran el Cinco de Mayo en San Francisco, California.

- **El carnaval** es un día festivo **panlatino** que se celebra en casi todas las ciudades donde hay una población latina grande. En los países católicos se celebra el carnaval durante los tres o cuatro días anteriores al **Miércoles de Ceniza**,[f] es decir, el principio de la **Cuaresma**.[g] En ciudades como San Francisco, Miami y Nueva York, el carnaval se celebra con música, bailes y desfiles en los que los participantes se visten de un modo extravagante.

- Otro día festivo panlatino es **el Día de la Raza**, el 12 de octubre. Se conmemora el día en que Cristóbal Colón puso pie[h] por primera vez en tierra[i] del hemisferio occidental. Para muchos hispanos es, además, el día para celebrar su hispanidad y la cultura que comparten[j] con todos los hispanos del mundo.

[a]*own* [b]*army* [c]*typically* [d]*parade* [e]*promotes, encourages* [f]*Ash* [g]*Lent* [h]*puso... landed* [i]*land* [j]*they share*

25 ► Expressing Direct and Indirect Objects Together • Double Object Pronouns

ᵃPedestrian!

Susanita es una amiga de Mafalda. A veces se porta muy mal y es un poco egocéntrica. ¿Conoce Ud. a personas como Susanita? ¿Le han pasado (*have happened*) las siguientes cosas a Ud.?

		SÍ	NO
1.	Una vez le presté un libro a alguien y no me lo devolvió (*returned*).	☐	☐
2.	Le pedí una bebida al camarero en un restaurante y no me la trajo.	☐	☐
3.	Pedí algunos regalos específicos para mi cumpleaños, pero nadie me los regaló.	☐	☐
4.	Les mostré fotos a unas personas, y las doblaron (*they bent.*)	☐	☐

Order of Pronouns

When both an indirect and a direct object pronoun are used in a sentence, the indirect object pronoun (**I**) precedes the direct (**D**): **ID**. Note that nothing comes between the two pronouns. The position of double object pronouns with respect to the verb is the same as that of single object pronouns.

—¿Tienes el trofeo?
Do you have the trophy?

—Sí, acaban de dár**melo**.
Yes, they just gave it to me.

—Mamá, ¿está listo el almuerzo?
Mom, is lunch ready?

—**Te lo** preparo ahora mismo.
I'll get it ready for you right now.

Le(s) → se

A. When both the indirect and the direct object pronouns begin with the letter **l**, the indirect object pronoun always changes to **se**. The direct object pronoun does not change.

Le compra unos zapatos.
He's buying her some shoes.

Se los compra.
He's buying them for her.

Les mandamos la blusa.
We'll send you the blouse.

Se la mandamos.
We'll send it to you.

B. Since **se** can stand for **le** (*to/for you* [sing.], *him, her*) or **les** (*to/for you* [pl.], *them*), it is often necessary to clarify its meaning by using **a** plus the pronoun objects of prepositions.

Se lo escribo (**a Uds., a ellos, a ellas...**).
I'll write it to (you, them...).

Se las doy (**a Ud., a él, a ella...**).
I'll give them to (you, him, her...).

Práctica

A. Lo que se oye en casa. ¿A qué se refieren las siguientes oraciones? Fíjese en (*Note*) los pronombres y en el sentido (*meaning*) de la oración.

> unas fotos
> la sal
> unos billetes de avión para Guadalajara
> la fiesta
> el televisor
> los discos compactos de Luis Miguel

1. No **lo** prendan (*switch on*). Es mejor que los niños lean o que jueguen.
2. ¿Me **la** pasas? Gracias.
3. Tengo muchas ganas de comprár**melos** todos. Me encanta esa música.
4. ¿Por qué no se **las** mandas a los abuelos? Les van a gustar muchísimo.
5. Tengo que reservár**telos** hoy mismo, porque se va a terminar (*expire*) la oferta especial de Aeroméxico.
6. Yo se **la** organicé a Lupe para su cumpleaños. Antonio y Diego le hicieron un pastel.

B. En el aeropuerto. Cambie los sustantivos a pronombres para evitar (*avoid*) la repetición.

1. ¿La hora de la salida? Acaban de decirnos la hora de la salida.
2. ¿El horario? Sí, léeme el horario, por favor.
3. ¿Los boletos? No, no tiene que darle los boletos aquí.
4. ¿El equipaje? Claro que le guardo el equipaje.
5. ¿Los pasajes? Acabo de comprarte los pasajes.
6. ¿El puesto? No te preocupes. Te puedo guardar el puesto.
7. ¿La clase turística? Sí, les recomiendo la clase turística, señores.
8. ¿La cena? La asistente de vuelo nos va a servir la cena en el avión.

Conversación

A. Regalos especiales

Paso 1. The drawings in **Grupo A** show the presents that a number of people have just received. They were sent by the people in **Grupo B**. Can you match the presents with the sender? Make as many logical guesses as you can.

GRUPO A   GRUPO B

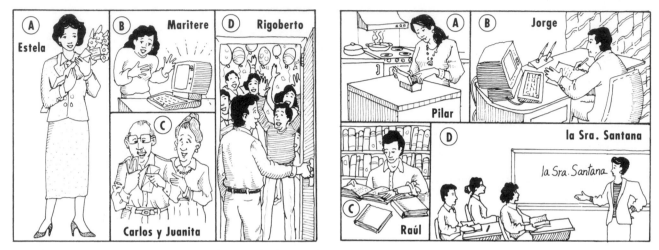

Paso 2. Now compare your matches with those of a partner.

> MODELO: ¿Quién le regaló (mandó) a Maritere _____?
> ¿Quién les regaló (mandó) a Carlos y Juanita _____?
> Se lo/la/los/las regaló (mandó) _____.

B. ¿Quién le regaló eso?

Paso 1. Haga una lista de los cinco mejores regalos que Ud. ha recibido (*have received*) en su vida. Si no sabe cómo decir algo, pregúnteselo a su profesor(a).

Paso 2. Ahora déle a un compañero / una compañera su lista. Él/Ella le va a preguntar: **¿Quién te regaló _____?** Use pronombres en su respuesta. **¡OJO!** Fíjese en (*Note*) estas formas plurales (**ellos**): **regalaron, dieron, mandaron**.

> MODELO: E1: ¿Quién te regaló los aretes?
> E2: Mis padres me los regalaron.

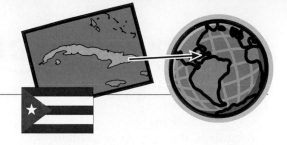

Cuba

Datos esenciales

- Nombre oficial: República de Cuba
- Capital: La Habana
- Población: 11.000.000 de habitantes
- Moneda: el peso cubano
- Idioma oficial: el español

¡Fíjese!

- Cuba obtuvo[a] su independencia de España en 1898, tras[b] la guerra de Cuba.[c] Los Estados Unidos ayudó a Cuba en esta guerra.

- Hay una distancia de 145 kilómetros (90 millas) entre Florida y Cuba.

- Después de la revolución socialista cubana en 1959, hubo un éxodo de cubanos a los Estados Unidos. La mayor parte de ellos se estableció en Florida, con la esperanza[d] de volver muy pronto a su isla. Pero empezó el milenio y todavía[e] Fidel Castro, el primer líder de la revolución, gobierna a Cuba.

- El régimen de Castro ha reducido[f] el analfabetismo[g] a menos de 5 por ciento y ha reformado el sistema educativo con resultados admirables. Pero la situación económica del país es difícil. Con la caída[h] de la Unión Soviética, Cuba perdió fondos de apoyo[i] indispensables. El embargo económico de los Estados Unidos también sigue afectando las condiciones de vida[j] de los cubanos.

[a]obtained [b]after [c]guerra… Spanish-American War [d]hope [e]still
[f]ha… has reduced [g]illiteracy [h]fall [i]fondos… economic assistance [j]condiciones… living conditions

Conozca... a Nicolás Guillén

Nicolás Guillén (1902–1989), poeta cubano de origen africano y europeo, es quizás[a] el poeta que mejor refleja la influencia africana en la cultura hispana. El lenguaje, los mitos[b] y las leyendas afro-cubanos aparecen en su obra. Sus temas incluyen la injusticia social y una crítica al colonialismo. El siguiente fragmento de un poema de Guillén es representativo de su obra. Después de leerlo, piense: ¿Quiénes son los hombres del poema? ¿Cuál es su condición de vida? ¿Por qué es la sangre[c] «un mar inmenso»?

[a]perhaps [b]myths [c]blood

Poema con niños

La sangre es un mar inmenso
que baña todas las playas…
sobre sangre van los hombres
navegando[a] en sus barcazas:[b]
reman, que reman,[c] que reman
¡nunca de remar descansan!
Al negro[d] de negra piel
la sangre el cuerpo le baña;
la misma sangre, corriendo,[e]
hierve[f] bajo carne[g] blanca.

[a]sailing [b]boats [c]reman… rowing and rowing [d]persona negra
[e]flowing [f]boils [g]flesh

Capítulo 8 of the video to accompany *Puntos de partida* contains cultural footage about Cuba.

Visit the *Puntos* Website at www.mhhe.com/puntos.

Vocabulario

Los verbos

conseguir (i, i)	to get, obtain
conseguir + *inf.*	to succeed in (*doing something*)
despedirse (i, i) (de)	to say good-bye (to), take leave (of)
discutir (sobre) (con)	to argue (about) (with)
encontrar (ue)	to find
enfermarse	to get sick
enojarse (con)	to get angry (at)
gastar	to spend (*money*)
llorar	to cry
morir(se) (ue, u)	to die
olvidarse (de)	to forget (about)
ponerse (*irreg.*) + *adj.*	to become, get + *adjective*
portarse	to behave
quejarse (de)	to complain (about)
reaccionar	to react
recordar (ue)	to remember
reír(se) (i, i)	to laugh
sentirse (ie, i)	to feel
sonreír(se) (i, i)	to smile
sugerir (ie, i)	to suggest

Los días festivos y las fiestas

el anfitrión / la anfitriona	host, hostess
el chiste	joke
el deseo	wish
los entremeses	hors d'œuvres
el/la invitado/a	guest
el pastel de cumpleaños	birthday cake
los refrescos	refreshments
la sorpresa	surprise
cumplir años	to have a birthday

dar (*irreg.*) / **hacer** (*irreg.*) **una fiesta**	to give/have a party
faltar	to be absent, lacking
pasarlo bien/mal	to have a good/bad time
reunirse (con)	to get together (with)

Repaso: celebrar, el cumpleaños, el dinero, divertirse (ie, i), regalar

Los sustantivos

la emoción	emotion
el hecho	event
la medianoche	midnight
la noticia	piece of news

Los adjetivos

avergonzado/a	embarrassed
feliz (*pl.* **felices**)	happy
raro/a	strange

Palabras adicionales

¡felicitaciones!	congratulations!
ser (*irreg*) **en** + *place*	to take place in/at (*place*)
ya	already

Algunos días festivos

la Navidad, la Nochebuena, la Noche Vieja, la Pascua (Florida)

El tiempo libre

Estos españoles esquían en la Sierra Nevada.

En este capítulo...

Vocabulario: Pasatiempos, diversiones y aficiones; Trabajando en casa

Gramática:

▶ 26 Imperfect of Regular and Irregular Verbs

▶ 27 Superlatives

▶ 28 Summary of Interrogative Words

Panorama cultural: Colombia

Multimedia

Practice vocabulary and grammar, expand your cultural knowledge, and develop your conversational skills.

Vocabulario: Preparación

Pasatiempos, diversiones y aficiones°

Pasatiempos… *Pastimes, fun activities, and hobbies*

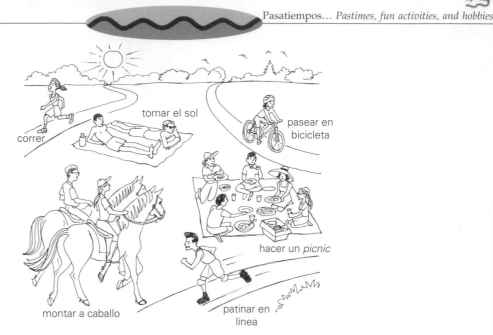

tomar el sol

correr

pasear en bicicleta

hacer un *picnic*

montar a caballo

patinar en línea

Los pasatiempos

los ratos libres	spare (free) time
dar (*irreg.*) / **hacer** (*irreg.*) **una fiesta**	to give a party
dar (*irreg.*) **un paseo**	to take a walk
hacer (*irreg.*) **camping**	to go camping
hacer (*irreg.*) **planes para** + *inf.*	to make plans to (*do something*)
ir (*irreg.*)…	to go…
al cine / a ver una película	to the movies/to see a movie
a una discoteca / a un bar	to a disco/to a bar
al teatro / a un concierto	to the theater/ to a concert
jugar (ue) a las cartas / al ajedrez	to play cards/chess
visitar un museo	to visit a museum
aburrirse	to get bored

ser (*irreg.*) **divertido/a, aburrido/a**	to be fun, boring

Los deportes

el ciclismo	bicycling
esquiar (esquío)	to ski
el fútbol	soccer
el fútbol americano	football
nadar	to swim
la natación	swimming
patinar	to skate

Otros deportes: **el basquetbol, el béisbol, el golf, el hockey, el tenis, el vólibol**

entrenar	to practice, train
ganar	to win
jugar (ue) al + *sport*	to play (*a sport*)
perder (ie)	to lose
practicar	to participate (*in a sport*)
ser aficionado/a (a)	to be a fan (of)

Capítulo 9 • *El tiempo libre*

Conversación

A. ¿Cómo pasan estas personas su tiempo libre?

Paso 1. ¿Qué cree Ud. que hacen las siguientes personas para divertirse en un sábado típico? Use su imaginación pero manténgase (*keep yourself*) entre los límites de lo posible.

1. una persona rica que vive en Nueva York
2. un grupo de buenos amigos que trabajan en una fábrica (*factory*) de Detroit
3. un matrimonio joven con poco dinero y dos niños pequeños

Paso 2. ¿Cómo se divierten los jóvenes españoles?

TIEMPO QUE DEDICAN A SUS AFICIONES	
(Media de minutos diarios)	
Ver la televisión	120
Tomar copas	60
Pasear	22
Leer libros	15
Escuchar música	15
Oír la radio	8
Hacer deporte	9
Practicar *hobbies*	8
Leer la prensa	6
«Juegos»	4

Este recorte (*clipping*) de una revista española indica el tiempo medio (*average*) que los jóvenes españoles dedican a sus aficiones. ¿Puede explicar en español lo que significan los términos **Tomar copas** y **prensa**? ¿A qué tipos de «juegos» cree Ud. que se refiere el recorte?

Paso 3. Indique el número de minutos que Ud. les dedica a estas aficiones cada día. ¿Qué diferencia hay entre Ud. y los jóvenes españoles?

B. ¿Cierto o falso? Corrija (*Correct*) las oraciones falsas según su opinión.

1. Ver una película en vídeo es más aburrido que ir al cine.
2. Lo paso mejor con mi familia que con mis amigos.
3. Las actividades educativas me gustan más que las deportivas.
4. Odio el béisbol tanto como el fútbol.

Nota cultural

El fútbol

Sin duda,[a] el deporte más popular en el mundo hispánico es **el fútbol**. Los niños hispánicos aprenden a jugar al fútbol casi desde que[b] empiezan a caminar. Muchas veces, estos niños son **aficionados** a los equipos que a sus padres les gustan.

Generalmente, hay muchos **campos de fútbol** en todas las ciudades donde los niños (y también los mayores) juegan siempre que pueden.[c] En realidad, ¡cualquier[d] espacio abierto se puede convertir en un campo[e] de fútbol si se tiene una pelota![f]

Un partido de la Copa Mundial entre el Brasil y Honduras

[a]*doubt* [b]*desde... from the time that* [c]*siempre... whenever they can* [d]*any* [e]*field* [f]*ball*

En cada país hispánico hay **ligas profesionales** de fútbol con varias divisiones, como ocurre en este país con los deportes profesionales. Los buenos **jugadores** de fútbol ganan muchísimo dinero. Algunos de los mejores jugadores de fútbol del mundo son de países hispánicos. Es necesario mencionar aquí **los nombres sobresalientes**[g] **del pasado:** el brasileño Pelé y el argentino Diego Maradona. Hoy muchos piensan que el mejor jugador es otro brasileño, el impresionante Rivaldo.

El fútbol femenino empieza a ser tan popular en América Latina y España como en este país. Muchos equipos hispánicos participaron en el primer Torneo Copa de Oro 2000 Femenil.[h]

[g]*outstanding*   [h]Torneo... *Women's Gold Cup Competition*

Trabajando en casa

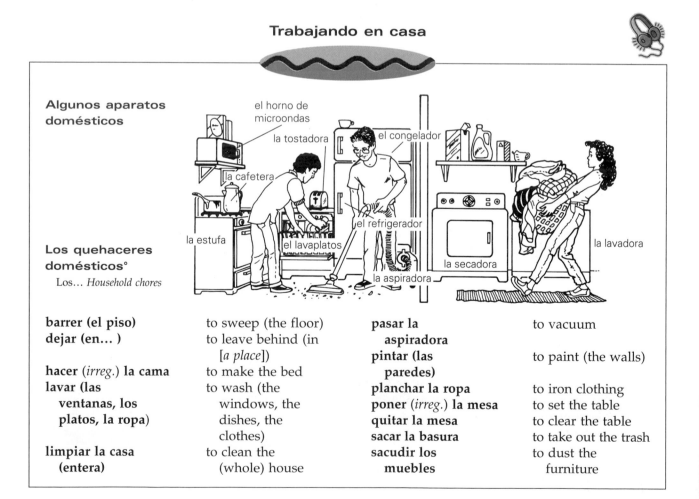

Algunos aparatos domésticos

el horno de microondas
la tostadora
el congelador
la cafetera
el refrigerador
la estufa
el lavaplatos
la secadora
la lavadora
la aspiradora

Los quehaceres domésticos°

Los... *Household chores*

barrer (el piso)	to sweep (the floor)	**pasar la aspiradora**	to vacuum
dejar (en...)	to leave behind (in [*a place*])	**pintar (las paredes)**	to paint (the walls)
hacer (*irreg.*) **la cama**	to make the bed	**planchar la ropa**	to iron clothing
lavar (las ventanas, los platos, la ropa)	to wash (the windows, the dishes, the clothes)	**poner** (*irreg.*) **la mesa**	to set the table
		quitar la mesa	to clear the table
		sacar la basura	to take out the trash
limpiar la casa (entera)	to clean the (whole) house	**sacudir los muebles**	to dust the furniture

Vocabulario útil

Here are some alternative phrases related to household chores and appliances that are used in some parts of the Spanish-speaking world. This vocabulary is for your information only and will not be actively practiced in *Puntos en breve*.

hacer la cama → tender (ie) la cama
lavar los platos → fregar los platos
sacar la basura → tirar la basura
sacudir los muebles → quitar el polvo
    (literally, *to remove the dust*)

el congelador → la nevera
la estufa → la cocina (el horno is
    generally used for *oven*)
el refrigerador → el frigorífico, la
    refrigeradora

Conversación

▲▲▲▲▲▲▲

A. Los quehaceres. ¿En qué cuarto o parte de la casa se hacen las siguientes actividades? Hay más de una respuesta en muchos casos.

1. Se hace la cama en _____.
2. Se saca la basura de _____ y se deja en _____.
3. Se sacude los muebles de _____.
4. Uno se baña en _____. Pero es mejor que uno bañe al perro en _____.
5. Se barre el suelo de _____.
6. Se pasa la aspiradora en _____.
7. Se lava y se seca la ropa en _____. La ropa se plancha en _____.
8. Se usa la cafetera en _____.

B. ¡Manos a la obra! (*Let's get to work!*)

Paso 1. De los siguientes quehaceres, ¿cuáles le gustan más? Póngalos en orden de mayor (1) a menor (10) preferencia para Ud.

_____ barrer el suelo
_____ hacer la cama
_____ lavar los platos
_____ pasar la aspiradora

_____ lavar la ropa
_____ planchar la ropa
_____ limpiar el garaje
_____ sacar la basura

_____ sacudir los muebles
_____ pintar las paredes de un cuarto

Paso 2. ¿Tiene un quehacer favorito entre todos? ¿Hay un quehacer que no le guste a la mayoría de los estudiantes? ¿Hay alguna diferencia entre las preferencias de los hombres y las de las mujeres?

C. Las marcas (*Brand names*). ¿Para qué se usan los siguientes productos? Explíqueselo a su amigo Arturo, que acaba de llegar de la Argentina y no conoce las marcas estadounidenses.

1. Windex
2. Mr. Coffee
3. Endust
4. Glad Bags

5. Joy
6. Cascade
7. Tide
8. Lysol

Talking about Obligation

You already know several ways to express the obligation to carry out particular activities.

Tengo que	⎫		*I have to*	⎫
Necesito	⎬ barrer el suelo.		*I need to*	⎬ *sweep the floor.*
Debo	⎭		*I should*	⎭

Of the three alternatives, **tener que** + *infinitive* expresses the strongest sense of obligation.

The concept *to be someone's turn or responsibility* (to do something) is expressed in Spanish with the verb **tocar** plus an indirect object.

–¿**A quién le toca** lavar los platos esta noche?	*Whose turn is it to wash the dishes tonight?*
–**A mí me toca** solamente sacar la basura. Creo que **a papá le tocá** lavar los platos.	*I only have to take out the garbage. I think it's Dad's turn to wash the dishes.*

Minidiálogos y gramática

Descriptions and Habitual Actions in the Past • Imperfect of Regular and Irregular Verbs

Diego habla de los aztecas

«Los aztecas construyeron grandes pirámides para sus dioses. En lo alto de cada pirámide *había* un templo donde *tenían* lugar las ceremonias y *se ofrecían* los sacrificios. Las pirámides *tenían* muchísimos escalones, y *era* necesario subirlos todos para llegar a los templos.

Cerca de muchas pirámides *había* un terreno como el de una cancha de basquetbol. Allí *se celebraban* partidos que *eran* parte de una ceremonia. Los participantes *jugaban* con una pelota de goma dura, que sólo *podían* mover con las caderas y las rodillas… »

Comprensión: ¿Cierto o falso?

1. Los aztecas creían en un solo dios.
2. Las pirámides aztecas tenían una función religiosa.
3. Los aztecas practicaban un deporte similar al basquetbol.

You have already learned to use the *preterite* (**el pretérito**) to express events in the past. The *imperfect* (**el imperfecto**) is the second simple past tense in Spanish. In contrast to the preterite, which is used when you view actions or states of being as finished or completed, the imperfect tense is used when you view past actions or states of being as habitual or as "in progress." The imperfect is also used for describing the past.

The imperfect has several English equivalents. For example, **hablaba**, the first person singular of **hablar**, can mean *I spoke, I was speaking, I used to speak,* or *I would speak* (when *would* implies a repeated action). Most of these English equivalents indicate that the action was still in progress or was habitual, except for *I spoke,* which can correspond to either the preterite or the imperfect.

Forms of the Imperfect

hablar		**comer**		**vivir**	
hablaba	hablábamos	comía	comíamos	vivía	vivíamos
hablabas	hablabais	comías	comíais	vivías	vivíais
hablaba	hablaban	comía	comían	vivía	vivían

- Stem-changing verbs do not show a change in the imperfect. The imperfect of **hay** is **había** (*there was, there were, there used to be*).

Pronunciation Hint: Remember that the pronunciation of a **b** between vowels, such as in the imperfect ending **-aba**, is pronounced as a fricative [ß] sound.

In the other imperfect forms, it is important not to pronounce the ending **-ía** as a diphthong, but to pronounce the **i** and the **a** in separate syllables (the accent mark over the **í** helps remind you of this).

Imperfect of stem-changing verbs = no change

almorzar (ue) → almorzaba
perder (ie) → perdía
pedir (i, i) → pedía

Imperfect of **hay** = **había**

Diego talks about the Aztecs. "The Aztecs constructed large pyramids for their gods. At the top of each pyramid there was a temple where ceremonies took place and sacrifices were offered. The pyramids had many, many steps, and it was necessary to climb them all in order to get to the temples.

"Close to many pyramids there was an area of land like that of a basketball court. Ceremonial matches were celebrated there. The participants played with a ball made of hard rubber that they could only move with their hips and knees . . ."

- Only three verbs are irregular in the imperfect: **ir, ser,** and **ver.**

ir		ser		ver	
iba	íbamos	era	éramos	veía	veíamos
ibas	ibais	eras	erais	veías	veíais
iba	iban	era	eran	veía	veían

Uses of the Imperfect

Note the following uses of the imperfect. If you have a clear sense of when and where the imperfect is used, understanding where the preterite is used will be easier. When talking about the past, the preterite *is* used when the imperfect *isn't.* That is an oversimplification of the uses of these two past tenses, but at the same time it is a general rule of thumb that will help you out at first.

The imperfect has the following uses.

- To describe *repeated habitual actions* in the past

Siempre **nos quedábamos** en aquel hotel.
We always stayed (used to stay, would stay) at that hotel.

Todos los veranos **iban** a la costa.
Every summer they went (used to go, would go) to the coast.

- To describe an *action that was in progress* (*when something else happened*)

Pedía la cena.
She was ordering dinner.

Buscaba el coche.
He was looking for the car.

- To describe two *simultaneous past actions in progress*, with **mientras**

Tú **leías mientras** Juan **escribía** la carta.
You were reading while Juan was writing the letter.

- To describe ongoing *physical, mental, or emotional states* in the past

Estaban muy distraídos.
They were very distracted.

La **quería** muchísimo.
He loved her a lot.

- To tell *time* in the past and to *express age* with **tener**

Era la una.
It was one o'clock.

Eran las dos.
It was two o'clock.

Tenía 18 años.
She was 18 years old.

- To form a *past progressive:* imperfect of **estar** + *present participle**

Note that the simple imperfect—**cenábamos, estudiabas**—could also be used in the example sentences to express the ongoing actions. The use of the progressive emphasizes that the action was actually in progress.

Estábamos cenando a las diez.
We were having dinner at ten.

¿No **estabas estudiando**?
Weren't you studying?

Práctica

A. Mi niñez (*childhood*)

Paso 1. Indique si las siguientes oraciones eran ciertas o falsas para Ud. cuando tenía 10 años.

	C	F
1. Estaba en cuarto (*fourth*) grado.	☐	☐
2. Me acostaba a las nueve todas las noches.	☐	☐
3. Los sábados me levantaba temprano para mirar los dibujos animados.	☐	☐
4. Mis padres me pagaban por los quehaceres que hacía: cortar el césped (*cutting the grass*), lavar los platos…	☐	☐
5. Me gustaba acompañar a mi madre/padre al supermercado.	☐	☐
6. Le pegaba (*I hit*) a mi hermano/a con frecuencia.	☐	☐
7. Tocaba un instrumento musical en la orquesta de la escuela.	☐	☐
8. Mis héroes eran personajes de las tiras cómicas (*comic strip characters*) como Superman y Wonder Woman.	☐	☐

---

*A progressive tense can also be formed with the preterite of **estar**: *Estuvieron* **cenando hasta las doce**. The use of the progressive with the preterite of **estar**, however, is relatively infrequent, and it will not be practiced in *Puntos en breve.*

Paso 2.   Ahora corrija las oraciones que son falsas para Ud.

MODELO: 2. Es falso. Me acostaba a las diez, no a las nueve.

B. Cuando Tina era niña…   Describa la vida de Tina cuando era muy joven, haciendo oraciones según las indicaciones.

La vida de Tina era muy diferente cuando tenía 6 años.

1. todos los días / asistir / a / escuela primaria
2. por / mañana / aprender / a / leer / y / escribir / en / pizarra
3. a / diez / beber / leche / y / dormir / un poco
4. ir / a / casa / para / almorzar / y / regresar / a / escuela
5. estudiar / geografía / y / hacer / dibujos
6. jugar / con / compañeros / en / patio / de / escuela
7. camino de (*on the way*) casa / comprar / dulces / y / se los / comer
8. frecuentemente / pasar / por / casa / de / abuelos
9. cenar / con / padres / y / ayudar / a / lavar / platos
10. mirar / tele / un rato / y / acostarse / a / ocho

C. El trabajo de niñera (*baby-sitter*)

Paso 1.   El trabajo de niñera puede ser muy pesado (*difficult*), pero cuando los niños son traviesos (*mischievous*), también puede ser peligroso (*dangerous*). ¿Qué estaba pasando cuando la niñera perdió por fin la paciencia? Describa todas las acciones que pueda, usando **estaba(n) + -ndo.**

Palabras útiles: ladrar (*to bark*), pelear (*to fight*), sonar (ue)* (*to ring; to sound*)

Paso 2.   De joven, ¿trabajaba Ud. de niñero/a? ¿Tuvo alguna vez una mala experiencia? Complete la siguiente oración, si puede, usando un verbo en el pretérito.

MODELO: Una vez, cuando yo estaba (leyendo, mirando la tele, hablando con un amigo / una amiga, …), el niño / la niña…

---

*Although **sonar** is a stem-changing verb (o → ue), remember that the stem of present participles does not change with these verbs (**sonando**).

Conversación

▲▲▲▲▲▲▲▲

A. ¡Qué cambio! Una entrevista. Hágale las siguientes preguntas a un compañero / una compañera de clase. Él/Ella va a pensar en las costumbres que tenía a los 14 años, es decir, cuando estaba en el noveno (*ninth*) o décimo (*tenth*) grado.

1. ¿Qué te gustaba comer? ¿Y ahora?
2. ¿Qué programa de televisión no te perdías (*missed*) nunca? ¿Y ahora?
3. ¿Qué te gustaba leer? ¿Y ahora?
4. ¿Qué hacías los sábados por la noche? ¿Y ahora?
5. ¿Qué deportes te gustaba practicar? ¿Y ahora?
6. ¿Con quién discutías mucho? ¿Y ahora?
7. ¿A quién te gustaba molestar (*to annoy*)? ¿Y ahora?

B. Los tiempos cambian. Muchas cosas y costumbres actuales (*present-day*) son diferentes de las del pasado (*past*). Las siguientes oraciones describen algunos aspectos de la vida de hoy. Con un compañero / una compañera, háganse turnos para describir cómo son las cosas ahora y cómo eran las cosas antes, en otra época.

Ayer

MODELO: E1: Ahora casi todos los bebés nacen (*are born*) en el hospital.
E2: Antes casi todos los bebés nacían en casa.

1. Ahora muchas personas viven en apartamentos.
2. Se come con frecuencia en los restaurantes.
3. Muchísimas mujeres trabajan fuera de casa.
4. Muchas personas van al cine y miran la televisión.
5. Ahora las mujeres —no sólo los hombres— llevan pantalones.
6. Ahora hay enfermeros (*male nurses*) y maestros (*male teachers*) —no sólo enfermeras y maestras.
7. Ahora tenemos coches pequeños que gastan (*use*) poca gasolina.
8. Ahora usamos más máquinas y por eso hacemos menos trabajo físico.
9. Ahora las familias son más pequeñas.
10. Muchas parejas viven juntas sin casarse (*getting married*).

Hoy

¿Recuerda Ud.?

Before you move on to the next Grammar Section, review comparisons, which were introduced in **Capítulo 5.** How would you say the following in Spanish?

1. I work as much as you do.
2. I work more/less than you do.
3. Bill Gates has more money than I have.
4. My housemate has fewer things than I do.
5. I have as many friends as you do.
6. My computer is worse/better than this one.

Expressing Extremes • Superlatives

¡El número uno!

Jennifer López

Enrique Iglesias

Ricky Martin

¿Está Ud. de acuerdo con las opiniones expresadas en estas oraciones?

1. Jennifer López es la mujer más bella (*beautiful*) del mundo.
2. Enrique Iglesias es el mejor cantante (*singer*) de su familia.
3. Ricky Martin es el puertorriqueño más conocido (*well-known*) de hoy.

Ahora le toca a Ud. formular su propia (*own*) opinión.

1. El/La cantante (*singer*) hispánico/a más popular del momento es _____.
2. La mejor actriz (*actress*) del momento es _____.
3. La música popular más interesante es _____.

The *superlative* (**el superlativo**) is formed in English by adding *-est* to adjectives or by using expressions such as *the most* and *the least* with the adjective. In Spanish, this concept is expressed in the same way as the comparative but is always accompanied by the definite article. In this construction **mejor** and **peor** tend to precede the noun; other adjectives follow. *In* or *at* is expressed with **de.**

The superlative forms **-ísimo/a/os/as** cannot be used with this type of superlative construction.

article + *noun* + **más/menos** + *adjective* + **de**

David es **el estudiante más inteligente de** la clase.
David is the most intelligent student in the class.

article + **mejor/peor** + *noun* + **de**

Son **los mejores doctores de** aquel hospital.
They are the best doctors at that hospital.

Práctica

A. ¿Está Ud. de acuerdo o no?

Paso 1. Indique si Ud. está de acuerdo o no con las siguientes oraciones.

	SÍ	NO
1. El descubrimiento (*discovery*) científico más importante del siglo XX fue la vacuna (*vaccine*) contra la poliomielitis.	☐	☐

2. La persona más influyente (*influential*) del mundo
   es el presidente de los Estados Unidos. ☐ ☐
3. El problema más serio del mundo es la
   deforestación de la región del Amazonas. ☐ ☐
4. El día festivo más divertido del año es la Noche
   Vieja. ☐ ☐
5. La mejor novela del mundo es *Don Quijote de
   la Mancha*. ☐ ☐
6. El animal menos inteligente de todos es el
   avestruz (*ostrich*). ☐ ☐
7. El peor mes del año es enero. ☐ ☐
8. La ciudad más contaminada de los Estados
   Unidos es Los Ángeles. ☐ ☐

Paso 2. Para cada oración que no refleja su opinión, invente otra oración.

MODELO: 4. No estoy de acuerdo. Creo que el día festivo más divertido
del año es el Cuatro de Julio.

B. Superlativos. Expand the information in these sentences according to the
model. Then, if you can, restate each sentence with true information at
the beginning.

MODELO: Es una estudiante muy *trabajadora.* (la clase) →
Es la estudiante *más trabajadora de la clase.* →
Carlota es la estudiante más trabajadora de la clase.

1. Es un día festivo muy divertido. (el año)
2. Es una clase muy interesante. (todas mis clases)
3. Es una persona muy inteligente. (todos mis amigos)
4. Es una ciudad muy grande. (los Estados Unidos / el Canadá)
5. Es un estado muy pequeño. (los Estados Unidos / el Canadá)
6. Es un metro muy rápido. (el mundo)
7. Es una residencia muy ruidosa (*noisy*). (la universidad)
8. Es una montaña muy alta. (el mundo)

Conversación

▲▲▲▲▲▲▲▲

Entrevista. With another student, ask and answer questions based on the
following phrases. Then report your opinions to the class. Report any
disagreements as well.

1. la persona más guapa del mundo
2. la noticia más seria de esta semana
3. un libro interesantísimo y otro pesadísimo (*very boring*)
4. el mejor restaurante de la ciudad y el peor
5. el cuarto más importante de la casa y el menos importante
6. un plato riquísimo y otro malísimo
7. un programa de televisión interesantísimo y otro pesadísimo
8. un lugar tranquilísimo, otro animadísimo y otro peligrosísimo
9. la canción (*song*) más bonita del año y la más fea
10. la mejor película del año y la peor

d a n z a

◆ **Ballet de San Juan**- 28 de octubre a las 7:30 PM en el Teatro del Colegio Universitario Tecnológico de Arecibo.
◆ **Taller de baile experimental con Viveca Vázquez**- 30 de octubre y 6, 13 y 20 de noviembre de 1:00 a 3:00 PM en el centro Dharma, al lado de la USC. Se invita a toda la comunidad a participar en estos talleres. Para más información llamar al 720-1793.

◆ **JFK**- 29 de octubre a las 10:30 AM y 6:00 PM en el Salón Buhomagia del Edificio de Letras del Colegio Universitario de Humacao.
◆ **El amante de Lady Chatterly**-24 de noviembre a las 10:30 AM y 6:00 PM en Buhomagia del CUH.
◆ **Festival Internacional de Cine de Puerto Rico**-del 11 al 22 de noviembre en el Cinema Emperador de Ponce.

c i n e

Estos recortes son de un periódico universitario puertorriqueño. Léalos y conteste las siguientes preguntas.

1. *¿Cuándo* dan la película *JFK?*
2. *¿Quién* fue JFK?
3. *¿Dónde* es el taller (*workshop*) de baile?

   (**¡OJO!** Recuerde: **ser en** + *place* = *to take place*)

¿Cuántas preguntas más puede Ud. hacer sobre las funciones de cine y ballet en estos anuncios?

¿Cómo?	How?	**¿Dónde?**	Where?
¿Cuándo?	When?	**¿De dónde?**	From where?
¿A qué hora?	At what time?	**¿Adónde?**	Where (to)?
¿Qué?	What? Which?	**¿Cuánto/a?**	How much?
¿Cuál(es)?	What? Which one(s)?	**¿Cuántos/as?**	How many?
¿Por qué?	Why?	**¿Quién(es)?**	Who?
		¿De quién(es)?	Whose?

You have been using interrogative words to ask questions and get information since the beginning of *Puntos en breve*. The preceding chart shows all of the interrogatives you have learned so far. Be sure that you know what they mean and how they are used. If you are not certain, the index and end-of-book vocabularies will help you find where they are first introduced. Only the specific uses of **¿qué?** and **¿cuál?** represent new information.

Using *¿qué?* and *¿cuál?*

• **¿Qué?** asks for a definition or an explanation.	**¿Qué** es esto? *What is this?* **¿Qué** quieres? *What do you want?* **¿Qué** tocas? *What (instrument) do you play?*
• **¿Qué?** can be directly followed by a noun.	**¿Qué traje** necesitas? *What (Which) suit do you need?* **¿Qué playa** te gusta más? *What (Which) beach do you like most?* **¿Qué instrumento** musical tocas? *What (Which) musical instrument do you play?*
• **¿Cuál(es)?** expresses *what?* or *which?* in all other cases. **O J O** The **¿cuál(es)?** + *noun* structure is not used by most speakers of Spanish: **¿Cuál de los dos libros quieres?** (*Which of the two books do you want?*) BUT **¿Qué libro quieres?** (*Which [What] book do you want?*)	**¿Cuál** es la clase más grande? *What (Which) is the biggest class?* **¿Cuáles** son tus actrices favoritas? *What (Which) are your favorite actresses?* **¿Cuál** es la capital del Uruguay? *What is the capital of Uruguay?* **¿Cuál** es tu teléfono? *What is your phone number?*

Práctica

¿Qué o cuál(es)?

1. ¿_____ es esto? —Un lavaplatos.
2. ¿_____ son los Juegos Olímpicos? —Son un conjunto de competiciones deportivas.
3. ¿_____ es el quehacer que más te gusta? —Lavar los platos.
4. ¿_____ bicicleta vas a usar? —La de mi hermana.
5. ¿_____ son los cines más modernos? —Los del centro.
6. ¿_____ vídeo debo sacar? —El nuevo de Robert Rodríguez.
7. ¿_____ es una cafetera? —Es un aparato que se usa para preparar el café.
8. ¿_____ es Rivaldo? —En la foto, es el hombre a la izquierda de la pelota.

Conversación

Datos (*Information*) **personales.** Forme preguntas para averiguar datos (*find out facts*) de un compañero / una compañera de clase. Se puede usar más de una palabra interrogativa para conseguir la información. (Debe usar las formas de **tú**.)

MODELO: su dirección → ¿Cuál es tu dirección? (¿Dónde vives?)

1. su teléfono
2. su dirección
3. su cumpleaños
4. la ciudad en que nació
   (*you were born*)
5. su número de seguro (*security*) social
6. la persona en que más confía (*you trust*)
7. su tienda favorita
8. la fecha de su próximo examen

En los Estados Unidos y el Canadá...

La música hispánica en el Canadá

Papo Ross y miembros de la Orquesta Pambiche

Si Ud. vive en el Canadá y tiene un poco de tiempo libre, se puede aprovechar de[a] los ritmos de varios **músicos hispánicos de calidad.** Uno de estos es **Jorge (Papo) Ross.** Ross nació en la República Dominicana y allí fundó[b] su primer **conjunto** a los 18 años. En 1990 se mudó al Canadá y formó otros grupos, entre ellos la **Orquesta Pambiche,** que hoy es uno de los **conjuntos latino-canadienses** más famosos. Papo Ross y Pambiche ganaron un Juno, el prestigioso premio[c] nacional para músicos en el Canadá. A menudo dan **espectáculos explosivos** a través del[d] país, inclusive en el famoso festival de jazz de Montreal.

Para gozar aún más de[e] la música hispánica del Canadá, Ud. puede ir a la capital, Ottawa, donde la argentina **Alicia Borisonik** y su **conjunto Folklore Venezuela** tocan **música estilo tango-jazz.** Antes de mudarse al Canadá en 1994, Borisonik experimentó mucho éxito[f] en la esfera músical de otra capital, Buenos Aires, y su nuevo grupo tiene cada vez más[g] fama en su nueva patria. Además de presentar **conciertos** en la Galería Nacional y en el Museo Nacional de la Civilización, y de participar en muchos **festivales de verano,** Borisonik ayudó a formar un **conjunto de música latina para niños.**

[a]se... *you can avail yourself of* [b]*started* [c]*prize* [d]a... *across the* [e]gozar... *enjoy even more* [f]experimentó... *had great success* [g]cada... *increasing*

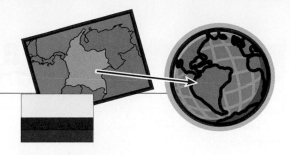

PANORAMA *cultural*

Colombia

Datos esenciales

- Nombre oficial: República de Colombia
- Capital: Santafé de Bogotá (Bogotá)
- Población: 36.000.000 de habitantes
- Moneda: el peso
- Idioma oficial: el español

¡Fíjese!

- Colombia obtuvo su independencia de España en 1819, bajo la dirección de Simón Bolívar. Bolívar fue declarado el primer presidente de la independiente República de la Gran Colombia.

- Colombia produce más oro que cualquier[a] otro país sudamericano y tiene los yacimientos[b] de platino más grandes del mundo. Las esmeraldas también son un producto minero importante.

- Aunque el café es reconocido[c] como el producto agrícola principal de exportación de Colombia, en los años noventa lo sobrepasó[d] el petróleo como primer producto de exportación.

- Aproximadamente un 14 por ciento de la población colombiana es de origen africano.

- Las misteriosas estatuas de piedra de San Agustín fueron creadas por una cultura indígena de la cual[e] se sabe muy poco. Se cree que las estatuas son del siglo VI antes de Cristo. Una de las estatuas representa un pájaro con una serpiente en el pico,[f] imagen muy similar a la de una leyenda azteca.

[a]*any* [b]*deposits* [c]*recognized* [d]*surpassed* [e]*de... about which*
[f]*beak*

Estatuas de piedra, de San Agustín

Conozca a... Gabriel García Márquez

El escritor latinoamericano más leído en el mundo entero es el colombiano Gabriel García Márquez, ganador[a] del Premio Nóbel de Literatura en 1982. Su novela *Cien años de soledad* se considera una de las novelas contemporáneas más importantes en cualquier lengua. La novela narra la historia de la familia Buendía durante varias generaciones. En ella García Márquez usa una técnica literaria llamada *realismo mágico:* una mezcla[b] de elementos reales y fantásticos en la narración.

Además de ser novelista, García Márquez es un respetado periodista y columnista que escribe para los periódicos más importantes de la lengua castellana.[c]

[a]*recipient* [b]*combination* [c]*lengua... Castilian (Spanish) language*

 Capítulo 9 of the video to accompany *Puntos de partida* contains cultural footage of Colombia.

Visit the *Puntos* Website at www.mhhe.com/puntos.

Vocabulario

Los verbos

aburrirse	to get bored
dejar (en)	to leave (behind) (in, at)
pegar	to hit
pelear	to fight
sonar (ue)	to ring; to sound

Los pasatiempos, las diversiones y las aficiones

los ratos libres	spare (free) time
dar (*irreg.*) un paseo	to take a walk
hacer (*irreg.*) un picnic	to have a picnic
hacer (*irreg.*) planes para + *inf.*	to make plans to (*do something*)
ir (*irreg.*)…	to go…
al cine / a ver una película	to the movies/ to see a movie
a una discoteca / a un bar	to a disco/to a bar
al teatro / a un concierto	to the theater/to a concert
jugar (ue) a las cartas / al ajedrez	to play cards/chess
ser (*irreg.*) divertido/a	to be fun
visitar un museo	to visit a museum

Repaso: aburrido/a, dar (*irreg.*) / hacer (*irreg.*) una fiesta, hacer *camping*, jugar (ue) (al), pasarlo bien/mal, tomar el sol

Los deportes

el/la aficionado/a (a)	fan (of)
el ciclismo	bicycling
el fútbol	soccer
el fútbol americano	football
el/la jugador(a)	player
la natación	swimming

Otros deportes: el basquetbol, el béisbol, el golf, el hockey, el tenis, el vólibol

correr	to run; to jog
entrenar	to practice, train
esquiar	to ski
ganar	to win
montar a caballo	to ride a horse
pasear en bicicleta	to ride a bicycle
patinar	to skate
patinar en línea	to rollerblade
ser aficionado/a (a)	to be a fan (of)

Repaso: nadar, perder (ie), practicar

Algunos aparatos domésticos

la aspiradora	vacuum cleaner
la cafetera	coffeepot
el congelador	freezer
la estufa	stove
el horno de microondas	microwave oven
la lavadora	washing machine
el lavaplatos	dishwasher
el refrigerador	refrigerator
la secadora	clothes dryer
la tostadora	toaster

Algunos quehaceres domésticos

barrer (el piso)	to sweep (the floor)
hacer (*irreg.*) la cama	to make the bed
lavar (las ventanas, los platos, la ropa)	to wash (the windows, the dishes, the clothes)
limpiar la casa (entera)	to clean the (whole) house
pasar la aspiradora	to vacuum
pintar (las paredes)	to paint (the walls)
planchar la ropa	to iron clothing
poner (*irreg.*) la mesa	to set the table
quitar la mesa	to clear the table
sacar la basura	to take out the trash
sacudir los muebles	to dust the furniture

Otros sustantivos

la costumbre	custom, habit
la época	era, time (*period*)
la escuela	school
el grado	grade, year (*in school*)
el/la niñero/a	babysitter
la niñez	childhood

Adjetivos

deportivo/a	sports-loving
pesado/a	boring; difficult

Palabras adicionales

de joven	as a youth
de niño/a	as a child
mientras	while
tocarle a uno	to be someone's turn

La salud

El ejercicio (*exercise*) que hacen estos ciclistas de Marbella, España, es ideal para la salud.

En este capítulo...

Vocabulario: La salud y el bienestar; En el consultorio

Gramática:

29▶ Using the Preterite and the Imperfect
30▶ Reciprocal Actions with Reflexive Pronouns

Panorama cultural: Venezuela

Multimedia

Practice vocabulary and grammar, expand your cultural knowledge, and develop your conversational skills.

Vocabulario: Preparación

La salud y el bienestar°

La... *Health and well-being*

El cuerpo humano

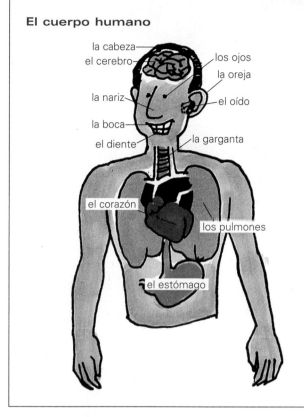

- la cabeza
- el cerebro
- los ojos
- la oreja
- la nariz
- el oído
- la boca
- el diente
- la garganta
- el corazón
- los pulmones
- el estómago

Para cuidar de la salud

caminar	to walk
comer equilibradamente	to eat well-balanced meals
correr	to run; to jog
cuidarse	to take care of oneself
dejar de + *inf.*	to stop (*doing something*)
dormir (ue, u) lo suficiente	to sleep enough
hacer (*irreg.*) **ejercicio**	to exercise; to get exercise
hacer (*irreg.*) **ejercicios aeróbicos**	to do aerobics
llevar gafas / lentes de contacto	to wear glasses / contact lenses
llevar una vida sana/tranquila	to lead a healthy/ calm life
practicar deportes	to practice, play sports

Conversación

A. Asociaciones

Paso 1. ¿Qué partes del cuerpo humano asocia Ud. con las siguientes palabras? A veces hay más de una respuesta posible.

1. un ataque   2. comer   3. cantar   4. las gafas   5. pensar
6. la digestión   7. el amor   8. fumar   9. la música   10. el perfume

Paso 2. ¿Qué palabras asocia Ud. con las siguientes partes del cuerpo?

1. los ojos   2. los dientes   3. la boca   4. el oído   5. el estómago

B. Hablando de la salud. ¿Qué significan, para Ud., las siguientes oraciones?

MODELO: Se debe comer equilibradamente. →
Eso quiere decir (*means*) que es necesario comer muchas verduras, que...

Palabras y frases útiles: Eso quiere decir… , Esto significa que… , También…

1. Se debe dormir lo suficiente todas las noches.
2. Hay que hacer ejercicio.
3. Es necesario llevar una vida tranquila.
4. En general, uno debe cuidarse mucho.

C. ¿Cómo vives? ¿Cómo vivías?

Paso 1. ¿Hace Ud. las siguientes cosas para mantener la salud y el bienestar?

	SÍ	NO
1. comer una dieta equilibrada	☐	☐
2. no comer muchos dulces	☐	☐
3. caminar por lo menos (*at least*) dos millas por día	☐	☐
4. correr	☐	☐
5. hacer ejercicios aeróbicos	☐	☐
6. dormir por lo menos ocho horas por día	☐	☐
7. tomar bebidas alcohólicas en moderación	☐	☐
8. no tomar bebidas alcohólicas en absoluto (*at all*)	☐	☐
9. no fumar ni cigarrillos ni puros (*cigars*)	☐	☐
10. llevar ropa adecuada (abrigo, suéter, etcétera) cuando hace frío	☐	☐

Paso 2. ¿Lleva una vida sana? Dígale a un compañero / una compañera cómo vive, usando las frases del **Paso 1.**

MODELO: Creo que llevo una vida sana porque como una dieta equilibrada. No como muchos dulces, excepto en los días festivos como Navidad…

Paso 3. Ahora cambie su narración para describir lo que hacía de niño/a. ¿Qué hacía y qué *no* hacía Ud.? Debe organizar las ideas lógicamente.

MODELO: De niño, no llevaba una vida muy sana. Comía muchos dulces. También odiaba las frutas y verduras…

En el consultorio° *doctor's office*

el/la enfermero/a	nurse	**el jarabe**	(cough) syrup
el farmacéutico	pharmacist	**la pastilla**	pill
el/la médico/a	physician	**la receta**	prescription
el/la paciente	patient	**el resfriado**	cold
		la tos	cough
congestionado/a	congested, stuffed-up		
mareado/a	dizzy; nauseated	**doler (ue)***	to hurt, ache
		enfermarse	to get sick
el antibiótico	antibiotic		

***Doler** is used like **gustar: Me duel*e* la cabeza. Me duel*en* los ojos.**

guardar cama	to stay in bed
internarse (en)	to check in (*to a hospital*)
ponerle (*irreg.*) **una inyección**	to give (someone) a shot
resfriarse	to get/catch a cold
respirar	to breathe
sacar	to extract
sacar la lengua	to stick out one's tongue
sacar una muela	to extract a tooth
tener (*irreg.*) **dolor (de cabeza, estómago, muela)**	to have a (head, stomach, tooth) ache
tener (*irreg.*) **fiebre**	to have a fever

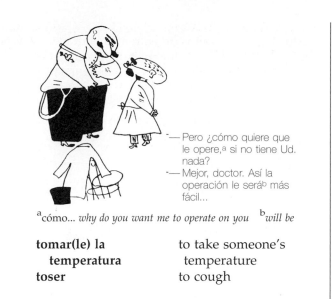

— Pero ¿cómo quiere que le opere,[a] si no tiene Ud. nada?

— Mejor, doctor. Así la operación le será[b] más fácil...

[a]*cómo... why do you want me to operate on you*   [b]*will be*

tomar(le) la temperatura	to take someone's temperature
toser	to cough

Conversación

A. Estudio de palabras. Complete las siguientes oraciones con una palabra de la misma (*same*) familia que la palabra en letras cursivas (*italics*).

1. Si me *resfrío,* tengo _____.
2. La *respiración* ocurre cuando alguien _____.
3. Si me _____, estoy *enfermo/a.* Un(a) _____ me toma la temperatura.
4. Cuando alguien *tose,* se oye una _____.
5. Si me *duele* el estómago, tengo un _____ de estómago.

Nota cultural

La medicina en los países hispánicos

Como regla general los hispanos tienen como costumbre **consultar** no sólo a los médicos sino[a] a **otros profesionales con sus problemas de salud.** Por ejemplo, ya que[b] muchas medicinas se venden sin receta en los países hispánicos, es posible que una persona enferma le explique sus síntomas a un farmacéutico, que puede re-comendarle una medicina y aun ponerle inyecciones al paciente. Los farmacéuticos reciben un **en-trenamiento** riguroso y están al tanto[c] en **farmacología.** También se puede consultar a un practicante.

FARMACIAS 4° **turno**
Abiertas de Sábado a Viernes de 8 a 22 hs.

[a]*but*   [b]*ya... since*   [c]*al... up-to-date*

Estos tienen tres años de entrenamiento médico y pueden aplicar una serie de tratamientos, incluyendo inyecciones.

Otra característica del sistema médico hispánico es que es fácil y barato conseguir los servicios de una **enfermera particular**[d] que cuide a un enfermo, ya sea[e] en la casa o en el hospital. Las enfermeras no tienen que tener tantos conocimientos teóricos como las de los Estados Unidos, pero tienen mucha experiencia en su campo.[f]

[d]*private* [e]*ya... whether it be* [f]*field*

B. Situaciones. Describa Ud. la situación de estas personas. ¿Dónde y con quiénes están? ¿Qué síntomas tienen? ¿Qué van a hacer?

1.  **2.**  **3.**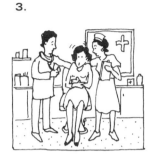

1. Anamari está muy bien de salud. Nunca le duele(n) _____. Nunca tiene _____. Siempre _____. Más tarde, ella va a _____.
2. Martín tiene _____. Debe _____. El dentista va a _____. Después, Martín va a _____.
3. A Inés le duele(n) _____. Tiene _____. El médico y la enfermera van a _____. Luego, Inés tiene que _____.

Nota comunicativa

The Good News... The Bad News...

To describe general qualities or characteristics of something, use **lo** with the masculine singular form of an adjective.

> lo bueno / lo malo   lo más importante   lo mejor / lo peor   lo mismo

This structure has a number of English equivalents, especially in colloquial speech.

> **lo bueno** = the good thing / part / news, what's good

C. Ventajas y desventajas (*Advantages and disadvantages*). Casi todas las cosas tienen un aspecto bueno y otro malo.

Paso 1. ¿Qué es lo bueno y lo malo (o lo peor y lo mejor) de las siguientes situaciones?

1. tener un resfriado
2. ir a una universidad cerca / lejos del hogar familiar (*family home*)
3. tener hijos cuando uno es joven (entre 20 y 25 años)
4. ser muy rico/a

5. ir al consultorio médico
6. ir al consultorio del dentista

Paso 2. Compare sus respuestas con las de sus compañeros. ¿Dijeron algo que Ud. no consideró?

Minidiálogos y gramática

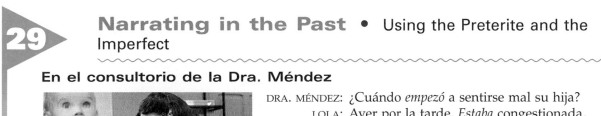

¿Recuerda Ud.?

Throughout the last chapters of *Puntos en breve,* beginning with **Capítulo 7,** you have been using first the preterite and then the imperfect in appropriate contexts. Do you remember which tense you used to do each of the following?

1. to tell what you did yesterday
2. to tell what you used to do when you were in grade school
3. to explain the situation or condition that caused you to do something
4. to tell what someone did as the result of a situation
5. to talk about the way things used to be
6. to describe an action that was in progress

If you understand those uses of the preterite and the imperfect, the following summary of their uses will not contain much that is new information for you.

29   Narrating in the Past • Using the Preterite and the Imperfect

En el consultorio de la Dra. Méndez

DRA. MÉNDEZ: ¿Cuándo *empezó* a sentirse mal su hija?

LOLA: Ayer por la tarde. *Estaba* congestionada, *tosía* mucho y *se quejaba* de que le *dolían* el cuerpo y la cabeza.

DRA. MÉNDEZ: ¿Y le *notó* algo de fiebre?

LOLA: Sí. Por la noche le *tomé* la temperatura y *tenía* treinta y ocho grados.

DRA. MÉNDEZ: A ver… Tal vez necesito ponerle una inyección…

MARTA: Eh… bueno… ¡Creo que ahora me encuentro un poco mejor!

In Dr. Méndez's office DR. MÉNDEZ: When did your daughter begin to feel bad? LOLA: Yesterday afternoon. She was stuffed up, she coughed a lot, and she complained that her body and head were hurting. DR. MÉNDEZ: And did you note any fever? LOLA: Yes. At night I took her temperature and it was thirty-eight degrees. DR. MÉNDEZ: Let's see. . . Perhaps I'll need to give her a shot. . . MARTA: Um. . . well. . . I think I feel a little bit better now!

In the preceding dialogue, locate all of the verbs that do the following.

1. indicate actions (or lack of action)
2. indicate conditions or descriptions

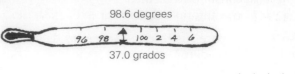

98.6 degrees

37.0 grados

When speaking about the past in English, you choose different past tense forms to use, depending on the context: *I wrote letters, I was writing letters, I used to write letters,* and so on. Similarly, you can use either the preterite or the imperfect in many Spanish sentences, depending on the meaning you wish to convey. Often the question is: How do you view the action or state of being?

A. Use the preterite to…

- tell about the beginning or the end of a past action

El sábado pasado, el partido de fútbol **empezó** a la una. **Terminó** a las cuatro.
Last Saturday, the soccer game began at one. It ended at four.

Use the imperfect to…

- talk about the habitual nature of an action (something you always did)

Había un partido todos los sábados. Muchas personas **jugaban** todas las semanas.
There was a game every Saturday. Many people played every week.

B. Use the preterite to…

- express an action that is viewed as completed

El partido **duró** tres horas. **Ganaron** Los Lobos, de Villalegre.
The game lasted three hours. The Lobos of Villalegre won.

Use the imperfect to…

- tell what was happening when another action took place and tell about simultaneous events (with **mientras** = *while*)

Yo no vi el final del partido. **Estaba** en la cocina cuando **terminó**.
I didn't see the end of the game. I was in the kitchen when it ended.

Mientras mi amigo **veía** el vídeo, **hablaba** con su novia.
While my friend was watching the video, he was talking with his girlfriend.

C. Use the preterite to…

- express a series of completed actions

Durante el partido, los jugadores **corrieron, saltaron y gritaron**.
During the game, the players ran, jumped, and shouted.

Use the imperfect to...

- give background details of many kinds: time, location, weather, mood, age, physical and mental characteristics

Llovía un poco durante el partido. Todos los jugadores **eran** jóvenes; **tenían** 17 ó 18 años. ¡Y todos **esperaban** ganar!
It rained a little bit during the game. All the players were young; they were 17 or 18 years old. And all of them hoped to win!

D. Certain words and expressions are frequently associated with the preterite, others with the imperfect.

Some words often associated with the preterite are:
  ayer, anteayer, anoche
  una vez (*once*), dos veces (*twice*), ...
  el año pasado, el lunes pasado, ...
  de repente (*suddenly*)

Some words often associated with the imperfect are:
  todos los días, todos los lunes, ...
  siempre, frecuentemente
  mientras
  de niño/a, de joven

Some English equivalents also associated with the imperfect are:

  was _____ *-ing, were* _____ *-ing* (in English)
  used to, would (when *would* implies *used to* in English)

OJO

These words do not *automatically* cue either tense, however. The most important consideration is the meaning that the speaker wishes to convey.

Ayer cenamos temprano.
Yesterday we had dinner early.

Ayer cenábamos cuando Juan llamó.
Yesterday we were having dinner when Juan called.

De niño jugaba al fútbol.
He played soccer as a child.

De niño empezó a jugar al fútbol.
He began to play soccer as a child.

E. Remember that, when used in the preterite, **saber**, **conocer**, **querer**, and **poder** have English equivalents different from the infinitives (see **Capítulo 8**). The English equivalents of these verbs in the imperfect do not differ from the infinitive meanings.

Minidiálogos y gramática

F. The preterite and the imperfect frequently occur in the same sentence. In the first sentence the imperfect tells what was happening when another action—conveyed by the preterite—broke the continuity of the ongoing activity. In the second sentence, the preterite reports the action that took place because of a condition, described by the imperfect, that was in progress or in existence at that time.

Miguel **estudiaba** cuando **sonó** el teléfono.
Miguel was studying when the phone rang.

Olivia **comió** tanto porque **tenía** mucha hambre.
Olivia ate so much because she was very hungry.

G. The preterite and imperfect are also used together in the presentation of an event. The preterite narrates the action while the imperfect sets the stage, describes the conditions that caused the action, or emphasizes the continuing nature of a particular action.

Práctica

A. En el consultorio. What did your doctor do the last time you had an appointment with him or her? Assume that you had the following conditions and match them with the appropriate procedure.

CONDICIONES: (Yo)…

1. _____ tenía mucho calor y temblaba.
2. _____ me dolía la garganta.
3. _____ tenía un poco de congestión en el pecho (*chest*).
4. _____ creía que estaba anémico/a.
5. _____ no sabía lo que tenía.
6. _____ necesitaba medicinas.
7. _____ sólo necesitaba un chequeo rutinario.

ACCIONES: El médico…

a. me hizo muchas preguntas.
b. me puso una inyección.
c. me tomó la temperatura.
d. me auscultó (*listened to*) los pulmones y el corazón.
e. me analizó la sangre (*blood*).
f. me hizo sacar la lengua.
g. me hizo toser.

B. Pequeñas historias. Complete the following brief paragraphs with the appropriate phrases from the list. Before you begin, it is a good idea to look at the drawing that accompanies each paragraph and to scan through the complete paragraph to get the gist of it, even though you may not understand everything the first time you read it.

1.

nos quedamos	nos gustó
nos quedábamos	nuestra familia decidió
íbamos	vivíamos

Cuando éramos niños, Jorge y yo _____¹ en la Argentina. Siempre _____² a la playa, a Mar del Plata, para pasar la Navidad. Allí casi siempre _____³ en el Hotel Fénix. Un año, _____⁴ quedarse en otro hotel, el Continental. No _____⁵ tanto como el Fénix y por eso, al año siguiente, _____⁶ en el Fénix otra vez.

2.

examinó	puso
intentabaª tomarle	llegó
estaba	dio
esperaba	se sintió

El niño tosía mientras que la enfermera _____¹ la temperatura. La madre del niño _____² pacientemente. Por fin _____³ la médica. Le _____⁴ la garganta al niño, le _____⁵ una inyección y le _____⁶ a su madre una receta para un jarabe. La madre todavía _____⁷ muy preocupada, pero inmediatamente después que la médica le habló, _____⁸ más tranquila.

ª*tried to*

C. Rubén y Soledad

Paso 1. Read the following paragraph at least once to familiarize yourself with the sequence of events, and look at the drawing. Then reread the paragraph, giving the proper form of the verbs in parentheses in the preterite or the imperfect, according to the needs of each sentence and the context of the paragraph as a whole.

Rubén (estar¹) estudiando cuando Soledad (entrar²) en el cuarto. Le (preguntar³) a Rubén si (querer⁴) ir al cine con ella. Rubén le (decir⁵) que sí porque se (sentir⁶) un poco aburrido con sus estudios. Los dos (salir⁷) en seguidaª para el cine. (Ver⁸) una película cómica y (reírse⁹) mucho. Luego, como (hacer¹⁰) frío, (entrar¹¹) en su café favorito, El Gato Negro, y (tomar¹²) un chocolate. (Ser¹³) las dos de la mañana cuando por fin (regresar¹⁴) a casa. Soledad (acostarse¹⁵) inmediatamente porque (estar¹⁶) cansada, pero Rubén (empezar¹⁷) a estudiar otra vez.

ªen... *right away*

Paso 2. Now answer the following questions based on the paragraph about Rubén and Soledad. **¡OJO!** A question is not always answered in the same tense as that in which it is asked. Remember this especially when you are asked to explain why something happened.

1. ¿Qué hacía Rubén cuando Soledad entró?
2. ¿Qué le preguntó Soledad a Rubén?
3. ¿Por qué dijo Rubén que sí?
4. ¿Les gustó la película? ¿Por qué?
5. ¿Por qué tomaron un chocolate?
6. ¿Regresaron a casa a las tres?
7. ¿Qué hicieron cuando llegaron a casa?

D. La fiesta de Roberto. Read the following paragraphs once for meaning, and look at the drawing. Then reread the paragraphs, giving the proper form of the verbs in parentheses in the present, preterite, or imperfect.

Durante mi segundo año en la universidad, yo (conocer[1]) a Roberto en una clase. Pronto nos (hacer[2]) muy buenos amigos. Roberto (ser[3]) una persona muy generosa que (organizar[4]) una fiesta en su apartamento todos los viernes. Todos nuestros amigos (venir[5]). (Haber[6]) muchas bebidas y comida, y todos (hablar[7]) y (bailar[8]) hasta muy tarde.

Una noche algunos de los vecinos[a] de Roberto (llamar[9]) a la policía y (decir[10]) que nosotros (hacer[11]) demasiado ruido. (Venir[12]) un policía al apartamento y le (decir[13]) a Roberto que la fiesta (ser[14]) demasiado ruidosa. Nosotros no (querer[15]) aguar[b] la fiesta, pero ¿qué (poder[16]) hacer? Todos nos (despedir[17]) aunque (ser[18]) solamente las once de la noche.

Aquella noche Roberto (aprender[19]) algo importantísimo. Ahora cuando (hacer[20]) una fiesta, siempre (invitar[21]) a sus vecinos.

[a]*neighbors*   [b]*to spoil*

Conversación

▲▲▲▲▲▲▲▲

A. El primer día. Dé Ud. sus impresiones del primer día de su primera clase universitaria. Use estas preguntas como guía.

1. ¿Cuál fue la primera clase? ¿A qué hora era la clase y dónde era?
2. ¿Vino a clase con alguien? ¿Ya tenía su libro de texto o lo compró después?
3. ¿Qué hizo Ud. después de entrar en la sala de clase? ¿Qué hacía el profesor / la profesora?
4. ¿A quién conoció Ud. aquel día? ¿Ya conocía a algunos miembros de la clase? ¿A quiénes?
5. ¿Aprendió Ud. mucho durante la clase? ¿Ya sabía algo de esa materia?
6. ¿Le gustó el profesor / la profesora? ¿Por qué sí o por qué no? ¿Cómo era?
7. ¿Cómo se sentía durante la clase? ¿nervioso/a? ¿aburrido/a? ¿cómodo/a?
8. ¿Les dio tarea el profesor / la profesora? ¿Pudo Ud. hacerla fácilmente?
9. Su primera impresión de la clase y del profesor / de la profesora, ¿fue válida o cambió con el tiempo? ¿Por qué?

B. Unas preguntas sobre el pasado

Paso 1. Con un compañero / una compañera, hagan y contesten las siguientes preguntas.

¿Cuántos años tenías cuando… ?

1. aprendiste a pasear en bicicleta
2. hiciste tu primer viaje en avión

3. tuviste tu primera cita
   4. empezaste a afeitarte
   5. conseguiste tu licencia de manejar (*driver's license*)
   6. abriste una cuenta corriente (*checking account*)
   7. dejaste de crecer (*growing*)

Paso 2. Con otro compañero / otra compañera, hagan y contesten estas preguntas.

¿Cuántos años tenías cuando tus padres… ?

   1. te dejaron cruzar la calle solo/a
   2. te permitieron ir de compras a solas
   3. te dejaron acostarte después de las nueve
   4. te dejaron quedarte en casa sin niñero/a
   5. te permitieron usar la estufa
   6. te dejaron ver una película «R»
   7. te dejaron conseguir un trabajo

Paso 3. Ahora, en grupos de cuatro, comparen sus respuestas. ¿Son muy diferentes las respuestas que dieron? ¿Quién del grupo tiene los padres más estrictos? ¿los menos estrictos?

C. Una historia famosa

Paso 1. La siguiente historia está narrada en el presente. Cámbiela al pasado, poniendo los verbos en el pretérito.

La niña *abre*[1] la puerta y *entra*[2] en la casa. *Ve*[3] tres sillas. *Se sienta*[4] en la primera silla, luego en la segunda, pero no le *gusta*[5] ninguna. Por eso *se sienta*[6] en la tercera. *Ve*[7] tres platos de comida en la mesa y *decide*[8] comer el más pequeño. Luego, *va*[9] a la alcoba para descansar un poco. Después de probar[a] las camas grandes, *se acuesta*[10] en la cama más pequeña y *se queda*[11] dormida.

[a]*trying*

Paso 2. ¿Reconoce Ud. la historia? Es el cuento de Ricitos de Oro y los tres osos (*Goldilocks and the Three Bears*). Pero el cuento está un poco aburrido tal como está (*as it is*). Mejore el cuento con detalles y descripciones. **¡OJO!** Recuerde usar el imperfecto en las descripciones.

   MODELO: La niña se llamaba Ricitos de Oro. Abrió la puerta y entró en la casa. La casa estaba muy…

Paso 3. Ahora termine la historia de Ricitos de Oro. ¿Qué pasó al final?

El Dr. Pedro José Greer

El Dr. Pedro José Greer

En las últimas décadas, un problema sin solución evidente ha surgido[a] en los Estados Unidos: el de **los desamparados**.[b] Aunque muchas personas creen que los desamparados son por lo general drogadictos y alcohólicos del sexo masculino, la realidad es distinta. Pueden ser tanto mujeres, jóvenes y niños como hombres. El problema es especialmente grave en **los centros urbanos**. Pero los desamparados en **Miami, Florida**, tienen un amigo en **el Dr. Pedro José Greer**.

El Dr. Greer estudió en la Universidad de Florida y recibió el título de Doctor en Medicina en la Pontífica Universidad Católica Madre y Maestra en Santo Domingo, República Dominicana. Cuando todavía era estudiante de medicina, el Dr. Greer se ofrecía a trabajar en **Camillus House**, un abrigo[c] para los desamparados en el centro de Miami. Reconociendo la inmensa falta de servicios de salud para los desamparados que hay en esa ciudad, fundó **Camillus Health Concern**, una clínica que ofrece servicios gratuitos[d] a los desamparados. Al principio su consultorio consistía en una sola habitación de Camillus House. Hoy día Camillus Health Concern ofrece sus servicios no sólo en el centro del Miami, sino en todo el condado[e] de Dade.

[a]ha... *has arisen* [b]*homeless people* [c]*shelter* [d]*free* [e]*county*

---

30 ▶ Expressing *each other* • Reciprocal Actions with Reflexive Pronouns

—¿Tú crees que cada vez que nos encontramos tenemos que *saludarnos dándonos* la mano?[a]

[a]*hand*

1. ¿Dónde *se encuentran* los dos pulpos?
2. ¿Cómo *se saludan* (*do they greet each other*)?
3. ¿*Se conocen*? ¿Cómo se sabe?

The plural reflexive pronouns, **nos, os,** and **se,** can be used to express *reciprocal actions* (**las acciones recíprocas**). Reciprocal actions are usually expressed in English with *each other* or *one another*.

Nos queremos.

Nos queremos.	*We love each other.*
¿**Os** ayudáis?	*Do you help one another?*
Se miran.	*They're looking at each other.*

Práctica

A. Buenos amigos. Indique las oraciones que describen lo que hacen Ud. y un buen amigo / una buena amiga para mantener su amistad (*friendship*).

1. ☐ Nos vemos con frecuencia.
2. ☐ Nos conocemos muy bien. No hay secretos entre nosotros.
3. ☐ Nos respetamos mucho.
4. ☐ Nos ayudamos con cualquier (*any*) problema.
5. ☐ Nos escribimos cuando no estamos en la misma ciudad.
6. ☐ Nos hablamos por teléfono con frecuencia.
7. ☐ Nos decimos la verdad siempre, sea esta (*be it*) bonita o fea.
8. ☐ Cuando estamos muy ocupados, no importa si no nos hablamos por mucho tiempo.

B. ¿Qué se hacen? Describa las siguientes relaciones familiares o sociales, haciendo oraciones completas con una palabra o frase de cada grupo.

los buenos amigos los parientes los esposos los padres y los niños los amigos que no viven en la misma ciudad los profesores y los estudiantes los compañeros de cuarto/casa	(no)	verse con frecuencia quererse, respetarse ayudarse (con los quehaceres domésticos, con los problemas económicos, con los problemas personales) hablarse (todos los días, con frecuencia, sinceramente) llamarse por teléfono (con frecuencia), escribirse mirarse (en la clase, con cariño [*affection*]) necesitarse conocerse bien saludarse (en la clase, con cariño), darse la mano

Conversación

Preguntas

1. ¿Con qué frecuencia se ven Ud. y su novio/a (esposo/a, mejor amigo/a)? ¿Cuánto tiempo hace que se conocen? ¿Con qué frecuencia se dan regalos? ¿se escriben? ¿se telefonean? ¿Le gusta a Ud. que se vean tanto (tan poco)?
2. ¿Con qué frecuencia se ven Ud. y sus abuelos/primos? ¿Por qué se ven Uds. tan poco (tanto)? ¿Cómo se mantienen en contacto? En la sociedad norteamericana, ¿los parientes se ven con frecuencia? En su opinión, ¿es esto común entre los hispanos?

PANORAMA *cultural*

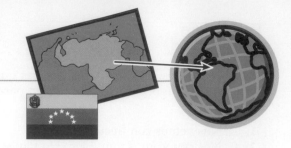

Venezuela

Datos esenciales

*   Nombre oficial: República de Venezuela
*   Capital: Caracas
*   Población: 21.000.000 de habitantes
*   Moneda: el bolívar
*   Idiomas: el español (oficial), varios idiomas indígenas

¡Fíjese!

Por su variedad de climas, Venezuela le ofrece al turista atracciones diversas. El clima venezolano varía entre el clima templado de las regiones andinas y el clima tropical de los llanos[a] y la costa. De hecho, el clima es agradable la mayor parte del año. Entre las atracciones turísticas hay lo siguiente:

1. las hermosas[b] playas tropicales de la Isla Margarita y la costa caribeña
2. la famosa catarata[c] Salto Ángel que, siendo dieciséis veces más alta que las cataratas del Niágara, es considerada la más alta del mundo
3. la belleza[d] colonial de Ciudad Bolívar y Coro
4. la progresiva y cosmopolita ciudad de Caracas y las majestuosas montañas andinas

[a]*plains* [b]*beautiful* [c]*waterfall* [d]*beauty*

Conozca a... Simón Bolívar

Simón Bolívar (1783–1830) nació en Caracas. La fecha de su cumpleaños, el 24 de julio, es hoy día una fiesta nacional en Venezuela. Bolívar, llamado «el Libertador», ocupa un puesto[a] importante tanto en la historia de Venezuela

Salto Ángel

como en la historia de Colombia, el Perú, el Ecuador y Bolivia por ser el personaje principal en las luchas[b] por la independencia de estos países. Bolívar, influenciado por las ideas de Jean Jacques Rousseau[c] y por la lucha de las colonias estadounidenses contra Inglaterra en el siglo XVIII, soñaba con[d] una América hispánica unida, sueño que nunca vio realizado.[e]

[a]*position* [b]*struggles* [c]*French writer and philosopher (1712–1778) whose ideas helped spark the French Revolution* [d]*soñaba... dreamt about* [e]*achieved*

 Capítulo 10 of the video to accompany *Puntos de partida* contains cultural footage about Venezuela.

 Visit the *Puntos* Website at www.mhhe.com/puntos.

Vocabulario

Los verbos

encontrarse (ue) (con)	to meet (*someone somewhere*)
saludarse	to greet each other

La salud y el bienestar

caminar	to walk
cuidarse	to take care of oneself
dejar de + *inf.*	to stop (*doing something*)
doler (ue)	to hurt, ache
encontrarse (ue)	to be, feel
examinar	to examine
guardar cama	to stay in bed
hacer (*irreg.*) ejercicios aeróbicos	to do aerobics
internarse (en)	to check in (*to a hospital*)
llevar una vida sana/tranquila	to lead a healthy/calm life
ponerle (*irreg.*) una inyección	to give (someone) a shot, injection
resfriarse	to get/catch a cold
respirar	to breathe
sacar	to extract
sacar la lengua	to stick out one's tongue
sacar una muela	to extract a tooth
tener (*irreg.*) dolor de	to have a pain in
tomarle la temperatura	to take someone's temperature
toser	to cough

Repaso: comer, correr, dormir (ue, u), enfermarse, hacer (*irreg.*) ejercicio, practicar deportes

Algunas partes del cuerpo humano

la boca	mouth
la cabeza	head
el cerebro	brain
el corazón	heart
el diente	tooth
el estómago	stomach
la garganta	throat
la nariz	nose
el oído	inner ear
el ojo	eye
la oreja	outer ear
los pulmones	lungs
la sangre	blood

Las enfermedades y los tratamientos

el antibiótico	antibiotic
el chequeo	check-up
el consultorio	(medical) office
el dolor (de)	pain, ache (in)
la farmacia	pharmacy
la fiebre	fever
las gafas	glasses
el jarabe	(cough) syrup
los lentes de contacto	contact lenses
la medicina	medicine
el/la paciente	patient
la pastilla	pill
la receta	prescription
el resfriado	cold
la sala de emergencias/ urgencia	emergency room
la salud	health
el síntoma	symptom
la temperatura	temperature
la tos	cough

El personal médico

el/la dentista	dentist
el/la enfermero/a	nurse
el/la farmacéutico/a	pharmacist

Repaso: el/la médico/a

Los sustantivos

la desventaja	disadvantage
la ventaja	advantage

Los adjetivos

congestionado/a	congested
mareado/a	dizzy; nauseated
mismo/a	same

Palabras adicionales

de repente	suddenly
dos veces	twice
equilibradamente	in a balanced way

eso quiere decir...	that means...
lo bueno / lo malo	the good thing, news / the bad thing, news
lo suficiente	enough
por lo menos	at least
una vez	once

Repaso: lo que, que, quien

Presiones de la vida moderna

Los estudiantes, como este puertorriqueño, pueden sufrir muchas presiones. ¿Las sufre Ud. también?

En este capítulo...

Vocabulario: Las presiones de la vida estudiantil; ¡La profesora Martínez se levantó con el pie izquierdo!

Gramática:

31▶ Another Use of *se*

32▶ *¿Por o para?* A Summary of Their Uses

Panorama cultural: Puerto Rico

Multimedia

Practice vocabulary and grammar, expand your cultural knowledge, and develop your conversational skills.

Las presiones de la vida estudiantil

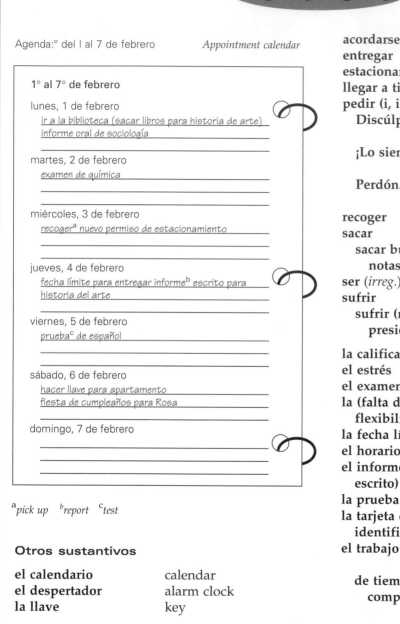

Agenda:° del I al 7 de febrero   *Appointment calendar*

1° al 7° de febrero

lunes, 1 de febrero
ir a la biblioteca (sacar libros para historia de arte)
informe oral de sociología

martes, 2 de febrero
examen de química

miércoles, 3 de febrero
recoger[a] nuevo permiso de estacionamiento

jueves, 4 de febrero
fecha límite para entregar informe[b] escrito para
historia del arte

viernes, 5 de febrero
prueba[c] de español

sábado, 6 de febrero
hacer llave para apartamento
fiesta de cumpleaños para Rosa

domingo, 7 de febrero

[a]*pick up*   [b]*report*   [c]*test*

Otros sustantivos

el calendario	calendar
el despertador	alarm clock
la llave	key

acordarse (ue) (de)	to remember
entregar	to turn, hand in
estacionar	to park
llegar a tiempo/tarde	to arrive early/late
pedir (i, i) disculpas	to apologize
Discúlpeme.	Pardon me. / I'm sorry.
¡Lo siento (mucho)!	Pardon me! / I'm (very) sorry!
Perdón.	Pardon me. / I'm sorry.
recoger	to collect; to pick up
sacar	to take out
sacar buenas/malas notas	to get good/bad grades
ser (*irreg.*) **flexible**	to be flexible
sufrir	to suffer
sufrir (muchas) presiones	to be under (a lot of) pressure
la calificación	grade
el estrés	stress
el examen	exam
la (falta de) flexibilidad	(lack of) flexibility
la fecha límite	deadline
el horario	schedule
el informe (oral/ escrito)	(oral/written) report
la prueba	quiz; test
la tarjeta de identificación	identification card
el trabajo	job, work; report, (piece of) work
de tiempo completo/parcial	full/part time

Conversación

▲▲▲▲▲▲▲▲

A. Situaciones. La primera lista que va a leer consta de (*consists of*) preguntas o comentarios hechos por varias personas. La segunda lista incluye las respuestas de otras personas. Decida qué respuesta corresponde a cada comentario. Luego invente un contexto para cada diálogo. ¿Dónde están las personas que hablan? ¿en casa? ¿en una oficina? ¿en clase?

1. —Anoche no me acordé de poner el despertador.
2. —No puede estacionar el coche aquí. No tiene permiso de estacionamiento para esta zona.
3. —¿Sacaste una buena nota en la prueba?
4. —Ramiro no tiene buen aspecto (*doesn't look right*). Creo que algo le causa mucho estrés.
5. —Aquí tiene mi trabajo escrito sobre el Mercado Común.

a. —Pues estoy cansado de buscar estacionamiento por todo el *campus.* Lo voy a dejar aquí.
b. —¿Lo olvidaste otra vez? ¿A qué hora llegaste a la oficina?
c. —Pero la fecha límite era ayer. Es la última vez que acepto un informe suyo (*of yours*) tarde.
d. —Muy buena, pero no la esperaba. No tuve tiempo de estudiar.
e. —Es porque tiene un trabajo de tiempo completo, y también toma tres cursos este semestre.

B. La educación universitaria

Paso 1. Lea lo que dicen Edward James Olmos y Luis Miguel sobre la vida y la educación.

S**O**L**O** *para ganadores*[a]

Ellos han logrado[b] triunfar. ¡Y cada frase que dicen es una lección gratuita[c] para el éxito[d]!

«El destino es una mezcla[e] entre la preparación y la suerte».[f]

Luis Miguel, cantante mexicano

«Les digo con todo mi corazón[g], con toda mi vida. Yo no tengo talento natural. No soy un genio. Pero mis padres a pesar de[h] ser tan humildes[i] me dieron educación».

Edward James Olmos actor mexicoamericano

[a]*winners* [b]*han... have achieved* [c]*free* [d]*success* [e]*mix* [f]*luck* [g]*heart* [h]*a... in spite of* [i]*poor*

Vocabulario: Preparación

¿Cree Ud. que tienen razón estos dos artistas? ¿Qué cree Ud. que sea más importante para tener éxito (*be successful*) en la vida, el talento natural o la preparación? ¿Piensa Ud. que está consiguiendo una educación del tipo que ayudó a Olmos y a Luis Miguel? ¿Va a ser suficiente su educación para obtener un buen trabajo en el futuro?

Paso 2. **Los años estudiantiles, ¿una época maravillosa?** Con frecuencia se oye a las personas mayores hablar de los años universitarios con nostalgia: años de libertad, sin responsabilidades, sin las tensiones propias de la vida laboral y familiar. ¿Ve Ud. así la época universitaria? Con un compañero / una compañera, comenten este tema. Pueden usar las preguntas siguientes como guía (*guide*).

1. ¿Sufren muchas presiones los estudiantes universitarios? ¿Por qué? ¿Qué les causa estrés?
2. ¿Son más divertidos los años universitarios que los años de la escuela secundaria?
3. ¿Le preocupa a Ud. el costo de la matrícula? Para Ud. o para su familia, ¿es difícil pagarla?
4. ¿Piensa Ud. que la vida va a ser mejor después de graduarse en la universidad? ¿Por qué sí o por qué no?

¡La profesora Martínez se levantó con el pie izquierdo!°

con... *on the wrong side of the bed*

Le duele la cabeza.

Se dio contra el escritorio. Se cayó y se lastimó la pierna.

«Fue sin querer. Estaba distraída.»

Accidentes

caerse	to fall down
darse (*irreg.*) **en/con/contra**	to hit (a part of one's body)/to run into/bump against
Se dio en el pie.	She bumped her foot.
Se dio con la silla.	She ran into the chair.
Se dio contra la puerta.	She bumped against the door.
doler (ue)	to hurt, ache

equivocarse	to be wrong, make a mistake
hacerse (*irreg.*) **daño**	to hurt oneself
lastimarse	to injure oneself
pegar	to hit, strike
pegarse en/con/contra	to run, bump into
romper	to break
Fue sin querer.	It was unintentional.
distraído/a	absentminded
torpe	clumsy

Conversación

▲▲▲▲▲▲▲

A. Posibilidades. ¿Qué puede Ud. hacer o decir —o qué le puede pasar— en cada situación?

1. A Ud. le duele mucho la cabeza.
2. Ud. le pega a otra persona sin querer.
3. Ud. se olvida del nombre de otra persona.
4. Ud. está muy distraído/a y no mira por dónde camina.
5. Ud. se lastima la mano (el pie).

Nota cultural

Más sobre la cortesía

En español, **tener educación** significa no solamente tener preparación intelectual sino también **ser cortés** y **tener buenos modales.**[a] Una persona **mal educada** es alguien que no sabe portarse en sociedad según las normas de cortesía y que no muestra suficiente respeto por otras personas, sobre todo por las personas ancianas. Ser **bien educado** es una de las cualidades más apreciadas en el mundo hispánico.

[a]*manners*

B. Accidentes y tropiezos (*mishaps*)

Paso 1. ¿Le han pasado a Ud. alguna vez las siguientes cosas? Complete las oraciones con información verdadera para Ud. Si nunca le pasó nada de esto, invente una situación que podría haber ocurrido (*could have happened*).

1. Me caí por las escaleras (*stairs*) y _____.
2. No me acordé de hacer la tarea para la clase de _____.
3. Me equivoqué cuando _____.
4. El despertador sonó, pero _____.
5. No pude encontrar _____.
6. Me di con _____ y me lastimé _____.
7. Pasó la fecha límite para entregar un informe y _____.
8. Caminaba un poco distraído/a y _____.

Paso 2. Ahora usando las oraciones del **Paso 1** como guía, pregúntele a un companero / una compañera cómo le fue ayer. También puede preguntarle si le pasaron desastres adicionales.

MODELO: ¿Te caíste por las escaleras ayer? ¿Te hiciste daño?

More on Adverbs

You already know the most common Spanish adverbs: words like **bien/mal, mucho/poco, siempre/nunca…**

Adverbs that end in *-ly* in English usually end in **-mente** in Spanish. The suffix **-mente** is added to the feminine singular form of adjectives. Note that the accent on the stem word is retained.

Adjective	Adverb	English
rápida	**rápidamente**	*rapidly*
fácil	**fácilmente**	*easily*
paciente	**pacientemente**	*patiently*

C. ¡Seamos (*Let's be*) **lógicos!** Complete estas oraciones lógicamente con adverbios basados en los siguientes adjetivos.

Adjetivos: constante, directo, fácil, inmediato, paciente, posible, puntual, rápido, total, tranquilo

1. La familia está esperando _____ en la cola.
2. Hay examen mañana y tengo que empezar a estudiar _____.
3. ¿Las enchiladas? Se preparan _____.
4. ¿Qué pasa? Estoy _____ confundido/a (*confused*).
5. Cuando mira la tele, mi hermanito cambia el canal _____.
6. Es necesario que las clases empiecen _____.

D. Entrevista. Con un compañero / una compañera, hagan y contesten las siguientes preguntas.

MODELO: E1: ¿Qué haces pacientemente?
E2: Espero pacientemente a mi esposo cuando se viste para salir. ¡Lo hace muy lentamente (*slowly*)!

1. ¿Qué haces rápidamente?
2. ¿Qué te toca hacer inmediatamente?
3. ¿Qué hiciste (comiste, …) solamente una vez que te gustó muchísimo (no te gustó nada)?
4. ¿Qué haces tú fácilmente que es difícil para otras personas?
5. ¿Qué hace constantemente tu compañero/a de casa (amigo/a, esposo/a, …) que te molesta (*bothers*) muchísimo?

Minidiálogos y gramática

31 ## Expressing Unplanned or Unexpected Events • Another Use of *se*

Un día fatal

¡A Diego y a Antonio todo les salió horrible hoy!

A Diego *se le cayó* la taza de café.

También *se le perdió* la cartera.

A Antonio *se le olvidaron* sus libros y su trabajo cuando fue a clase.

También *se le perdieron* las llaves de su apartamento.

¿Le pasaron a Ud. las mismas cosas —o cosas parecidas (*similar*)— esta semana? Conteste, completando las oraciones.

1. Se me perdieron / No se me perdieron las llaves de mi coche/casa.
2. Se me olvidó / No se me olvidó una reunión importante.
3. Se me cayó / No se me cayó una taza de café.
4. Se me rompió / No se me rompió un objeto de mucho valor (*value*) sentimental.

A. Unplanned or unexpected events (*I dropped. . ., We lost. . ., You forgot. . .*) are frequently expressed in Spanish with **se** and a third person form of the verb. In this structure, the occurrence is viewed as happening *to* someone—the unwitting performer of the action. Thus the victim is indicated by an indirect object pronoun, often clarified by **a** + *noun* or *pronoun*. In such sentences, the subject (the thing that is dropped, broken, forgotten, and so on) usually follows the verb.

Se le olvidaron las llaves.
He forgot the keys. (The keys were forgotten by him.)

(a + Noun or Pronoun)	se	Indirect Object Pronoun	Verb	Subject
(A mí)	Se	me	cayó	la taza de café.
¿(A ti)	Se	te	perdió	la cartera?
A Antonio	se	le	olvidaron	los apuntes.

The verb agrees with the grammatical subject of the Spanish sentence (**la taza, la cartera, los apuntes**), not with the indirect object pronoun. **No** immediately precedes **se**.

A Antonio *no se* **le olvidaron los apuntes.**
Antonio didn't forget his notes.

B. Here are some verbs frequently used in this construction.

Note: Although all indirect object pronouns can be used in this construction, this section will focus on the singular of first, second, and third persons (**se me… , se te… , se le…**).

acabar	to finish; to run out of
caer	to fall
olvidar	to forget
perder (ie)	to lose
quedar	to remain, be left
romper	to break

Práctica

A. ¡Qué mala memoria! Hortensia sufre muchas presiones en su vida. Por eso cuando se fue de vacaciones al Perú, estaba tan distraída que se le olvidó hacer muchas cosas importantes antes de salir. Empareje (*Match*) los lapsos de Hortensia con las consecuencias.

LAPSOS

1. _____ Se le olvidó cerrar la puerta de su casa.
2. _____ Se le olvidó pagar sus cuentas.
3. _____ Se le olvidó pedirle a alguien que cuidara a (*to take care of*) su perro.
4. _____ Se le olvidó cancelar el periódico.
5. _____ Se le olvidó pedirle permiso a su jefa (*boss*).
6. _____ Se le olvidó llevar el pasaporte.
7. _____ Se le olvidó hacer reserva en un hotel.

CONSECUENCIAS

a. Va a perder el trabajo.
b. No la van a dejar entrar en el Perú.
c. Le van a suspender el servicio de la luz (*electricity*) y de gas… ¡y cancelar sus tarjetas de crédito!
d. Alguien le va a robar el televisor.
e. ¡«King» se va a morir!
f. No va a tener dónde alojarse (*to stay*).
g. Todos van a saber que no está en casa.

B. ¡Desastres por todas partes (*everywhere*)!

Paso 1. ¿Es Ud. una persona distraída o torpe? Indique las oraciones que se apliquen (*apply*) a Ud. Puede cambiar algunos de los detalles de las oraciones si es necesario.

1. ☐ Con frecuencia se me caen los libros (los platos, …).
2. ☐ Se me pierden constantemente las llaves (los calcetines, …).
3. ☐ A menudo (*Often*) se me olvida apagar la computadora (la luz, …).
4. ☐ Siempre se me rompen las gafas (las lámparas, …).
5. ☐ De vez en cuando se me quedan los libros (los cuadernos, …) en la clase.
6. ☐ Se me olvida fácilmente mi horario (el teléfono de algún amigo, …).

Paso 2. ¿Es Ud. igual ahora que cuando era más joven? Complete cada oración del **Paso 1** para describir cómo era de niño/a. No se olvide de usar el imperfecto en sus oraciones.

MODELO.   De niño/a, (no) se me caían los libros con frecuencia.

Paso 3. Ahora compare sus respuestas con las de un compañero / una compañera. ¿Quién es más distraído/a o torpe ahora? ¿Quién lo era de niño/a?

Conversación
▲▲▲▲▲▲▲▲

Pablo tuvo un día fatal

Paso 1. Lea la siguiente descripción de lo que le pasó a Pablo ayer. Va a usar los números entre paréntesis en el **Paso 2**.

Pablo no se levantó a las siete, como lo hace generalmente. Se levantó tarde, a las ocho. (1) Se vistió rápidamente y salió de casa descalzo.ª (2) Entró en el

ª*barefoot*

garaje pero no pudo abrir la puerta del coche. (3) Por eso tuvo que llegar a la oficina en autobús, pero cuando quiso pagarle al conductor, no tenía dinero. (4) Por eso tuvo que llegar a pie.

Cuando Pablo por fin entró a la oficina, su jefa se ofendió porque Pablo la trató descortésmente. (5) Su primer cliente se enojó porque Pablo no tenía toda la información necesaria para resolver su caso. (6)

Para las diez de la mañana, Pablo tenía muchísima hambre. (7) Por eso fue a la cafetería a comer algo. Se sentó con el vicepresidente de la compañía. Muy pronto este[b] se levantó furioso de la mesa. (8) Dijo que su chaqueta estaba arruinada. ¡Pablo ya no podía más! También se levantó y regresó a casa.

[b]*the latter*

Paso 2. Ahora, con un compañero / una compañera, hagan y contesten preguntas para explicar por qué Pablo lo pasó tan mal ayer. La primera persona debe hacer una pregunta. La segunda persona debe contestar, usando las sugerencias en los dibujos. El número uno está hecho (*done*) para Uds.

MODELO: (1) →
E1: ¿Por qué se levantó tarde Pablo?
E2: Porque se le olvidó poner el despertador.

Frases útiles: Se le olvidó/olvidaron… , Se le perdió/perdieron… , Se le cayó/cayeron… , Se le quedó/quedaron…

Nota comunicativa

Telling How Long Something Has Been Happening / How Long Ago Something Happened

- In Spanish, the phrase **hace** + *period of time* + **que** + *present tense* is used to express an action that has been going on over a period of time and is still going on.

  —¿**Cuánto tiempo hace que** vives en esta residencia?
  How long have you been living in this dorm?

  —**Dos meses.**
  (For) Two months.

- To say how long *ago* something happened, use the same **hace… que** construction but with the preterite tense instead of the present. Notice also the omission of **que** when the **hace** phrase does not come at the beginning of the sentence.

  Hace tres años **que fui** a Bogotá.
  I went to Bogotá three years ago.

  Fui a Cancún **hace** un mes.
  I went to Cancún a month ago.

Práctica

¿Quién... ?

Paso 1. ¿Quién hace qué? Haga oraciones completas emparejando (*matching*) las personas en la columna A con las acciones correspondientes en la columna B.

MODELO: hace mucho tiempo que / profesor(a) / enseñar español →
Hace mucho tiempo que el profesor / la profesora enseña español.

Hace mucho/poco tiempo que...

A	B
Gloria Estefan	hacen programas para niños
Sammy Sosa	canta en español
Antonio Banderas	habla español
los «Teletubbies»	vive en esta ciudad
John Grisham	escribe novelas
el rector / la rectora (*president*) de la universidad	juega al béisbol
el profesor / la profesora de español	trabaja en esta universidad
un compañero / una compañera de clase	trabaja en Hollywood
	¿ ?

Paso 2. ¿Cuánto tiempo hace que pasó lo siguiente? Haga oraciones completas usando las indicaciones que aparecen en la lista. ¿Sabe Ud. todas las respuestas?

MODELO: el primer hombre / llegar a la luna →
Hace casi treinta años que el primer hombre llegó a la luna.

1. Cristóbal Colón / llegar a América
2. la Segunda Guerra Mundial / terminar
3. John Lennon / morirse
4. el presidente actual (el primer ministro) / ser elegido (*to be elected*)
5. el profesor (la profesora) de español / enseñar en esta universidad

Ricky Martin

Enrique Martín Morales es el puertorriqueño que todo el mundo[a] conoce como **Ricky Martin**. Nació el día de Nochebuena, 1971, en San Juan, Puerto Rico. Desde niño sabía que quería ser artista. En 1984, cuando tenía solamente 12 años, se presentó a un *casting call* para sustituir a un miembro del famoso grupo juvenil **Menudo**, y ¡ganó el puesto! Se quedó con Menudo hasta 1989, y desde entonces no sólo ha sido[b] cantante sino[c] también actor. Desempeñó un papel[d] en una telenovela en México y otro en el programa norteamericano «**General Hospital**» en 1994.

Ricky Martin

Al talentoso Ricky Martin le gusta todo tipo de música y puede cantar con igual[e] facilidad en inglés como en español. Aunque[f] el español es su lengua materna y siempre cantará[g] en español, le gusta la posibilidad de comunicarse con el público norteamericano también. A finales del siglo[h] XX tuvo tremendo éxito en los Estados Unidos y en el resto del mundo con su álbum «**Livin' La Vida Loca**» y la canción del mismo nombre. Los hispanos no se sorprendieron; ya lo conocían muy bien.

[a]todo... *everybody*   [b]ha... *has he been*   [c]*but*   [d]Desempeñó... *He played a part*   [e]*the same*   [f]*Although*   [g]*he will sing*
[h]A... *At the end of the (twentieth) century*

32 ⬤ ¿Por o para? • A Summary of Their Uses

¿Qué se representa?

a.

b.

c.

d.

Empareje cada dibujo con la oración que le corresponde.

1. _____ Le da mil pesetas *para* las revistas.
2. _____ Le da mil pesetas *por* las revistas.
3. _____ Van *por* las montañas.
4. _____ Van *para* las montañas.

You have been using the prepositions **por** and **para** throughout your study of Spanish. Although most of the information in this section will be a review, you will also learn some new uses of **por** and **para**.

Por

The preposition **por** has the following English equivalents.

- *by, by means of*

Vamos **por** avión (tren, barco, …).
We're going by plane (train, ship, . . .).

Nos hablamos **por** teléfono mañana.
We'll talk by (on the) phone tomorrow.

- *through, along*

Me gusta pasear **por** el parque y **por** la playa.
I like to stroll through the park and along the beach.

- *during, in* (time of day)

Trabajo **por** la mañana.
I work in the morning.

- *because of, due to*

Estoy nervioso **por** la entrevista.
I'm nervous because of the interview.

- *for = in exchange for*

Piden 1.000 dólares **por** el coche.
They're asking $1,000 for the car.

Gracias **por** todo.
Thanks for everything.

- *for = for the sake of, on behalf of*

Lo hago **por** ti.
I'm doing it for you (for your sake).

- *for = duration* (often omitted)

Vivieron allí (**por**) un año.
They lived there for a year.

Por is also used in a number of fixed expressions.

por Dios	for heaven's sake
por ejemplo	for example
por eso	that's why
por favor	please
por fin	finally
por lo general	generally, in general
por lo menos	at least
por primera/ última vez	for the first/ last time
por si acaso	just in case
¡por supuesto!	of course!
por todas partes	everywhere

Although **para** has many English equivalents, including *for*, it always has the underlying purpose of referring to a goal or destination.

- *in order to* + infinitive

Regresaron pronto **para** estudiar.
They returned soon (in order) to study.

Estudian **para** conseguir un buen trabajo.
They're studying (in order) to get a good job.

- *for = destined for, to be given to*

Todo esto es **para** ti.
All this is for you.

Le di un libro **para** su hijo.
I gave her a book for her son.

- *for = by (deadline, specified future time)*

Para mañana, estudien **por** y **para**.
*For tomorrow, study **por** and **para**.*

La composición es **para** el lunes.
The composition is for Monday.

- *for = toward, in the direction of*

Salió **para** el Ecuador ayer.
She left for Ecuador yesterday.

- *for = to be used for*

  OJO Compare the example at the right to **un vaso de agua** = *a glass (full) of water.*

El dinero es **para** la matrícula.
The money is for tuition.

Es un vaso **para** agua.
It's a water glass.

- *for = as compared with others, in relation to others*

Para mí, el español es fácil.
For me, Spanish is easy.

Para (ser) extranjera, habla muy bien el inglés.
For (being) a foreigner, she speaks English very well.

- *for = in the employ of*

Trabajan **para** el gobierno.
They work for the government.

Práctica

A. *¿Por o para?* Complete los siguientes diálogos y oraciones con **por** o **para**.

1. Los señores Arana salieron _____ el Perú ayer. Van _____ avión, claro, pero luego piensan viajar en coche _____ todo el país. Van a estar allí _____ dos meses. Va a ser una experiencia extraordinaria _____ toda la familia.
2. Mi prima Graciela quiere estudiar _____ (ser) doctora. _____ eso trabaja _____ un médico _____ la mañana; tiene clases _____ la tarde.
3. —¿ _____ qué están Uds. aquí todavía? Yo pensaba que iban a dar un paseo _____ el parque.
   —Íbamos a hacerlo, pero no fuimos _____ la nieve.
4. Este cuadro fue pintado (*was painted*) por Picasso _____ expresar los desastres de la guerra (*war*). _____ muchos críticos de arte, es la obra maestra de este artista.
5. La «Asociación Todo _____ Ellos» trabaja _____ las personas mayores, _____ ayudarlos cuando lo necesitan. ¿Trabaja Ud. _____ alguna asociación de voluntarios? ¿Qué tuvo que hacer _____ inscribirse (*sign-up*)?

Conversación

Entrevista. Hágale preguntas a su profesor(a) para saber la siguiente información.

1. la tarea para mañana y para la semana que viene
2. lo que hay que estudiar para el próximo examen
3. si para él/ella son interesantes o aburridas las ciencias
4. la opinión que tiene de la pronunciación de Uds., para ser principiantes
5. qué debe hacer Ud. para mejorar su pronunciación del español

PANORAMA *cultural*

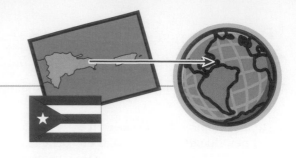

Puerto Rico

Datos esenciales

- Nombre oficial: Estado Libre Asociado[a] de Puerto Rico
- Capital: San Juan
- Población: 4.000.000 de habitantes
- Moneda: el dólar estadounidense
- Idiomas oficiales: el español y el inglés

[a]Estado... *literally, Free Associated State*

Calle en el viejo San Juan

¡Fíjese!

- Puerto Rico ha estado relacionado[a] políticamente con los Estados Unidos desde la Guerra hispano-norteamericana de 1898, año en que España perdió las ultimas colonias de su imperio. En 1952, Puerto Rico se convirtió en Estado Libre Asociado. Bajo[b] este sistema de gobierno, los puertorriqueños son ciudadanos[c] estadounidenses. Sin embargo,[d] los que viven en la isla no pueden votar por el presidente de los Estados Unidos y deben servir en el ejército[e] de ese país en caso de guerra.

- Otro nombre de Puerto Rico es Borinquen y los puertorriqueños se conocen también como boricuas. Estas palabras originaron en el lenguaje de los indios taínos. Los taínos llegaron a la isla en el siglo[f] XIII pero su cultura casi desapareció con la llegada de los españoles en 1493.

- El Parque Nacional del Yunque, ubicado[g] en una montaña de 1.065 metros de altura que está al noreste de la isla, es pequeño cuando se compara a otros bosques[h] nacionales, pero es el único bosque tropical del sistema de Bosques Nacionales de los Estados Unidos.

[a]ha... *has been associated* [b]*Under* [c]*citizens* [d]Sin... *However* [e]*army* [f]*century* [g]*located* [h]*forests*

Conozca a... Alonso Ramírez

En 1690 se publica en México la primera novela del Nuevo Mundo, *Infortunios*[a] *de Alonso Ramírez*. Aunque esta obra[b] se atribuyó al mexicano Carlos Sigüenza y Góngora, hoy se cree que el verdadero[c] autor fue el mismo Alonso Ramírez del título. También se cree que la obra no es ficticia, sino autobiográfica: la vida de un puertorriqueño que se cría[d] en la isla, viaja a México y tiene aventuras en muchas partes del Mar Pacífico. Sus aventuras incluyen batallas contra piratas, una estadía[e] en una isla desierta y muchos otros eventos interesantísimos. Es una novela que vale la pena[f] leer.

[a]*Misfortunes* [b]*work* [c]*real* [d]se... *is brought up* [e]*stay* [f]que... *that is worth the trouble*

Capítulo 11 of the video to accompany *Puntos de partida* contains cultural footage of Puerto Rico.

Visit the *Puntos* Website at www.mhhe.com/puntos.

Vocabulario

Los verbos

acabar	to finish; to run out of
acordarse (ue) (de)	to remember
caer (*irreg.*)	to fall
caerse	to fall down
entregar	to turn, hand in
equivocarse	to be wrong, make a mistake
estacionar	to park
quedar	to remain, be left
recoger	to collect; to pick up
romper	to break
sacar	to take out; to get
ser (*irreg.*) flexible	to be flexible
sufrir	to suffer
(muchas) presiones	to be under (a lot of) pressure

Repaso: caminar, doler (ue), llegar a tiempo/tarde olvidarse de

Accidentes

darse (*irreg.*) con	to run, bump into
hacerse (*irreg.*) daño	to hurt oneself
lastimarse	to injure oneself
levantarse con el pie izquierdo	to get up on the wrong side of the bed
pedir (i, i) disculpas	to apologize
pegarse en/contra	to run/bump into
Discúlpeme.	Pardon me. / I'm sorry.
Fue sin querer.	It was unintentional.
¡Lo siento (mucho)!	Pardon me! / I'm (very) sorry!
¡Qué mala suerte!	What bad luck!

Repaso: perdón

Presiones de la vida estudiantil

la calificación	grade
el estrés	stress
la fecha límite	deadline
la (falta de) flexibilidad	(lack of) flexibility
el horario	schedule
el informe (oral/escrito)	(oral/written) report
la nota	grade
la prueba	quiz; test
la tarjeta de identificación	identification card
el trabajo	job, work; report, (piece of) work
de tiempo completo/parcial	full time/part time

Repaso: el examen

Más partes del cuerpo

el brazo	arm
el dedo (de la mano)	finger
el dedo del pie	toe
la pierna	leg

Repaso: la cabeza

Los adjetivos

distraído/a	absentminded
escrito/a	written
flexible	flexible
torpe	clumsy
universitario	(of the) university

Otros sustantivos

el calendario	calendar
el despertador	alarm clock
la llave	key
la luz	light, electricity

Palabras adicionales

hace + *time*	(*time*) ago
hace + *time* +	it's been (*time*)
que... + *present*	since . . .

por Dios	for heaven's sake
por ejemplo	for example
por lo menos	at least
por primera/	for the first/last time
última vez	
por si acaso	just in case
por supuesto	of course
por todas partes	everywhere

Repaso: por eso, por favor, por fin, por lo general, por lo menos

Capítulo 11 • Presiones de la vida moderna

La calidad de la vida

Este joven de Marbella, España, hace buen uso de la tecnología moderna.

En este capítulo...

Vocabulario: Tengo... Necesito... Quiero... ; La vivienda

Gramática:

Panorama cultural: Perú y Chile

Multimedia

Practice vocabulary and grammar, expand your cultural knowledge, and develop your conversational skills.

Vocabulario: Preparación

Tengo... Necesito... Quiero...

el equipo fotográfico
la cámara
el disco compacto
el equipo estereofónico
la computadora / el ordenador
la cámera de vídeo
la videocasetera
el teléfono celular
el walkman
la impresora
la grabadora
el radio (portátil)
el televisor
la cinta
el control remoto

Los vehículos

la bicicleta (de montaña)	(mountain) bike
el carro / el coche (descapotable)	(convertible) car
el monopatín	skateboard
la moto(cicleta)	motorcycle, moped
los patines	roller skates

La electrónica

el contestador automático	answering machine
el correo electrónico	e-mail
el disco duro	hard drive
la impresora	printer
el ordenador (*Spain*)	computer
el ratón	mouse
la red	net
navegar la red	to surf the Net

el teléfono (celular, de coche)	(cellular, car) phone

Cognados

el CD-ROM, la computadora, el disco compacto, el disco de computadora, el fax, la memoria, el módem

Verbos útiles

cambiar (de canal, de cuarto, de ropa...)	to change (channels, rooms, clothing)
conseguir (i, i)	to get, obtain
copiar / hacer copia	to copy
fallar	to "crash" (*a computer*)
funcionar	to work, function (*machines*)
grabar	to record, to tape
guardar	to keep, to save (*documents*)

imprimir	to print	**Para poder gastar...**	
manejar	to drive; to operate (*a machine*)	**el aumento**	raise
		el/la jefe/a	boss
obtener (*irreg.*)	to get, obtain	**el sueldo**	salary
sacar fotos	to take photos		

Conversación

▲▲▲▲▲▲▲▲

A. Ud. y los aparatos

Paso 1. ¿Qué se usa en estas situaciones?

1. para mandar copias de documentos no originales que deben llegar inmediatamente
2. para grabar un programa de televisión cuando no podemos verlo a la hora de su emisión
3. para cambiar el programa de la tele sin levantarse del sillón
4. para recibir llamadas telefónicas cuando no estamos en casa
5. para escuchar música mientras hacemos ejercicio

Paso 2. Con un compañero / una compañera, piensen en cuatro situaciones similares a las del **Paso 1**. La otra persona debe identificar el aparato.

Paso 3. Para Ud., ¿son ciertas o falsas las siguientes oraciones?

1. Soy una persona que tiene habilidad mecánica. Es decir, entiendo cómo funcionan los aparatos.
2. Aprendí con facilidad a usar la computadora.
3. No me puedo imaginar la vida sin los aparatos electrónicos modernos.
4. Me interesa saber qué vehículo maneja una persona, porque el vehículo es una expresión de la personalidad.
5. Una vez me falló la computadora y perdí unos documentos y archivos (*files*) muy importantes.
6. Uso la videocasetera para ver películas, pero no sé grabar.
7. Me gusta navegar la red porque siempre encuentro lo que busco.

B. ¿Qué vehículos... ?

Paso 1. ¿Qué vehículo piensa Ud. que deben tener y usar las siguientes personas?

1. una persona joven no convencional y que vive en Sevilla, una ciudad grande en el sur de España
2. una persona joven que vive en Key West, una isla soleada e informal en el sur de Florida
3. una familia con tres hijos
4. un estudiante de una universidad de artes liberales que vive en el *campus*

5. unos chicos que viven en Venice Beach, California, y que pasan gran parte de su tiempo libre en la playa y en el *boardwalk*
6. un matrimonio jubilado (*retired*) que vive en Nueva Inglaterra

Paso 2. ¿Qué vehículo(s) tiene Ud.? ¿Es lo más apropiado para su vida? ¿Por qué? ¿Qué vehículo le gustaría tener?

C. ¿Necesidad o lujo (*luxury*)**?**

Paso 1. ¿Considera Ud. que las siguientes posesiones son un lujo o una necesidad de la vida moderna? Indique si Ud. tiene este aparato o vehículo.

MODELO: un televisor → Para mí, un televisor es una necesidad. Tengo uno. (No tengo uno ahora.)

1. un contestador automático
2. una videocasetera
3. el equipo estereofónico
4. una computadora
5. un coche
6. una bicicleta
7. un *walkman* (una grabadora)

Paso 2. Ahora dé tres cosas más que Ud. considera necesarias en la vida moderna.

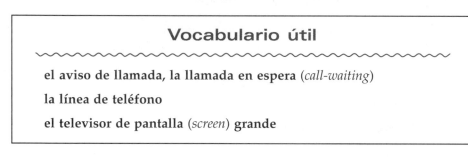

Vocabulario útil

el aviso de llamada, la llamada en espera (*call-waiting*)

la línea de teléfono

el televisor de pantalla (*screen*) **grande**

Paso 3. Para terminar, entreviste a un compañero / una compañera para saber si está de acuerdo con Ud. y si tiene las mismas posesiones.

MODELO: el televisor → E1: ¿El televisor?
E2: Yo lo considero un lujo y por eso no tengo uno.

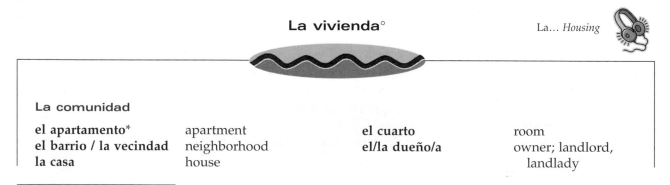

La vivienda°

La… *Housing*

La comunidad

el apartamento*	apartment	**el cuarto**	room
el barrio / la vecindad	neighborhood	**el/la dueño/a**	owner; landlord, landlady
la casa	house		

*El apartamento is used throughout Latin America and the Caribbean. El departamento is used in Mexico, Peru, and other Latin American countries, but el piso is the word most commonly used in Spain.

el/la inquilino/a	tenant; renter	la dirección	address
el/la portero/a	building manager, doorperson	la planta	floor
		la planta baja	first (ground) floor
la residencia	residence	el piso	floor (of a building)
el/la vecino/a	neighbor	el (primer, segundo) piso	(first, second [*Sp.*: second, third]) floor
El área		la vista	view
las afueras	outskirts, suburbs		
la avenida	avenue	**Los gastos**	
la calle	street		
el campo	countryside	el alquiler	rent
la casa (el bloque) de apartamentos	apartment building	alquilar	to rent
		el gas	gas; heat
el centro	(downtown) shopping area	la luz (*pl.* luces)	light; electricity

Conversación

A. A buscar vivienda

CUZCO

Alquilo casa. Barrio residencial. Semi-amue-blada[a] con teléfono. Informes Teléf. Cuzco: 084-226752. Lima: 774153 (horario 2 a 5 p.m.)

Paso 1. Lea los tres anuncios de viviendas en el Perú y conteste las siguientes preguntas.

1. ¿Qué tipo de vivienda se vende en cada anuncio? ¿Son para comprar o alquilar?
2. ¿Cuántos dormitorios tiene cada vivienda?
3. ¿Cree Ud. que estas viviendas son para familias con mucho o poco dinero?

[a]*Partially furnished*   [b]sala... *living room; sitting room*   [c]1 ó 2... *one- or two-car garage*
[d]acabados... *first-class finishing details*

DEPARTAMENTOS MONTERRICO

Finos departamentos de 3 dormitorios, 3½ baños, sala de estar,[b] 1 ó 2 cocheras,[c] acabados de primera,[d] verlos todos los días en: Domingo de la Presa 165, espalda cuadra 12 Av. Primavera.

CHACARILLA DEL ESTANQUE

Departamentos exclusivos, diseño especial, 3 dormitorios, comedor de diario, área de servicio, totalmente equipados. Desde $41.500. Buenas facilidades.
Av. Buena Vista N° 230 (a 2 Cdras. de Velasco Aslete) Tels. 458107 – 357743

Paso 2. Con un compañero / una compañera, hablen sobre el tipo de vivienda que prefieren.

1. Como estudiante universitario, ¿prefiere vivir en el *campus* o fuera del *campus*? ¿en una residencia o en una casa o apartamento de alquiler con otras personas?
2. ¿Prefiere Ud. vivir en la planta baja o en los pisos más altos?
3. Si Ud. alquila su vivienda, ¿prefiere que el alquiler incluya (*include*) todos los gastos o prefiere pagar la luz y el gas por separado?
4. Si pudiera (*If you could*) escoger, ¿qué le gustaría más, tener un apartamento pequeño en un barrio elegante del centro o una casa grande en las afueras?
5. ¿Qué tipo de vecinos le gusta tener?

B. Definiciones. Dé las definiciones de las siguientes palabras.

MODELO: la residencia →
Es un lugar donde viven muchos estudiantes. Por lo general está situada en el *campus* universitario.

Frases útiles: Es una persona que… Es un lugar donde… Es una cosa que…

1. el inquilino	3. el alquiler	5. la vecina	7. la dirección
2. el centro	4. el portero	6. la dueña	8. las afueras

Minidiálogos y gramática

¿Recuerda Ud.?

In Grammar Section 19 you learned about **Ud.** and **Uds.** commands. Remember that object pronouns (direct, indirect, reflexive) must follow and be attached to affirmative commands; they must precede negative commands.

AFFIRMATIVE: Háblele Ud.   Duérmase.   Dígaselo Ud.
NEGATIVE: No le hable Ud.   No se duerma.   No se lo diga Ud.

¿Cómo se dice en español?

1. Bring me the book. (**Uds.**)
2. Don't give it to her. (**Uds.**)
3. Sit here, please. (**Ud.**)
4. Don't sit in that chair! (**Ud.**)
5. Tell them the truth. (**Uds.**)
6. Tell it to them now! (**Uds.**)
7. Never tell it to her. (**Uds.**)
8. Take care of yourself. (**Ud.**)
9. Lead a healthy life. (**Ud.**)
10. Listen to me. (**Ud.**)

Influencing Others • *Tú* Commands

¡Marta, tu cuarto es un desastre!

«¡Marta, qué desordenado está tu cuarto! Por favor, *arréglalo* antes de jugar con tus amigos. *Guarda* la ropa limpia en tu armario, *pon* la ropa sucia en el cesto, *haz* la cama, *recoge* los libros del piso y *ordénalos* en los estantes… Y no *dejes* los zapatos por todas partes… ¡Es muy peligroso!»

¿Quién diría (*would say*) lo siguiente, Marta o Manolo, su padre?

1. No te enojes… Ya voy a arreglarlo todo.
2. Hazlo inmediatamente… ¡antes de salir a jugar!
3. Dime, ¿por qué tengo que hacerlo ahora mismo?
4. La próxima vez, ¡no dejes tu cuarto en tales condiciones!

Informal commands (**los mandatos informales**) are used with persons whom you would address as **tú**.

▲▲▲▲▲

Negative *tú* Commands

-*ar* verbs		-*er/-ir* verbs	
No hables.	Don't speak.	**No comas.**	Don't eat.
No cantes.	Don't sing.	**No escribas.**	Don't write.
No juegues.	Don't play.	**No pidas.**	Don't order.

A. Like **Ud.** commands (Grammar Section 19), the negative **tú** commands are expressed using the "opposite vowel": **no hable Ud., no hables (tú).** The pronoun **tú** is used only for emphasis.

No cantes **tú** tan fuerte.
*Don't **you** sing so loudly.*

Marta, your room is a disaster! "Marta, what a messy room you have! Please straighten it up before you go out to play with your friends. Put your clean clothes away in the closet, put your dirty clothes in the hamper, make your bed, pick your books up from the floor and arrange them on the shelves… And don't leave your shoes lying around everywhere… It's very dangerous!"

B. As with negative **Ud.** commands, object pronouns—direct, indirect, and reflexive—precede negative **tú** commands.

No lo mires.
Don't look at him.

No les escribas.
Don't write to them.

No te levantes.
Don't get up.

Affirmative *tú* Commands

-*ar* verbs		-*er/-ir* verbs	
Habla.	*Speak.*	**Come.**	*Eat.*
Canta.	*Sing.*	**Escribe.**	*Write.*
Juega.	*Play.*	**Pide.**	*Order.*

A. Unlike the other command forms you have learned, most affirmative **tú** commands have the same form as the third person singular of the present indicative.* Some verbs have irregular affirmative **tú** command forms.

decir:	**di**	salir:	**sal**
hacer:	**haz**	ser:	**sé**
ir:	**ve**	tener:	**ten**
poner:	**pon**	venir:	**ven**

Spelling Hint: One-syllable words, like the affirmative **tú** commands of some verbs (**decir, ir, tener, ...**) do not need an accent mark: **di, ve, ten, ...** Exceptions to this rule are those forms that could be mistaken for other words, like the command of **ser** (**sé**), which could be mistaken for the pronoun **se.**

Sé puntual pero **ten** cuidado.
Be there on time, but be careful.

OJO The affirmative **tú** commands for **ir** and **ver** are identical: **ve.** Context will clarify meaning.

¡**Ve** esa película!
See that movie!

Ve a casa ahora mismo.
Go home right now.

---

*As you know, there are two different *moods* in Spanish: the *indicative mood* (the one you have been working with, which is used to state facts and ask questions) and the *subjunctive mood* (which is used to express more subjective actions or states). Beginning with Grammar Section 34, you will learn more about the subjunctive mood.

B. As with affirmative **Ud.** commands, object and reflexive pronouns follow affirmative **tú** commands and are attached to them. Accent marks are necessary except when a single pronoun is added to a one-syllable command.

Dile la verdad.
Tell him the truth.

Léela, por favor.
Read it, please.

Póntelos.
Put them on.

Nota comunicativa

In **Capítulo 1**, you learned about the pronoun **vosotros/vosotras** that is used in Spain as the plural of **tú**. Here is information about forming **vosotros** commands, for recognition only.

- Affirmative **vosotros** commands are formed by substituting **-d** for the final **-r** of the infinitive. There are no irregular affirmative **vosotros** commands.

  hablar → hablad
  comer → comed
  escribir → escribid

- Negative **vosotros** commands are expressed with the present subjunctive. (You will learn more about the present subjunctive in the next and subsequent grammar sections.)

  no habléis
  no comáis
  no escribáis

- Placement of object pronouns is the same as for all other command forms.

  Decídmelo.
  No me lo digáis.

Práctica

Julita, la mal educada

Paso 1. Los señores Villarreal no están contentos con el comportamiento de su hija Julita. Continúe los comentarios de ellos con mandatos informales lógicos según cada situación. Siga los modelos.

MODELOS: *Hablaste* demasiado ayer. → No *hables* tanto hoy, por favor.
Dejaste tu ropa en el suelo anoche. → No la *dejes* allí hoy, por favor.

1. También *dejaste* tus libros en el suelo.
2. ¿Por qué *regresaste* tarde a casa hoy después de las clases?
3. ¿Por qué *vas* al parque todas las tardes?
4. No es bueno que *mires* la televisión constantemente. ¿Y por qué quieres *ver* todos esos programas de detectives?
5. ¿Por qué le *dices* mentiras a tu papá?
6. Siempre *te olvidas* de sacar la basura, que es la única tarea que tienes que hacer.
7. Ay, hija, no te comprendemos. ¡*Eres* tan insolente!

Paso 2. La pobre Julita también escucha muchos mandatos de su maestra en clase. Invente Ud. esos mandatos según las indicaciones.

1. llegar / a / escuela / puntualmente
2. quitarse / abrigo / y / sentarse
3. sacar / libro de matemáticas / y / abrirlo / en / página diez
4. leer / nuevo / palabras / y / aprenderlas / para mañana
5. venir / aquí / a / hablar conmigo / sobre / este / composición

Conversación
▲▲▲▲▲▲▲▲

A. **Situaciones.** ¿Qué consejos les daría (*would you give*) a las siguientes personas si fueran (*if they were*) sus amigos? Déles a todos consejos en forma de mandatos informales.

1. A Celia le encanta ir al cine, especialmente los viernes por la noche. Pero a su novio no le gusta salir mucho los viernes. Él siempre está muy cansado después de una larga semana de trabajo. Celia, en cambio (*on the other hand*), tiene mucha energía.
2. Nati tiene 19 años. El próximo año quiere vivir en un apartamento con cuatro amigos. Para ella es una situación ideal: un apartamento económico en un barrio estudiantil y unos buenos amigos (dos de ellos son hombres). Pero los padres de Nati son muy tradicionales y no les va a gustar la situación.
3. Su abuelo va a comprarse su primera computadora y necesita su opinión y experiencia. Tiene muchas preguntas, desde qué tipo debe comprar hasta cómo usarla eficientemente. Él quiere una computadora para conectarse con unos amigos jubilados (*retired*) que ahora viven en otro estado, para navegar la red y para realizar el sueño de su vida: escribir la historia de la llegada de sus padres a este país.
4. Mariana es una *yuppi*. Gana muchísimo dinero pero trabaja demasiado. Nunca tiene tiempo para nada. Duerme poco y bebe muchísimo café para seguir despierta (*awake*). No come bien y jamás hace ejercicio. Acaba de comprarse un teléfono celular para poder trabajar mientras maneja a la oficina.

B. **Entre compañeros de casa.** En su opinión, ¿cuáles son los cinco mandatos que se oyen con más frecuencia en su casa (apartamento, residencia)? Piense no sólo en los mandatos que Ud. escucha sino (*but*) también en los que Ud. les da a los demás (*others*).

Frases útiles: poner la tele, sacar la basura, apagar la computadora, prestarme dinero, contestar el teléfono, no hacer ruido, lavar los platos, ¿ ?

Frase útil: no seas… impaciente, así, pesado/a (*a pain*), precipitado/a (*hasty*), loco, impulsivo/a, bobo/a (*dumb*)

Expressing Subjective Actions or States •
Present Subjective: An Introduction

Una decisión importante

JOSÉ MIGUEL: Quiero comprar una computadora, pero no sé cuál. *No creo que sea* una decisión fácil de tomar.

GUSTAVO: Pues, yo sé bastante de computadoras. Te puedo hacer algunas recomendaciones.

JOSÉ MIGUEL: Bueno, te escucho.

GUSTAVO: Primero, *es buena idea que sepas* para qué quieres una computadora. ¿Quieres navegar por el *Internet*? Entonces, *te sugiero que busques* una computadora con módem y con memoria suficiente para hacerlo. Luego, *quiero que hables* con otras personas que ya manejan computadoras. Y por último, *te aconsejo que vayas* a varias tiendas para comparar precios.

JOSÉ MIGUEL: Bueno, *me alegro de que sepas* tanto de computadoras. ¡Ahora *quiero que vayas* conmigo a las tiendas!

Comprensión: ¿Cierto, falso o no lo dice?

1. José Miguel quiere que Gustavo le compre una computadora.
2. Gustavo le recomienda a José Miguel que aprenda algo sobre computadoras antes de comprarse una.
3. Gustavo no cree que José Miguel tenga suficiente dinero.
4. José Miguel se alegra de que Gustavo esté tan informado sobre computadoras.

Present Subjunctive: An Introduction

A. Except for command forms, all the verb forms you have learned so far in *Puntos en breve* are part of the *indicative mood* (**el modo indicativo**). In both English and Spanish, the indicative is used to state facts and to ask questions; it objectively expresses actions or states of being that are considered true by the speaker.

INDICATIVE:

¿Puedes venir a la fiesta?
Can you come to the party?

Prefiero llegar temprano a casa.
I prefer getting home early.

An important decision JOSÉ MIGUEL: I want to buy a computer, but I don't know which one. I don't think it's an easy decision to make. GUSTAVO: Well, I know quite a bit about computers. I can give you some recommendations. JOSÉ MIGUEL: OK, I'm listening. GUSTAVO: First, it's a good idea for you to know why you want a computer. Do you want to get on the Internet? Then I suggest that you look for a computer with a modem and enough memory to do it. Then I want you to talk with other people who already work with computers. And finally, I suggest you go to various stores to compare prices. JOSÉ MIGUEL: Well, I'm glad you know so much about computers. Now I want you to go to the stores with me!

B. Both English and Spanish have another verb system called the *subjunctive mood* (**el modo subjuntivo**). The subjunctive is used to express more subjective or conceptualized actions or states. These include things that the speaker wants to happen or wants others to do, events to which the speaker reacts emotionally, things that are as yet unknown, and so on.

SUBJUNCTIVE:

Espero que **puedas** venir a la fiesta.
I hope (that) you can come to the party.

Prefiero que **llegues** temprano a casa.
I prefer that you be home early.

C. Sentences in English and Spanish may be simple or complex. A simple sentence is one that contains a single verb.

Complex sentences are comprised of two or more *clauses* (**las cláusulas**). There are two types of clauses: main (independent) clause and subordinate (dependent) clause. *Independent clauses* (**las cláusulas principales**) contain a complete thought and can stand alone. *Dependent clauses* (**las cláusulas subordinadas**) contain an incomplete thought and cannot stand alone. Dependent clauses require an independent clause to form a complete sentence.

Note in the indicative example above that when there is no change of subject in the sentence, the infinitive is used in the subordinate clause.

However, when the two subjects of a complex sentence are different, the subjunctive is often used in the subordinate clause in Spanish. Note that subordinate clauses are linked by the conjunction **que**, which is never optional (as it is in English).

Quiero pan.
I want bread.

INDICATIVE

MAIN CLAUSE	SUBORDINATE CLAUSE
Quiero	comprar pan.
I want	*to buy bread.*

SUBJUNCTIVE

MAIN CLAUSE		SUBORDINATE CLAUSE
Quiere	**que**	compres pan.
She wants	*(for)*	*you to buy bread.*
Espero	**que**	me visites pronto.
I hope	*(that)*	*you visit me soon.*
¿Dudas	**que**	puedan venir?
Do you doubt	*(that)*	*they can come?*

D. Three of the most common uses of the subjunctive are to express influence, emotion, and doubt or denial. These are signaled in the previous examples by the verb forms **quiere**, **espero**, and **dudas**.

Forms of the Present Subjunctive

You already know that many Spanish command forms are part of the subjunctive. The **Ud./Uds.** command forms are shaded in the following box. What you have already learned about forming **Ud.** and **Uds.** commands will help you learn the forms of the present subjunctive.

	hablar	**comer**	**escribir**	**volver**	**decir**
Singular	hable	coma	escriba	vuelva	diga
	hables	comas	escribas	vuelvas	digas
	hable	coma	escriba	vuelva	diga
Plural	hablemos	comamos	escribamos	volvamos	digamos
	habléis	comáis	escribáis	volváis	digáis
	hablen	coman	escriban	vuelvan	digan

A. The personal endings of the present subjunctive are added to the first person singular of the present indicative minus its **-o** ending. **-Ar** verbs add endings with **-e**, and **-er/-ir** verbs add endings with **-a**.

> -ar → -e
> -er/-ir → -a
>
> present tense **yo** stem = present subjunctive stem

B. Verbs ending in **-car, -gar,** and **-zar** have a spelling change in all persons of the present subjunctive, in order to preserve the **-c-, -g-,** and **-z-** sounds.

> -car: c → qu
> -gar: g → gu
> -zar: z ▸ c
>
> buscar: bus**qu**e, bus**qu**es, …
> pagar: pa**gu**e, pa**gu**es, …
> empezar: empie**c**e, empie**c**es, …

C. Verbs with irregular **yo** forms show the irregularity in all persons of the present subjunctive.

> conocer: **conozca, …**   salir: **salga, …**
> decir: **diga, …**   tener: **tenga, …**
> hacer: **haga, …**   traer: **traiga, …**
> oír: **oiga, …**   venir: **venga, …**
> poner: **ponga, …**   ver: **vea, …**

D. A few verbs have irregular present subjunctive forms.

dar:	**dé, des, dé, demos, deis, den**
estar:	**esté, …**
haber (hay):	**haya**
ir:	**vaya, …**
saber:	**sepa, …**
ser:	**sea, …**

E. **-Ar** and **-er** stem-changing verbs follow the stem-changing pattern of the present indicative.

pensar (ie): **pie**nse, **pie**nses, **pie**nse, pensemos, penséis, **pie**nsen

poder (ue): **pue**da, **pue**das, **pue**da, podamos, podáis, **pue**dan

F. **-Ir** stem-changing verbs show a stem change in the four forms that have a change in the present indicative. In addition, however, they show a second stem change in the **nosotros** and **vosotros** forms, similar to the present progressive tense.

-ir stem-changing verbs
(**nosotros** and **vosotros**):
o → u
e → i

dormir (ue, u): d**ue**rma, d**ue**rmas, d**ue**rma, d**u**rmamos, d**u**rmáis, d**ue**rman

pedir (i, i): p**i**da, p**i**das, p**i**da, p**i**damos, p**i**dáis, p**i**dan

preferir (ie, i): pref**ie**ra, pref**ie**ras, pref**ie**ra, pref**i**ramos, pref**i**ráis, pref**ie**ran

Práctica

Su trabajo actual. Use frases de la lista para completar las oraciones de modo (*in such a way*) que se refieran a su situación laboral actual. (Siempre hay más de una respuesta posible.) Si Ud. no trabaja ahora, no importa. ¡Invéntese una respuesta!

1. El jefe quiere que _____.

2. También espera que _____.
3. Y duda que _____.

4. Prohíbe (*He forbids*) que _____.
5. En el trabajo, es importante que _____.
6. Yo espero que _____.

a. a veces trabajemos los fines de semana
b. todos lleguemos a tiempo
c. hablemos por teléfono con los amigos
d. me den un aumento de sueldo
e. nos paguen más a todos
f. no usemos el *fax* para asuntos (*matters*) personales
g. me den un trabajo de tiempo completo algún día
h. no perdamos mucho tiempo charlando (*chatting*) con los demás
i. fumemos en la oficina
j. ¿ ?

Conversación

Consejos para comprar y usar la tecnología de multimedia

Paso 1. Complete el siguiente párrafo según su opinión y sus conocimientos (*knowledge*). En el primer espacio en blanco, use el subjuntivo del verbo entre paréntesis.

Recomiendo que...

> MODELO: _____ (encontrar) _____ para ayudarlo/la a montar (*set up*) la computadora porque... → *encuentre un experto* para ayudarlo/la a montar la computadora porque *es muy difícil*.

1. _____ (ir) a _____ para comprar la computadora porque...
2. _____ (comprar) _____ [marca y modelo de computadora] porque...
3. _____ (mirar) las revistas especializadas, como _____ [nombre de revista] porque...
4. no _____ (pagar) más de $ _____ porque...
5. no _____ (usar) el *software* _____ [marca o tipo] de *software* porque...
6. _____ (asegurarse [*to make sure*]) de que la computadora tenga _____ porque...
7. _____ (poner) la computadora en _____ [lugar] porque...

Paso 2. Compare sus respuestas con las de algunos compañeros para ver si están de acuerdo. ¿Quién sabe más del tema en la clase?

En los Estados Unidos y el Canadá...

Cristina Saralegui

¿Es posible combinar una carrera exitosa[a] con una vida familiar? **Cristina Saralegui** cree que sí, definitivamente. Saralegui es **anfitriona** de **«Cristina»**, el programa de entrevistas más popular de la televisión en español de los Estados Unidos. También es **jefa de redacción**[b] de *Cristina—La revista*, una revista para mujeres. Y como si eso fuera poco,[c] también tiene un **programa de radio diario**, «Cristina opina». Además de tener una carrera absorbente, Saralegui es **madre y esposa** y lleva una vida familiar llena de amor y cariño.

Cristina Saralegui

¿Cómo lo hace? Ante todo, ella es **una persona muy inteligente, disciplinada y organizada**. Además, tiene en **su esposo** un compañero exitoso en el mundo de los negocios[d] que también **comparte**[e] **con ella todas las obligaciones familiares**, tanto las que tradicionalmente le tocan a la madre como las que le tocan al padre. Ellos han forjado[f] una relación basada en la igualdad, el respeto y el apoyo[g] mutuo. Y ella también pasa mucho tiempo en casa con su familia. Con excepción de la filmación de «Cristina», ¡hace casi todo su trabajo desde allí!

[a]*successful* [b]*jefa... editor-in-chief* [c]*como... as if that weren't enough* [d]*business* [e]*shares* [f]*han... have established* [g]*support*

35 ▶ Expressing Desires and Requests • Use of the Subjunctive: Influence

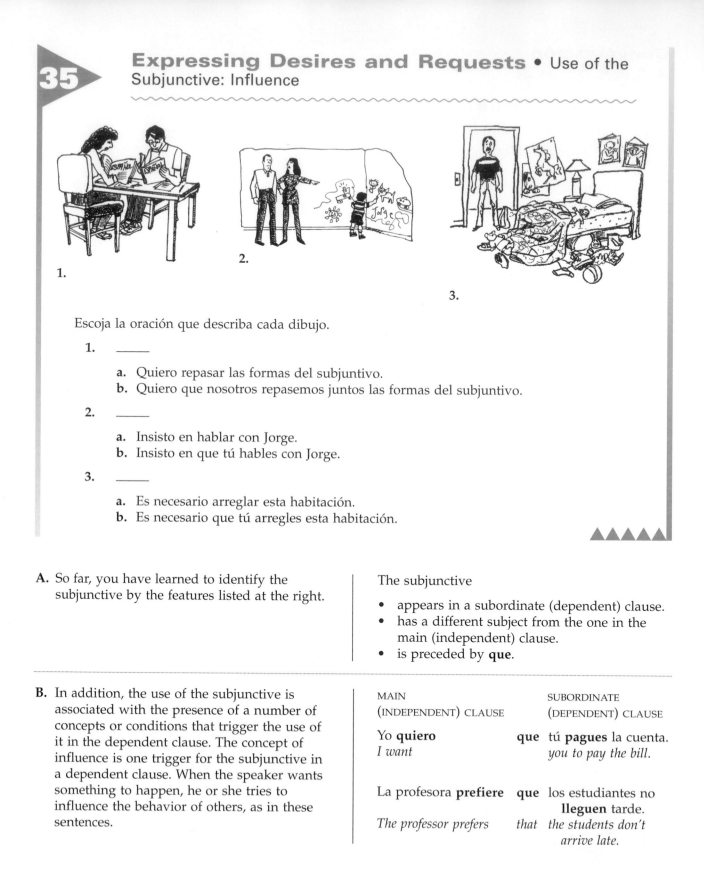

1.

2.

3.

Escoja la oración que describa cada dibujo.

1. _____

   a. Quiero repasar las formas del subjuntivo.
   b. Quiero que nosotros repasemos juntos las formas del subjuntivo.

2. _____

   a. Insisto en hablar con Jorge.
   b. Insisto en que tú hables con Jorge.

3. _____

   a. Es necesario arreglar esta habitación.
   b. Es necesario que tú arregles esta habitación.

A. So far, you have learned to identify the subjunctive by the features listed at the right.

The subjunctive

- appears in a subordinate (dependent) clause.
- has a different subject from the one in the main (independent) clause.
- is preceded by **que**.

B. In addition, the use of the subjunctive is associated with the presence of a number of concepts or conditions that trigger the use of it in the dependent clause. The concept of influence is one trigger for the subjunctive in a dependent clause. When the speaker wants something to happen, he or she tries to influence the behavior of others, as in these sentences.

MAIN (INDEPENDENT) CLAUSE		SUBORDINATE (DEPENDENT) CLAUSE
Yo **quiero**	**que**	tú **pagues** la cuenta.
I want		*you to pay the bill.*
La profesora **prefiere**	**que**	los estudiantes no **lleguen** tarde.
The professor prefers	*that*	*the students don't arrive late.*

The verb in the main clause is, of course, in the indicative, because it is a fact that the subject of the sentence wants something. The subjunctive occurs in the dependent clause.

C. **Querer** and **preferir** are not the only verbs that can express the main subject's desire to influence what someone else thinks or does. There are many other verbs of influence, some very strong and direct, some very soft and polite.

STRONG	SOFT
insistir en	desear
mandar	pedir (i, i)
permitir (*to permit*)	recomendar (ie)
prohibir (prohíbo)	sugerir (ie, i)

D. An impersonal generalization of influence or volition can also be the main clause that triggers the subjunctive. Some examples of this appear at the right.

Es necesario que…	Es importante que…
Es urgente que…	Es mejor que…

Práctica

A. **En la tienda de aparatos electrónicos.** Imagine que Ud. y un amigo / una amiga están en una tienda de aparatos electrónicos. Ud. quiere comprarse un estéreo pero no sabe cuál; por eso su amigo/a lo/la acompaña. ¿Quién dice las siguientes oraciones, Ud., su amigo/a o el vendedor (*salesperson*)?

1. Prefiero que busques un estéreo en varias tiendas; así puedes comparar precios.
2. Quiero que el estéreo tenga disco compacto con control remoto.
3. Recomiendo que no le digas cuánto dinero quieres gastar.
4. Insisto en que Ud. vea este modelo. ¡Es lo último!
5. Prefiero que me muestre otro modelo más barato.
6. Es mejor que vaya a buscar en otra tienda. No tengo tanto dinero.
7. Quiero que lo sepa: Este estéreo es el mejor de todos.

B. **Expectativas de la educación**

Paso 1. ¿Qué expectativas de la educación tienen los profesores, los estudiantes y los padres de los estudiantes? Forme oraciones según las indicaciones y añada (*add*) palabras cuando sea necesario.

1. todos / profesores / querer / que / estudiantes / llegar / clase / a tiempo
2. profesor(a) de / español / preferir / que / (nosotros) ir / con frecuencia / laboratorio de lenguas
3. profesores / prohibir / que / estudiantes / traer / comida / y / bebida / clase
4. padres / de / estudiantes / desear / que / hijos / asistir a / clases
5. estudiantes / pedir / que / profesores / no dar / mucho / trabajo
6. también / (ellos) querer / que / haber / más vacaciones
7. padres / insistir en / que / hijos / sacar / buenas / notas

Minidiálogos y gramática

Paso 2. Y Ud., ¿qué quiere que hagan los profesores? Invente tres oraciones más para indicar sus deseos.

Conversación

A. Hablan los expertos en tecnología. Imagine que Ud. y sus compañeros de clase son un equipo (*team*) de expertos en problemas relacionados con la tecnología y que juntos (*together*) tienen un programa de radio.

Paso 1. Como miembro del equipo, lea las preguntas que les han mandado (*have sent*) los radioyentes (*radio audience*) por correo electrónico y déles una solución. Es bueno incluir frases como «Le recomiendo/sugiero que… », «Es importante/necesario/urgente que… »

1. Soy una joven de 20 años y soy extremadamente tímida. Por eso no me gusta salir. Prefiero asumir otra personalidad al conectarme en la red. Así estoy feliz por horas. Mi madre dice que esto no es normal y me pide que deje de hacerlo. Ella insiste en que vaya a las discotecas como otros jóvenes de mi edad. ¿Qué piensan Uds.?

2. Mi marido es un hombre muy bueno y trabajador. Tiene un buen trabajo, y es una persona muy respetada en su compañía. El problema es que sólo piensa en *software* y multimedia. Pasa todo su tiempo libre delante de la computadora o leyendo catálogos y revistas sobre computadoras. Yo prefiero que él pase más tiempo conmigo. En realidad (*In fact*), estoy tan aburrida que estoy pensando en dejarlo. ¿Qué recomiendan que haga?

3. Mi jefe quiere que deje de usar mi máquina de escribir (*typewriter*) y empiece a usar una computadora. Pero, no quiero hacerlo: Siempre he hecho bien mi trabajo sin la «caja boba» (*stupid box*). Mi jefe dice que tengo que ponerme al día (*up-to-date*) y me sugiere que tome un curso de computadoras que él promete pagar. Yo no entiendo por qué tengo que cambiar. ¿Me aconsejan (*do you advise*) que hable con un abogado/una abogada (*lawyer*)?

Paso 2. Ahora piense en un problema que se relacione con la tecnología que sea similar a los del **Paso 1**, y escríbalo. El resto de la clase le va a hacer sugerencias de cómo resolverlo.

B. Entrevista

Paso 1. Complete las siguientes oraciones lógicamente… ¡y con sinceridad!

1. Mis padres (hijos, abuelos, …) insisten en que (yo) _____.
2. Mi mejor amigo/a (esposo/a, novio/a, …) desea que (yo) _____.
3. Prefiero que mis amigos _____.
4. No quiero que mis amigos _____.
5. Es urgente que (yo) _____.
6. Es necesario que mi mejor amigo/a (esposo/a, novio/a, …) _____.

Paso 2. Ahora entreviste a un compañero / una compañera para saber cómo él/ella completó las oraciones del **Paso 1**.

MODELO: ¿En qué insisten tus padres?

PANORAMA *cultural*

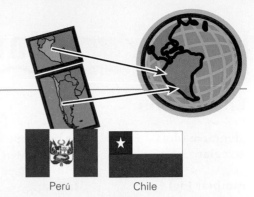

Perú   Chile

Perú y Chile

Datos esenciales

Perú
- Nombre oficial: República del Perú
- Capital: Lima
- Población: 24.000.000 de habitantes
- Moneda: el nuevo sol
- Idiomas oficiales: el español, el quechua, el aimara

Chile
- Nombre oficial: República de Chile
- Capital: Santiago
- Población: 15.000.000 de habitantes
- Moneda: el peso
- Idiomas: el español (oficial), el mapuche, el quechua

¡Fíjese!

- El Lago Titicaca, que queda entre Bolivia y el Perú, es el lago más grande de Sudamérica y es la ruta de transporte principal entre estos dos países.

- Uno de los cultivos[a] más importantes de los incas es la papa,[b] que originó en la región cerca del Lago Titicaca. La papa es una de las pocas plantas que puede subsistir[c] en altitudes de más de 13.000 pies y en regiones frías y áridas.

- Chile tiene una de las economías más fuertes de Sudamérica. Es el mayor productor de cobre[d] del mundo, y tiene una importante industria vinícola.[e]

[a]*crops*   [b]*potato*   [c]*survive*   [d]*copper*   [e]*wine*

Conozca... la cultura inca

Cuando los españoles llegaron al Perú en 1532, los incas ya dominaban una gran zona de

Machu Picchu, Perú

Sudamérica, desde Colombia hasta Chile, y desde el Pacífico hasta las selvas[a] del este. A partir del siglo[b] XIII, muchos otros pueblos indígenas de la inmensa región vivían bajo[c] el dominio de los incas. La capital del imperio era Cuzco.

El imperio inca se destacó[d] por la arquitectura, la ingeniería[e] y las técnicas de cultivo. También estableció un sistema de correo y un censo de la población.

[a]*jungles*   [b]*A... Beginning in the (thirteenth) century*   [c]*under*
[d]*se... distinguished itself*   [e]*engineering*

Capítulo 12 of the video to accompany *Puntos de partida* contains cultural footage of Peru. **Capítulo 15** contains cultural footage of Chile.

Visit the *Puntos* Website at
www.mhhe.com/puntos.

Vocabulario

Los verbos

alegrarse (de)	to be happy (about)
arreglar	to straighten (up); to fix, repair
cambiar (de)	to change
copiar / hacer copia	to copy
dudar	to doubt
esperar	to hope
fallar	to "crash" (*a computer*)
funcionar	to work, function; to run (*machines*)
grabar	to record; to tape
guardar	to keep; to save (*documents*)
haber (*infinitive form of* hay)	(*there is, there are*)
imprimir	to print
mandar	to order
manejar	to drive; to operate (*a machine*)
obtener (*irreg.*)	to get, obtain
permitir	to permit, allow
prohibir	to prohibit, forbid

Repaso: conseguir (i, i), sacar fotos

Vehículos

la bicicleta (de montaña)	(mountain) bike
el carro (descapotable)	(convertible) car
el monopatín	skateboard
la moto(cicleta)	motorcycle, moped
los patines	roller skates

Repaso: el coche

La electrónica

el archivo	(computer) file
el canal	channel
el contestador automático	answering machine
el correo electrónico	e-mail
el disco duro	hard drive
el equipo estereofónico / fotográfico	stereo/photography equipment
la grabadora	tape recorder/player
la impresora	printer
el ordenador (*Sp.*)	computer
el ratón	mouse
la red	net
navegar la red	to surf the Net
el teléfono celular / de coche	cellular/car phone
la videocasetera	video cassette recorder (VCR)

Repaso: la cinta, el televisor

Cognados: la cámara (de vídeo), el CD-ROM, la computadora, el control remoto, el disco compacto, el disco de computadora, el fax, la memoria, el módem, el radio (portátil) / la radio,* el *walkman*

Para poder gastar...

el aumento	raise
el/la jefe/a	boss
el sueldo	salary

La vivienda

alquilar	to rent
las afueras	outskirts; suburbs
el alquiler	rent
el área (*but f.*)	area
la avenida	avenue
el barrio	neighborhood
la calle	street
el campo	countryside
el *campus*	(university) campus
la casa (el bloque) de apartamentos	apartment building

---

*El radio is the apparatus; la radio is the medium.

la comunidad	community
la dirección	address
el/la dueño/a	landlord, landlady
el gas	gas; heat
el/la inquilino/a	tenant; renter
el piso	floor (of a building)
la planta baja	ground floor
el/la portero/a	building manager; doorman
la vecindad	neighborhood
el/la vecino/a	neighbor
la vista	view

Repaso: el apartamento, la casa, el centro, el cuarto, la luz, la residencia

Otros sustantivos

| el gasto | expense |
| el lujo | luxury |

Palabras adicionales

| los/las demás | others |

El arte y la cultura

Los bailarines (*dancers*) del Ballet Folklórico Mexicano incorporan elementos tradicionales e imaginativos en sus interpretaciones.

En este capítulo...

Vocabulario: Las artes; Ranking Things: Ordinals

Panorama cultural: Bolivia y el Ecuador

Gramática:

36 Use of the Subjunctive: Emotion
37 Present Subjunctive: An Introduction

Multimedia

Practice vocabulary and grammar, expand your cultural knowledge, and develop your conversational skills.

280

Las artes*

En el teatro

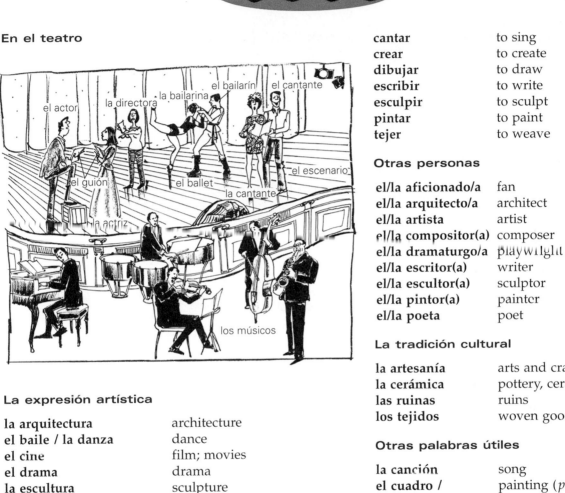

el actor
la directora
la bailarina
el bailarín
el cantante
el guión
el ballet
el escenario
la cantante
la actriz
los músicos

cantar	to sing
crear	to create
dibujar	to draw
escribir	to write
esculpir	to sculpt
pintar	to paint
tejer	to weave

Otras personas

el/la aficionado/a	fan
el/la arquitecto/a	architect
el/la artista	artist
el/la compositor(a)	composer
el/la dramaturgo/a	playwright
el/la escritor(a)	writer
el/la escultor(a)	sculptor
el/la pintor(a)	painter
el/la poeta	poet

La tradición cultural

la artesanía	arts and crafts
la cerámica	pottery, ceramics
las ruinas	ruins
los tejidos	woven goods

La expresión artística

la arquitectura	architecture
el baile / la danza	dance
el cine	film; movies
el drama	drama
la escultura	sculpture
la fotografía	photography
la literatura	literature
la música	music
la ópera	opera
la pintura	painting

Otras palabras útiles

la canción	song
el cuadro / la pintura	painting (*piece of art*) / painting (*piece of art; the art form*)
la obra (de arte)	work (of art)
la obra maestra	masterpiece

---

*The word **arte** is used with masculine articles and adjectives in the singular and with feminine ones when in the plural.

Guillermo es estudiante **del arte moderno**.
Me gustan mucho **las artes gráficas**.

Conversación

▲▲▲▲▲▲▲▲

A. Obras de arte

Paso 1. ¿Qué tipo de arte representan las siguientes obras?

1. la catedral de Notre Dame y la de Santiago de Compostela
2. los murales de Diego Rivera
3. las estatuas griegas y romanas
4. *El lago de los Cisnes* (*Swan Lake*) y *El amor brujo* (*Love, the Magician*)
5. *El ciudadano Kane* y *El mago* (*Wizard*) *de Oz*
6. *La Bohème* y *La Traviata*
7. las ruinas aztecas y mayas
8. *Don Quijote* y *Como agua para chocolate*

Paso 2. Ahora dé otros ejemplos de obras en cada una de las categorías artísticas que Ud. mencionó en el **Paso 1**.

B. ¿Qué hacen?

Paso 1. Forme oraciones completas, emparejando palabras de cada columna. Hay más de una posibilidad en algunos casos.

la compositora	escribe	novelas y poesía
la actriz	baila	canciones
el director	esculpe	en el ballet
el músico	toca	edificios y casas
el bailarín	interpreta	papeles (*roles*) en la televisión
el dramaturgo	diseña	guiones
la pintora	pinta	con actores
el escritor	mira	obras de teatro
la arquitecta	trabaja	cuadros
	dirige (*directs*)	instrumentos musicales

Paso 2. Ahora, con dos o tres compañeros, den nombres de artistas en cada categoría, ya sean (*whether they be*) hombres o mujeres. ¿Cuántos artistas hispánicos pueden nombrar?

Nota comunicativa

Más sobre los gustos y preferencias

Here are some additional verbs to talk about what you like and don't like.

- The following two verbs are used like **gustar**.

  aburrir   **Me aburre** el ballet moderno.
  Modern ballet bores me.

  agradar   Pero **me agrada** el ballet folklórico.
  But I like folkloric dances.

- This verb functions as a transitive verb (one that can take a direct object).

apreciar   **Aprecio** mucho la arquitectura precolombina.
I really appreciate pre-Columbian architecture.

C. Preferencias personales

Paso 1. ¿Le gusta el arte? ¿Asiste a funciones culturales de vez en cuando o no asiste a esas funciones nunca? ¡Diga la verdad! (En otras actividades va a hablar de lo que prefiere en general.)

MODELO: asistir a los ballets clásicos →
Me gusta mucho asistir a los ballets clásicos.
(No me agrada para nada asistir a los ballets clásicos. Es aburrido.)
(Me aburre asistir a los ballets clásicos. Prefiero ir a la ópera.)

Palabras útiles: gustar, apreciar, preferir, encantar, aburrir, agradar, interesar

1. ir a los museos de arte moderno
2. asistir a funciones teatrales
3. ver obras maestras en los museos grandes
4. ir a conciertos de música clásica
5. asistir a lecturas de poesía en un café

Paso 2. Ahora entreviste a un compañero / una compañera para saber cuáles son sus preferencias con respecto a este tema.

MODELO: E1: ¿Te gusta ir a los museos de arte moderno?
E2: Sí, me gusta muchísimo. Voy siempre que puedo (*whenever I can*).

Nota cultural

Los toros

El toreo[a] es un espectáculo típicamente hispánico. Viene de una larga tradición histórica. De hecho, no se sabe exactamente cuándo surgió la primera **corrida de toros.**[b]

Para sus aficionados, el toreo es **un arte**, y **el torero** necesita mucho más que valor:[c] necesita destreza[d] técnica, gracia y mucha comprensión de **los toros**. Algunos creen que el toreo *no es* un arte, sino un espectáculo cruel y violento que causa la muerte[e] prematura e innecesaria de un animal bravo.

Sea cual sea la opinión que Ud. tiene[f] de las corridas de toros, las corridas son muy simbólicas para los

Una corrida de toros en Toledo, España

[a]El... *Bullfighting* [b]corrida... *bullfight* [c]*bravery* [d]*skill* [e]*death*
[f]Sea... *Whatever your opinion may be*

hispanos. El toro es símbolo de fuerza,[g] coraje, bravura, independencia y belleza.[h] Si Ud. visita un país hispánico y tiene ganas de ver una corrida, es aconsejable que les pregunte a algunas personas nativas cuáles son las corridas que debe ver.

[g]*strength* [h]*beauty*

D. Preguntas

1. ¿Tiene Ud. talento artístico? ¿Para qué? ¿Qué le gusta crear? ¿Cuándo empezó a desarrollar (*develop*) esta actividad? ¿Tiene aspiraciones de dedicarse a esa actividad profesionalmente? ¿Cuáles son las ventajas y las desventajas de esa ocupación?
2. Si Ud. cree que no posee ningún talento artístico en particular, ¿siente alguna atracción por el arte? ¿Qué tipo de arte en particular? ¿Por qué le gusta tanto?
3. ¿Le gusta ir a los mercados de artesanía? ¿Qué compra allí? Cuando va de viaje, ¿le interesa saber cuáles son los trajes y la música tradicionales del lugar que visita? ¿Colecciona Ud. obras de artesanía? ¿Qué colecciona?

Ranking Things: Ordinals

primer(o/a)	first	**cuarto/a**	fourth	**sexto/a**	sixth	**noveno/a**	ninth
segundo/a	second	**quinto/a**	fifth	**séptimo/a**	seventh	**décimo/a**	tenth
tercer(o/a)	third			**octavo/a**	eighth		

- Ordinal numbers are adjectives and must agree in number and gender with the nouns they modify. Ordinals usually precede the noun: **la cuarta lección, el octavo ejercicio**.
- Like **bueno**, the ordinals **primero** and **tercero** shorten to **primer** and **tercer**, respectively, before masculine singular nouns: **el primer niño, el tercer mes**.
- Ordinal numbers are frequently abbreviated with superscript letters that show the adjective ending: **las 1as lecciones, el 1er grado, el 5° estudiante**.

Conversación

A. Mis actividades favoritas

Paso 1. Piense en lo que le gusta hacer en su tiempo libre en cuanto a (*regarding*) actividades culturales. Luego ponga en el orden de su preferencia (del 1 al 10) las siguientes actividades.

_____ ir al cine
_____ ir a ver películas extranjeras o clásicas
_____ ir a museos
_____ asistir a conciertos de música clásica/rock
_____ leer poesía

_____ bailar en una discoteca
_____ ver programas de televisión
_____ ver obras teatrales
_____ leer una novela
_____ ¿ ?

Paso 2. Ahora cuéntele a un compañero / una compañera sus cinco actividades favoritas. Use números ordinales.

MODELO: Mi actividad favorita es ir a ver películas clásicas. Mi segunda actividad favorita es…

B. Preguntas

1. ¿Es Ud. estudiante de cuarto año?
2. ¿Es este su segundo semestre/trimestre de español?
3. ¿A qué hora es su primera clase los lunes? ¿y su segunda clase?
4. ¿Vive Ud. en una casa de apartamentos o en una residencia? ¿En qué piso vive? Si vive en una casa, ¿en qué piso está su alcoba?

Minidiálogos y gramática

36 ◆ Expressing Feelings • Use of the Subjunctive: Emotion

Diego y Lupe escuchan un grupo de mariachis

México, D.F.

DIEGO: Ay, ¡cómo me encanta esta música!
LUPE: *Me alegro de que te gusle.*
DIEGO: Y yo *me alegro de que estemos* aquí. ¿Sabes el origen de la palabra **mariachi**?
LUPE: No… ¿Lo sabes tú?
DIEGO: Sí. Viene del siglo diecinueve, cuando los franceses ocuparon México. Ellos contrataban a grupos de músicos para tocar en las bodas. Y como los mexicanos no podían pronunciar bien la palabra francesa *mariage*, pues acabaron por decir **mariachi**. Y de allí viene el nombre de los grupos.
LUPE: ¡Qué fascinante! *Me sorprende que sepas* tantos datos interesantes de nuestra historia.
DIEGO: Pues, todo buen antropólogo debe saber un poco de historia también, ¿no?

Diego and Lupe are listening to a mariachi group. DIEGO: Oh, how I love this music! LUPE: I'm glad you like it. DIEGO: And I'm glad we're here. Do you know the origin of the word **mariachi**? LUPE: No . . . Do you? DIEGO: Yes. It comes from the nineteenth century, when the French occupied Mexico. They used to hire musical groups to play at weddings. And because the Mexicans couldn't correctly pronounce the French word *mariage*, they ended up saying **mariachi**. And so that's where the name of the groups comes from. LUPE: How fascinating! I'm surprised you know so much interesting information about our history. DIEGO: Well, all good anthropologists should also know a little bit of history, shouldn't they?

Comprensión

1. Lupe se alegra de que _____.
2. Y Diego se alegra de que _____.
3. A Lupe le sorprende que _____.

MAIN (INDEPENDENT) CLAUSE		SUBORDINATE (DEPENDENT) CLAUSE
first subject + *indicative* (expression of emotion)	**que**	second subject + *subjunctive*

A. Expressions of emotion are those in which speakers express their feelings: *I'm glad you're here; It's good that they can come.* Such expressions of emotion are followed by the subjunctive mood in the subordinate (dependent) clause.

Esperamos que Ud. **pueda** asistir.
We hope (that) you'll be able to come.

Tengo miedo de que mi abuelo **esté** muy enfermo.
I'm afraid (that) my grandfather is very ill.

Es una lástima que no **den** aumentos este año.
It's a shame they're not giving raises this year.

B. Some common expressions of emotion are found in the list at the right.

alegrarse de	to be happy about
esperar	to hope
sentir (ie, i)	to regret; to feel sorry
temer	to fear
tener miedo (de)	to be afraid (of)

Some common expressions of emotion used with indirect object pronouns are in the second list at the right.

me (te, le, ...) **gusta que**	I'm (you're, he's . . .) glad that
me (te, le, ...) **molesta que**	it bothers me (you, him, . . .) that
me (te, le, ...) **sorprende que**	it surprises me (you, him, . . .) that

C. When a new subject is introduced after a generalization of emotion, it is followed by the subjunctive in the subordinate (dependent) clause. Here are some general expressions of emotion.

es extraño	it's strange
es increíble	it's incredible
es mejor/bueno/malo	it's better/good/bad

es ridículo	it's ridiculous
es terrible	it's terrible
es una lástima	it's a shame
es urgente	it's urgent
¡qué extraño!	how strange!
¡qué lástima!	what a shame!

Práctica

▲▲▲▲▲▲

A. Opiniones sobre el cine

Paso 1. Indique si las siguientes oraciones son ciertas o falsas para Ud.

1. Me molesta que muchas películas sean tan violentas.
2. Es ridículo que algunos actores ganen tanto dinero.
3. Espero que salgan más actores asiáticos e hispánicos en las películas.
4. Temo que muchas actrices no desempeñen (*play*) papeles inteligentes.
5. Es increíble que gasten millones de dólares en hacer películas.
6. Me sorprende que Julia Roberts sea tan famosa.

Paso 2. Ahora invente oraciones sobre lo que Ud. quiere o no quiere que pase con respecto al cine. Use las oraciones del **Paso 1** como base.

MODELO: **1.** Quiero que las películas sean menos violentas.

B. Comentarios. Complete las oraciones con la forma apropiada del verbo entre paréntesis.

1. Dicen en la tienda que esta videocasetera es fácil de usar. Por eso me sorprende que no (funcionar) bien. Temo que (ser) muy complicada. Me sorprende que ni (*not even*) mi compañera (entenderla).
2. ¡Qué desastre! El profesor dice que nos va a dar un examen. ¡Es increíble que (darnos) otro examen tan pronto! Es terrible que yo (tener) que estudiar este fin de semana. Espero que el profesor (cambiar) de idea.
3. Este año sólo tengo dos semanas de vacaciones. Es ridículo que sólo (tener) dos semanas. No me gusta que las vacaciones (ser) tan breves. Es una lástima que yo no (poder) ir a ningún sitio.

Nota comunicativa

Expressing Wishes with *ojalá*

¡Ojalá que yo **gane** la lotería algún día!	*I hope I win the lottery some day!*

The word **ojalá** is invariable in form and means *I wish* or *I hope*. It is used with the subjunctive to express wishes or hopes. The use of **que** with it is optional.

| ¡**Ojalá (que) haya** paz en el mundo algún día! | *I hope (that) there will be peace in the world some day!* |
| **Ojalá que** no **pierdan** tu equipaje. | *I hope (that) they don't lose your luggage.* |

Ojalá can also be used alone as an interjection in response to a question.

—¿Te va a ayudar Julio a estudiar para el examen?
—¡**Ojalá**!

C. Una excursión a la ópera. Imagine que Ud. y su amigo/a van a la ópera por primera vez en su vida. Piense en todas las expectativas que Ud. tiene y exprésalas usando **ojalá**.

MODELO: las entradas / no costar mucho →
Ojalá que las entradas no cuesten mucho.

1. el escenario / ser / extravagante
2. haber / subtítulos / en inglés
3. el director (*conductor*) / estar/preparado
4. los cantantes / saber / sus papeles
5. nuestros asientos / no estar / lejos del escenario
6. (nosotros) llegar / a tiempo

Conversación

A. Situaciones. Las siguientes personas están pensando en otra persona o en algo que van a hacer. ¿Qué emociones sienten? ¿Qué temen? Conteste las preguntas según los dibujos.

1. Jorge piensa en su amiga Estela. ¿Por qué piensa en ella? ¿Dónde está? ¿Qué siente Jorge? ¿Qué espera? ¿Qué espera Estela? ¿Espera que la visiten los amigos? ¿que le manden algo?

2. Fausto quiere comer fuera esta noche. ¿Quiere que alguien lo acompañe? ¿Dónde espera que cenen? ¿Qué teme Fausto? ¿Qué le parecen (*seem*) los precios del restaurante?

3. ¿Dónde quiere pasar las vacaciones Mariana? ¿Espera que alguien la acompañe? ¿Dónde espera que pasen los días? ¿Qué teme Mariana? ¿Qué espera?

B. ¿Qué le molesta más? The following phrases describe aspects of university life. React to them, using phrases such as: **Me gusta que...**, **Me molesta que...**, **Es terrible que...**

1. Se pone mucho énfasis en los deportes.
2. Pagamos mucho/poco por la matrícula.
3. Se ofrecen muchos/pocos cursos en mi especialización (*major*).
4. Es necesario estudiar ciencias/lenguas para graduarse.
5. Hay muchos/pocos requisitos (*requirements*) para graduarse.
6. En general, hay muchas/pocas personas en las clases.

C. Tres deseos. Imagine que Ud. tiene tres deseos: uno que se relaciona con Ud. personalmente, otro con algún amigo o miembro de su familia y otro con su país, para el mundo o para la humanidad en general. Exprese sus deseos con **Ojalá (que)...**

Palabras útiles: las elecciones, la gente (*people*) que no tiene hogar (casa), la guerra (*war*), el hambre (*hunger*), el millonario / la millonaria, el partido (*game*), la pobreza (*poverty*), resolver (ue) (*to solve; to resolve*), terminar (*to end*)

Expressing Uncertainty • Use of the Subjunctive: Doubt and Denial

Mire Ud. la siguiente pintura detenidamente (*carefully*) y luego complete las siguientes oraciones de acuerdo con su opinión.

Familia andina, por Héctor Poleo
(venezolano)

Vocabulario útil	
la alegría	happiness
la esperanza	hope
el miedo	fear
la tristeza	sadness
los guardias	guardsmen

1. *Es posible que* los miembros de esta familia tengan (miedo/esperanza). Estoy seguro/a de que no tienen (miedo/esperanza).
2. Creo que los colores representan (la alegría / la tristeza). *Dudo que* representen (la alegría / la tristeza).
3. *Es probable que* los guardias estén (enojados/contentos). Estoy seguro/a de que no están (enojados/contentos).

MAIN (INDEPENDENT) CLAUSE		SUBORDINATE (DEPENDENT) CLAUSE
first subject + *indicative* (expression of doubt or denial)	**que**	second subject + *subjunctive*

A. Expressions of doubt and denial are those in which speakers express uncertainty or negation. Such expressions, however strong or weak, are followed by the subjunctive in the dependent clause in Spanish.

No creo que **sean** estudiantes.
I don't believe they're students.

Es imposible que ella **esté** con él.
It's impossible for her to be with him.

B. Some expressions of doubt and denial appear at the right. Not all Spanish expressions of doubt are given here. Remember that any expression of doubt is followed by the subjunctive in the dependent clause.

no creer	*to disbelieve*
dudar	*to doubt*
no estar seguro/a (de)	*to be unsure (of)*
negar (ie)	*to deny*

OJO

Creer and **estar seguro/a** are usually followed by the indicative in affirmative statements because they do not express doubt, denial, or negation. Compare these examples.

Estamos seguros de (Creemos) que el examen **es** hoy.
We're sure (We believe) the exam is today.

No estamos seguros de (No creemos) que el examen **sea** hoy.
We're not sure (We don't believe) that the exam is today.

C. When a new subject is introduced after a generalization of doubt, the subjunctive is used in the dependent clause. Some generalizations of doubt and denial are included at the right.

OJO

Generalizations that express certainty are not followed by the subjunctive but by the indicative: **Es verdad que cocina bien. No hay duda de que Julio lo paga.**

es posible	it's possible
es imposible	it's impossible
es probable	it's probable (likely)
es improbable	it's improbable (unlikely)
no es cierto	it's not certain
no es seguro	it's not a sure thing
no es verdad	it's not true

Práctica

Opiniones distintas. Imagine que Ud. y un amigo / una amiga están en un museo arqueológico. En este momento están mirando una figura. Desafortunadamente, no hay ningún letrero (*sign*) cerca de Uds. para indicar lo que representa la figura. Haga oraciones completas según las indicaciones. Añada (*Add*) palabras cuando sea necesario.

Habla Ud.:

1. creo / que / ser / figura / de / civilización / maya
2. es cierto / que / figura / estar / hecho (*made*) / de oro
3. es posible / que / representar / dios (*god*) / importante
4. no estoy seguro/a de / que / figura / estar / feliz / o / enojado

Habla su amigo/a:

5. no creo / que / ser / figura / de / civilización / maya
6. creo / que / ser / de / civilización / tolteca
7. estoy seguro/a de / que / estar / hecho / de bronce
8. creo / que / representar / víctima [*m.*] / de / sacrificio humano

Conversación

A. ¿Una ganga? Imagine que Ud. va a un mercado al aire libre. Encuentra algunos objetos de artesanía muy interesantes que parecen ser de origen azteca… ¡y son baratísimos! ¿Cómo reacciona Ud.?

Empiece sus oraciones con estas frases:

1. ¡Es imposible que… !
2. No creo que…
3. Dudo muchísimo que…
4. Estoy seguro/a de que…
5. Es improbable que…

Vocabulario útil

el calendario	calendar	**la máscara**	mask
el escudo	shield	**auténtico/a**	authentic
la joyería	jewelry	**falsificado/a**	forged
la lanza	spear		

Verbs That Require Prepositions

As you have already learned, when two verbs occur in a series (one right after the other), the second verb is usually the infinitive.

Prefiero *cenar* a las siete.   *I prefer to eat at seven.*

Some Spanish verbs, however, require that a preposition or other word be placed before the second verb (still the infinitive). You have already used many of the important Spanish verbs that have this feature.

- The following verbs require the preposition **a** before an infinitive.

  Mis padres me **enseñaron**   *My parents taught me to dance.*
  a bailar.

aprender a	enseñar a	venir a
ayudar a	invitar a	volver (ue) a
empezar (ie) a	ir a	

- These verbs or verb phrases require **de** before an infinitive.

  Siempre **tratamos de llegar**   *We always try to arrive on time.*
  puntualmente.

acabar de	dejar de	tener ganas de
acordarse (ue) de	olvidarse de	tratar de

- **Insistir** requires **en** before an infinitive.

  Insisten en venir esta noche.   *They insist on coming over tonight.*

- Two verbs require **que** before an infinitive: **haber que, tener que**.

  Hay que ver el nuevo museo.   *It's necessary to see the new museum.*

B. ¿Qué piensa Ud. del futuro?

Paso 1.   Combine una frase de cada columna para formar oraciones que expresen su opinión sobre lo que le puede ocurrir a Ud. en los próximos cinco años. **¡OJO!** No se olvide de usar el subjuntivo en expresiones de duda o negación.

En los próximos cinco años…

(no) creo que…	ir a	ser famoso/a
(no) dudo que…	aprender a	estar casado/a
es (im)posible que…	empezar a	ganar la lotería
(no) estoy seguro/a de que… (yo)	dejar de	jugar a la lotería
(no) es cierto que…	tratar de	pintar cuadros
	volver a	fumar
		tener hijos
		terminar mis estudios
		esculpir
		¿ ?

Paso 2. Compare sus respuestas con las de uno o dos de sus compañeros. ¿Cuántas respuestas similares hay? ¿Cuántas diferentes?

En los Estados Unidos y el Canadá...

El arte de Pablo Urbanyi

El canadiense Pablo Urbanyi ofrece un buen ejemplo del **carácter universal de la literatura**. La familia de este conocido[a] **escritor** emigró de Hungría a la Argentina cuando él tenía sólo 7 años. Fue en su nuevo país donde Urbanyi se educó y donde empezó a escribir cuentos.

Su primera **colección**, *Noche de los revolucionarios*, apareció en 1972 y fue seguida por una **novela policíaca de tono paródico**, *Un revólver para Mack*. Ese mismo año, Urbanyi empezo a trabajar de redactor[b] en un periódico de Buenos Aires, pero en 1977 los acontecimientos[c] políticos de su país lo obligaron a emigrar de nuevo.[d]

En el Canadá, Urbanyi escribió su segunda novela, *En ninguna parte*, que luego **se tradujo** al inglés y al

Pablo Urbanyi

francés. En 1993 fue finalista del prestigioso Premio Planeta Argentino por su tercera novela, *Silver*, la cual se publicó en francés para sus lectores en Quebec y Francia.

Hoy Urbanyi **vive y escribe en la ciudad de Ottawa**. Sus libros más recientes son *Puesta de Sol*[e] y *2058, en la Corte de Eutopía*, una novela que cuenta una historia sobre el futuro y a la vez refleja[f] la sociedad actual. Además de[g] ser escritor de ficción, Urbanyi presenta y **publica artículos críticos** en Hungría, los Estados Unidos, España, la Argentina, Alemania y el Canadá. Es en verdad un autor internacional.

[a]*well-known* [b]*editor* [c]*eventos* [d]*de... again* [e]*Puesta... Sunset* [f]*a... at the same time reflects* [g]*Además... In addition to*

PANORAMA *cultural*

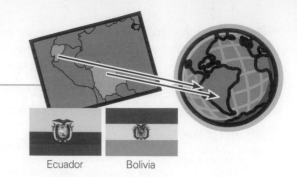

Ecuador   Bolivia

Bolivia y el Ecuador

Datos esenciales

Bolivia
- Nombre oficial: República de Bolivia
- Capital: La Paz (sede[a] del gobierno), Sucre (capital constitucional)
- Población: 8.000.000 de habitantes
- Moneda: el peso boliviano
- Idiomas oficiales: el español, el quechua, elaimara

El Ecuador
- Nombre oficial: República del Ecuador
- Capital: Quito
- Población: 11.000.000 de habitantes
- Moneda: el sucre (el dólar)
- Idiomas: el español (oficial), el quechua

[a]*seat*

¡Fíjese!

- Bolivia formó parte del antiguo imperio inca. Aproximadamente el 55 por ciento de la población boliviana actual es de origen indígena.

- Bolivia fue nombrada[a] en honor a Simón Bolívar, quien luchó por la independencia del país.

- A 12.000 pies de altura, La Paz es la capital más alta del mundo.

- Las Islas Galápagos pertenecen[b] al Ecuador y son de origen volcánico. Fueron descubiertas[c] en 1535, por el español Berlanga. Berlanga las llamó las Islas Encantadas[d] porque las fuertes corrientes[e] marinas confundían a los navegantes[f] como si fuera por[g] acto de magia. Trescientos años más tarde, el biólogo Charles Darwin llegó a las islas a bordo del barco *HMS Beagle*. De sus investigaciones de las plantas y animales de cuatro de las islas resultaron sus ideas sobre la evolución y su famoso libro, *El*

origen de las especies. Darwin teorizó que los animales y las plantas cambian y se adaptan a su medio ambiente.[h]

[a]fue... *was named* [b]*belong* [c]Fueron... *They were discovered* [d]*Enchanted* [e]*currents* [f]*sailors* [g]como... *as if by* [h]medio... *environment*

Conozca a... Oswaldo Guayasamín

Oswaldo Guayasamín (1919–1999) fue un pintor ecuatoriano cuyo[a] arte es un testimonio del sufrimiento[b] humano y de la vida difícil de los indios y los pobres de su país. Guayasamín se inspiró en los símbolos y motivos de los pueblos precolombinos y en el arte colonial del Ecuador.

[a]*whose* [b]*suffering*

Madre y niño, por Oswaldo Guayasamín

Capítulo 13 of the video to accompany *Puntos de partida* contains cultural footage of Bolivia and Ecuador.

Visit the *Puntos* Website at www.mhhe.com/puntos.

Vocabulario

Los verbos

aburrir	to bore
agradar	to please
apreciar	to appreciate
intentar	to try
negar (ie)	to deny
parecer	to seem
representar	to represent
sentir (ie, i)	to regret; to feel sorry
temer	to fear
tratar de + *inf.*	to try to (*do something*)

Repaso: alegrarse de, creer, dudar, esperar, gustar, tener (*irreg.*) miedo de

La expresión artística

la arquitectura	architecture
el arte (*but* las artes *pl.*)	art
el baile	dance
el ballet	ballet
la danza	dance
el drama	drama
la escultura	sculpture
la música	music
la ópera	opera
la pintura	painting (*general*)
el teatro	theater

Repaso: el cine, la fotografía, la literatura

crear	to create
desempeñar	to play, perform (*a part*)
dibujar	to draw
esculpir	to sculpt
tejer	to weave

Repaso: cantar, escribir, pintar

Los artistas

el actor / la actriz	actor, actress
el/la aficionado/a	fan
el/la arquitecto/a	architect
el/la artista	artist
el bailarín/ la bailarina	dancer
el/la cantante	singer
el/la compositor(a)	composer
el/la director(a)	director
el/la dramaturgo/a	playwright
el/la escritor(a)	writer
el/la escultor(a)	sculptor
el/la músico	musician
el/la pintor(a)	painter
el/la poeta	poet

La tradición cultural

la artesanía	arts and crafts
la cerámica	pottery, ceramics
las ruinas	ruins
los tejidos	woven goods

Otros sustantivos

la canción	song
el cuadro / la pintura	painting (*piece of art*) / painting (*piece of art; the art form*)
el escenario	stage
el/la guía	guide
el guión	script
la obra (de arte)	work (of art)
la obra maestra	masterpiece
el papel	role

Repaso: el museo

Los adjetivos

clásico/a	classic(al)
folklórico/a	folkloric
moderno/a	modern

Los números ordinales

primer(o/a), segundo/a, tercer(o/a), cuarto/a,
  quinto/a, sexto/a, séptimo/a, octavo/a,
  noveno/a, décimo/a

Palabras adicionales

es extraño	it's strange
¡qué extraño!	how strange!
es...	it is . . .
cierto	certain
increíble	incredible
preferible	preferable
seguro	a sure thing
urgente	urgent
es una lástima	it's a shame
¡qué lástima!	what a shame!
hay que + *inf.*	it is necessary to (*do something*)
me (te, le, ...) molesta	it bothers me (you, him, . . .)
me (te, le, ...) sorprende	it surprises me (you, him, . . .)
ojalá (que)	I hope, wish (that)

El medio ambiente

El coquí dorado (*golden*) fue incluido en la lista de especies en peligro (*danger*) en 1977.

En este capítulo...

Vocabulario: El medio ambiente; Los coches

Gramática:

38▶ Past Participle Used as an Adjective

39▶ Perfect Forms: Present Perfect Indicative and Present Perfect Subjunctive

Panorama cultural: Argentina

Multimedia

Practice vocabulary and grammar, expand your cultural knowledge, and develop your conversational skills.

297

Vocabulario: Preparación

El medio ambiente°

medio... *environment*

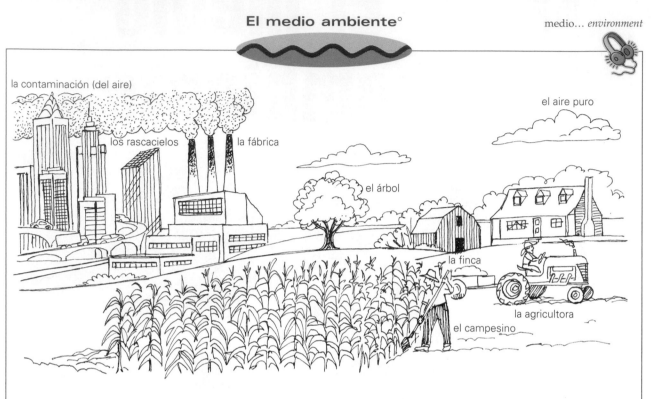

la contaminación (del aire)

el aire puro

los rascacielos · la fábrica

el árbol

la finca

la agricultora

el campesino

la capa de ozono	ozone layer	**construir**[*]	to build
la energía	energy	**contaminar**	to pollute
eléctrica	electric	**desarrollar**	to develop
eólica	wind	**destruir**[*]	to destroy
hidráulica	hydraulic	**proteger**	to protect
nuclear	nuclear		
solar	solar	**Más vocabulario**	
la escasez	lack, shortage		
la fábrica	factory	**el aislamiento**	isolation
la falta	lack, absence	**el delito**	crime
el gobierno	government	**el ritmo (acelerado)**	(fast) pace of life
la naturaleza	nature	**de la vida**	
la población	population	**los servicios públicos**	public services
los recursos naturales	natural resources	**el transporte público**	public transportation
acabar	to run out, use up completely	**la violencia**	violence
conservar	to save, conserve	**bello/a**	beautiful
		denso/a	dense

---

[*]Note the present indicative conjugation of **construir: construyo, construyes, construye, construímos, construís, construyen. Destruir** is conjugated like **construir**.

Conversación

A. Un recurso natural importante

Paso 1. Lea este anuncio de una empresa (compañía) colombiana y conteste las preguntas.

En ECOPETROL tenemos conciencia ambiental y social. Nuestra planeación incluye siempre los estudios de localización e impacto ambiental, buscando no perturbar la naturaleza y la vida de las poblaciones vecinas a nuestras futuras operaciones. En esta planeación el trabajo con la comunidad es indispensable.

Nuestro propósito:
Una mejor convivencia

EMPRESA COLOMBIANA
DE PETROLEOS
ECOPETROL

1. ¿Qué tipo de negocio cree Ud. que es Ecopetrol? ¿Qué produce?
2. ¿Qué asuntos (*matters*) son de mayor interés para esta empresa? ¿el tránsito? ¿la deforestación? ¿las poblaciones humanas? ¿otros asuntos?
3. ¿Le parece que la foto que han elegido (*they have chosen*) para el anuncio es buena para la imagen de la empresa? ¿Por qué?
4. El sustantivo **convivencia** se relaciona con el verbo **vivir** y contiene la preposición **con**. ¿Qué cree Ud. que significa **convivencia**?
5. ¿Sabe Ud. cuáles son algunos de los países que producen lo mismo que Ecopetrol?

Paso 2. Hay varias formas de energía. ¿Las conoce Ud. bien? Diga a qué tipo de energía corresponde cada descripción.

1. Es la energía más usada en los hogares (*homes*).
2. Según los expertos, es la forma de energía más limpia; es decir, es la que menos contaminación produce.
3. Puede ser la forma de energía más eficiente, pero también la más peligrosa (*dangerous*).
4. Esta energía viene del viento; por eso sólo se puede desarrollar en lugares específicos.
5. Para producir esta forma de energía son necesarios los ríos y las cataratas.

B. Problemas del mundo en que vivimos

Comente las siguientes opiniones. Puede usar las siguientes expresiones para aclarar (*clarify*) su posición con respecto a cada tema. **¡OJO!** Todas las expresiones requieren el uso del subjuntivo o del infinitivo, porque expresan deseos e influencia.

Es / Me parece (*It seems to me*) fundamental
importantísimo
ridículo
¿ ?
Me opongo a que (*I am against*)…
No creo que…

1. Para conservar energía debemos mantener bajo el termostato en el invierno y elevarlo en el verano.
2. Es mejor calentar las casas con estufas de leña (*wood stoves*) que con gas o electricidad.
3. Se debe crear más parques urbanos, estatales y nacionales.
4. La protección del medio ambiente no debe impedir la explotación de los recursos naturales.
5. Para evitar la contaminación urbana, debemos limitar el uso de los coches y no usarlos algunos días de la semana, como se hace en otros países.
6. El gobierno debe poner multas (*fines*) muy graves a las compañías e individuos que causan la contaminación.
7. El desarrollo de las tecnologías promueve (*promotes*) el ritmo tan acelerado de nuestra vida.
8. Los países desarrollados están destruyendo los recursos naturales de los países más pobres.

C. ¿La ciudad o el campo?

Paso 1. De las siguientes oraciones, ¿cuáles corresponden a la ciudad? ¿al campo?

1. El aire es más puro y hay menos contaminación.
2. La naturaleza es más bella.
3. El ritmo de la vida es más acelerado.
4. Los delitos son más frecuentes.
5. Los servicios financieros y legales son más asequibles (*available*).
6. Hay pocos medios de transporte públicos.
7. La población es menos densa.
8. Hay escasez de viviendas.

Nota cultural

El paisaje de la Argentina

El área continental de la Argentina equivale a un tercio del territorio de los Estados Unidos (la Argentina también tiene islas en el Atlántico y territorios en la zona de Antártida). Es un país de **increíble variedad geográfica**, que va desde la selva del noreste hasta las zonas de intenso frío en la Tierra del Fuego.

Los Andes cruzan la Argentina de norte a sur, y allí se encuentra el lugar de mayor altura del continente americano: el **Aconcagua**, montaña de 6.959 metros (casi 21.000 pies). También hay unas mesetas[a] secas y áridas, llamadas **punas**, de más de 3.000 metros (9.000 pies) de altura.

[a]*mesas*

Un aspecto muy interesante de la geografía argentina es la **Pampa** (palabra de origen quechua que significa campo raso,[b] sin nada). Las pampas son grandes llanos[c] sin árboles ni arbustos,[d] donde el viento es fuerte. Las tierras de la Pampa sirven para criar ganado,[e] y los cuidadores tradicionales de ganado se llaman **gauchos**. Los gauchos son el equivalente del *cowboy* en el folklore argentino: hombres de vida nomádica, de espíritu libre y que viven, con frecuencia, fuera de la ley.[f]

[b]*flat* [c]*plains* [d]árboles... *trees and bushes* [e]criar... *raise cattle* [f]fuera... *beyond the law*

Los coches

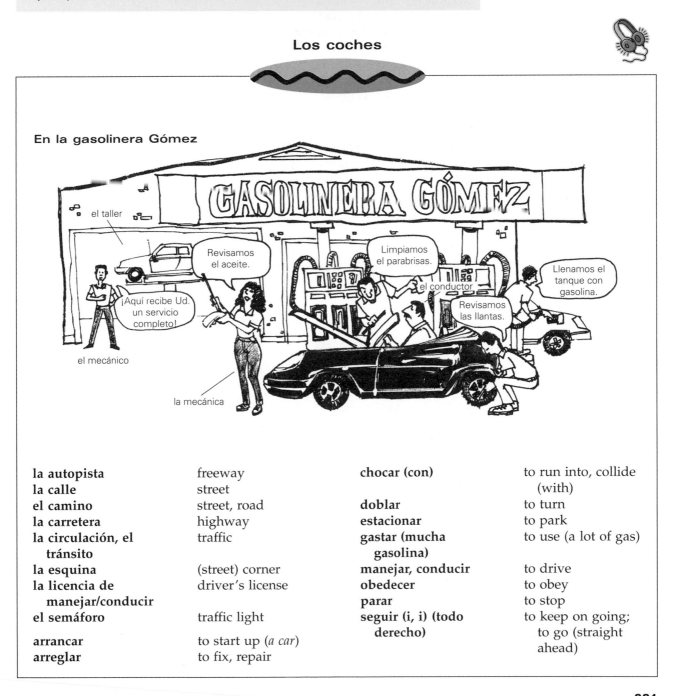

En la gasolinera Gómez

el taller

Revisamos el aceite.

Limpiamos el parabrisas.

Llenamos el tanque con gasolina.

¡Aquí recibe Ud. un servicio completo!

el conductor

Revisamos las llantas.

el mecánico

la mecánica

la autopista	freeway	**chocar (con)**	to run into, collide (with)
la calle	street		
el camino	street, road	**doblar**	to turn
la carretera	highway	**estacionar**	to park
la circulación, el tránsito	traffic	**gastar (mucha gasolina)**	to use (a lot of gas)
la esquina	(street) corner	**manejar, conducir**	to drive
la licencia de manejar/conducir	driver's license	**obedecer**	to obey
		parar	to stop
el semáforo	traffic light	**seguir (i, i) (todo derecho)**	to keep on going; to go (straight ahead)
arrancar	to start up (*a car*)		
arreglar	to fix, repair		

Conversación

A. Definiciones

Paso 1. Busque Ud. la definición de las palabras de la columna de la derecha.

1. _____ Se pone en el tanque.
2. _____ Se llenan de aire.
3. _____ Lubrica el motor.
4. _____ Es necesaria para arrancar el motor.
5. _____ Cuando se llega a una esquina, hay que hacer esto o seguir todo derecho.
6. _____ No contiene aire suficiente y por eso es necesario cambiarla.
7. _____ Es un camino público ancho (*wide*) donde los coches circulan rápidamente.
8. _____ Se usan para parar el coche.
9. _____ El policía nos la pide cuando nos para en el camino.
10. _____ Allí se revisan y se arreglan los coches.

a. los frenos (*brakes*)
b. doblar
c. la carretera
d. la batería
e. el taller
f. una llanta desinflada (*flat*)
g. la gasolina
h. las llantas
i. el aceite
j. la licencia

Paso 2. Ahora, siguiendo el modelo de las definiciones anteriores, ¿puede Ud. dar una definición de las siguientes palabras?

1. el semáforo
2. la circulación
3. estacionarse
4. gastar gasolina
5. la gasolinera
6. la autopista

B. Entrevista: Un conductor responsable

Paso 1. Entreviste a un compañero / una compañera de clase para determinar con qué frecuencia hace las siguientes cosas.

1. dejar la licencia en casa cuando va a manejar
2. acelerar (*to speed up*) cuando ve a un policía
3. manejar después de tomar bebidas alcohólicas
4. respetar o exceder el límite de velocidad
5. estacionar el coche donde dice «Prohibido estacionarse»
6. revisar el aceite y la batería
7. seguir todo derecho a toda velocidad cuando no sabe llegar a su destino
8. rebasar (*to pass*) tres carros a la vez (*at the same time*)

Paso 2. Ahora, con el mismo compañero / la misma compañera, hagan una lista de diez cosas que hace —o no hace— un conductor responsable. Pueden usar frases del **Paso 1**, si quieren.

Paso 3. Ahora, analice Ud. sus propias (*own*) costumbres y cualidades como conductor(a). ¡Diga la verdad! ¿Es Ud. un conductor / una conductora responsable? ¿Cuál de los dos es el mejor conductor?

Minidiálogos y gramática

38 **Más descripciones** • Past Participle Used as an Adjective

Algunos refranes y dichos en español

1. En boca *cerrada* no entran moscas.

2. Estoy tan *aburrido* como una ostra.

3. Cuando está *abierto* el cajón, el más *honrado* es ladrón.

Empareje estas oraciones con el refrán o dicho que explican.

1. Es posible que una persona honrada caiga en la tentación de hacer algo malo si la oportunidad se le presenta.
2. Hay que ser prudente. A veces es mejor no decir nada para evitar (*avoid*) problemas.
3. Las ostras ejemplifican el aburrimiento (*boredom*) porque llevan una vida tranquila… siempre igual.

Forms of the Past Participle

A. The past participle of most English verbs ends in *-ed*: for example, *to walk* → *walked*; *to close* → *closed.* Many English past participles, however, are irregular: *to sing* → *sung*; *to write* → *written.* In Spanish, the *past participle* (**el participio pasado**) is formed by adding **-ado** to the stem of **-ar** verbs, and **-ido** to the stem of **-er** and **-ir** verbs. An accent mark is used on the past participle of **-er/-ir** verbs with stems ending in **-a, -e,** or **-o.**

hablar	**comer**	**vivir**
habl**ado** (*spoken*)	com**ido** (*eaten*)	viv**ido** (*lived*)

caer → **caído**	oír → **oído**
creer → **creído**	(son)reír → **(son)reído**
leer → **leído**	traer → **traído**

A few Spanish proverbs and sayings 1. Into a closed mouth no flies enter. 2. I am as bored as an oyster. 3. When the (cash) drawer is open, the most honest person is (can become) a thief.

Minidiálogos y gramática

Pronunciation hint: Remember that the Spanish **d** between vowels, as found in past participle endings, is pronounced as the fricative [đ] (see **Pronunciación** in **Capítulo 6**).

B. The Spanish verbs at the right have irregular past participles.

abrir:	**abierto**	morir:	**muerto**
cubrir (*to cover*):	**cubierto**	poner:	**puesto**
decir:	**dicho**	resolver:	**resuelto**
descubrir:	**descubierto**	romper:	**roto**
escribir:	**escrito**	ver:	**visto**
hacer:	**hecho**	volver:	**vuelto**

The Past Participle Used as an Adjective

A. In both English and Spanish, the past participle can be used as an adjective to modify a noun. Like other Spanish adjectives, the past participle must agree in number and gender with the noun modified.

Tengo una bolsa **hecha** en El Salvador.
I have a purse made in El Salvador.

El español es una de las lenguas **habladas** en los Estados Unidos y en el Canadá.
Spanish is one of the languages spoken in the United States and in Canada.

B. The past participle is frequently used with **estar** to describe conditions that are the result of a previous action.

La puerta **está abierta**.
The door is open.

Todos los lápices **estaban rotos**.
All the pencils were broken.

OJO

English past participles often have the same form as the past tense: *I **closed** the book. The thief stood behind the **closed** door.* The Spanish past participle is never identical in form or use to a past tense. Compare the sentences at the right.

Cerré la puerta. Ahora la puerta está **cerrada**.
*I **closed** the door. Now the door is **closed**.*

Práctica

A. En este momento...

Paso 1. En este momento, ¿son ciertas o falsas las siguientes oraciones con relación a su sala de clase?

Palabras útiles: colgar (ue) (*to hang*), enchufar (*to plug in*), prender (*to turn on* [*lights or an appliance*])

1. La puerta está abierta.
2. Las luces están apagadas.
3. Las ventanas están cerradas.
4. Algunos libros están abiertos.
5. Los estudiantes están sentados.
6. Hay algo escrito en la pizarra.
7. Una silla está rota.
8. Hay carteles y anuncios colgados en la pared.
9. Un aparato está enchufado.
10. Las persianas (*blinds*) están bajadas.

Paso 2. Ahora describa el estado de las siguientes cosas en su casa (cuarto, apartamento).

1. las luces
2. la cama
3. el televisor
4. las ventanas
5. la puerta
6. las cortinas (*curtains*)

B. **Situaciones.** ¿Cuál es la situación en este momento? Conteste según el modelo.

MODELO: Natalia les tiene que *escribir* una carta a sus abuelos. →
La carta no está *escrita* todavía.

1. Los Sres. García deben *abrir* la tienda más temprano. ¡Ya son las nueve!
2. Pablo tiene que *cerrar* las ventanas; entra un aire frío.
3. Los niños siempre esperan que la tierra se *cubra* de nieve para la Navidad.
4. Delia debe *poner* la mesa. Los invitados llegan a las nueve y ya son las ocho.
5. Claro está que la contaminación va a contribuir a la *destrucción* de la capa de ozono.
6. Es posible que los ingenieros *descubran* el error en la construcción del reactor nuclear.
7. Se debe *resolver* pronto el problema de la escasez de energía.

Conversación

▲▲▲▲▲▲▲

A. ¡Ojo alerta! Hay por lo menos cinco cosas que difieren (*are different*) entre un dibujo y el otro. ¿Puede Ud. encontrarlas? Use participios pasados como adjetivos cuando pueda.

B. ¡Rápidamente! Dé Ud. el nombre de…

1. algo contaminado
2. una persona muy/poco organizada
3. un programa de computadora bien diseñado
4. un edificio bien/mal construido
5. algo que puede estar cerrado o abierto
6. un servicio necesitado por muchas personas
7. un tipo de transporte usado a la vez por muchas personas
8. algo deseado por muchas personas

A.

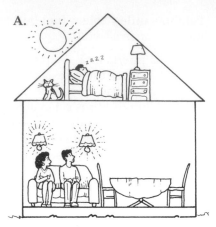

B.

39 ¿**Qué has hecho?** • Perfect Forms: Present Perfect Indicative and Present Perfect Subjunctive

Una llanta desinflada

MANOLO: ¡Ay, qué mala suerte!

LOLA: ¿Qué pasa?

MANOLO: Parece que el coche tiene una llanta desinflada. Y como no hay ningún taller por aquí, tengo que cambiarla yo mismo.

LOLA: *¿Has cambiado* una llanta alguna vez?

MANOLO: No. Siempre *he llevado* el coche a un taller cuando hay problemas.

LOLA: Pues, yo nunca *he cambiado* una llanta tampoco. Pero te puedo ayudar, si quieres.

MANOLO: Gracias. ¡Espero que la llanta de recambio no esté desinflada también!

A flat tire MANOLO: Aw, what bad luck! LOLA: What's wrong? MANOLO: It seems the car has a flat tire. And, as there aren't any repair shops around here, I have to change it myself. LOLA: Have you ever changed a flat tire before? MANOLO: No. I've always taken the car to a repair shop when there are problems. LOLA: Well, I've never changed a tire either. But I can help you, if you want. MANOLO: Thanks. I hope that the spare tire isn't flat too!

¿Y Ud.? ¿Ha... ?

1. cambiado una llanta desinflada
2. revisado el aceite de su coche
3. arreglado otras cosas del coche
4. tenido un accidente con el coche
5. excedido el límite de velocidad en la autopista

▲▲▲▲▲

Present Perfect Indicative

he hablado	*I have spoken*	**hemos** hablado	*we have spoken*
has hablado	*you have spoken*	**habéis** hablado	*you (pl.) have spoken*
ha hablado	*you have spoken, he/she has spoken*	**han** hablado	*you (pl.) / they have spoken*

A. In English, the present perfect is a compound tense consisting of the present tense form of the verb *to have* plus the past participle: *I have written, you have spoken,* and so on.

In the Spanish *present perfect* (**el presente perfecto**), the past participle is used with present tense forms of **haber**, the equivalent of English *to have* in this construction.

In general, the use of the Spanish present perfect parallels that of the English present perfect.

No **hemos estado** aquí antes.
We haven't been here before.

Me he divertido mucho.
I've had a very good time.

Ya le **han escrito** la carta.
They've already written her the letter.

OJO **Haber**, an auxiliary verb, is not interchangeable with **tener**.

B. The form of the past participle never changes with **haber**, regardless of the gender or number of the subject. The past participle always appears immediately after the appropriate form of **haber** and is never separated from it. Object pronouns and **no** are always placed directly before the form of **haber**.

[Práctica A]

Ella **ha cambiado** una llanta desinflada varias veces.
She's changed a flat tire several times.

Todavía **no le** han revisado el aceite al coche.
They still haven't checked the car's oil.

C. The present perfect form of **hay** is **ha habido** (*there has/have been*).

OJO Remember that **acabar** + **de** + *infinitive*—not the present perfect tense—is used to state that something *has just occurred.*

Ha habido un accidente.
There's been an accident.

Acabo de mandar la carta.
I've just mailed the letter.

The *present perfect subjunctive* (**el perfecto del subjuntivo**) is formed with the present subjunctive of **haber** plus the past participle. It is used to express *I have spoken* (*written,* and so on) when the subjunctive is required. Although its most frequent equivalent is *I have* plus the past participle, its exact equivalent in English depends on the context in which it occurs.

Note in the model sentences at the right that the English equivalent of the present perfect subjunctive can be expressed as a simple or as a compound tense: *did / have done; came / have come; built / have built.*

[Práctica B]

haya hablado	**hayamos** hablado
hayas hablado	**hayáis** hablado
haya hablado	**hayan** hablado

Es posible que lo **haya hecho**.
It's possible (that) he may have done (he did) it.

Me alegro de que **hayas venido**.
I'm glad (that) you have come (you came).

Es bueno que lo **hayan construido**.
It's good (that) they built (have built) it.

Práctica

A. El coche de Carmina. Carmina, la hermana menor de Diego González, acaba de comprarse un coche usado. (Claro, su papá es vendedor de autos en Los Ángeles. ¡Así que el coche fue una ganga!) Describa lo que le ha pasado a Carmina, según el modelo.

MODELO: ir a la agencia de su padre → Ha ido a la agencia de su padre.

1. pedirle ayuda a su padre
2. hacer preguntas acerca de (*about*) los diferentes coches
3. ver uno bastante barato
4. revisar las llantas
5. conducirlo como prueba
6. regresar a la agencia
7. decidir comprarlo
8. comprarlo
9. volver a casa
10. llevar a sus amigas al cine esa noche

B. ¡No lo creo! ¿Tienen espíritu aventurero sus compañeros de clase? ¿Llevan una vida interesante? ¿O están tan aburridos como una ostra? ¡A ver!

Paso 1. De cada par de oraciones, indique la que (*the one that*) expresa su opinión acerca de los estudiantes de esta clase.

Vocabulario útil: el paracaidismo (*skydiving*), escalar (*to climb*), hacer *autostop* (*to hitchhike*)

1. ☐ Creo que alguien en esta clase ha visto las pirámides de Egipto.
   ☐ Es dudoso que alguien haya visto las pirámides de Egipto.
2. ☐ Estoy seguro/a de que por lo menos uno de mis compañeros ha escalado una montaña alta.
   ☐ No creo que nadie haya escalado una montaña alta.
3. ☐ Creo que alguien ha viajado haciendo *autostop*.
   ☐ Dudo que alguien haya hecho *autostop* en un viaje.

4. □ Creo que alguien ha practicado el paracaidismo.
   □ Es improbable que alguien haya practicado el paracaidismo.
5. □ Estoy seguro/a de que alguien ha tomado el metro en Nueva York a medianoche (*midnight*).
   □ No creo que nadie haya tomado el metro neoyorquino a medianoche.

Paso 2. Ahora escuche mientras el profesor / la profesora pregunta si alguien ha hecho estas actividades. ¿Tenía Ud. razón en el **Paso 1**?

Conversación

A. **Entrevista.** Con un compañero / una compañera, háganse y contesten preguntas con estos verbos. La persona que contesta debe decir la verdad.

MODELO: visitar México →
  E1: ¿Has visitado México?
  E2: Sí, he visitado México una vez.
  (No, no he visitado México nunca.)
  (Sí, he visitado México durante las vacaciones de los últimos años.)

1. comer en un restaurante hispánico
2. estar en Nueva York
3. manejar un Alfa Romeo
4. correr en un maratón
5. abrir hoy tu libro de español
6. escribir un poema
7. actuar en una obra teatral
8. ver un monumento histórico
9. conocer a una persona famosa
10. romperse la pierna alguna vez

B. **Dos dibujos, un punto de vista.** Un español hizo el dibujo de la derecha; un argentino, el de la izquierda. Pero los dos comentan el mismo tema.

Palabras útiles: el arado (*plow*), la deshumanización, la flor, la gente, la mecanización, la mula, el tractor

Paso 1. Conteste estas preguntas sobre el dibujo de la ciudad.

1. ¿Qué se ha comprado el agricultor? ¿Qué ha vendido?
2. ¿Qué es «más moderno», según el otro agricultor?
3. ¿Qué desventaja tiene el tractor?

Paso 2. Conteste estas preguntas sobre el dibujo del agricultor.

1. Describa la ciudad que se ve en el dibujo.
2. ¿Qué ha descubierto la gente? ¿Por qué mira con tanto interés?
3. Para construir esta ciudad, ¿qué han hecho? ¿Qué han destruido?

Paso 3. Ahora explique su reacción personal a estos dos dibujos. ¿Son chistosos (*funny*)? ¿serios?

C. ¿Verdad o mentira?

Paso 1. Invente Ud. tres oraciones sobre cosas que ha hecho y no ha hecho en su vida. Dos oraciones deben ser verdaderas y una debe ser una mentira.

MODELO: He hecho un viaje a Sudamérica.
Nunca he conocido a mis primos.
He visto muchas películas en español.

Paso 2. Lea sus oraciones a unos compañeros o a la clase entera. Ellos van a tratar de encontrar la mentira.

MODELO: Creo que has hecho un viaje a Sudamérica y que has visto muchas películas en español. Dudo que no hayas conocido a tus primos.

Nota comunicativa

Talking About What You Had Done

Use the past participle with the imperfect form of **haber** (**había, habías, …**) to talk about what you had—or had not—done before a given time in the past. This form is called the past perfect.

Antes de graduarme en la escuela secundaria, no **había estudiado** español.	*Before graduating from high school, I hadn't studied Spanish.*
Antes de 1985, siempre **habíamos vivido** en Kansas.	*Before 1985, we had always lived in Kansas.*

D. Entrevista. Use the following cues to interview a classmate about his or her activities before coming to this campus. Begin your questions with **Dime...**

MODELO: algo / no haber aprendido a hacer antes del año pasado →
 E1: Dime algo que no habías aprendido a hacer antes del año pasado.
 E2: Pues... no había aprendido a nadar. Aprendí a nadar este año en mi clase de natación.

1. algo / no haber aprendido a hacer antes del año pasado
2. una materia / no haber estudiado antes del año pasado
3. el nombre de un deporte / haber practicado mucho
4. algo sobre un viaje / haber hecho varias veces
5. el nombre de un libro importante / no haber leído
6. una decisión / no haber tomado
7. ¿ ?

En los Estados Unidos y el Canadá...

El Dr. Mario Molina

En 1995 **el Dr. Mario Molina**, junto con Paul Crutzen y el Dr. F. Sherwood Rowland, otros dos **científicos**, compartieron el primer Premio Nóbel por estudios en **las ciencias ambientales**. Los científicos descubrieron el proceso químico a través del cual[a] **los clorofluorocarbonos** (CFC) destruyen **la capa de ozono** que protege a la Tierra de los rayos ultravioletas.

El Dr. Molina, el más joven de los tres, nació en 1943 en **México, D.F.**, y es ahora **ciudadano estadounidense**. Obtuvo su doctorado en química física en la Universidad de California, Berkeley. Ahora es profesor de la Facultad de Ciencias de la Tierra,[b] la Atmósfera y los Planetas del Massachusetts Institute of Technology.

El Dr. Molina y el Dr. Rowland descubrieron que los CFC depositados en la atmósfera podían subir al nivel[c] de la capa de ozono. También supieron que, gracias a la estabilidad química de los CFC, pueden persistir allí por un siglo, aproximadamente. En 1974

El Dr. Mario Molina

publicaron la predicción de que la emisión continuada de los CFC a la atmósfera resultaría[d] en una **reducción catastrófica** de la capa de ozono. Esta predicción causó protestas por parte de las industrias que producían los CFC, y también por algunos científicos que expresaron sus dudas respecto a esos cálculos.

En 1985, Paul Crutzen descubrió **el «agujero»**[e] en la capa de ozono sobre el continente de la Antártida. Para resolver el problema, en 1987 los gobernantes de la Tierra firmaron un acuerdo (el Protocolo de Montreal) para proteger la capa de ozono. Unas enmiendas[f] en 1992 resultaron en la prohibición de la producción de los CFC a partir de[g] 1995. Se ha visto este acuerdo como un ejemplo trascendental de **la cooperación internacional** para solucionar un problema ambiental que afecta a toda la Tierra.

[a] *a... through which* [b] *Earth* [c] *level* [d] *would result* [e] *hole* [f] *amendments* [g] *a... beginning in*

PANORAMA *cultural*

Argentina

Datos esenciales

- Nombre oficial: República Argentina
- Capital: Buenos Aires
- Población: 37.000.000 de habitantes
- Moneda: el peso
- Idioma oficial: el español

¡Fíjese!

- La inmigración de europeos en el siglo XIX ha tenido un papel decisivo en la formación de la población de la Argentina (así como en la del Uruguay). En 1856 la población argentina era de 1.200.000 de habitantes; para 1930, 10.500.000 de extranjeros habían entrado en la Argentina por el puerto de Buenos Aires. La mitad[a] estaba formada por italianos, una tercera parte por españoles, y el resto estaba formado principalmente por alemanes y eslavos. Muchos de los que llegaron fueron trabajadores temporales que, más tarde o más temprano, regresaron a Europa. El resto, sin embargo,[b] se estableció permanentemente, porque el gobierno quería estimular la inmigración para poblar la Pampa. Pero muchos, acostumbrados a la vida urbana, se quedaron en Buenos Aires.

- Buenos Aires es una ciudad con una población de más de 10.000.000 de habitantes, lo cual supone[c] el 30 por ciento de la población del país. Es el centro cultural, comercial, industrial y financiero, así como el puerto principal de la Argentina. A las personas de Buenos Aires se les llama «porteños», derivado de «puerto».

[a]*half* [b]*sin... however* [c]*lo... which constitutes*

La Plaza de Mayo data de 1580, año de la fundación de Buenos Aires

Conozca... el tango

El tango se originó en los barrios pobres de Buenos Aires a finales del siglo XIX. El tango se toca con los instrumentos de los inmigrantes: la guitarra española, el violín italiano y el típico bandoleón, una especie de acordeón alemán.

Los temas del tango muestran una dualidad. Por un lado, representan la agresividad machista,[a] que incluye dramas pasionales y peleas con cuchillos.[b] Por otro, simbolizan la nostalgia, la soledad[c] y el sentimiento de pérdida.[d] El intérprete de tangos más famoso fue el porteño Carlos Gardel (1887–1935).

[a]*male* [b]*peleas... knife fights* [c]*solitude* [d]*loss*

Capítulo 14 of the video to accompany *Puntos de partida* contains cultural footage of Argentina.

Visit the *Puntos* Website at www.mhhe.com/puntos.

Vocabulario

El medio ambiente

acabar	to run out, use up completely
conservar	to save, conserve
construir	to build
contaminar	to pollute
cubrir	to cover
desarrollar	to develop
descubrir	to discover
desperdiciar	to waste
destruir	to destroy
evitar	to avoid
proteger	to protect
reciclar	to recycle
resolver (ue)	to solve, resolve

el aire	air
el bosque	forest
la capa de ozono	ozone layer
la energía	energy
eléctrica	electric
eólica	wind
hidráulica	hydraulic
nuclear	nuclear
solar	solar
la escasez	lack, shortage
la fábrica	factory
la falta	lack, absence
el gobierno	government
la naturaleza	nature
la población	population
los recursos naturales	natural resources

Repaso: la contaminación

¿La ciudad o el campo?

el/la agricultor(a)	farmer
el aislamiento	isolation
el árbol	tree
el/la campesino/a	farm worker; peasant
el delito	crime
la finca	farm

el rascacielos	skyscraper
el ritmo	rhythm, pace
el servicio	service
el transporte	(means of) transportation
la vida	life
la violencia	violence
la vivienda	housing

Hablando de coches

arrancar	to start (*a car*)
gastar	to use, expend
llenar	to fill (up)
revisar	to check

el aceite	oil
la batería	battery
la estación de gasolina	gas station
los frenos	brakes
la gasolina	gasoline
la gasolinera	gas station
la llanta (desinflada)	(flat) tire
el/la mecánico/a	mechanic
el nivel	level
el parabrisas	windshield
el taller	(repair) shop
el tanque	tank

Repaso: arreglar, limpiar

En el camino

chocar (con)	to run into, collide (with)
conducir	to drive
doblar	to turn
estacionar(se)	to park
obedecer	to obey
parar	to stop
seguir (i, i)	to continue

la autopista	freeway

la calle	street	el tránsito	traffic
el camino	street, road	todo derecho	straight ahead
la carretera	highway		
la circulación	traffic	**Repaso: manejar**	
el/la conductor(a)	driver		
la esquina	(street) corner	## Los adjetivos	
la licencia de manejar/conducir	driver's license		
el límite de velocidad	speed limit	acelerado/a	fast, accelerated
		bello/a	beautiful
el/la policía	police officer	denso/a	dense
el semáforo	traffic signal	público/a	public
		puro/a	pure

Capítulo 14 • El medio ambiente

La vida social y la vida afectiva

Estos novios españoles tratan de estudiar. ¿Cree Ud. que lo van a lograr (*manage*)?

En este capítulo...

Vocabulario: Las relaciones sentimentales; Etapas de la vida

Gramática:

40 ▶ Subjunctive after Nonexistent and Indefinite Antecedents

41 ▶ Subjunctive after Conjunctions of Contingency and Purpose

Panorama cultural: La República Dominicana

Multimedia

Practice vocabulary and grammar, expand your cultural knowledge, and develop your conversational skills.

Las relaciones sentimentales

la amistad

la cita

el amor

el noviazgo

la luna de miel

el matrimonio

la boda

el divorcio

Más vocabulario

el/la amigo/a	friend	**amistoso/a**	friendly
la esposa / la mujer	wife	**cariñoso/a**	affectionate
el esposo / el marido	husband	**casado/a**[*]	married
el/la novio/a	boyfriend/girlfriend; fiancé(e); groom/bride	**soltero/a**[*]	single, not married
la pareja	(married) couple; partner	**amar**	to love
		casarse (con)	to marry
		divorciarse (de)	to get divorced (from)
		enamorarse (de)	to fall in love (with)

---

[*]In the activities and exercises of **Capítulo 2**, you began to use **ser casado/a**. A variation of this phrase is **estar casado/a**. **Estar casado/a** means *to be married;* **ser casado/a** means *to be a married person.* **Ser soltero/a** is used exclusively to describe an unmarried person.

llevarse bien/mal (con)	to get along well/poorly (with)	romper (con)	to break up (with)
pasar tiempo (con)	to spend time (with)	salir (con)	to go out (with)
querer (ie)	to love	separarse (de)	to separate (from)

Conversación

A. Definiciones. Empareje las palabras con sus definiciones. Luego, para cada palabra definida, dé un verbo y también el nombre de una persona asociada con esa relación social. Hay más de una respuesta posible en cada caso.

1. ____ el matrimonio
2. ____ el amor
3. ____ el divorcio
4. ____ la boda
5. ____ la amistad

a. Es una relación cariñosa entre dos personas. Se llevan bien y se hablan con frecuencia.
b. Es el posible resultado de un matrimonio, cuando los esposos no se llevan bien.
c. Es una relación sentimental, apasionada, muy especial, entre dos personas. Puede llevar al (*lead to*) matrimonio.
d. Es una ceremonia religiosa o civil en la que (*which*) la novia a veces lleva un vestido blanco.
e. Es una relación legal entre dos personas que viven juntas (*together*) y que a veces tienen hijos.

B. ¡Seamos lógicos! Complete las oraciones lógicamente.

1. Mi abuelo es el ____ de mi abuela.
2. Muchos novios tienen un largo ____ antes de la boda.
3. María y Julio tienen una ____ el viernes para comer en un restaurante. Luego van a bailar.
4. La ____ de Juan y Pati es el domingo a las dos de la tarde, en la iglesia (*church*) de San Martín.
5. En una ____, ¿quién debe pagar o comprar los boletos, el hombre o la mujer?
6. La ____ entre los ex esposos es imposible. No pueden ser amigos.
7. ¡El ____ es ciego (*blind*)!
8. Para algunas personas, el ____ es un concepto anticuado. Prefieren vivir juntos, sin casarse.
9. Algunas parejas modernas no quieren gastar su dinero en ____.
10. Algunas personas creen que es posible ____ a primera vista (*at first sight*).

Nota cultural

Relaciones de la vida social

Dos palabras españolas que no tienen equivalente exacto en inglés son **amigo** y **novio**. En el diagrama se indica cuándo es apropiado usar estas palabras para describir relaciones sociales en muchas culturas hispánicas y en la norteamericana.

friend	girlfriend/boyfriend	fiancée/fiancé	bride/groom

amiga/amigo   novia/novio

Como en todas partes del mundo, los enamorados hispanos usan muchos términos de cariño: **mi amor, mi amorcito/a, mi vida, viejo/vieja, querido/querida, cielo, corazón.** Es también frecuente el uso afectuoso de las frases **mi hijo/mi hija** entre esposos y aun[a] entre buenos amigos.

[a]*even*

Etapas de la vida°

Etapas... *Stages of life*

el nacimiento	birth	**nacer**	to be born
la infancia	infancy	**crecer**	to grow
la niñez	childhood	**morir (ue, u)**	to die
la adolescencia	adolescence		
la juventud	youth		
la madurez	middle age		
la vejez	old age		
la muerte	death		

Conversación

A. Etapas de la vida. Relacione las siguientes palabras y frases con las distintas etapas de la vida de una persona. **¡OJO!** Hay más de una posible relación en algunos casos.

1. el amor
2. los nietos
3. los juguetes (*toys*)
4. no poder comer sin ayuda
5. los hijos en la universidad
6. los granos (*pimples*)
7. la universidad
8. la boda

B. Una receta para unas buenas relaciones. Piense en su propio (*own*) matrimonio o en el de sus padres / unos amigos. O, si lo prefiere, piense en sus relaciones con su mejor amigo/a o en las de un par de amigos que Ud. tiene. En su opinión, ¿cuáles son los ingredientes necesarios para un buen matrimonio o una buena amistad?

Paso 1. Haga una lista de los cinco ingredientes más esenciales. Los ingredientes pueden expresarse con una palabra o una frase.

Paso 2. Compare su lista con las de otros tres estudiantes. ¿Coinciden en la selección de algunos ingredientes? Hablen de todos los ingredientes y hagan una lista de los cinco más importantes.

Paso 3. Ahora comparen los resultados de todos los grupos. ¿Han contestado todos más o menos de la misma manera?

Minidiálogos y gramática

40 ¿Hay alguien que... ? ¿Hay un lugar donde... ? • Subjunctive after Nonexistent and Indefinite Antecedents

La persona ideal

PALOMA: Dime, José Miguel… ¿Cómo es la novia ideal para ti? ¿Cómo es la persona que buscas?

JOSÉ MIGUEL: Bueno, *busco una persona que sea* cariñosa, *que me comprenda* y *que tenga* mucha paciencia. También *quiero una novia que sea* lista y muy guapa.

The ideal person PALOMA: Tell me, José Miguel . . . What's your ideal girlfriend like? The person you're looking for, what's she like? JOSÉ MIGUEL: Well, I look for a person who's affectionate, who understands me, and who has lots of patience. I also want a girlfriend who's intelligent and very pretty. PALOMA: Your requirements aren't that bad. Well, I have a boyfriend who's very affectionate and who understands me. In Gustavo I have a special friend who is also very patient. And, of course, he's very intelligent and rather handsome! JOSÉ MIGUEL: Yes, yes, I already know… Since all you do is talk about him…

PALOMA: No me parecen mal tus requisitos. Pues, yo *tengo un novio que es* muy cariñoso y *que me comprende*. En Gustavo *tengo un amigo especial, que* además *es* muy paciente. Y, claro, ¡es muy inteligente y bastante guapo!

JOSÉ MIGUEL: Sí, sí, yo lo sé… Como no haces más que hablar de él…

Comprensión: ¿Cierto o falso?

1. José Miguel ya tiene novia.
2. José Miguel busca una novia que tenga muchas cualidades deseables.
3. Paloma busca un novio que sea inteligente y guapo.
4. Parece que Paloma ya tiene el novio perfecto.

A. In English and Spanish, statements or questions that give or ask for information about a person, place, or thing often contain two clauses.

Each of the example sentences contains a main clause (*I have a car; Is there a house for sale*). In addition, each sentence also has a subordinate clause (*that gets good mileage; that is closer to the city*) that modifies a noun in the main clause: *car, house*. The noun (or pronoun) modified is called the *antecedent* (**el antecedente**) of the subordinate clause, and the clause itself is called an adjective clause because—like an adjective—it modifies a noun (or pronoun).

I have a **car** *that gets good mileage.*
Is there a **house for sale** *that is closer to the city*?

B. Sometimes the antecedent of an adjective clause is something that, in the speaker's mind, does not exist or whose existence is indefinite or uncertain.

In these cases, the subjunctive must be used in the adjective (subordinate) clause in Spanish.

Note in the examples that adjective clauses that describe a place can be introduced with **donde…** as well as with **que…**

NONEXISTENT ANTECEDENT:

There is *nothing* that you can do.

INDEFINITE ANTECEDENT:

We need *a car* that will last us for years. (We don't have one yet.)

EXISTENT ANTECEDENT:

Hay algo aquí que me **interesa**.
There is something here that interests me.

NONEXISTENT ANTECEDENT:

No veo nada que me **interese**.
I don't see anything that interests me.

DEFINITE ANTECEDENT:

Hay muchos restaurantes donde **sirven** comida mexicana auténtica.
There are a lot of restaurants where they serve authentic Mexican food.

INDEFINITE ANTECEDENT:

Buscamos un restaurante donde **sirvan** comida salvadoreña auténtica.
We're looking for a restaurant where they serve authentic Salvadoran food.

O J O The dependent adjective clause structure is often used in questions to find out about someone or something the speaker does not know much about. Note, however, that the indicative is used to answer the question if the antecedent is known to the person who answers.

INDEFINITE ANTECEDENT:

¿Hay algo aquí que te **guste?**
Is there anything here that you like?

DEFINITE ANTECEDENT:

Sí, **hay varias bolsas** que me **gustan**.
Yes, there are several purses that I like.

O J O The personal **a** is not used with direct object nouns that refer to hypothetical persons.* Compare the use of the indicative and the subjunctive in the sentences at the right.

NONEXISTENT ANTECEDENT:

Busco **un señor** que **sepa francés**.
I'm looking for a man who knows French.

EXISTENT ANTECEDENT:

Busco **al señor** que **sabe francés**.
I'm looking for the man who knows French.

Práctica

A. Hablando de gente que conocemos. En su familia, ¿hay personas que tengan las siguientes características? Indique la oración apropiada en cada par de oraciones.

TENGO UN PARIENTE...   NO TENGO NINGÚN PARIENTE...

1. ☐ que habla alemán   ☐ que hable alemán
2. ☐ que vive en el extranjero   ☐ que viva en el extranjero

---

*Remember that **alguien** and **nadie** always take the personal **a** when they are used as direct objects: **Busco a alguien que lo sepa. No veo a nadie que sea norteamericano.**

TENGO UN PARIENTE...	NO TENGO NINGÚN PARIENTE...
3. ☐ que es dueño de un restaurante	☐ que sea dueño de un restaurante
4. ☐ que sabe tocar el piano	☐ que sepa tocar el piano
5. ☐ que es médico/a	☐ que sea médico/a
6. ☐ que fuma	☐ que fume
7. ☐ que está divorciado/a	☐ que esté divorciado/a
8. ☐ que trabaja en la televisión	☐ que trabaje en la televisión

B. Las preguntas de Carmen

Paso 1. Carmen acaba de llegar aquí de otro estado. Quiere saber algunas cosas sobre la universidad y la ciudad. Haga las preguntas de Carmen según el modelo.

MODELO: restaurantes / sirven comida latinoamericana →
¿Hay restaurantes que sirv**an** (donde se sirv**a**) comida latinoamericana?

1. librerías / venden libros usados
2. tiendas / se puede comprar revistas de Latinoamérica
3. cafés cerca de la universidad / se reúnen muchos estudiantes
4. apartamentos cerca de la universidad / son buenos y baratos
5. cines / pasan (*they show*) películas en español
6. un gimnasio en la universidad / se juega al ráquetbol
7. parques / la gente corre o da paseos
8. museos / hacen exposiciones de arte latinoamericano

Paso 2. ¿Son ciertas o falsas las siguientes declaraciones?

1. A Carmen no le interesa la cultura hispánica.
2. Carmen es deportista.
3. Es posible que sea estudiante.
4. Este año piensa vivir con unos amigos de sus padres.

Paso 3. Ahora conteste las preguntas de Carmen con información verdadera sobre la ciudad donde Ud. vive y su universidad.

Conversación
▲▲▲▲▲▲▲

A. Una encuesta. Las habilidades o características de un grupo de personas pueden ser sorprendentes. ¿Qué sabe Ud. de los compañeros de su clase de español? Pregúnteles a los miembros de la clase si saben hacer lo siguiente o a quién le ocurre lo siguiente. Deben levantar la mano sólo los que puedan contestar afirmativamente. Luego la persona que hizo la pregunta debe hacer un comentario apropiado. Siga el modelo.

MODELO: hablar chino →
En esta clase, ¿hay alguien que hable chino? (*Nadie levanta la mano.*) No hay nadie que hable chino.

1. hablar ruso
2. saber tocar la viola
3. conocer a un actor / una actriz
4. saber preparar comida vietnamita
5. tener el cumpleaños hoy
6. escribir poemas
7. vivir en las afueras
8. ¿ ?

B. Entrevista. With another student, ask and answer the following questions. Then report any interesting details to the class.

1. ¿Hay alguien en tu vida que te quiera locamente?
2. ¿Hay algo que te importe más que los estudios universitarios?
3. ¿Con qué tipo de persona te gusta salir?
4. Para el semestre/trimestre que viene, ¿qué clases buscas? ¿una que empiece a las ocho de la mañana?
5. ¿Tienes algún amigo o alguna amiga de la escuela secundaria que esté casado/a? ¿que tenga hijos? ¿que esté divorciado/a?
6. **¡OJO!** Unas preguntas indiscretas: ¿Has conocido recientemente a alguien que te haya gustado mucho? ¿de quien te hayas enamorado? ¿Hay alguna persona de tu familia con quien te lleves muy mal? ¿o muy, muy bien?

En los Estados Unidos y el Canadá...

Isabel Allende

Es posible que la chilena Isabel Allende (1942–) sea **la escritora hispánica más conocida de Norteamérica**. Sobrina del presidente de Chile, Salvador Allende, que fue derrocado[a] violentamente y murió en 1973, Isabel viene de **una familia que tiene un pasado muy interesante**. Este pasado, con su mezcla[b] de lo familiar y lo político, aparece como uno de los elementos más sobresalientes[c] de sus novelas. Estas[d] se caracterizan también por el uso del **«realismo mágico»**, técnica literaria en que elementos fantásticos se entretejen[e] con aspectos de la vida diaria. Su primera novela, *La casa de los espíritus,* apareció en 1982 y fue seguida por otras de igual éxito:[f] entre ellas, *Eva Luna, El plan infinito* y *De amor y de sombra.*

La vida de Allende no ha sido fácil. Después de los eventos políticos en que murió su tío, tuvo que **abandonar su país** con sus hijos pequeños. Vivió por un tiempo en Venezuela y hoy reside en los Estados Unidos con su **segundo esposo**. **Perdió su segunda hija**, Paula, después de una larga y trágica enfermedad, cuando esta tenía 28 años. A ella le dedicó un libro en el que[g] cuenta la historia de la familia a la vez que narra los cambios que sufre la escritora a consecuencia del trauma de la enfermedad de su adorada hija. Pero los contratiempos[h] no parecen detener a la incansable Isabel Allende. Sus libros se consiguen en español y en traducción en los Estados Unidos y el Canadá y son popularísimos.

[a]*overthrown* [b]*mixture* [c]*prominent* [d]*These (novels)* [e]*se... are interwoven* [f]*success* [g]*en... in which* [h]*mishaps, disappointments*

41 Lo hago para que tú... • Subjunctive after Conjunctions of Contingency and Purpose

Un baile de máscaras

ESTELA: Bueno, María, esta fiesta está muy divertida, ¿no?

MARÍA: Sí, Estela, gracias por invitarme. ¡Y qué disfraces más interesantes! Espero bailar mucho *antes de que nos vayamos.*

ESTELA: Pues, yo no voy *a bailar a menos que toquen* unos ritmos caribeños. Me encanta la salsa.

MARÍA: ¡Qué gracioso! Tú, vestida de princesa medieval, vas a bailar salsa...

ESTELA: No te rías de mí, María. *En caso de que no te hayas fijado,* ¡tú también estás vestida de princesa!

MARÍA: Tienes razón. ¡Qué casualidad!

Según la lectura, ¿son ciertas o falsas estas oraciones?

1. Estela tiene planes de bailar mucho después de salir de la fiesta.
2. Estela es la única (*the only one*) vestida de princesa.
3. A Estela no le gustan los ritmos caribeños.

A. When one action or condition is related to another—X will happen provided that Y occurs; we'll do Z unless A happens—a relationship of *contingency* is said to exist: one thing is contingent, or depends, on another.

The Spanish *conjunctions* (**las conjunciones**) at the right express relationships of contingency or purpose. The subjunctive always occurs in subordinate clauses introduced by these conjunctions.

a menos que	unless
antes (de) que	before
con tal (de) que	provided (that)
en caso de que	in case
para que	so that

A Costume Ball ESTELA: Well, María, this is a very enjoyable party, isn't it? MARÍA: Yes, thanks for inviting me. And the costumes are so interesting! I expect to dance a lot before I leave. ESTELA: Well, I'm not going to dance unless they play some Caribbean music. I love salsa. MARÍA: That's funny! Here you are dressed like a medieval princess, and dancing salsa... ESTELA: Don't you laugh at me, María. In case you haven't noticed, you're also dressed as a princess! MARÍA: You're right. What a coincidence!

Capítulo 15 • *La vida social y la vida afectiva*

B. Note that these conjunctions introduce subordinate clauses in which the events have not yet materialized; the events are conceptualized, not real-world, events.

Voy **con tal de que** ellos me **acompañen**.
I'm going, provided (that) they go with me.

En caso de que llegue Juan, dile que ya salí.
In case Juan arrives, tell him that I already left.

C. When there is no change of subject in the dependent clause, Spanish more frequently uses the prepositions **antes de** and **para**, plus an infinitive, instead of the corresponding conjunctions plus the subjunctive. Compare the sentences at the right.

PREPOSITION: Estoy aquí **para aprender**.
I'm here to (in order to) learn.

CONJUNCTION: Estoy aquí **para que Uds. aprendan**.
I'm here so that you will learn.

PREPOSITION: Voy a comer **antes de salir**.
I'm going to eat before leaving.

CONJUNCTION: Voy a comer **antes de que salgamos**.
I'm going to eat before we leave.

Práctica

▲▲▲▲▲▲

A. ¿Es Ud. un buen amigo / una buena amiga? La amistad es una de las relaciones más importantes de la vida. Indique si las siguientes oraciones son ciertas o falsas para Ud. con respecto a sus amigos. **¡OJO!** No todas las características son buenas. Hay que leer con cuidado.

	C	F
1. Les hago muchos favores a mis amigos, con tal que ellos después me ayuden a mí.	☐	☐
2. Les ofrezco consejos a mis amigos para que tomen buenas decisiones.	☐	☐
3. Les presto dinero a menos que sepa que no me lo pueden devolver.	☐	☐
4. Les traduzco el menú en los restaurantes mexicanos en caso de que no sepan leer español.	☐	☐
5. Los llevo a casa cuando beben, para que no tengan accidentes de coche.	☐	☐

B. Julio siempre llega tarde. Siempre es buena idea llegar un poco temprano al teatro o al cine. Sin embargo, su amigo Julio, quien va al cine con Ud. esta tarde, no quiere salir con un poco de anticipación. Trate de convencerlo de que Uds. deben salir pronto.

JULIO: No entiendo por qué quieres que lleguemos al teatro tan temprano.
UD.: Pues, para que (nosotros)…

Sugerencias: poder estacionar el coche, no perder el principio de la función, poder comprar los boletos, conseguir buenas butacas (*seats*), no tener que hacer cola, comprar palomitas (*popcorn*) antes de que empiece la película, hablar con los amigos

C. Un fin de semana en las montañas

Paso 1. Hablan Manolo y Lola. Use la conjunción entre paréntesis para unir las oraciones, haciendo todos los cambios necesarios.

1. No voy. Dejamos a la niña con los abuelos. (a menos que)
2. Vamos solos. Pasamos un fin de semana romántico. (para que)
3. Esta vez voy a aprender a esquiar. Tú me enseñas. (con tal de que)
4. Vamos a salir temprano por la mañana. Nos acostamos tarde la noche anterior. (a menos que)
5. Es importante que lleguemos a la estación (*resort*) de esquí. Empieza a nevar. (antes de que)
6. Deja la dirección y el teléfono del hotel. Tus padres nos necesitan. (en caso de que)

Paso 2. ¿Cierto, falso o no lo dice?

1. Manolo y Lola acaban de casarse.
2. Casi siempre van de vacaciones con su hija.
3. Los dos son excelentes esquiadores.
4. Van a dejar a la niña con los abuelos.

Conversación

Situaciones. Cualquier acción puede justificarse. Con un compañero / una compañera o con un grupo de estudiantes, den una explicación para las siguientes situaciones. Luego comparen sus explicaciones con las de otro grupo.

1. Los padres trabajan mucho para (que)…
2. Los profesores les dan tarea a los estudiantes para (que)…
3. Los dueños de los equipos deportivos profesionales les pagan mucho a algunos jugadores para (que)…
4. Las películas extranjeras se doblan (*are dubbed*) para (que)…
5. Los padres castigan (*punish*) a los niños para (que)…
6. Las parejas se divorcian para (que)…
7. Los jóvenes forman pandillas (*gangs*) para (que)…

PANORAMA *cultural*

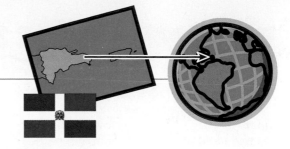

República Dominicana

Datos esenciales

- Nombre oficial: República Dominicana
- Capital: Santo Domingo
- Población: 8.000.000 de habitantes
- Moneda: el peso
- Idiomas: el español (oficial), el francés criollo

¡Fíjese!

- Santo Domingo fue fundada en 1496 por Bartolomé Colón, hermano de Cristóbal Colón. Esta población en lo que entonces se llamaba la isla de La Española fue la primera colonia europea en el Nuevo Mundo.

- En el siglo XV, bucaneros franceses, que en realidad no eran más que piratas, fundaron la colonia de Sant Domingue en el oeste de la isla. Dentro de poco tiempo, se estableció un sistema de plantaciones basado en la labor de esclavos africanos.

- España le cedió[a] a Francia, en 1697, el tercio occidental[b] de La Española. Por esta razón, este territorio, el actual país de Haití, tiene una cultura y un idioma diferentes a los de la República Dominicana.

- Muchos atletas dominicanos han tenido gran éxito[c] en las Grandes Ligas de los Estados Unidos. Entre los que se han destacado[d] recientemente han sido Sammy Sosa, Juan Marichal y Roberto y Sandy Alomar.

[a]ceded [b]tercio... *western third* [c]success [d]se... *have stood out*

Conozca a... Julia Álvarez

Julia Álvarez

Aunque la novelista Julia Álvarez (1950–) nació en la ciudad de Nueva York y ahora es profesora de inglés en Middlebury College en Vermont, pasó su niñez en la República Dominicana. Cuando tenía apenas[a] 10 años, su padre tuvo que exiliarse con la familia despues de tratar de derrotar[b] el régimen del dictador Trujillo. Al llegar a la madurez, se destacó como[c] poeta y ganó su primer premio de importancia en 1974, el mismo año en que publicó su primer libro de poesía, *Homecoming*. Pero cuando, en 1991, publicó su primera novela *How the García Girls Lost Their Accents* —en verdad, una serie de cuentos entrelazados[d]— recibió atención crítica y pública del mundo entero. Esta obra, como las que la han seguido, refleja su múltiple existencia como mujer, como latina y como americana.

[a]barely [b]defeat [c]se... *she distinguished herself as a* [d]linked

 Capítulo 17 of the video to accompany *Puntos de partida* contains cultural footage of the Dominican Republic.

 Visit the *Puntos* Website at www.mhhe.com/puntos.

Vocabulario

Las relaciones sentimentales

amar	to love
casarse (con)	to marry
divorciarse (de)	to get divorced (from)
enamorarse (de)	to fall in love (with)
llevarse bien/mal (con)	to get along well/poorly (with)
pasar tiempo (con)	to spend time (with)
querer (ie)	to love
romper (con)	to break up (with)
salir (salgo) (con)	to go out (with)
separarse (de)	to separate (from)

la amistad	friendship
el amor	love
la boda	wedding (*ceremony*)
la cita	date
el divorcio	divorce
la luna de miel	honeymoon
el marido	husband
el matrimonio	marriage; married couple
la mujer	wife
el noviazgo	engagement
la pareja	(married) couple; partner

Repaso: el/la amigo/a, el/la esposo/a, el/la novio/a

amistoso/a	friendly

Repaso: cariñoso/a, casado/a, soltero/a

Etapas de la vida

la adolescencia	adolescence
la infancia	infancy
la juventud	youth
la madurez	middle age
la muerte	death
el nacimiento	birth
la vejez	old age

Repaso: la niñez

crecer	to grow
nacer	to be born

Repaso: morir (ue, u)

Otras palabras y expresiones útiles

la gente	people
a primera vista	at first sight
bastante	rather, sufficiently; enough
juntos/as	together
propio/a	own

Conjunciones

a menos que	unless
antes (de) que	before
con tal (de) que	provided (that)
en caso de que	in case
para que	so that

¿Trabajar para vivir o vivir para trabajar?

Esta médica mexicana ha dedicado muchos años de preparación a su especialidad.

En este capítulo...

Vocabulario: Profesiones y oficios; El mundo del trabajo

Panorama cultural: Uruguay y Paraguay

Gramática:

42 Future Verb Forms

43 Subjunctive and Indicative after Conjunctions of Time

Multimedia

Practice vocabulary and grammar, expand your cultural knowledge, and develop your conversational skills.

Profesiones y oficios°   *trades*

Profesiones

el/la abogado/a	lawyer
el/la bibliotecario/a	librarian
el/la consejero/a	counselor
el/la contador(a)	accountant
el/la enfermero/a	nurse
el hombre / la mujer de negocios	business person
el/la ingeniero/a	engineer
el/la maestro/a	schoolteacher
el/la médico/a	doctor
el/la periodista	journalist
el/la trabajador(a) social	social worker
el/la traductor(a)	translator

Oficios

el/la cajero/a	cashier; teller
el/la cocinero/a	cook; chef
el/la comerciante	merchant, shopkeeper

el/la criado/a	servant
el/la dependiente/a	clerk
el/la obrero/a	worker, laborer
el/la peluquero/a	hairstylist
el/la plomero/a	plumber
el soldado / la mujer soldado	soldier
el/la vendedor(a)	salesperson

Cognados

el/la analista de sistemas, el/la dentista, el/la electricista, el/la fotógrafo/a, el/la mecánico/a, el/la profesor(a), el/la programador(a), el/la secretario/a, el/la sicólogo/a, el/la siquiatra, el/la técnico/a, el/la veterinario/a

In the preceding chapters of *Puntos en breve* you have learned to use a number of the words for professions and trades that are listed here. You will practice all of these words in the following activities. However, you will probably want to learn only those new terms that are particularly important or interesting to you. If the vocabulary needed to describe your career goal is not listed here, look it up in a dictionary or ask your instructor.

Conversación

▲▲▲▲▲▲▲

A. **Asociaciones.** ¿Qué profesiones u oficios asocia Ud. con estas frases? Consulte la lista de profesiones y oficios y use las siguientes palabras también. Haga asociaciones rápidas. ¡No lo piense demasiado!

1. creativo/rutinario	actor/actriz	detective
2. muchos/pocos años de preparación	arquitecto/a	niñero/a
3. mucho/poco salario	asistente de vuelo	pintor(a)
4. mucha/poca responsabilidad	*barman*	poeta
5. mucho/poco prestigio	camarero/a	policía/mujer policía
6. flexibilidad/«de nueve a cinco»	carpintero/a	político/a
7. mucho/poco tiempo libre	chófer	presidente/a
8. peligroso (*dangerous*)/seguro	consejero/a	senador(a)
9. en el pasado, sólo para hombres/mujeres	cura/pastor(a)/	
10. todavía, sólo para hombres/mujeres	rabino/a	

B. **¿Qué preparación se necesita para ser... ?** Imagine que Ud. es consejero universitario / consejera universitaria. Explíquele a un estudiante qué cursos debe tomar para prepararse para las siguientes carreras. Consulte la lista de cursos académicos del Capítulo 1 y use la siguiente lista. Piense también en el tipo de experiencia que debe obtener.

1. traductor(a) en la ONU (Organización de las Naciones Unidas)
2. reportero/a en la televisión, especializado/a en los deportes
3. contador(a) para un grupo de abogados
4. periodista en la redacción (*editorial staff*) de una revista de ecología
5. trabajador(a) social, especializado/a en los problemas de los ancianos
6. maestro/a de primaria, especializado/a en la educación bilingüe

---

Vocabulario útil

〜〜〜〜〜〜〜〜〜〜〜〜〜〜〜〜〜〜〜〜

las comunicaciones	el *marketing*/mercadeo
la contabilidad (*accounting*)	la organización administrativa
el derecho (*law*)	la pedagogía/enseñanza
la gerontología	la retórica (*speech*)
la ingeniería	la sociología

Nota cultural

Los nombres de las profesiones

En el mundo de habla española hay poco acuerdo sobre las palabras que deben usarse para referirse a las mujeres que ejercen ciertas profesiones. En gran parte, eso se debe al hecho de que, en muchos de estos países, las mujeres acaban de empezar a ejercer esas profesiones; por eso el idioma todavía está cambiando para acomodarse a esa nueva realidad. En la actualidad se emplean, entre otras, las siguientes formas:

- Se usa el artículo **la** con los sustantivos que terminan en **-ista**.

  el dentista → **la** dent**ista**

- En otros casos se usa una forma femenina.

  el médico → **la** médic**a**
  el trabajador → **la** trabajador**a**

- Se usa la palabra **mujer** con el nombre de la profesión.

  el policía → **la mujer** policía
  el soldado → **la mujer** soldado

Escuche lo que dice la persona con quien Ud. habla para saber las formas que él o ella usa. No se trata de[a] formas correctas o incorrectas, sólo de usos y costumbres locales.

[a]No… *It's not a question of*

El mundo del trabajo

caerle bien/mal a alguien	to make a good/bad impression on someone
dejar	to quit
llenar	to fill out (*a form*)
renunciar (a)	to resign (from)
el/la aspirante	candidate, applicant
el currículum	resumé
la dirección de personal	personnel office, employment office
el/la director(a) de personal	personnel director

caerle bien a la entrevistadora

¡renunciar al puesto!

graduarse

llenar las solicitudes

escribir a máquina y contestar el teléfono todo el día

la empresa	corporation, business	la tarjeta de crédito	credit card
el puesto	job, position	ahorrar	to save (*money*)
la solicitud	application (*form*)	cargar (a la cuenta de uno)	to charge (to someone's account)
		depositar/sacar	to deposit/withdraw (*money*)

Una cuestión de dinero

el banco	bank	devolver (ue)	to return (*something*)
el cajero automático	automatic teller machine	economizar	to economize
el cheque	check (*bank*)	ganar	to earn
la cuenta / la factura	bill	pagar a plazos / con cheque	to pay in installments / by check
la cuenta corriente	checking account	pagar en efectivo / al contado	to pay in cash
la cuenta de ahorros	savings account		
el efectivo	cash	pedir (i, i) prestado/a	to borrow
el préstamo	loan	prestar	to lend
el presupuesto	budget		
el salario / el sueldo	salary		

Conversación

▲▲▲▲▲▲▲▲

A. En busca de un puesto. Imagine que Ud. solicitó un puesto recientemente. Usando los números del 1 al 14, indique en qué orden ocurrió lo siguiente. El número 1 ya está indicado.

a. _____ Se despidió de Ud. cordialmente, diciendo que lo/la iba a llamar en una semana.

b. _____ Fue a la biblioteca para informarse sobre la empresa: su historia, dónde tiene sucursales (*branches*), etcétera.

c. _____ Ud. llenó la solicitud tan pronto como la recibió y la mandó, con el currículum, a la empresa.

d. _____ Por fin, el secretario le dijo que Ud. se iba a entrevistar con la directora de personal.

e. __1__ En la oficina de empleos de su universidad, Ud. leyó un anuncio para un puesto en su especialización.

f. _____ Le dijo que le iba a mandar una solicitud para que la llenara (*you could fill it out*) y también le pidió que mandara (*you send*) su currículum.

g. _____ Cuando por fin lo/la llamó la directora, ¡fue para ofrecerle el puesto!

h. _____ Mientras esperaba en la dirección de personal, Ud. estaba nerviosísimo/a.

i. _____ La directora le hizo una serie de preguntas: cuándo se iba a graduar, qué cursos había tomado, etcétera.

j. _____ Llamó al teléfono que daba el anuncio y habló con un secretario en la dirección de personal.

k. _____ La mañana de la entrevista, Ud. se levantó temprano, se vistió con cuidado y salió temprano para la empresa para llegar puntualmente.

l. _____ Al entrar en la oficina de la directora, Ud. la saludó con cortesía, tratando de caerle bien desde el principio.

m. _____ También le pidió que hablara (_you speak_) un poco en español, ya que la empresa tiene una sucursal en Santiago, Chile.

n. _____ En una semana lo/la llamaron para arreglar una entrevista.

B. Diálogos

Paso 1. Empareje las preguntas de la izquierda con las respuestas de la derecha.

1. _____ ¿Cómo prefiere Ud. pagar?

2. _____ ¿Hay algún problema?

3. _____ Me da su pasaporte, por favor. Necesito verlo para que pueda cobrar (_cash_) su cheque.

4. _____ ¿Quisiera (_Would you like_) usar su tarjeta de crédito?

5. _____ ¿Va a depositar este cheque en su cuenta corriente o en su cuenta de ahorros?

6. _____ ¿Adónde quiere Ud. que mandemos la factura?

a. En la cuenta de ahorros, por favor.

b. Me la manda a la oficina, por favor.

c. No, prefiero pagar al contado.

d. Sí, señorita. Ud. me cobró demasiado por el jarabe.

e. Aquí lo tiene Ud. Me lo va a devolver pronto, ¿verdad?

f. Cárguelo a mi cuenta, por favor.

Paso 2. Ahora invente un contexto posible para cada diálogo. ¿Dónde están las personas que hablan? ¿en un banco? ¿en una tienda? ¿Quiénes son? ¿clientes? ¿cajeros? ¿dependientes?

C. Situaciones. Describa lo que pasa en los siguientes dibujos, contestando por lo menos estas preguntas: ¿Quiénes son estas personas? ¿Dónde están? ¿Qué van a comprar? ¿Cómo van a pagar? ¿Qué van a hacer después?

Minidiálogos y gramática

Talking about the Future • Future Verb Forms

^atareas   ^bfuturo   ^cprayers

¿Cómo será su vida dentro de diez años? Conteste sí o no a las primeras cinco oraciones. Complete las últimas dos con información verdadera —¡o por lo menos deseable!

1. Viviré en otra ciudad/otro país.
2. Estaré casado/a.
3. Tendré uno o más hijos (nietos).
4. Seré dueño/a de mi propia casa.
5. Llevaré una vida más tranquila.
6. Trabajaré como _____ (nombre de profesión).
7. Ganaré por lo menos _____ dólares al año.

A. You have already learned to talk about the future in a number of ways. The forms of the present can be used to describe the immediate future, and the **ir** + **a** + *infinitive* construction (Grammar 10) is very common in both spoken and written Spanish. The future can also be expressed, however, with future verb forms.

hablar		comer		vivir	
hablar**é**	hablar**emos**	comer**é**	comer**emos**	vivir**é**	vivir**emos**
hablar**ás**	hablar**éis**	comer**ás**	comer**éis**	vivir**ás**	vivir**éis**
hablar**á**	hablar**án**	comer**á**	comer**án**	vivir**á**	vivir**án**

B. In English, the future is formed with the auxiliary verbs *will* or *shall: I **will/shall** speak.* In Spanish, the *future* (**el futuro**) is a simple verb form (only one word). It is formed by adding future endings to the infinitive. No auxiliary verbs are needed.

Future verb endings:

-e	**-emos**
-ás	**-éis**
-á	**-án**

C. The verbs on the right add the future endings to irregular stems.

decir: diré, dirás, dirá, diremos, diréis, dirán

decir:	**dir-**	
hacer:	**har-**	**-é**
poder:	**podr-**	**-ás**
poner:	**pondr-**	**-á**
querer:	**querr-**	**-emos**
saber:	**sabr-**	**-éis**
salir:	**saldr-**	**-án**
tener:	**tendr-**	
venir:	**vendr-**	

The future of **hay** (**haber**) is **habrá** (*there will be*).*

D. Remember that indicative and subjunctive present tense forms can be used to express the immediate future. Compare the following.

Llegaré a tiempo.
I'll arrive on time.

Llego a las ocho mañana. ¿Vienes a buscarme?
I'll arrive at 8:00 tomorrow. Will you pick me up?

No creo que Pepe **llegue** a tiempo.
I don't think Pepe will arrive on time.

O J O

When the English *will* refers not to future time but to the willingness of someone to do something, Spanish uses the verb **querer**, not the future.

¿**Quieres** cerrar la puerta, por favor?
Will you please close the door?

Práctica

▲▲▲▲▲▲

A. Mis compañeros de clase. ¿Cree Ud. que conoce bien a sus compañeros de clase? ¿Sabe lo que les va a pasar en el futuro? Vamos a ver.

Paso 1. Indique si las siguientes oraciones serán ciertas para Ud. algún día.

	SÍ	NO
1. Seré profesor(a) de idiomas.	☐	☐
2. Me casaré (Me divorciaré) dentro de tres años.	☐	☐

---

*The future forms of the verb **haber** are used to form the *future perfect tense* (**el futuro perfecto**), which expresses what *will have* occurred at some point in the future.

Para mañana, ya **habré hablado** con Miguel.
By tomorrow, I will have spoken with Miguel.

You will find a more detailed presentation of these forms in Appendix 3, Additional Verb Forms (Indicative and Subjunctive).

3. Me mudaré (*I will move*) a otro país. ☐ ☐
4. Compraré un coche deportivo. ☐ ☐
5. Tendré una familia muy grande (mucho más grande). ☐ ☐
6. Asistiré a una escuela de estudios graduados (*graduate*). ☐ ☐
7. Visitaré Latinoamérica. ☐ ☐
8. Estaré en bancarrota (*bankruptcy*). ☐ ☐
9. Estaré jubilado/a (*retired*). ☐ ☐
10. No tendré que trabajar porque seré rico/a. ☐ ☐

Paso 2. Ahora, para cada oración del **Paso 1**, indique el nombre de una persona de la clase para quien Ud. cree que la oración es cierta. Puede ser un compañero/una compañera de clase o su profesor(a).

Paso 3. Ahora compare sus predicciones con las respuestas de estas personas. ¿Hizo Ud. predicciones correctas?

B. ¿Qué harán?

Paso 1. Imagine que un grupo de amigos está hablando de cómo será su vida en cinco o seis años. Haga oraciones usando el futuro de las frases de abajo.

1. yo
   - hablar bien el español
   - pasar mucho tiempo en la biblioteca
   - escribir artículos sobre la literatura latinoamericana
   - dar clases en español

2. tú
   - trabajar en una oficina y en la corte
   - ganar mucho dinero
   - tener muchos clientes
   - cobrar por muchas horas de trabajo

3. Felipe
   - ver a muchos pacientes
   - escuchar muchos problemas
   - leer a Freud y a Jung constantemente
   - hacerle un sicoanálisis a un paciente

4. Susana y Juanjo
   - pasar mucho tiempo sentados
   - usar el teclado (*keyboard*) constantemente
   - inventar nuevos programas
   - mandarles mensajes electrónicos a todos los amigos

Paso 2. ¿A qué profesiones se refieren las oraciones anteriores?

C. Mi amigo Gregorio

Paso 1. Describa Ud. las siguientes cosas que hará su compañero Gregorio. Luego indique si Ud. hará lo mismo (**Yo también... Yo tampoco...**) u otra cosa.

MODELO: no / gastar / menos / mes →
Gregorio no gastará menos este mes. Yo tampoco gastaré menos. (Yo sí gastaré menos este mes. ¡Tengo que ahorrar!)

1. pagar / tarde / todo / cuentas
2. tratar / adaptarse a / presupuesto

3. volver / hacer / presupuesto / próximo mes
4. no / depositar / nada / en / cuenta de ahorros
5. quejarse / porque / no / tener / suficiente dinero
6. seguir / usando / tarjetas / crédito
7. pedirles / dinero / a / padres
8. buscar / trabajo / de tiempo parcial

Paso 2. ¿Cuál de las siguientes oraciones describe mejor a su amigo?

1. Gregorio es muy responsable en cuanto a (*regarding*) asuntos de dinero. Es un buen modelo para imitar.
2. Gregorio tiene que aprender a ser más responsable con su dinero.

Conversación

A. Ventajas y desventajas. What can you do to get extra cash or to save money? Some possibilities are shown in the following drawings. What are the advantages and disadvantages of each suggestion?

MODELO: dejar de tomar tanto café →
Si dejo de tomar tanto café, ahorraré sólo un poco de dinero. Estaré menos nervioso/a, pero creo que será más difícil despertarme por la mañana.

1. pedirles dinero a mis amigos o parientes
2. cometer un robo
3. alquilar unos cuartos de mi casa a otras personas
4. dejar de fumar (beber cerveza, tomar tanto café…)
5. buscar un trabajo de tiempo parcial
6. vender mi disco compacto (coche, televisor…)
7. comprar muchos billetes de lotería

B. El mundo en el año 2500. ¿Cómo será el mundo del futuro? Haga una lista de temas o cosas que Ud. cree que van a ser diferentes en el año 2500. Por ejemplo: el transporte, la comida, la vivienda… Piense también en temas globales: la política, los problemas que presenta la capa de ozono…

Ahora, a base de su lista, haga una serie de predicciones para el futuro.

MODELO: La gente comerá (Nosotros comeremos) comidas sintéticas.

Nota comunicativa

Expressing Conjecture

Estela, en el aeropuerto

Cecilia, en la carretera

¿Dónde **estará** Cecilia?	*I wonder where Cecilia is. (Where can Cecilia be?)*
¿Qué le **pasará**?	*I wonder what's up with her (what can be wrong)?*
Estará en un lío de tráfico.	*She's probably (must be) in a traffic jam. (I bet she's in a traffic jam.)*

The future can also be used in Spanish to express probability or conjecture about what is happening now. This use of the future is called the *future of probability* (**el futuro de probabilidad**). Note in the preceding examples that the English cues for expressing probability (*probably, I bet, must be, I wonder . . . , Where can . . .* , and so on) are not directly expressed in Spanish. Their sense is conveyed in Spanish by the use of the future form of the verb.

C. Predicciones. ¿Quiénes serán las siguientes personas? ¿Qué estarán haciendo? ¿Dónde estarán? Invente todos los detalles que pueda sobre los siguientes dibujos.

Palabras útiles: el botones (*bellhop*), Cristóbal Colón (*Christopher Columbus*), la propina (*tip*), redondo/a (*round*)

1.

2.

3.

4.

En los Estados Unidos y el Canadá...

Fernando Espuelas

Fernando Espuelas, un uruguayo de treinta y pico[a] años, es **el fundador de StarMedia**, una de las compañías principales del Internet en Latinoamérica. También es el presidente del Consejo de Dirección de la compañía y su director ejecutivo. Fernando Espuelas **llegó a los Estados Unidos** con su madre **cuando tenía 9 años**. Casi no sabía hablar inglés. En 1996, con la ayuda de un viejo amigo y con dinero prestado por la familia, los amigos y las tarjetas de crédito, Espuelas empezó StarMedia; tres años más tarde se había convertido en **una**

Fernando Espuelas

compañía con un valor de 165 millones de dólares. Hoy, StarMedia tiene oficinas en Miami, San Juan, Madrid y casi todas las capitales latinoamericanas, y está representada en la Bolsa[b] de Wall Street.

Antes de la creación de StarMedia, Espuelas había sido **director ejecutivo de comunicaciones de *marketing* de AT&T** para la región del Caribe y Latinoamérica, y ha ocupado varios cargos en agencias de publicidad importantes. Con StarMedia, Espuelas reafirma su visión de **la importancia de tener una comunidad latinoamericana** y del Internet como vehículo de cohesión entre los pueblos hispánicos.

[a]treinta... *thirty-some*   [b]*Stock Market*

Expressing Future or Pending Actions •
Subjunctive and Indicative after Conjunctions of Time

Antes de la entrevista

SRA. CARRASCO: Hija, ¿estás lista para la entrevista?
LUPE: Sí, mamá.
SRA. CARRASCO: Bien. *Cuando llegues* a la oficina, no te olvides de darle la mano a la directora de personal. También debes sentarte sólo *después de que* ella *se siente.*
LUPE: Sí, mamá…
SRA. CARRASCO: *Y tan pronto como termine* la entrevista, no te olvides de darle las gracias.
LUPE: ¡Ay, mamá! Creo que voy a sufrir un ataque de nervios *en cuanto salga* de casa.
SRA. CARRASCO: No te preocupes, Lupe. No debes sentirte nerviosa…
LUPE: No es por los nervios, mamá, ¡sino por todos estos consejos!

Comprensión: ¿Cierto o falso?

1. La Sra. Carrasco tiene una entrevista hoy.
2. La Sra. Carrasco le da a su hija consejos sobre cómo portarse durante la entrevista con la directora de personal.
3. Lupe cree que va a sufrir un ataque de nervios tan pronto como termine la entrevista.
4. Lupe está nerviosísima por la entrevista.

A. The subjunctive is often used in Spanish in adverbial clauses, which function like adverbs, telling when the action of the main verb takes place. Such adverbial clauses are introduced by conjunctions (see **Capítulo 15**).

Lo veré **mañana**. (adverb)
I'll see him tomorrow.

Lo veré **cuando venga mañana**. (adverbial clause)
I'll see him when he comes tomorrow.

B. Future events are often expressed in Spanish in two-clause sentences that include conjunctions of time such as those on the right.

antes (de) que	before
cuando	when
después (de) que	after

Before the interview SRA. CARRASCO: Dear, are you ready for the interview? LUPE: Yes, Mom. SRA. CARRASCO: Good. When you arrive at the office, don't forget to shake the personnel director's hand. You should also sit down only after she sits down. LUPE: Yes Mom . . . SRA. CARRASCO: And as soon as the interview ends, don't forget to thank her. LUPE: Geez, Mom! I think I'm going to suffer a nervous breakdown as soon as I leave the house. SRA. CARRASCO: Don't worry, Lupe. You shouldn't feel nervous . . . LUPE: It's not nerves, Mom, but rather all your advice!

en cuanto	as soon as
hasta que	until
tan pronto como	as soon as

C. In a subordinate clause after these conjunctions of time, the subjunctive is used to express a future action or state of being—that is, one that is still pending or has not yet occurred from the point of view of the main verb. This use of the subjunctive is very frequent in conversation in phrases such as the example on the right.

    The events in the subordinate clause are imagined—not real-world—events. They haven't happened yet.

Cuando **sea** grande/mayor…
When I'm older . . .

Cuando **tenga** tiempo…
When I have the time . . .

Cuando me **gradúe**…
When I graduate . . .

D. When the present subjunctive is used in this way to express pending actions, the main-clause verb is in the present indicative or future.

PENDING ACTION (SUBJUNCTIVE):

Pagaré las cuentas **en cuanto reciba** mi cheque.
I'll pay the bills as soon as I get my check.

Debo depositar el dinero **tan pronto como** lo **reciba**.
I should deposit money as soon as I get it.

E. However, the indicative (not the present subjunctive) is used after conjunctions of time to describe a habitual action or a completed action in the past. Compare the following.

HABITUAL ACTIONS (INDICATIVE):

Siempre **pago** las cuentas **en cuanto recibo** mi cheque.
I always pay bills as soon as I get my check.

Deposito el dinero **tan pronto como** lo **recibo**.
I deposit money as soon as I receive it.

COMPLETED PAST ACTION (INDICATIVE):

El mes pasado **pagué** las cuentas **en cuanto recibí** mi cheque.
Last month I paid my bills as soon as I got my check.

O J O

The subjunctive is always used with **antes (de) que**. (See **Capítulo 15**.)

Deposité el dinero **tan pronto como** lo **recibí**.
I deposited the money as soon as I got it.

Práctica

▲▲▲▲▲▲

A. Decisiones económicas

Paso 1. Lea las siguientes oraciones sobre Rigoberto y decida si se trata de una acción habitual o de una acción que no ha pasado todavía. Luego indique la frase que mejor complete la oración.

1. Rigoberto se va a comprar una computadora en cuanto…
   a. el banco le dé el préstamo   b. el banco le da el préstamo
2. Siempre usa su tarjeta de crédito cuando…
   a. no tenga efectivo   b. no tiene efectivo
3. Cada mes saca el saldo de su cuenta corriente después de que…
   a. reciba el estado de cuentas (*statement*)
   b. recibe el estado de cuentas
4. Piensa abrir una cuenta de ahorros tan pronto como…
   a. consiga un trabajo   b. consigue un trabajo
5. No puede pagar sus cuentas este mes hasta que…
   a. su hermano le devuelva el dinero que le prestó
   b. su hermano le devuelve el dinero que le prestó

Paso 2. Ahora describa cómo lleva Ud. sus propios asuntos económicos, completando las siguientes oraciones semejantes.

1. Voy a comprarme _____ en cuanto el banco me dé un préstamo.
2. Cuando no tengo efectivo, siempre uso _____.
3. Después de que el banco me envía el estado de cuentas, yo siempre
   _____.
4. Tan pronto como consiga un trabajo, voy a _____.
5. No te presto más dinero hasta que tú me _____ el dinero que me
   debes.
6. Este mes, voy a _____ antes de que se me olvide.

B. **Hablando de dinero: Planes para el futuro.** Complete las siguientes oraciones con el presente del subjuntivo de los verbos indicados.

1. Voy a ahorrar más en cuanto… (darme [ellos] un aumento de sueldo [*raise*]; dejar [yo] de gastar tanto)
2. Pagaré todas mis cuentas tan pronto como… (tener el dinero para hacerlo; ser absolutamente necesario)
3. El semestre que viene, pagaré la matrícula después de que… (cobrar mi cheque en el banco; mandarme [¿quién?] un cheque)
4. No podré pagar el alquiler hasta que… (sacar dinero de mi cuenta de ahorros; depositar el dinero en mi cuenta corriente)
5. No voy a jubilarme (*retire*) hasta que mis hijos… (terminar sus estudios universitarios; casarse)

C. **Algunos momentos en la vida.** Las siguientes oraciones describen algunos aspectos de la vida de Mariana en el pasado, en el presente y en el futuro. Lea cada grupo de oraciones para tener una idea general del contexto. Luego dé la forma apropiada de los infinitivos.

1. Hace cuatro años, cuando Mariana (graduarse) en la escuela secundaria, sus padres (darle) un reloj. El año que viene, cuando (graduarse) en la universidad, (darle) un coche.
2. Cuando (ser) niña, Mariana (querer) ser enfermera. Luego, cuando (tener) 18 años, (decidir) que quería estudiar computación. Cuando (terminar) su carrera este año, yo creo que (poder) encontrar un buen trabajo como programadora.

3. Generalmente Mariana no (escribir) cheques hasta que (tener) los fondos en su cuenta corriente. Este mes tiene muchos gastos, pero no (ir) a pagar ninguna cuenta hasta que le (llegar) el cheque de su trabajo de tiempo parcial.

Conversación
▲▲▲▲▲▲▲▲

A. Descripciones. Describa Ud. los dibujos, completando las oraciones e inventando un contexto para las escenas. Luego describa su propia vida.

1.   2.   3.

1. Pablo va a estudiar hasta que _____.

   Esta noche yo voy a estudiar hasta que _____.
   Siempre estudio hasta que _____.
   Anoche estudié hasta que _____.

2. Los señores Castro van a cenar tan pronto como _____.

   Esta noche voy a cenar tan pronto como _____.
   Siempre ceno tan pronto como _____.
   Anoche cené tan pronto como _____.

3. Lupe va a viajar al extranjero en cuanto _____.

   En cuanto gane la lotería, yo voy a _____.
   En cuanto tengo el dinero, siempre _____.
   De niño/a, _____ en cuanto tenía el dinero.

B. Reacciones. ¿Cómo reaccionará o qué hará cuando ocurran los siguientes acontecimientos? Complete las oraciones con el futuro.

1. Cuando colonicemos otro planeta, _____.
2. Cuando descubran una cura para el cáncer, _____.
3. Cuando haya una mujer presidenta, _____.
4. Cuando me jubile, _____.
5. Cuando yo sea anciano/a, _____.
6. Cuando me gradúe, _____.

PANORAMA *cultural*

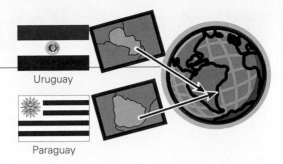

Uruguay

Paraguay

Uruguay y Paraguay

Datos esenciales

Uruguay

- Nombre oficial: República Oriental del Uruguay
- Capital: Montevideo
- Población: 3.000.000 de habitantes
- Moneda: el peso uruguayo
- Idioma oficial: el español

Paraguay

Nombre oficial: República del Paraguay
Capital: Asunción
Población: 5.000.000 de habitantes
Moneda: el guaraní
Idiomas oficiales: el español y el guaraní

¡Fíjese!

- Aproximadamente el 45 por ciento de la población uruguaya vive en Montevideo.

- Para los uruguayos, la educación primaria, secundaria y universitaria es gratuita.[a] La tasa de alfabetización[b] es de un 96 por ciento, una de las más altas de Latinoamérica.

- El Paraguay es uno de los dos países latinoamericanos sin costa marítima (el otro es Bolivia). Por eso, sus numerosos ríos navegables tienen gran importancia económica para el país.

- La ciudad de Asunción, en el Paraguay, la primera ciudad permanente en la región del Río de la Plata, fue fundada por los españoles en 1537.

- La represa[c] hidroeléctrica de Itaipú, terminada en 1982, es la más grande y potente del

[a]*free* [b]*tasa… rate of literacy* [c]*dam*

mundo. Fue construida en la frontera entre el Paraguay y la Argentina y el Brasil, con la ayuda financiera del Brasil, país que recibe la energía eléctrica de la represa.

Conozca... el guaraní

El Paraguay es el único país latinoamericano que tiene dos lenguas oficiales, una de ellas indígena. El 90 por ciento de la población paraguaya habla guaraní (sólo el 75 por ciento habla español). Hoy hay literatura, música y hasta páginas Web en guaraní.

Guaraní significa *guerrero*[a] en esa lengua, nombre que recuerda las disputas de las diversas etnias guaraníes contra los poderosos incas.

[a]*warrior*

Asunción, Paraguay

 Capítulo 16 of the video to accompany *Puntos de partida* contains cultural footage about Uruguay and Paraguay.

 Visit the *Puntos* Website at www.mhhe.com/puntos.

Vocabulario

Los verbos

jubilarse	to retire
mudarse	to move (*residence*)

Profesiones y oficios

el/la abogado/a	lawyer
el/la cajero/a	cashier; teller
el/la cocinero/a	cook; chef
el/la comerciante	merchant, shopkeeper
el/la contador(a)	accountant
el/la criado/a	servant
el hombre / la mujer de negocios	business person
el/la ingeniero/a	engineer
el/la maestro/a	schoolteacher
el/la obrero/a	worker, laborer
el/la peluquero/a	hairstylist
el/la periodista	journalist
el/la plomero/a	plumber
el soldado / la mujer soldado	soldier
el/la trabajador(a) social	social worker
el/la traductor(a)	translator
el/la vendedor(a)	salesperson

Cognados: el/la analista de sistemas, el/la electricista, el/la fotógrafo/a, el/la programador(a), el/la sicólogo/a, el/la siquiatra, el/la técnico/a, el/la veterinario/a

Repaso: el/la bibliotecario/a, el/la consejero/a, el/la dentista, el/la dependiente/a, el/la enfermero/a, el/la mecánico/a, el/la médico/a, el/la profesor(a), el/la secretario/a

En busca de un puesto

el/la aspirante	candidate; applicant
el currículum	resumé
la dirección de personal	personnel office, employment office
el/la director(a) de personal	personnel director

la empresa	corporation; business
el/la entrevistador(a)	interviewer
la solicitud	application (*form*)
la sucursal	branch (*office*)

Repaso: el teléfono

caerle bien/ mal a alguien	to make a good/bad impression on someone
dejar	to quit
entrevistar	to interview
escribir a máquina	to type
graduarse (en)	to graduate (from)
llenar	to fill out (*a form*)
renunciar (a)	to resign (from)

Repaso: contestar

Una cuestión de dinero

el aumento de sueldo	raise
el banco	bank
el cajero automático	automatic teller machine
el cheque	check
la cuenta corriente	checking account
la cuenta de ahorros	savings account
el efectivo	cash
la factura	bill
el préstamo	loan
el presupuesto	budget
el salario	salary

Repaso: la cuenta, el sueldo, la tarjeta de crédito

ahorrar	to save (*money*)
cargar	to charge (*to an account*)
cobrar	to cash (*a check*); to charge (*someone for an item or service*)
depositar	to deposit
devolver (ue)	to return (*something*)
economizar	to economize
pedir (i, i) prestado/a	to borrow
sacar	to withdraw, take out
sacar el saldo	to balance a checkbook

Repaso: ganar, pagar, prestar

a plazos	in installments
al contado / en efectivo	in cash
con cheque	by check

Conjunciones

después (de) que	after
en cuanto	as soon as
hasta que	until

tan pronto como	as soon as

Repaso: antes (de) que, cuando

Palabras adicionales

al principio de	at the beginning of
en vez de	instead of

Appendix 1

Glossary of Grammatical Terms

ADJECTIVE   A word that describes a noun or pronoun.

una casa **grande**
a big house

Ella es **inteligente.**
She is smart.

Demonstrative adjective   An adjective that points out a particular noun.

este chico, **esos** libros, **aquellas** personas
this boy, those books, those people (over there)

Interrogative adjective   An adjective used to form questions.

¿**Qué** cuaderno?
Which notebook?

¿**Cuáles** son los carteles que buscas?
What (Which) posters are you looking for?

Possessive adjective (unstressed)   An adjective that indicates possession or a special relationship.

sus coches
their cars

mi hermana
my sister

Possessive adjective (stressed)   An adjective that more emphatically describes possession.

Es **una** amiga **mía.**
She's my friend. / She's a friend of mine.

Es **un** coche **suyo.**
It's her car. / It's a car of hers.

ADVERB   A word that describes an adjective, a verb, or another adverb.

Él es **muy** alto.
He is very tall.

Ella escribe **bien.**
She writes well.

Van **demasiado** rápido.
They are going too quickly.

ARTICLE   A determiner that sets off a noun.

Definite article   An article that indicates a specific noun.

el país
the country

la silla
the chair

las mujeres
the women

Indefinite article   An article that indicates an unspecified noun.

un chico
a boy

una ciudad
a city

unas zanahorias
(some) carrots

CLAUSE   A construction that contains a subject and a verb.

Main (Independent) clause   A clause that can stand on its own because it expresses a complete thought.

Busco una muchacha.
I'm looking for a girl.

Si yo fuera rica, **me compraría una casa.**
If I were rich, I would buy a house.

Subordinate (Dependent) clause   A clause that cannot stand on its own because it does not express a complete thought.

Busco a la muchacha **que juega al tenis.**
I'm looking for the girl who plays tennis.

Si yo fuera rico, me compraría una casa.
If I were rich, I would buy a house.

COMPARATIVE   The form of adjectives and adverbs used to compare two nouns or actions.

Luis es **menos hablador** que Julián.
Luis is less talkative than Julián.

Él corre **más rápido** que Julián.
He runs faster than Julián.

CONJUGATION   The different forms of a verb for a particular tense or mood. A present indicative conjugation:

(yo) hablo	(nosotros/as) hablamos
(tú) hablas	(vosotros/as) habláis
(Ud., él/ella) habla	(Uds., ellos/as) hablan
I speak	*we speak*
you (fam. sing.) speak	*you (fam. pl.) speak*
you (form. sing.) speak	*you (pl. fam. & form.) speak*
he/she speaks	*they speak*

CONJUNCTION   An expression that connects words, phrases, or clauses.

Cristóbal **y** Diana
Cristóbal and Diana

Hace frío, **pero** hace buen tiempo.
It's cold, but it's nice out.

DIRECT OBJECT   The noun or pronoun that receives the action of a verb.

Veo **la caja.**
I see the box.

La veo.
I see it.

GENDER   A grammatical category of words. In Spanish there are two genders: masculine and feminine. Here are a few examples.

	MASCULINE	FEMININE
ARTICLES AND NOUNS:	**el** disco compacto	**la** cinta
PRONOUNS:	**él**	**ella**
ADJECTIVES:	bonit**o**, list**o**	bonit**a**, list**a**
PAST PARTICIPLES:	El informe está **escrito.**	La composición está **escrita.**

IMPERATIVE   *See* Mood.

IMPERFECT (*IMPERFECTO*)   In Spanish a verb tense that expresses a past action with no specific beginning or ending.

Nadábamos con frecuencia.
*We **used to swim** often.*

IMPERSONAL CONSTRUCTION   One that contains a third-person singular verb but no specific subject in Spanish. The subject of English impersonal constructions is generally *it*.

Es importante que...
*It is **important** that . . .*
Es necesario que...
*It is **necessary** that . . .*

INDICATIVE   *See* Mood.

INDIRECT OBJECT   The noun or pronoun that indicates for whom or to whom an action is performed. In Spanish, the indirect object pronoun must always be included. The noun that the pronoun stands for may be included for emphasis or clarification.

Marcos **le** da el suéter a **Raquel**. / Marcos **le** da el suéter.
*Marcos gives the sweater **to Raquel**. / Marcos gives **her** the sweater.*

INFINITIVE   The form of a verb introduced in English by *to: to play, to sell, to come*. In Spanish dictionaries, the infinitive form of the verb appears as the main entry.

Luisa va a **comprar** un periódico.
*Luisa is going **to buy** a newspaper.*

MOOD   A set of categories for verbs indicating the attitude of the speaker towards what he or she is saying.

Imperative mood   A verb form expressing a command.

¡**Ten** cuidado!
Be careful!

Indicative mood   A verb form denoting actions or states considered facts.

Voy a la biblioteca.
*I **am going** to the library.*

Subjunctive mood   A verb form, uncommon in English, used primarily in subordinate clauses after expressions of desire, doubt, or emotion. Spanish constructions with the subjunctive have many possible English equivalents.

Quiero que vayas inmediatamente.
I want you to go immediately.

NOUN   A word that denotes a person, place, thing, or idea. Proper nouns are capitalized names.

abogado, ciudad, periódico, libertad, Luisa
lawyer, city, newspaper, freedom, Luisa

NUMBER

Cardinal number   A number that expresses an amount.

una silla, **tres** estudiantes
one chair, three students

Ordinal number   A number that indicates position in a series.

la **primera** silla, el **tercer** estudiante
*the **first** chair, the **third** student*

PAST PARTICIPLE   The form of a verb used in compound tenses (*see* Perfect Tenses). Used with forms of *to have* or *to be* in English and with **ser, estar,** or **haber** in Spanish.

comido, terminado, perdido
eaten, finished, lost

PERFECT TENSES   Compound tenses that combine the auxiliary verb **haber** with a past participle.

Present perfect indicative   This form uses a present indicative form of **haber.** The use of the Spanish present perfect generally parallels that of the English present perfect.

No **he viajado** nunca a México.
*I've never **traveled** to Mexico.*

Past perfect indicative   This form uses **haber** in the imperfect tense to talk about something that had or had not been done before a given time in the past.

Antes de 1997, **no había estudiado** español.
*Before 1997, **I hadn't studied** Spanish.*

Present perfect subjunctive This form uses the present subjunctive of **haber** to express a present perfect action when the subjunctive is required.	¡Ojalá que Marisa **haya llegado** a su destino! *I hope Marisa **has arrived** at her destination!*

PERSON   The form of a pronoun or verb that indicates the person involved in an action.

	SINGULAR	PLURAL
FIRST PERSON	*I* / yo	*we* / nosotros/as
SECOND PERSON	*you* / tú, Ud.	*you* / vosotros/as, Uds.
THIRD PERSON	*he, she* / él, ella	*they* / ellos, ellas

PREPOSITION A word or phrase that specifies the relationship of one word (usually a noun or pronoun) to another. The relationship is usually spatial or temporal.	**a** la escuela *to school* **cerca de** la biblioteca *near the library* **con** él *with him* **antes de** la medianoche *before midnight*
PRETERITE (*PRETÉRITO*) In Spanish, a verb tense that expresses a past action with a specific beginning and ending.	**Salí** para Roma el jueves. *I left for Rome on Thursday.*
PRONOUN A word that refers to a person (I, you) or that is used in place of one or more nouns. **Demonstrative pronoun** A pronoun that singles out a particular person or thing.	Aquí están dos libros. **Este** es interesante, pero **ese** es aburrido. *Here are two books. **This one** is interesting, but **that one** is boring.*
Interrogative pronoun A pronoun used to ask a question.	¿**Quién** es él? ***Who** is he?* ¿**Qué** prefieres? ***What** do you prefer?*
Object pronoun A pronoun that replaces a direct object noun or an indirect object noun. Both direct and indirect object pronouns can be used together in the same sentence. However, when the pronoun **le** is used with **lo** or **la,** it changes to **se.**	Veo a **Alejandro. Lo** veo. *I see **Alejandro.** I see **him.*** **Le** doy el libro (**a Juana**). *I give the book **to Juana.*** **Se lo** doy (**a ella**). *I give **it** to **her.***
Reflexive pronoun A pronoun that represents the same person as the subject of the verb.	**Me** miro en el espejo. *I look at **myself** in the mirror.*
Relative pronoun A pronoun that introduces a dependent clause and denotes a noun already mentioned.	El hombre con **quien** hablaba era mi vecino. *The man with **whom** I was talking was my neighbor.* Aquí está el bolígrafo **que** buscas. *Here is the pen (**that**) you are looking for.*
Subject pronoun A pronoun representing the person or thing performing the action of a verb.	**Lucas y Julia** juegan al tenis. ***Lucas and Julia** are playing tennis.* **Ellos** juegan al tenis. ***They** are playing tennis.*

SUBJECT The word(s) denoting the person, place, or thing performing an action or existing in a state.	**Sara** trabaja aquí. *Sara works here.* ¡**Buenos Aires** es una ciudad magnífica! *Buenos Aires is a great city!* Mis **libros** y mi **computadora** están allí. *My books and my computer are over there.*
SUBJUNCTIVE *See* Mood.	
SUPERLATIVE The form of adjectives or adverbs used to compare three or more nouns or actions. In English, the superlative is marked by *most*, *least*, or *-est*.	Escogí el vestido **más caro.** *I chose **the most expensive** dress.* Ana es la persona **menos habladora** que conozco. *Ana is **the least talkative** person I know.*
TENSE The form of a verb indicating time: present, past, or future.	Raúl **era**, **es** y siempre **será** mi mejor amigo. *Raúl **was**, **is**, and always **will be** my best friend.*
VERB A word that reports an action or state.	Ella **llegó.** *She **arrived.*** Ella **estaba** cansada. *She **was** tired.*
Auxiliary verb A verb in conjuction with a participle to convey distinctions of tense and mood. In Spanish, this auxiliary verb is **haber.**	**Han** viajado por todas partes del mundo. *They **have** traveled everywhere in the world.*
Reflexive verb A verb whose subject and object are the same.	Él **se corta** la cara cuando se afeita. *He **cuts himself** when he **shaves (himself).***

Appendix 2

Using Adjectives as Nouns

Nominalization means using an adjective as a noun. In Spanish, adjectives can be nominalized in a number of ways, all of which involve dropping the noun that accompanies the adjective, then using the adjective in combination with an article or other word. One kind of adjective, the demonstrative, can simply be used alone. In most cases, these usages parallel those of English, although the English equivalent may be phrased differently from the Spanish.

Article + Adjective

Simply omit the noun from an *article + noun + adjective* phrase.

> el **libro** azul → **el azul** (*the blue one*)
> la **hermana** casada → **la casada** (*the married one*)

el **señor** mexicano → **el mexicano** (*the Mexican one*)
los **pantalones** baratos → **los baratos** (*the inexpensive ones*)

You can also drop the first noun in an *article + noun + **de** + noun* phrase.

> la **casa** de Julio → **la de Julio** (*Julio's*)
> los **coches** del Sr. Martínez → **los del Sr. Martínez** (*Mr. Martínez's*)

In both cases, the construction is used to refer to a noun that has already been mentioned. The English equivalent uses *one* or *ones*, or a possessive without the noun.

—¿Necesitas el libro grande?
—No. Necesito **el pequeño.**

—¿Usamos el coche de Ernesto?
—No. Usemos **el de Ana.**
—*Shall we use Ernesto's car?*
—*No. Let's use Ana's.*

—*Do you need the big book?*
—*No. I need the small one.*

Este es mi **banco.** ¿Dónde está **el suyo?**
This is my bank. Where is yours?

Sus **bebidas** están preparadas; **las nuestras,** no.
Their drinks are ready; ours aren't.

No es la **maleta** de Juan; es **la mía.**
It isn't Juan's suitcase; it's mine.

Note that in the preceding examples the noun is mentioned in the first part of the exchange (**libro, coche**) but not in the response or rejoinder.

Note also that a demonstrative can be used to nominalize an adjective: **este rojo** (*this red one*), **esos azules** (*those blue ones*).

Note that the definite article is frequently omitted after forms of **ser: ¿Esa maleta? Es suya.**

Demonstrative Pronouns

The demonstrative adjective can be used alone, without a noun. An accent mark can be added to the demonstrative pronoun to distinguish it from the demonstrative adjectives (**este, ese, aquel**).

Necesito este diccionario y **ese (ése).**
I need this dictionary and that one.

Estas señoras y **aquellas (aquéllas)** son las hermanas de Sara, ¿no?
These women and those (over there) are Sara's sisters, aren't they?

It is acceptable in modern Spanish, per the **Real Academia Española,** to omit the accent on demonstrative pronouns when context makes the meaning clear and no ambiguity is possible.

Lo + Adjective

As seen in **Capítulo 10, lo** combines with the masculine singular form of an adjective to describe general qualities or characteristics. The English equivalent is expressed with words like *part* or *thing*.

lo mejor	*the best thing (part), what's best*
lo mismo	*the same thing*
lo cómico	*the funny thing (part), what's funny*

Article + Stressed Possessive Adjective

The stressed possessive adjectives—but not the unstressed possessives—can be used as possessive pronouns: **la maleta suya → la suya.** The article and the possessive form agree in gender and number with the noun to which they refer.

Appendix 3

Additional Verb Forms

Additional Simple Forms (Indicative and Subjunctive)

El condicional

You have used the phrase **me gustaría...** to express what you *would like* (to do, say, and so on). **Gustaría** is a conditional verb form, part of a system that will allow you to talk about what you and others would do (say, buy, and so on) in a given situation.

hablar		comer		vivir	
hablaría	hablaríamos	comería	comeríamos	viviría	viviríamos
hablarías	hablaríais	comerías	comeríais	vivirías	viviríais
hablaría	hablarían	comería	comerían	viviría	vivirían

A. Like the English future, the English conditional is formed with an auxiliary verb: *I **would** speak, I **would** write*. The Spanish *conditional* (**el condicional**), like the Spanish future, is a simple verb form (only one word). It is formed by adding conditional endings to the infinitive. No auxiliary verbs are needed.

CONDITIONAL ENDINGS

-ía, -ías, -ía, -íamos, íais, -ían

B. Verbs that form the future on an irregular stem use the same stem to form the conditional.

The conditional of **hay (haber)** is **habría** (*there would be*).

decir: diría, dirías, diría, diríamos, diríais, dirían

decir:	**dir-**	
hacer:	**har-**	-ía
poder:	**podr-**	-ías
poner:	**pondr-**	-ía
querer:	**querr-**	-íamos
saber:	**sabr-**	-íais
salir:	**saldr-**	-ían
tener:	**tendr-**	
venir:	**vendr-**	

C. The conditional expresses what you would do in a particular situation, given a particular set of circumstances.

O J O

When *would* implies *used to* in English, Spanish uses the imperfect.

—¿**Hablarías** español en el Brasil?
Would you speak Spanish in Brazil?

—No. **Hablaría** portugués.
No. I would speak Portuguese.

Íbamos a la playa todos los veranos.
We would go (used to go) to the beach every summer.

El imperfecto del subjuntivo

Although Spanish has two simple indicative past tenses (preterite and imperfect), it has only one simple subjunctive past tense, the *past subjunctive* (**el imperfecto del subjuntivo**). Generally speaking, this tense is used in the same situations as the present subjunctive but, of course, when talking about past events. The exact English equivalent depends on the context in which it is used.

Forms of the Past Subjunctive

Past Subjunctive of Regular Verbs*					
hablar: hablar~~on~~		**comer: comier~~on~~**		**vivir: vivier~~on~~**	
hablara	habláramos	comiera	comiéramos	viviera	viviéramos
hablaras	hablarais	comieras	comierais	vivieras	vivierais
hablara	hablaran	comiera	comieran	viviera	vivieran

A. The past subjunctive endings **-a, -as, -a, -amos, -ais, -an** are identical for **-ar, -er,** and **-ir** verbs. These endings are added to the third person plural of the preterite indicative, minus its **-on** ending. For this reason, the forms of the past subjunctive reflect the irregularities of the preterite.

PAST SUBJUNCTIVE ENDINGS

-ar → -ara
-er, -ir → -iera

B. Stem-changing verbs

-Ar and **-er** verbs: no change

-Ir verbs: all persons of the past subjunctive reflect the vowel change in the third person plural of the preterite.

empezar (ie): empezar~~on~~ → **empezara, empezaras, …**
volver (ue): volvier~~on~~ → **volviera, volvieras, …**
dormir (ue, u): durmier~~on~~ → **durmiera, durmieras, …**
pedir (i, i): pidier~~on~~ → **pidiera, pidieras, …**

C. Spelling changes

All persons of the past subjunctive reflect the change from **i** to **y** between two vowels.

i → y (caer, construir, creer, destruir, leer, oír)
creer: creyer~~on~~ → **creyera, creyeras, creyera, creyéramos, creyerais, creyeran**

D. Verbs with irregular preterites

dar: dier~~on~~ → **diera, dieras, diera, diéramos, dierais, dieran**

decir:	dijer~~on~~ → **dijera**	poner:	pusier~~on~~ → **pusiera**
estar:	estuvier~~on~~ → **estuviera**	querer:	quisier~~on~~ → **quisiera**
haber:	hubier~~on~~ → **hubiera**	saber:	supier~~on~~ → **supiera**
hacer:	hicier~~on~~ → **hiciera**	ser:	fuer~~on~~ → **fuera**
ir:	fuer~~on~~ → **fuera**	tener:	tuvier~~on~~ → **tuviera**
poder:	pudier~~on~~ → **pudiera**	venir:	vinier~~on~~ → **viniera**

*An alternative form of the past subjunctive (used primarily in Spain) ends in **-se: hablase, hablases, hablase, hablásemos, hablaseis, hablasen.**

A. The past subjunctive usually has the same applications as the present subjunctive, but it is used for past events. Compare these pairs of sentences.

Quiero que **jueguen** esta tarde.
I want them to play this afternoon.

Quería que **jugaran** por la tarde.
I wanted them to play in the afternoon.

Siente que no **estén** allí esta noche.
He's sorry (that) they aren't there tonight.

Sintió que no **estuvieran** allí anoche.
He was sorry (that) they weren't there last night.

Dudamos que se **equivoquen**.
We doubt that they will make a mistake.

Dudábamos que se **equivocaran**.
We doubted that they would make a mistake.

B. Remember that the subjunctive is used after
(1) expressions of *influence, emotion,* and *doubt*;
(2) *nonexistent* and *indefinite antecedents*; and
(3) *conjunctions* of *contingency and purpose,* as well as those of *time*

(1) ¿**Era necesario** que **regatearas**?
Was it necessary for you to bargain?

(1) **Sentí** que no **tuvieran** tiempo para ver Granada.
I was sorry that they didn't have time to see Granada.

(2) **No había nadie** que **pudiera** resolverlo.
There wasn't anyone who could (might have been able to) solve it.

(3) Los padres **trabajaron para que** sus hijos **asistieran** a la universidad.
The parents worked so that their children could (might) go to the university.

(3) Anoche, **íbamos** a salir **en cuanto llegara** Felipe.
Last night, we were going to leave as soon as Felipe arrived.

C. The past subjunctive of the verb **querer** is often used to make a request sound more polite.

Quisiéramos hablar con Ud. en seguida.
We would like to speak with you immediately.

Quisiera un café, por favor.
I would like a cup of coffee, please.

Si Clause: Speculating About the Present or Future

The past subjunctive and the conditional can be used to speculate about the present or future in **si** clause sentences: what *would happen* if a particular event *were* (or *were not)* to occur.

Si **tuviera** el tiempo, **aprendería** francés.
If I had the time, I would learn French (in the present or at some point in the future).

Additional Perfect Forms (Indicative and Subjunctive)

Some indicative verb tenses have corresponding perfect forms in the indicative and subjunctive moods. Here is the present tense system.

el presente:	yo hablo, como, pongo
el presente perfecto:	yo he hablado, comido, puesto
el presente perfecto de subjuntivo:	yo haya hablado, comido, puesto

Other indicative forms that you have learned also have corresponding perfect indicative and subjunctive forms. Here are the most important ones, along with examples of their use. In each case, the tense or mood is formed with the appropriate form of **haber.**

El pluscuamperfecto del subjuntivo

yo:	hubiera hablado, comido, vivido, *etc.*
tú:	hubieras hablado, comido, vivido, *etc.*
Ud./él/ella:	hubiera hablado, comido, vivido, *etc.*
nosotros:	hubiéramos hablado, comido, vivido, *etc.*
vosotros:	hubierais hablado, comido, vivido, *etc.*
Uds./ellos/ellas:	hubieran hablado, comido, vivido, *etc.*

These forms correspond to **el presente perfecto de indicativo (Capítulo 14).** These forms are most frequently used in **si** clause sentences, along with the conditional perfect. See examples below.

El futuro perfecto

yo:	habré hablado, comido, vivido, *etc.*
tú:	habrás hablado, comido, vivido, *etc.*
Ud./él/ella:	habrá hablado, comido, vivido, *etc.*
nosotros:	habremos hablado, comido, vivido, *etc.*
vosotros:	habréis hablado, comido, vivido, *etc.*
Uds./ellos/ellas:	habrán hablado, comido, vivido, *etc.*

These forms correspond to **el futuro (Capítulo 16)** and are most frequently used to tell what *will have already happened* at some point in the future. (In contrast, the future is used to tell what *will happen*.)

Mañana **hablaré** con Miguel.
I'll speak with Miguel tomorrow.

Para las tres, ya **habré hablado** con Miguel.
By 3:00, I'll already have spoken to Miguel.

El año que viene **visitaremos** a los nietos.
We'll visit our grandchildren next year.

Para las Navidades, ya **habremos visitado** a los nietos.
We'll already have visited our grandchildren by Christmas.

El condicional perfecto

yo:	habría hablado, comido, vivido, *etc.*
tú:	habrías hablado, comido, vivido, *etc.*
Ud./él/ella:	habría hablado, comido, vivido, *etc.*
nosotros:	habríamos hablado, comido, vivido, *etc.*
vosotros:	habríais hablado, comido, vivido, *etc.*
Uds./ellos/ellas:	habrían hablado, comido, vivido, *etc.*

These forms correspond to **el condicional.** These forms are frequently used to tell what *would have happened* at some point in the past. (In contrast, the conditional tells what one *would do*.)

Yo **hablaría** con Miguel.
I would speak with Miguel (if I were you, at some point in the future).

Yo **habría hablado** con Miguel.
I would have spoken with Miguel (if I had been you, at some point in the past).

Si Clause: Speculating About the Past

The perfect forms of the past subjunctive and the conditional are used to speculate about the past: what *would have happened* if a particular event *had* (or *had not*) occurred.

En la escuela superior, si **hubiera tenido** el tiempo, **habría aprendido** francés.
In high school, if I had had the time, I would have learned French.

Appendix 4

Verbs

A. Regular Verbs: Simple Tenses

Infinitive / Present Participle / Past Participle	INDICATIVE					SUBJUNCTIVE		IMPERATIVE
	Present	Imperfect	Preterite	Future	Conditional	Present	Imperfect	
hablar hablando hablado	hablo hablas habla hablamos habláis hablan	hablaba hablabas hablaba hablábamos hablabais hablaban	hablé hablaste habló hablamos hablasteis hablaron	hablaré hablarás hablará hablaremos hablaréis hablarán	hablaría hablarías hablaría hablaríamos hablaríais hablarían	hable hables hable hablemos habléis hablen	hablara hablaras hablara habláramos hablarais hablaran	habla tú, no hables hable Ud. hablemos hablen
comer comiendo comido	como comes come comemos coméis comen	comía comías comía comíamos comíais comían	comí comiste comió comimos comisteis comieron	comeré comerás comerá comeremos comeréis comerán	comería comerías comería comeríamos comeríais comerían	coma comas coma comamos comáis coman	comiera comieras comiera comiéramos comierais comieran	come tú, no comas coma Ud. comamos coman
vivir viviendo vivido	vivo vives vive vivimos vivís viven	vivía vivías vivía vivíamos vivíais vivían	viví viviste vivió vivimos vivisteis vivieron	viviré vivirás vivirá viviremos viviréis vivirán	viviría vivirías viviría viviríamos viviríais vivirían	viva vivas viva vivamos viváis vivan	viviera vivieras viviera viviéramos vivierais vivieran	vive tú, no vivas viva Ud. vivamos vivan

B. Regular Verbs: Perfect Tenses

INDICATIVE					SUBJUNCTIVE	
Present Perfect	Past Perfect	Preterite Perfect	Future Perfect	Conditional Perfect	Present Perfect	Past Perfect
he has ha hemos habéis han + hablado comido vivido	había habías había habíamos habíais habían + hablado comido vivido	hube hubiste hubo hubimos hubisteis hubieron + hablado comido vivido	habré habrás habrá habremos habréis habrán + hablado comido vivido	habría habrías habría habríamos habríais habrían + hablado comido vivido	haya hayas haya hayamos hayáis hayan + hablado comido vivido	hubiera hubieras hubiera hubiéramos hubierais hubieran + hablado comido vivido

C. Irregular Verbs

Infinitive Present Participle Past Participle	INDICATIVE					SUBJUNCTIVE		IMPERATIVE
	Present	Imperfect	Preterite	Future	Conditional	Present	Imperfect	
andar andando andado	ando andas anda andamos andáis andan	andaba andabas andaba andábamos andabais andaban	anduve anduviste anduvo anduvimos anduvisteis anduvieron	andaré andarás andará andaremos andaréis andarán	andaría andarías andaría andaríamos andaríais andarían	ande andes ande andemos andéis anden	anduviera anduvieras anduviera anduviéramos anduvierais anduvieran	anda tú, no andes ande Ud. andemos anden
caer cayendo caído	caigo caes cae caemos caéis caen	caía caías caía caíamos caíais caían	caí caíste cayó caímos caísteis cayeron	caeré caerás caerá caeremos caeréis caerán	caería caerías caería caeríamos caeríais caerían	caiga caigas caiga caigamos caigáis caigan	cayera cayeras cayera cayéramos cayerais cayeran	cae tú, no caigas caiga Ud. caigamos caigan
dar dando dado	doy das da damos dais dan	daba dabas daba dábamos dabais daban	di diste dio dimos disteis dieron	daré darás dará daremos daréis darán	daría darías daría daríamos daríais darían	dé des dé demos deis den	diera dieras diera diéramos dierais dieran	da tú, no des dé Ud. demos den
decir diciendo dicho	digo dices dice decimos decís dicen	decía decías decía decíamos decíais decían	dije dijiste dijo dijimos dijisteis dijeron	diré dirás dirá diremos diréis dirán	diría dirías diría diríamos diríais dirían	diga digas diga digamos digáis digan	dijera dijeras dijera dijéramos dijerais dijeran	di tú, no digas diga Ud. digamos digan
estar estando estado	estoy estás está estamos estáis están	estaba estabas estaba estábamos estabais estaban	estuve estuviste estuvo estuvimos estuvisteis estuvieron	estaré estarás estará estaremos estaréis estarán	estaría estarías estaría estaríamos estaríais estarían	esté estés esté estemos estéis estén	estuviera estuvieras estuviera estuviéramos estuvierais estuviera	está tú, no estés esté Ud. estemos estén
haber habiendo habido	he has ha hemos habéis han	había habías había habíamos habíais habían	hube hubiste hubo hubimos hubisteis hubieron	habré habrás habrá habremos habréis habrán	habría habrías habría habríamos habríais habrían	haya hayas haya hayamos hayáis hayan	hubiera hubieras hubiera hubiéramos hubierais hubieran	
hacer haciendo hecho	hago haces hace hacemos hacéis hacen	hacía hacías hacía hacíamos hacíais hacían	hice hiciste hizo hicimos hicisteis hicieron	haré harás hará haremos haréis harán	haría harías haría haríamos haríais harían	haga hagas haga hagamos hagáis hagan	hiciera hicieras hiciera hiciéramos hicierais hicieran	haz tú, no hagas haga Ud. hagamos hagan

C. Irregular Verbs (continued)

Infinitive Present Participle Past Participle	INDICATIVE						SUBJUNCTIVE		IMPERATIVE
	Present	Imperfect	Preterite	Future	Conditional		Present	Imperfect	
ir yendo ido	voy vas va vamos vais van	iba ibas iba íbamos ibais iban	fui fuiste fue fuimos fuisteis fueron	iré irás irá iremos iréis irán	iría irías iría iríamos iríais irían		vaya vayas vaya vayamos vayáis vayan	fuera fueras fuera fuéramos fuerais fueran	ve tú, no vayas vaya Ud. vayamos vayan
oír oyendo oído	oigo oyes oye oímos oís oyen	oía oías oía oíamos oíais oían	oí oíste oyó oímos oísteis oyeron	oiré oirás oirá oiremos oiréis oirán	oiría oirías oiría oiríamos oiríais oirían		oiga oigas oiga oigamos oigáis oigan	oyera oyeras oyera oyéramos oyerais oyeran	oye tú, no oigas oiga Ud. oigamos oigan
poder pudiendo podido	puedo puedes puede podemos podéis pueden	podía podías podía podíamos podíais podían	pude pudiste pudo pudimos pudisteis pudieron	podré podrás podrá podremos podréis podrán	podría podrías podría podríamos podríais podrían		pueda puedas pueda podamos podáis puedan	pudiera pudieras pudiera pudiéramos pudierais pudieran	
poner poniendo puesto	pongo pones pone ponemos ponéis ponen	ponía ponías ponía poníamos poníais ponían	puse pusiste puso pusimos pusisteis pusieron	pondré pondrás pondrá pondremos pondréis pondrán	pondría pondrías pondría pondríamos pondríais pondrían		ponga pongas ponga pongamos pongáis pongan	pusiera pusieras pusiera pusiéramos pusierais pusieran	pon tú, no pongas ponga Ud. pongamos pongan
querer queriendo querido	quiero quieres quiere queremos queréis quieren	quería querías quería queríamos queríais querían	quise quisiste quiso quisimos quisisteis quisieron	querré querrás querrá querremos querréis querrán	querría querrías querría querríamos querríais querrían		quiera quieras quiera queramos queráis quieran	quisiera quisieras quisiera quisiéramos quisierais quisieran	quiere tú, no quieras quiera Ud. queramos quieran
saber sabiendo sabido	sé sabes sabe sabemos sabéis saben	sabía sabías sabía sabíamos sabíais sabían	supe supiste supo supimos supisteis supieron	sabré sabrás sabrá sabremos sabréis sabrán	sabría sabrías sabría sabríamos sabríais sabrían		sepa sepas sepa sepamos sepáis sepan	supiera supieras supiera supiéramos supierais supieran	sabe tú, no sepas sepa Ud. sepamos sepan
salir saliendo salido	salgo sales sale salimos salís salen	salía salías salía salíamos salíais salían	salí saliste salió salimos salisteis salieron	saldré saldrás saldrá saldremos saldréis saldrán	saldría saldrías saldría saldríamos saldríais saldrían		salga salgas salga salgamos salgáis salgan	saliera salieras saliera saliéramos salierais salieran	sal tú, no salgas salga Ud. salgamos salgan
ser siendo sido	soy eres es somos sois son	era eras era éramos erais eran	fui fuiste fue fuimos fuisteis fueron	seré serás será seremos seréis serán	sería serías sería seríamos seríais serían		sea seas sea seamos seáis sean	fuera fueras fuera fuéramos fuerais fueran	sé tú, no seas sea Ud. seamos sean

C. Irregular Verbs (continued)

Infinitive Present Participle Past Participle	INDICATIVE					SUBJUNCTIVE		IMPERATIVE
	Present	Imperfect	Preterite	Future	Conditional	Present	Imperfect	
tener teniendo tenido	tengo tienes tiene tenemos tenéis tienen	tenía tenías tenía teníamos teníais tenían	tuve tuviste tuvo tuvimos tuvisteis tuvieron	tendré tendrás tendrá tendremos tendréis tendrán	tendría tendrías tendría tendríamos tendríais tendrían	tenga tengas tenga tengamos tengáis tengan	tuviera tuvieras tuviera tuviéramos tuvierais tuvieran	ten tú, no tengas tenga Ud. tengamos tengan
traer trayendo traído	traigo traes trae traemos traéis traen	traía traías traía traíamos traíais traían	traje trajiste trajo trajimos trajisteis trajeron	traeré traerás traerá traeremos traeréis traerán	traería traerías traería traeríamos traeríais traerían	traiga traigas traiga traigamos traigáis traigan	trajera trajeras trajera trajéramos trajerais trajeran	trae tú, no traigas traiga Ud. traigamos traigan
venir viniendo venido	vengo vienes viene venimos venís vienen	venía venías venía veníamos veníais venían	vine viniste vino vinimos vinisteis vinieron	vendré vendrás vendrá vendremos vendréis vendrán	vendría vendrías vendría vendríamos vendríais vendrían	venga vengas venga vengamos vengáis vengan	viniera vinieras viniera viniéramos vinierais vinieran	ven tú, no vengas venga Ud. vengamos vengan
ver viendo visto	veo ves ve vemos veis ven	veía veías veía veíamos veíais veían	vi viste vio vimos visteis vieron	veré verás verá veremos veréis verán	vería verías vería veríamos veríais verían	vea veas vea veamos veáis vean	viera vieras viera viéramos vierais vieran	ve tú, no veas vea Ud. veamos vean

D. Stem-Changing and Spelling Change Verbs

Infinitive Present Participle Past Participle	INDICATIVE					SUBJUNCTIVE		IMPERATIVE
	Present	Imperfect	Preterite	Future	Conditional	Present	Imperfect	
pensar (ie) pensando pensado	pienso piensas piensa pensamos pensáis piensan	pensaba pensabas pensaba pensábamos pensabais pensaban	pensé pensaste pensó pensamos pensasteis pensaron	pensaré pensarás pensará pensaremos pensaréis pensarán	pensaría pensarías pensaría pensaríamos pensaríais pensarían	piense pienses piense pensemos penséis piensen	pensara pensaras pensara pensáramos pensarais pensaran	piensa tú, no pienses piense Ud. pensemos piensen
volver (ue) volviendo vuelto	vuelvo vuelves vuelve volvemos volvéis vuelven	volvía volvías volvía volvíamos volvíais volvían	volví volviste volvió volvimos volvisteis volvieron	volveré volverás volverá volveremos volveréis volverán	volvería volverías volvería volveríamos volveríais volverían	vuelva vuelvas vuelva volvamos volváis vuelvan	volviera volvieras volviera volviéramos volvierais volvieran	vuelve tú, no vuelvas vuelva Ud. volvamos vuelvan

D. Stem-Changing and Spelling Change Verbs (continued)

Infinitive / Present Participle / Past Participle	INDICATIVE Present	Imperfect	Preterite	Future	Conditional	SUBJUNCTIVE Present	Imperfect	IMPERATIVE
dormir (ue, u) durmiendo dormido	duermo duermes duerme dormimos dormís duermen	dormía dormías dormía dormíamos dormíais dormían	dormí dormiste durmió dormimos dormisteis durmieron	dormiré dormirás dormirá dormiremos dormiréis dormirán	dormiría dormirías dormiría dormiríamos dormiríais dormirían	duerma duermas duerma durmamos durmáis duerman	durmiera durmieras durmiera durmiéramos durmierais durmieran	duerme tú, no duermas duerma Ud. durmamos duerman
sentir (ie, i) sintiendo sentido	siento sientes siente sentimos sentís sienten	sentía sentías sentía sentíamos sentíais sentían	sentí sentiste sintió sentimos sentisteis sintieron	sentiré sentirás sentirá sentiremos sentiréis sentirán	sentiría sentirías sentiría sentiríamos sentiríais sentirían	sienta sientas sienta sintamos sintáis sientan	sintiera sintieras sintiera sintiéramos sintierais sintieran	siente tú, no sientas sienta Ud. sintamos sientan
pedir (i, i) pidiendo pedido	pido pides pide pedimos pedís piden	pedía pedías pedía pedíamos pedíais pedían	pedí pediste pidió pedimos pedisteis pidieron	pediré pedirás pedirá pediremos pediréis pedirán	pediría pedirías pediría pediríamos pediríais pedirían	pida pidas pida pidamos pidáis pidan	pidiera pidieras pidiera pidiéramos pidierais pidieran	pide tú, no pidas pida Ud. pidamos pidan
reír (i, i) riendo reído	río ríes ríe reímos reís ríen	reía reías reía reíamos reíais reían	reí reíste rió reímos reísteis rieron	reiré reirás reirá reiremos reiréis reirán	reiría reirías reiría reiríamos reiríais reirían	ría rías ría riamos riáis rían	riera rieras riera riéramos rierais rieran	ríe tú, no rías ría Ud. riamos rían
seguir (i, i) (g) siguiendo seguido	sigo sigues sigue seguimos seguís siguen	seguía seguías seguía seguíamos seguíais seguían	seguí seguiste siguió seguimos seguisteis siguieron	seguiré seguirás seguirá seguiremos seguiréis seguirán	seguiría seguirías seguiría seguiríamos seguiríais seguirían	siga sigas siga sigamos sigáis sigan	siguiera siguieras siguiera siguiéramos siguierais siguieran	sigue tú, no sigas siga Ud. sigamos sigan
construir (y) construyendo construido	construyo construyes construye construimos construís construyen	construía construías construía construíamos construíais construían	construí construiste construyó construimos construisteis construyeron	construiré construirás construirá construiremos construiréis construirán	construiría construirías construiría construiríamos construiríais construirían	construya construyas construya construyamos construyáis construyan	construyera construyeras construyera construyéramos construyerais construyeran	construye tú, no construyas construya Ud. construyamos construyan
producir (zc) produciendo producido	produzco produces produce producimos producís producen	producía producías producía producíamos producíais producían	produje produjiste produjo produjimos produjisteis produjeron	produciré producirás producirá produciremos produciréis producirán	produciría producirías produciría produciríamos produciríais producirían	produzca produzcas produzca produzcamos produzcáis produzcan	produjera produjeras produjera produjéramos produjerais produjeran	produce tú, no produzcas produzca Ud. produzcamos produzcan

Vocabularies

This **Spanish-English Vocabulary** contains all the words that appear in the text, with the following exceptions: (1) most close or identical cognates that do not appear in the chapter vocabulary lists; (2) most conjugated verb forms; (3) diminutives ending in **-ito/a**; (4) absolute superlatives in **-ísimo/a**; and (5) most adverbs in **-mente**. Active vocabulary is indicated by the number of the chapter in which a word or given meaning is first listed (**AT-Ante todo**); vocabulary that is glossed in the text is not considered to be active vocabulary and is not numbered. Only meanings that are used in the text are given. The **English-Spanish Vocabulary** is based on the chapter lists of active vocabulary.

The gender of nouns is indicated, except for masculine nouns ending in **-o** and feminine nouns ending in **-a**. Stem changes and spelling changes are indicated for verbs: **dormir (ue, u); llegar (gu)**. Because **ch** and **ll** are no longer considered separate letters, words beginning with **ch** and **ll** are found as they would be found in English. The letter **ñ** follows the letter **n: añadir** follows **anuncio,** for example. The following abbreviations are used:

adj.	adjective	*interj.*	interjection	*pl.*	plural
adv.	adverb	*inv.*	invariable form	*poss.*	possessive
conj.	conjunction	*i.o.*	indirect object	*p.p.*	past participle
d.o.	direct object	*irreg.*	irregular	*prep.*	preposition
f.	feminine	*L.A.*	Latin America	*pron.*	pronoun
fam.	familiar	*m.*	masculine	*refl. pron.*	reflexive pronoun
form.	formal	*Mex.*	Mexico	*s.*	singular
gram.	grammatical term	*n.*	noun	*Sp.*	Spain
inf.	infinitive	*obj. (of prep.)*	object (of a preposition)	*sub. pron.*	subject pronoun

---

Spanish–English Vocabulary

A

a to; at (*with time*) (AT); **a causa de** because of, on account of; **a dieta** on a diet; **a la(s)...** at . . . (hour) (AT); **a la derecha (izquierda) de** to the right (left) of (5); **a menos que** *conj.* unless (15); **a plazos** in installments (16); **a primera vista** at first sight (15); **¿a qué hora... ?** (at) what time . . . ? (AT); **a tiempo** on time (7); **a veces** at times, sometimes (2)
abajo below, underneath
abalanzarse (c) to pounce
abandonar to abandon; to leave
abierto/a *p.p.* open(ed) (5)
abogado/a lawyer (16)
abrazar (c) to embrace, hug
abrigo overcoat (3)
abril *m.* April (5)
abrir (*p.p.* **abierto/a**) to open (2)
absoluto/a absolute

absolver (ue) to absolve, acquit
absorbente absorbing
abuelo/a grandfather/grandmother (2)
abuelos *m. pl.* grandparents (2)
abundancia abundance
aburrido/a bored (5); **ser** (*irreg.*) **aburrido/a** to be boring (9)
aburrimiento boredom
aburrir to bore (13); **aburrirse** to get bored (9)
abuso abuse
acabar to finish (11); **acabar de** (+ *inf.*) to have just (*done something*) (6); **acabarse** to run out of (11); to use up completely (14)
academia: Real Academia Española Royal Spanish Academy
académico/a *adj.* academic
acaso: por si acaso just in case (11)
accesible accessible
acceso access

accidente *m.* accident (11)
acción *f.* action; **Día** (*m.*) **de Acción de Gracias** Thanksgiving (8)
aceite *m.* oil (14)
aceituna olive
acelerado/a accelerated, fast (14)
acento accent (14)
acentuado/a accented
aceptar to accept
acerca de *prep.* about, concerning
aclarar to clarify
acogedor(a) welcoming
acomodarse (a) to adapt oneself (to)
acompañar to accompany; to go with
aconsejable advisable
aconsejar to advise
acordarse (ue) (de) to remember (11)
acordeón *m.* accordion
acostarse (ue) to go to bed (4)
acostumbrarse a to become accustomed to, get used to

actitud *f.* attitude
activación *f.* activation
actividad *f.* activity
activo/a active
actor *m.* actor (13)
actriz *f.* (*pl.* **actrices**) actress (13)
actual *adj.* current, up to date
actualidad *f.* present time
actualmente currently
actuar (actúo) to act
acuario aquarium
acuático/a: deportes (*m. pl.*) **acuáticos** water sports
acueducto aqueduct
acuerdo agreement; **de acuerdo** agreed; **(no) estoy de acuerdo** I (don't) agree (2); **ponerse** (*irreg.*) **de acuerdo** to reach an agreement
acusación *f.* accusation, charge
adaptación *f.* adaptation
adaptado/a adapted; adjusted
adaptarse (a) to adapt oneself (to)
adecuado/a appropriate
adelantarse (a) to get ahead (of); to beat, surpass
adelante: de ahora en adelante from now on
adelgazar (c) to lose weight
además *adv.* moreover; **además de** *prep.* besides
adicional additional (AT)
adiós good-bye (AT)
adjetivo adjective (2)
adjuntar to enclose, attach
administración (*f.*) **de empresas** business administration (1)
admirar to admire
admitir to admit; to accept
adolescencia adolescence (15)
¿adónde? where (to)? (3)
adoquinado/a cobblestoned
adorar to adore
adorno decoration
adquisitivo/a acquisitive
adulto/a adult (9)
adverbio adverb
advertencia warning
aeróbico/a aerobic (10); **hacer** (*irreg.*) **ejercicios aeróbicos** to do aerobic exercise (10)
aerolínea airline
aeropuerto airport (7)
afectar to affect
afectivo/a affective, emotional
afectuoso/a affectionate
afeitarse to shave oneself (4)
afición *f.* hobby (9)
aficionado/a *n.* fan (9); **ser** (*irreg.*) **aficionado/a (a)** to be a fan (of) (9)
afirmación *f.* statement
afirmar to affirm
afirmativo/a *adj.* affirmative
africano/a *n., adj.* African
afuera *adv.* outdoors (5)
afueras *n. pl.* suburbs, outskirts (12)
agencia de viajes travel agency (7)

agenda agenda; date book; **agenda digital/electrónica** digital/electronic datebook
agente *m., f.* agent; **agente de billetes** ticket agent; **agente de inmobiliaria** real estate agent; **agente de viajes** travel agent (7)
agosto August (5)
agotar to deplete
agradable pleasant, nice
agradar to please (13)
agradecer (zc) to thank
agresividad *f.* aggressiveness
agresivo/a aggressive
agrícola *adj. m., f* agricultural
agricultor(a) farmer (14)
agricultura agriculture
agua *f.* (*but* **el agua**) water; **agua mineral** mineral water (6); **cama de agua** waterbed (4)
aguacate *m.* avocado
aguar (gü) to spoil (*a party*)
agudo/a sharp; acute
agujero hole
ahí there
ahora now (1); **ahora mismo** right now; at once
ahorrar to save (*money*) (16)
ahorros *m. pl.* savings; **cuenta de ahorros** savings account (16)
aire *m.* air (14); **aire acondicionado** air conditioning; **al aire libre** outdoors (9)
aislamiento isolation (14)
ajedrez *m.* chess (4); **jugar (ue) (gu) al ajedrez** to play chess (4)
ají *m.* bell pepper
ajillo: al ajillo *adj.* in garlic sauce
ajo garlic; **diente** (*m.*) **de ajo** garlic clove
al (*contraction of* **a** + **el**) to the (3); **al** + *inf.* upon, while, when + *verb form*; **al aire libre** outdoors (9); **al contado** in cash (16); **al lado de** next to (5); **al principio (de)** at the beginning (of) (16)
álbum *m.* album
alcance *m.* reach
alcoba bedroom (4)
alcohol *m.* alcohol
alcohólico/a *adj.* alcoholic
alegrarse (de) to be happy (about) (12)
alegre happy (5)
alegría happiness
alemán *m.* German (*language*) (1)
alemán, alemana *n., adj.* German (2)
Alemania Germany
alergia allergy; **tener** (*irreg.*) **alergia (a)** to be allergic (to)
alérgico/a: ser (*irreg.*) **alérgico/a (a)** to be allergic (to)
alerta: ojo alerta be alert, watch out
alfabetizado/a alphabetized
alfabetizar (c) to alphabetize
alfabeto alphabet
alfombra rug (4)
alfombrado/a carpeted
algo something, anything (3)

algodón *m.* cotton (3); **es de algodón** it's made of cotton (3)
alguien someone, anyone (6)
algún, alguno/a some; any (6); **algún día** some day; **alguna vez** once; ever
alimento food
aliviar to ease, lessen
alivio relief
allá over there (4)
allí (over) there (3)
alma *f.* (*but* **el alma**) soul
almacén *m.* department store (3)
almacenamiento storing; storage
almendra almond
almohada pillow
almorzar (ue) (c) to have lunch (4)
almuerzo lunch (6)
alquilar to rent (12)
alquiler *m.* rent (12)
alrededor de *prep.* around
alteración *f.* irregularity
alternativa alternative; choice
alto/a tall (2); high; **en voz alta** out loud
altura height, altitude
aluminio aluminum
ama *f.* (*but* **el ama**) **de casa** housekeeper; homemaker
amable kind; nice (2)
amante *m., f.* lover
amar to love (15)
amarillo/a yellow (3)
amasijo hodgepodge
Amazonas *m. s.* Amazon
ambiental environmental
ambiente *m.* environment, atmosphere; **medio ambiente** environment (14)
ambos/as *pl.* both
amenazador(a) threatening
amenazar (c) to threaten
americano/a *n., adj.* American; **fútbol** (*m.*) **americano** football (9)
amigo/a friend (1)
amistad *f.* friendship (15)
amistoso/a friendly (15)
amor *m.* love (15)
amoroso/a loving
amplio/a large, spacious
analfabetismo illiteracy
análisis *m. s., pl.* analysis
analista (*m., f.*) **de sistemas** systems analyst (16)
analizar (c) to analyze
anaranjado/a *adj.* orange (*color*) (3)
ancho/a wide
anciano/a *n.* old person (9); *adj.* old
andar (*irreg.*) **en bicicleta** to ride a bicycle
andino/a Andean
anémico/a anemic
anfitrión, anfitriona host(ess) (8)
anglosajón, anglosajona *n., adj.* Anglo-Saxon
angula eel
anillo ring
animado/a animated; full of life; **dibujos animados** cartoons

animal *m.* animal

ánimo: estado de ánimo state of mind

anoche *adv.* last night

anotar to write down

ansiedad *f.* anxiety

antártico/a *adj.* Antarctic

Antártida Antarctica

ante before; **ante todo** first of all

anteayer the day before yesterday

antecedente *m. gram.* antecedent (*of a pronoun*)

antemano: de antemano beforehand

anterior previous, preceding

antes *adv.* before; **antes de** (*prep.*) before (4); **antes (de) que** *conj.* before (15)

antibiótico antibiotic (10)

anticipación *f.*: **con anticipación** ahead of time (7)

anticuado/a antiquated, old-fashioned

antigüedad *n. f.* antique

antiguo/a old; ancient

antipático/a unpleasant (2)

antropología anthropology

antropólogo/a anthropologist

anual annual, yearly

anunciar to announce (7)

anuncio advertisement; announcement

añadir to add

año year (5); **cumplir años** to have a birthday (8); **Día** (*m.*) **de Año Nuevo** New Year's Day (8); **el año pasado** last year; **Feliz Año Nuevo** Happy New Year; **tener** (*irreg.*) ... **años** to be . . . years old (2)

apagado/a out; turned off (*light*)

apagar (gu) to turn off (*light*)

aparato appliance (9); **aparato doméstico** home appliance (9); **aparato electrónico** electronic device

aparcar (qu) to park

aparecer (zc) to appear

apartamento apartment (1); **casa (bloque** *m.*) **de apartamentos** apartment house (12)

aparte *adv.* apart

apasionado/a passionate

apellido last name, surname

apenas hardly any

apendicitis *f. s.* appendicitis

aperitivo appetizer; aperitif

apiñado/a crammed or packed together

apio celery

aplicación *f.* application

aplicar (qu) to apply

apoderarse (de) to gain control (of)

aportación *f.* contribution

aporte *m.* contribution

apoyo *n.* support

apreciado/a appreciated

apreciar to appreciate (13)

aprender to learn (2)

apretado/a tight

apretar (ie) to press; to squeeze

aprobación *f.* approval

apropiado/a appropriate

aprovechar to make use of, take advantage of; **que aproveche** enjoy your meal

aproximadamente approximately

apuntar to note down

apuntes *m. pl.* notes

aquel, aquella *adj.* that (*over there*) (3); *pron.* that one (*over there*) (3)

aquello that; that thing (4)

aquellos/as *adj.* those (*over there*) (3); *pron.* those ones (*over there*) (3)

aquí here (1)

árabe *n. m.* Arab; *adj.* Arabic

árbol *m.* tree (14)

arbusto bush

archivo computer file (12)

ardilla squirrel

área *f.* (*but* **el área**) area (12)

arena sand

arete *m.* earring (3)

argentino/a *n., adj.* Argentinian

argumento argument; plot (*of a play, film*)

árido/a dry, arid

armado/a armed

armario closet (4)

arqueológico/a archaeological

arqueólogo/a archaeologist

arquitecto/a architect (13)

arquitectura architecture (13)

arrancar (qu) to start (*a motor*) (14)

arreglar to fix, repair (12); to straighten (up) (12)

arriba *adv.* above; up

arrogante arrogant; brave

arroz *m.* rice (6)

arruinado/a ruined

arte *f.* (*but* **el arte**) art (1); **obra de arte** work of art (13)

artesanía arts and crafts (13)

artesano/a craftsperson

artículo article (1)

artista *m., f.* artist (13)

artístico/a artistic (13)

arveja green pea (6)

arzobispo archbishop

asado/a roasted (6)

ascendencia ancestry

ascensor *m.* elevator

asco: me da asco it makes me sick

asegurarse to make sure

asentarse (ie) to settle

asequible available

asesinado/a assassinated

asesinar to murder, assassinate

así thus, so; **así como** as well as; **así que** therefore, consequently

asiático/a *n., adj.* Asian

asiento seat (7)

asimilarse to assimilate

asimismo likewise

asistente (*m., f.*) **de vuelo** flight attendant (7)

asistir (a) to attend, go (to) (*a function*) (2)

asma *f.* (*but* **el asma**) asthma

asociación *f.* association

asociado/a: estado libre asociado free associated state

asociar to associate; to combine

aspecto aspect; appearance

áspero/a rough; harsh

aspiración *f.* aspiration; hope

aspiradora vacuum cleaner (9); **pasar la aspiradora** to vacuum (9)

aspirante *m., f.* candidate; applicant (16)

aspirina aspirin

astronomía astronomy

asumir to assume

asunto subject, topic, issue

atacar (qu) to attack

ataque *m.* attack

atención *f.* attention; **prestar atención** to pay attention

atender (ie) to attend to; to serve

atlántico/a: Océano Atlántico Atlantic Ocean

atleta *m., f.* athlete

atlético/a athletic

atmósfera atmosphere

atómico/a: bomba atómica atom bomb

atracción *f.* attraction; *pl.* amusements

atractivo/a attractive

atraer (*like* **traer**) to attract

atrapado/a trapped

atrás: para atrás backward

atrasado/a: estar (*irreg.*) **atrasado/a** to be late (7)

atravesar (ie) to cross

atrevido/a daring

atún *m.* tuna (6)

audaz (*pl.* **audaces**) adventurous

aumento raise (12); **aumento de sueldo** raise in salary (16)

aun *adv.* even

aún *adv.* still, yet

aunque although

auscultar to listen (*medical*)

ausencia absence

ausente absent

australiano/a *n., adj.* Australian

autenticidad *f.* authenticity

auténtico/a authentic

auto car

autobiográfico/a autobiographical

autobús *m.* bus (7); **estación** (*f.*) **de autobuses** bus stop (7)

autoestima self-confidence

autoexilio self-exile

automático/a automatic; **cajero automático** automatic teller machine (16); **contestador** (*m.*) **automático** answering machine (12)

automovilístico/a *adj.* automobile

autónomo/a autonomous

autopista freeway (14)

autor(a) author

autoridad *f.* authority

autorretrato self-portrait

autoservicio self-service

autostop *m.*: **hacer** (*irreg.*) **autostop** to hitchhike

autosuficiencia self-sufficiency
avance *m.* advance
avanzar (c) to advance
avenida avenue (12)
aventura adventure
aventurero/a adventurous
avergonzado/a embarrassed (8)
avergonzar (ue) (c) to shame
averiguar (gü) to find out
avestruz *m.* (*pl.* **avestruces**) ostrich
avión *m.* airplane (7)
avisar to warn
ayer yesterday (4)
ayudante *m., f.* assistant
ayudar to help (6)
azteca *m., f.* Aztec
azúcar *m.* sugar
azul blue (3)

B

bailar to dance (1)
bailarín, bailarina dancer (13)
baile *m.* dance (8)
bajado/a lowered
bajar (de) to get off (of) (7); to get down
(from) (7)
bajo *prep.* under
bajo/a short (*in height*) (2); low; **planta
baja** ground floor (12)
balance *m.* balance
balancear to balance (*an account*)
ballet *m.* ballet (13)
banana banana (6)
bancarrota bankruptcy
banco bank (16)
banderilla *Sp.* appetizer
bando faction; flock
bandoneón *m.* large concertina
banquero/a banker
banquete *m.* banquet
bañarse to take a bath (4)
bañera bathtub (4)
baño bathroom (4); **traje** (*m.*) **de baño**
bathing suit (3)
bar *m.* bar (9)
barato/a inexpensive, cheap (3)
barbacoa barbecue
barbería barbershop
barco ship, boat (7)
barrer (el piso) to sweep (the floor) (9)
barrera barrier
barrio neighborhood (12)
barro mud; clay
basar to base, support
base *f.* base, foundation; **a base de** by,
based on
básico/a basic
basquetbol *m.* basketball (9)
bastante *adv.* rather; sufficiently,
enough (15)
basura garbage; **sacar (qu) la basura** to
take out the trash (9)
basurero trash can
bata robe, housecoat
batalla battle
batería battery (14)

bautismo baptism
bebé *m., f.* baby
beber to drink (2)
bebida drink, beverage (6)
beca scholarship
béisbol *m.* baseball (9)
belleza beauty
bello/a beautiful (14)
beso kiss
biblioteca library (1)
bibliotecario/a librarian (1)
bicicleta (de montaña) (mountain)
bicycle (12); **pasear (montar) en
bicicleta** to ride a bicycle (9)
bien *adv.* well (AT); **caerle** (*irreg.*) **bien a
alguien** to make a good impression on
someone (16); **estar** (*irreg.*) **bien** to be
comfortable (*temperature*) (5); **llevarse
bien (con)** to get along well (with)
(15); **muy bien** very well, fine (AT);
pasarlo bien to have a good time (8)
bienestar *m.* well-being (10)
bienvenido/a welcome
bilingüe bilingual (11)
bilingüismo bilingualism
billete *m.* ticket (7); **billete de ida** one-
way ticket (7); **billete de ida y vuelta**
round-trip ticket (7)
biodiversidad *f.* biodiversity
biográfico/a biographical
biología biology (2)
biológico/a biological
biólogo/a biologist
bistec *m.* steak (6)
blanco/a white (3); **vino blanco** white
wine (6)
bloc *m.* writing pad
bloque (*m.*) **de apartamentos** apartment
building (12)
blusa blouse (3)
bobo/a dumb
boca mouth (10)
boda wedding (15)
bodegón *m.* inexpensive restaurant,
tavern
boicot *m.* boycott
boleto ticket (7); **boleto de ida** one-way
ticket (7); **boleto de ida y vuelta**
round-trip ticket (7)
bolígrafo ballpoint pen (1)
bolsa purse (3)
bolsillo pocket
bomba atómica atomic bomb
bombardeo bombing
bombero/a firefighter
bonito/a pretty (2)
borde *m.:* **al borde de** on the brink of
bosque *m.* forest (14)
bota boot (3)
botella bottle
brasileño/a *n., adj.* Brazilian
bravo/a fierce; brave
bravura fierceness; bravery
brazo arm (11)
bregar (gu) to deal with
breve *adj.* brief

brindar to drink a toast
bronce *m.* bronze
bronceado/a tanned
bronquitis *f. s.* bronchitis
brote *m.* bud, shoot
bruja witch
brujo magician
bucear to snorkle (8)
buen, bueno/a *adj.* good (2); **buenas
noches** good night (AT); **buenas
tardes** good afternoon/evening (AT);
buenos días good morning (AT); **hace
buen tiempo** it's good weather (5);
lo bueno the good thing, news (10);
muy buenas good afternoon/
evening (AT)
bueno... *interj.* well . . . (2)
bulevar *m.* boulevard
bullicioso/a lively
bulto package
burbuja bubble
burocracia bureaucracy
burocrático/a bureaucratic
burro burro, donkey
busca: en busca de in search of (16)
buscar (qu) to look for (1)
butaca seat (*in a theater*)

C

caballo horse; **montar a caballo** to ride
horseback (9)
cabeza head (10); **dolor** (*m.*) **de cabeza**
headache
cabezudo/a obstinate; stubborn
cabina cabin (*on a ship*) (7)
cacique *m.* Indian chieftain
cada *inv.* each, every (4); **cada uno/a**
each one; **cada vez** each time
cadera hip (*anatomy*)
caer (*irreg.*) to fall (11); **caerle bien/mal a
alguien** to make a good/bad
impression on someone (16); **caerse** to
fall down (11)
café *m.* coffee (1)
cafeína caffeine
cafetera coffee pot (9)
cafetería cafeteria (1)
caída fall
caja box
cajero/a cashier, teller (16); **cajero
automático** automatic teller
machine (16)
cajón *m.* drawer
calamar *m.* squid
calcetín, calcetines *m.* sock(s) (3)
calculadora calculator (1)
cálculo calculation; computation
calendario calendar (11)
calentar (ie) to heat
calidad *f.* quality
cálido/a hot
caliente hot
calificación *f.* grade (11)
calle *f.* street (12)
callos (*m. pl.*) **a la madrileña** *tripe
specialty of Madrid*

calma calm, composure
calor *m.* heat (5); **hace calor** it's hot (*weather*) (5); **tener** (*irreg.*) **calor** to be (feel) warm, hot (5)
caloría calorie
cama (de agua) (water) bed (4); **guardar cama** to stay in bed (10); **hacer** (*irreg.*) **la cama** to make the bed (9)
cámara camera (12)
camarero/a waiter/waitress (6)
camarón *m.* shrimp (6)
cambiar (de) to change (12)
cambio change; (rate of) exchange (*currency*); **en cambio** on the other hand
camello camel
caminar to walk (10)
camino road, street (14); **en camino** en route
camioneta station wagon (7)
camisa shirt (3)
camiseta T-shirt (3)
campanada chime of bell
campaña campaign; **tienda de campaña** tent (7)
campeonato championship
campesino/a farm worker; peasant (14)
camping *m.* campground (7); **hacer** (*irreg.*) **camping** to go camping (7)
campo countryside (12)
campus *m. s.* university campus (12)
canal *m.* channel (12); canal
cancelar to cancel; **cancelar una reserva** to cancel a reservation (10)
cáncer *m.* cancer
cancha field (for football, baseball); court (for tennis)
canción *f.* song (13)
candidato/a candidate
cansado/a tired (5); **estar** (*irreg.*) **cansado/a** to be tired (6)
cansancio fatigue; weariness
cansarse to get tired
cantante *m., f.* singer (13)
cantar to sing (1)
cantidad *f.* quantity
capa de ozono ozone layer (14)
capacidad *f.* capacity
capaz (*pl.* **capaces**) capable
capital *f.* capital city (5)
capitán *m.* captain
Capricornio Capricorn
cara face
carácter *m.* character, personality
característico/a *adj.* characteristic
caracterizar (c) to characterize
cardinal: puntos (*m. pl.*) **cardinales** cardinal directions (5)
cargar (gu) to charge (*to an account*) (16)
cargo post; **a cargo de** in charge of
Caribe *n. m.* Caribbean
caribeño/a *adj.* Caribbean
cariño affection
cariñoso/a affectionate (5)
carnaval *m.* carnival
carne *f.* meat (6)

caro/a expensive (3)
carpintero/a carpenter
carrera major (*academic*); career (2)
carretera highway (14)
carro (descapotable) (convertible) car (12)
carta letter (2); **jugar (ue) (gu) a las cartas** to play cards (9)
cartera wallet (3)
casa house, home (2); **casa de apartamentos** apartment building (12); **casa particular** private/single-family house; **en casa** at home (1); **limpiar la casa (entera)** to clean the (whole) house (9)
casado/a married (2)
casarse (con) to marry (15)
cascanueces *m. s.* nutcracker
casi almost; **casi nunca** almost never; hardly ever (2)
caso case; **en caso de que** *conj.* in case (15)
castellano/a Castillian
castigo punishment
catálogo catalogue
catastrófico/a catastrophic
catedral *f.* cathedral
categoría category; class
catolicismo Catholicism
católico/a *n., adj.* Catholic
catorce fourteen (AT)
causa *n.* cause; **a causa de** because of
causar to cause
cava (*M.*)wine cellar; **al cava** with wine
cazador(a) hunter
cazuelita de barro clay bowl
CD-ROM *m.* CD-ROM (12)
cebiche *m. raw fish marinated in lemon juice*
ceder to cede, hand over
celebración *f.* celebration
celebrar to celebrate (5)
celular: teléfono celular cellular telephone (12)
cementerio cemetery
cena dinner, supper (6)
cenar to have (eat) dinner (6)
Cenicienta Cinderella
ceniza ash
censo census
censura censorship
centavo cent
central: América Central Central America
centro downtown (3); **centro comercial** shopping mall (3)
cepillarse los dientes to brush one's teeth (4)
cerámica ceramics, pottery (13)
cerca de *prep.* close to (5)
cercanía closeness
cercano/a near, close
cerdo pork; **chuleta de cerdo** pork chop (6)
cereales *m. pl.* cereal (6)
cerebro brain (10)
ceremonia ceremony

cerilla match (*for lighting things*)
cero zero (AT)
cerrado/a closed (5)
cerrar (ie) to close (4)
cervecería beer hall
cerveza beer (1)
césped *m.* lawn, grass
cesto basket
champán *m.* champagne
champanería champagne bar
champiñón *m.* mushroom (6)
chaperón, chaperona chaperone
chaqueta jacket (3)
charlar to chat
cheque *m.* (bank) check (16); **con cheque** by check (16); **talonario de cheques** checkbook
chequeo check-up (10)
¡chévere! *colloquialism* cool! great! (*Caribbean*)
chicano/a *n., adj.* Chicano, Mexican-American
chico/a *n.* young man/young woman; *adj.* small
chileno/a *n., adj.* Chilean
chimenea fireplace
chimpancé *m.* chimpanzee
chino/a *n., adj.* Chinese
chiste *m.* joke (8)
chistoso/a amusing
chocar (qu) (con) to run into, collide (with) (14)
chocolate *m.* chocolate
chofer *m., f.* driver
chorizo sausage
chuleta (de cerdo) (pork) chop (6)
ciberespacio cyberspace
ciclismo bicycling (9)
ciclo cycle
ciego/a blind
cien, ciento one hundred (2)
ciencia science (1); **ciencia ficción** science fiction; **ciencias** (*f. pl.*) **políticas** political science
científico/a scientist
cierto/a certain (13); true
cigarrillo cigarette
cilantro cilantro, fresh coriander
cinco five (AT); **Cinco de Mayo** Cinco de Mayo
cincuenta fifty (2)
cine *m.* movie theater (4); movie (4); **ir** (*irreg.*) **al cine** to go to the movies (9)
cinematográfico/a *adj.* film
cinta tape (3)
cinturón *m.* belt (3)
circo circus
circuito circuit
circulación *f.* traffic (14)
circunstancia circumstance
ciruelo cherry tree
cisne *m.* swan
cita date, appointment (15)
citado/a booked up; cited
ciudad *f.* city (2)
civil: guerra civil civil war

civilización *f.* civilization
clarinete *m.* clarinet
claro/a clear; light
clase *f.* class (1); **clase turística** tourist class (7); **compañero/a de clase** classmate (1); **primera clase** first class (7)
clásico/a classical (13)
clasificado/a classified
clave *f.* key (*to a code*)
cliente *m., f.* client (1)
clima *m.* climate (5)
climatología climatology
clínica *n.* clinic
coágulo clot
coalición *f.* coalition
cobrar to charge (*someone for an item or service*) (16); to cash (*a check*) (16)
cobre *m.* copper
coche *m.* car (2); **coche deportivo** sports car; **teléfono de coche** car telephone (12)
cocina kitchen (4); cooking
cocinar to cook (6)
cocinero/a cook; chef (16)
coctel *m.* cocktail
cognado *gram.* cognate (6)
coherente coherent
cohesión *f.* cohesion
coincidir to coincide; to agree
cola line (*of people*); **hacer** (*irreg.*) **cola** to stand in line (7)
colección *f.* collection
colega *m., f.* colleague
colegio elementary or secondary school
colgar (ue) (gu) to hang
colocar (qu) to place
colombiano/a *n., adj.* Colombian
colonia colony; camp
colonialismo *f.* colonization
colonizar (c) to colonize, settle
color *m.* color (3)
columna column
columnista *m., f.* columnist
combatir to fight (against)
combinación *f.* combination
combinar to combine
comedor *m.* dining room (4)
comentar to comment on; to discuss
comentario comment, commentary
comenzar (ie) (c) to begin
comer to eat (2)
comercial: centro comercial shopping mall (3)
comerciante *m., f.* merchant, shopkeeper (16)
comercio business
cometer to commit
cómico/a funny, comical; **tira cómica** comic strip
comida food (6); meal (6)
comienzo *n.* beginning
como like; as ; **tan... como** as . . . as (5); **tan pronto como** as soon as (16); **tanto/a... como** *conj.* as much/ many as (5)

¿cómo? how? what? (AT); **¿cómo es usted?** what are you like? (AT); **¿cómo está(s)?** how are you? (1); **¿cómo te llamas? / ¿cómo se llama usted?** what's your name? (AT)
cómoda dresser, bureau (4)
comodidades *f. pl.* amenities, comforts
cómodo/a comfortable (4)
compacto/a: disco compacto compact disc (12)
compadres *m. pl.* godparents
compañero/a companion; **compañero/a de clase** classmate (1); **compañero/a de cuarto** roommate (1)
compañía company
comparación *f.* comparison (5)
comparar to compare
comparativo *gram.* comparative
compartir to share
compasión *f.* compassion
compensar to compensate, make up for
competencia skill
competición *f.* competition
complejo/a complex
complementar to complement
complemento complement
completar to complete
complicado/a complicated
complicar (qu) to complicate
comportamiento behavior
composición *f.* composition
compositor(a) composer (13)
comprar to buy (1)
compras: ir de compras to go shopping (3)
comprender to understand (2)
comprensión *f.* comprehension
comprensivo/a comprehensive; capable of understanding
compromiso compromise; commitment
computación *f.* computer science (1)
computadora computer (12); **computadora portátil** laptop computer (12)
común common, usual, ordinary
comunicación *f.* communication (1)
comunicar (qu) to communicate
comunicativo/a communicative
comunidad *f.* community
comunismo communism
con with (1); **con anticipación** ahead of time (7); **con cheque** by (with a) check (16); **con frecuencia** frequently (1); **con permiso** pardon me, excuse me (AT); **con tal (de) que** *conj.* provided (that) (15)
concentración *f.* concentration
concentrar to concentrate; to focus
concepción *f.* conception; idea
concepto concept, idea
conciencia conscience
concierto concert (9); **ir** (*irreg.*) **a un concierto** to go to a concert (9)
concluir (y) to conclude
conclusión *f.* conclusion
concurso contest; game show

condado county
condenar to condemn
condición *f.* condition
condicional conditional
conducir (*irreg.*) to drive (*a vehicle*) (14)
conductor(a) driver (14)
conectar to connect
conexión *f.* connection
conferencia conference; lecture
conferenciante *m., f.* lecturer; speaker
confesarse (ie) to confess
confianza confidence
confiar (confío) (en) to confide (in); to trust (in)
confrontación *f.* confrontation
confundido/a confused
congelado/a frozen (5); very cold (5)
congelador *m.* freezer (9)
congestión *f.* congestion
congestionado/a congested (10)
congreso congress
conjugar (gu) *gram.* to conjugate
conjunción *f. gram.* conjunction (15)
conjunto collection, group
conmemorar to commemorate, remember
conmigo with me
conocer (zc) to know, be acquainted with (6); to meet
conocimiento awareness; *pl.* knowledge
conquista conquest
consecuencia consequence
conseguir (i, i) (g) to get, obtain (8); **conseguir** + *inf.* to succeed in (*doing something*) (8)
consejero/a advisor (1)
consejo (piece of) advice (6)
conservación *f.* preservation
conservador(a) *adj.* conservative
conservar to save, conserve (14)
considerar to consider, think
consistir en to consist of
conspirar to conspire, plot
constante *adj.* constant
constar de to consist of
constituir (y) to constitute; to be
construcción *f.* construction
construir (y) to build (14)
consultar to consult
consultorio (medical) office (10)
consumidor(a) consumer
consumir to eat; to use up
contabilidad *f.* accounting
contacto contact; **lentes** (*m. pl.*) **de contacto** contact lenses (10)
contado: pagar (gu) al contado to pay in cash (16)
contador(a) accountant (16)
contaminación *f.* pollution (5)
contaminado/a polluted
contaminar to pollute (14)
contar (ue) to count; to tell; **contar con** to count on
contener (*like* **tener**) to contain
contenido content(s)
contento/a happy, content (5)

contestador (*m.*) **automático** answering machine (12)
contestar to answer (4)
contexto context
contigo *fam. s.* with you
continente *m.* continent
continuación *f.:* **a continuación** following, below
continuar (continúo) to continue
contorno contour, outline
contra against; **en contra** opposed
contrabando contraband
contraer (*like* **traer**)**: contraer matrimonio** to get married
contrario contrary, opposite; **al contrario** on the contrary; **lo contrario** the opposite
contratar to hire
contratiempo mishap, disappointment
contrato contract
contribución *f.* contribution
contribuir (y) to contribute
control (*m.*) **remoto** remote control (12)
controlar to control
convencer (z) to convince
convencional conventional
conveniencia convenience
conveniente convenient
conversación *f.* conversation
conversar to converse, talk
convertir (ie, i) to change; convertirse (en) to turn into
convivencia living together, cohabitation
convivir to live together
cooperación *f.* cooperation
cooperativo/a *adj.* cooperative
Copa Mundial World Cup
copia copy (12)
copiar to copy (12)
coraje *m.* courage
corazón *m.* heart (10)
corbata (neck) tie (3)
corcho cork
cordialmente cordially, warmly
cordillera mountain range
corona wreath
correcto/a correct
corregir (i, i) (j) to correct
correo mail post office; **correo electrónico** electronic mail, e-mail (12)
correr to run (9); to jog (9)
corresponder to correspond
correspondiente *adj.* corresponding
corresponsal *m., f.* correspondent, reporter
corrida bullfight
corrido ballad
corriente *adj.* current, present; **cuenta corriente** checking account (16)
cortar to cut
cortés *m., f.* courteous, polite
cortesía courtesy (AT); **saludos y expresiones de cortesía** greetings and expressions of courtesy (AT)
cortina curtain

corto/a short (*in length*) (2); **pantalones** (*m. pl.*) **cortos** shorts
cosa thing (1)
cosechar to harvest
cosmopolita *adj. m., f.* cosmopolitan
costa coast
costar (ue) to cost
costarricense *n., adj.* Costa Rican
costo cost
costumbre *f.* custom, habit (9)
cotidiano/a *adj.* daily
cráter *m.* crater
creación *f.* creation
crear to create (13)
creatividad *f.* creativity
creativo/a creative
crecer (zc) to grow (15)
creciente *adj.* growing
crédito credit; **tarjeta de crédito** credit card (6)
creer (y) (en) to think, believe (in) (2)
criado/a servant (16)
criar(se) (me crío) to grow up, be raised
crimen *m.* crime (14)
criminal *m., f.* criminal
criollo/a Creole
cristiano/a Christian
crítica criticism
criticar (qu) to criticize
crítico/a *n.* critic
crónico/a *adj.* chronic
cronológico/a chronological
crudo/a raw
cuaderno notebook (1)
cuadro painting (13); **de cuadros** plaid (3)
¿cuál(es)? what? which? (AT); **¿cuál es la fecha de hoy?** what's today's date? (5)
cualidad *f.* quality
cualquier(a) any
cuando when
¿cuándo? when? (AT)
¿cuánto/a? how much? (AT); **¿cuánto cuesta?** how much does it cost? (3); **¿cuánto es?** how much is it? (3)
cuanto: en cuanto *conj.* as soon as (16); **en cuanto a** *prep.* regarding
¿cuántos/as? how many? (AT)
cuarenta forty (2)
cuaresma Lent
cuarto quarter (of an hour); room (1); **compañero/a de cuarto** roommate (1); **son/a (las tres) menos cuarto** it's/at a quarter to (three) (AT); **y cuarto** quarter past (*with time*) (AT)
cuarto/a *adj.* fourth (13)
cuatro four (AT); **Cuatro de Julio** Independence Day (8)
cuatrocientos/as four hundred (3)
cubano/a *n., adj.* Cuban
cubierto/a *p.p.* covered
cubrir (*p.p.* **cubierto/a**) to cover (14)
cuchara spoon
cuchillo knife
cuenta bill, check (6); account (16); **cargar (gu) (a la cuenta de uno)** to charge (to

someone's account); **cuenta corriente** checking account (16); **cuenta de ahorros** savings account (16)
cuento short story
cuero leather
cuerpo body (10)
cuesta: ¿cuánto cuesta? how much does it cost? (3)
cuestión *f.* question (16)
cuidado care; **con cuidado** carefully; **tener** (*irreg.*) **cuidado** to be careful
cuidador(a) careful, cautious
cuidarse to take care of oneself (10)
culinario/a culinary
cultivar to cultivate
cultivo cultivation, raising (*crops*)
cultura culture
cumpleaños *m. s., pl.* birthday (5); **pastel** (*m.*) **de cumpleaños** birthday cake (8)
cumplir (con) to fulfill, carry out; **cumplir años** to have a birthday (8)
cuñado/a brother-in-law / sister-in-law
cupo quota, share
cura *m.* priest
curador(a) *m., f.* caretaker; curator; *adj.* curing, healing
curarse to cure oneself; **curarse de** to be cured of
currículum *m.* résumé (16)
cursar to frequent; to study (*in a university*)
cursiva/a: letras (*f. pl.*) **cursivas** italics
curso course
cuyo/a whose

D

danza dance (13)
daño damage; **hacerse** (*irreg.*) **daño** to hurt oneself (11)
dar (*irreg.*) to give (7); **dar un paseo** to take a walk (9); **dar una fiesta** to give a party (8); **darse con** to run, bump into (11); **me da asco** it makes me sick
datos *m. pl.* data, facts
de *prep.* of; from (AT); **de compras** shopping (3); **de cuadros** plaid (3); **¿de dónde es Ud.?** where are you from? (2); **de hecho** in fact (9); **de ida** one-way (ticket) (7); **de ida y vuelta** round trip (ticket) (7); **de joven** as a youth (9); **de la mañana/tarde** in the morning/afternoon (AT); **de la noche** in the evening, at night (AT); **de lunares** polka-dotted (3); **de nada** you're welcome (AT); **de niño/a** as a child (9); **de rayas** striped (3); **de repente** suddenly (10); **de todo** everything (3); **de última moda** the latest style (3); **de viaje** on a trip (7)
debajo de *prep.* below (5)
deber (*+ inf.*) ought to, must, should (*do something*) (2)
debido a due to
débil weak
debilitamiento weakness
década decade

decente decent, suitable
decidir to decide
décimo/a *adj.* tenth (13)
decir (*irreg.*) to say (7); to tell (7); **es decir** that is to say (7)
decisión *f.* decision
decisivo/a decisive
declaración *f.* declaration; statement
decoración *f.* decoration; decor
decorar to decorate, adorn
dedicarse (qu) (a) to dedicate (oneself) (to)
dedo (de la mano) finger (11); **dedo del pie** toe (11)
deducir (*irreg.*) to deduct; to infer
defecto defect
defensa defense
definición *f.* definition
definir to define
deforestación *f.* deforestation
deformación *f.* deformation
dejar (en) to leave (behind) (in, at) (9); to quit (16); **dejar de** + *inf.* to stop (*doing something*) (10)
del (*contraction of* **de** + **el**) of the, from the (2)
delante de *prep.* in front of (5)
delegación *f.* delegation
delgado/a thin, slender (2)
delicado/a delicate
delicioso/a delicious
delito crime (14)
demanda demand
demás *adj.* other, rest of; **los/las demás** the others, the rest (12)
demasiado *adv.* too, too much (9)
demasiado/a *adj.* too much; *pl.* too many
democracia democracy
demonio devil, demon
demora delay (7)
demostración *f.* demonstration
demostrar (ue) to demonstrate
demostrativo/a *gram.* demonstrative (3)
denso/a dense (14)
dentista *m., f.* dentist (10)
dentro *adv.* in, within, inside; **dentro de** *prep.* inside of
denunciar to denounce
departamento department; apartment
depender de to depend on
dependiente/a clerk (1)
deporte *m.* sport (9); **practicar (qu) deportes** to participate in sports (9)
deportista *m., f.* sports player (8)
deportivo/a *adj.* sports-loving (9)
depositar to deposit (16)
depósito deposit
deprimente *adj.* depressing
derecha *n.* right; **a la derecha (de)** to the right (of) (5)
derecho *adv.* straight ahead; **seguir (i, i) (g) derecho** to continue straight ahead; **todo derecho** straight ahead (14)
derechos (*m. pl.*) **humanos** human rights
derivar to derive

dermatológico/a dermatologic, skin
derrocar (qu) to overthrow
derrotar to defeat
desafortunadamente unfortunately
desagradable unpleasant
desamparados *m. pl.* homeless people
desaparecer (zc) to disappear
desarrollar to develop (14)
desarrollo development
desastroso/a disastrous
desayunar to have (eat) breakfast (6)
desayuno breakfast (4)
descafeinado/a decaffeinated
descalzo/a barefooted
descansar to rest (4)
descapotable convertible (*car*) (12)
descendiente *m., f.* descendant
desconocido/a unknown
descortés *m., f.* impolite
describir (*p.p.* **descrito/a**) to describe
descripción *f.* description
descubierto/a *p.p.* discovered
descubrimiento discovery
descubrir (*p.p.* **descubierto/a**) to discover (14)
descuidado/a careless
desde *prep.* from; since; **desde que** *conj.* since
deseable desirable (12)
desear to want (1)
desempeñar to play, perform (*a part*) (13)
desempleo unemployment
desenchufado/a unplugged (*appliances*)
deseo wish (8)
desequilibrio unbalance, imbalance
desértico/a *adj.* desert-like; deserted
desertización *f.* process of turning into a desert
desesperación *f.* desperation
desesperadamente desperately
desfile *m.* parade
desgracia misfortune; **¡qué desgracia!** what a shame!
deshidratación *f.* dehydration
desierto/a deserted; **desierto** desert
desinflado/a flat (*tire*) (14)
desordenado/a messy (5)
desorientado/a disoriented
despacio *adv.* slowly
despedida good-bye, farewell
despedirse (i, i) (de) to say good-bye (to), take leave (of) (8)
despegar (gu) to take off (*airplane*)
desperdiciar to waste (14)
despertador *m.* alarm clock (11)
despertarse (ie) to wake up (4)
desplegar (ie) (gu) to unfold
desposeído/a dispossessed
después *adv.* afterwards; **después de** *prep.* after (4); **después (de) que** *conj.* after (16)
destacado/a outstanding
destacar (qu) to stand out
destinación *f.* destination
destinado/a (a) destined (for)
destino destination

destreza skill
destrucción *f.* destruction
destruir (y) to destroy (14)
desventaja disadvantage (10)
detalle *m.* detail (6)
detective *m.* detective
detener (*like* **tener**) to stop, detain
detenidamente carefully, in detail
determinar to determine
detestar to detest
detrás de *prep.* behind (5)
devolver (ue) (*p.p.* **devuelto/a**) to return (*something*) (16)
día *m.* day (1); **buenos días** good morning (AT); **Día de Acción de Gracias** Thanksgiving; **Día de Año Nuevo** New Year's Day; **Día de la Independencia** Independence Day; **Día de la Raza** Columbus Day; **Día de los Enamorados (de San Valentín)** St. Valentine's Day; **Día de los Muertos** Day of the Dead; **Día de los Reyes Magos** Day of the Magi; **Día de San Patricio** St. Patrick's Day; **Día de Todos los Santos** All Saints' Day; **día del santo** saint's day; **día festivo** holiday (8); **hoy (en) día** nowadays; **todos los días** every day (1)
diablo devil
diálogo dialogue
diamante *m.* diamond
diario/a *adj.* daily; **rutina diaria** daily routine (4)
dibujar to draw (13)
dibujo drawing; **dibujos** (*m. pl.*) **animados** cartoons
diccionario dictionary (1)
dicho *n.* saying
dicho/a *p.p.* said
diciembre *m.* December (5)
dictar to dictate
diecinueve nineteen (AT)
dieciocho eighteen (AT)
dieciséis sixteen (AT)
diecisiete seventeen (AT)
diente *m.* tooth (10); **cepillarse los dientes** to brush one's teeth (4)
dieta diet; **a dieta** on a diet
dietético/a *adj.* diet, dietetic
diez ten (AT)
diferencia difference; **a diferencia de** unlike
diferente different
difícil difficult, hard (5)
dificultad *f.* difficulty
difunto/a deceased
dignidad *f.* dignity
dimensión *f.* dimension
Dinamarca Denmark
dinero money (1)
Dios *s. m.* God; **por Dios** for God's sake (11)
diplomático/a diplomatic, tactful; *n.* diplomat
diptongo *gram.* diphthong
diputado/a deputy, representative

dirección *f.* address (12); **dirección de personal** personnel office, employment office (16)
directo/a direct; straight
director(a) director (13); **director(a) de personal** personnel director (16)
dirigir (j) to direct
disciplinado/a disciplined, trained
disco compacto compact disc (12); **disco de computadora** computer disk (12); **disco duro** hard drive (12)
discoteca discotheque (9)
disculpa excuse, apology; **pedir (i, i) disculpas** to apologize (11)
disculparse to excuse oneself, apologize; **discúlpeme** pardon me, I'm sorry (11)
discutir (sobre) (con) to argue (about) (with) (8)
diseñador(a) designer
diseñar to draw; to design
diseño design
disfraz *m.* (*pl.* **disfraces**) costume, disguise
disfrutar to enjoy
disipar to dissipate
disminuir (y) to lower (*temperature*); to reduce, diminish
disparar to fire, shoot
disponible available
disputa dispute, argument
distancia distance
distante distant
distinto/a different
distraer (*like* **traer**) to distract
distraído/a absentminded (11)
distrito district
disturbio disturbance
diversificado/a diversified
diversión *f.* entertainment, amusement (9)
diverso/a diverse; various
divertido/a fun; **ser** (*irreg.*) **divertido/a** to be fun (9)
divertirse (ie, i) to enjoy oneself, have a good time (4)
divorciarse (de) to get divorced (from) (15)
divorcio divorce (15)
divulgar (gu) to divulge, disclose
doblar to bend; to turn (14)
doce twelve (AT)
docena dozen
doctor(a) doctor
doctorado doctorate
documental *m.* documentary
documentar to document
documento document
dólar *m.* dollar
doler (ue) to hurt, ache (10); **me/te duele(n)...** my/your . . . hurt(s)
dolor *m.* pain, ache (10); **dolor de cabeza** headache; **tener** (*irreg.*) **dolor (de)** to have a pain (in) (10)
doméstico/a domestic; **aparato doméstico** home appliance (9); **quehacer** (*m.*) **doméstico** household chore (9)

domingo Sunday (4)
dominicano/a *n., adj.* of the Dominican Republic
dominio power; control
don *m.* title of respect used with a man's first name
donde where
¿dónde? where? (AT); **¿adónde?** where (to)?; **¿de dónde es Ud.?** Where are you from? (2)
dondequiera *adv.* wherever, anywhere
doña *title of respect used with a woman's first name*
dormir (ue, u) to sleep (4); **dormir la siesta** to take a nap (4); **dormirse** to fall asleep (4)
dormitorio bedroom
dos two (AT); **dos veces** twice (10)
doscientos/as two hundred (3)
dosis *f. s.* dose
drama *m.* drama (13)
dramatización *f.* dramatization
dramatizar (c) to dramatize
dramaturgo/a playwright (13)
droga drug
drogadicto/a drug addict
dualidad *f.* duality
ducharse to take a shower (4)
duda doubt; **no hay duda** there's no doubt; **sin duda** without a doubt
dudar to doubt (12)
dueño/a owner (6); landlord, landlady (12)
dulces *m. pl.* sweets (6); candy (6)
dulzura sweetness
durante during (4)
durmiente: Bella Durmiente Sleeping Beauty
duro/a hard; firm; **disco duro** hard drive (12)

E

e and (*used instead of* **y** *before words beginning with stressed* **i** *or* **hi**)
ecología ecology
ecológico/a ecological
economía economy (1)
económico/a economic
economizar (c) to economize (16)
ecosistema *m.* ecosystem
ecoturismo ecoturism
ecuador *m.* equator
ecuatoriano/a *n., adj.* Ecuadorean
edad *f.* age
edificio building (1)
editar to edit
educación *f.* education
educado/a educated; polite; **mal educado/a** rude, bad-mannered
educativo/a educational
efectivo cash; **en efectivo** in cash (16)
efecto effect
eficiencia efficiency
Egipto Egypt
ejecutivo/a executive
ejemplar *m.* issue (*of a magazine*)

ejemplificar (qu) to exemplify; illustrate
ejemplo example; **por ejemplo** for example
ejercicio exercise (3); **hacer** (*irreg.*) **ejercicios** to do exercise (4); **hacer** (*irreg.*) **ejercicios aeróbicos** to do aerobics (10)
el the (*definite article m.*)
él *sub. pron.* he (1); *obj.* (*of prep.*) him
elección *f.* election
electricidad *f.* electricity
electricista *m., f.* electrician (16)
eléctrico/a electric (14)
electrodoméstico electric appliance
electrónica *f. s.* electronics (12)
electrónico/a *adj.* electronic; **agenda electrónica** electronic calendar; **aparato electrónico** electronic device; **correo electrónico** electronic mail, e-mail (12)
electrostático/a electrostatic
elefante *m.* elephant
elegancia elegance
elegante elegant
elegir (i, i) (j) to choose, select
elemento element
elevar to raise, lift; to rise, increase
eliminar to get rid of, "drop"
ella *sub. pron.* she (1); *obj.* (*of prep.*) her
ellos/as *sub. pron. f.* they (1); *obj.* (*of prep.*) them
embajada embassy
embarazada pregnant
embarcar (qu) to set off (for a destination)
embargo: sin embargo however, nevertheless
embotellamiento traffic jam
emergencia emergency; **sala de emergencias** emergency room (10)
emigrar to emigrate
emisión *f.* broadcast
emoción *f.* emotion (8)
emocional emotional
emocionante moving, touching
empapelado/a wallpapered
emparejar to match
emperador *m.* emperor
empezar (ie) (c) to begin (4); **empezar a** + *inf.* to begin to (*do something*)
empleado/a employee
empleo job
empresa corporation, business (16); **administración** (*f.*) **de empresa** business administration (1)
en in; on; at (AT); **en casa** at home (1); **en caso de que** *conj.* in case (15); **en cuanto** as soon as (16); **en efectivo** in cash (16); **en punto** exactly, on the dot (*time*) (AT); **en vez de** instead of (16)
enamorado/a (de) *adj.* in love (with); **Día** (*m.*) **de los Enamorados (de San Valentín)** St. Valentine's Day (8)
enamorarse (de) to fall in love (with) (15)
encabezar (c) to lead, head
encaje *m.* lace

encantado/a delighted; pleased to meet you (AT)

encantador(a) *adj.* delightful, charming

encantar to like very much, love (7)

encargarse (gu) de to be in charge of

encender (ie) to turn on, light

encendido/a lit up

enchufar to plug in

encima de *prep.* on top of (5)

encontrar (ue) to find (8); **encontrarse** to be, feel (10); **encontrarse (con)** to meet (*someone somewhere*) (10)

encuesta survey

enemistad *f.* animosity

energía energy (14)

enero January (5)

énfasis *m. s.* emphasis

enfático/a emphatic

enfermarse to get sick (8)

enfermedad *f.* sickness (10)

enfermero/a *n.* nurse (10)

enfermo/a *adj.* sick (5)

enfisema *m.* emphysema

enfoque *m.* focus

enfrente *adv.* in front; **enfrente de** *prep.* in front of

enhorabuena congratulations

enlace *m.* link

enmienda amendment

enojarse (con) to get angry (at) (8)

enorme enormous

enriquecer (zc) to enrich

ensalada salad (6)

ensayista *m., f.* essayist

ensayo essay

enseñanza teaching

enseñar to teach (1)

entender (ie) to understand (4)

entero/a whole, entire (9); **limpiar la casa entera** to clean the whole house (9)

enterrar (ie) to bury

entonces then

entrada entrance; ticket

entrar to enter

entre *prep.* between, among (5)

entregar (gu) to hand in, turn in (11)

entrelazado/a intertwined

entremeses *m. pl.* hors d'oeuvres (8)

entrenamiento training

entrenar to train, practice (9)

entretejerse to interweave

entrevista interview

entrevistado/a interviewee

entrevistador(a) interviewer (16)

entrevistar to interview (16)

enviar (envío) to send

envidia envy

envuelto/a *p.p.* wrapped

eólico/a *adj.* wind (14)

epifanía Epiphany

episodio episode

época era, time (*period*) (9)

equilibradamente in a balanced way (10)

equilibrado/a well-balanced

equilibrio balance

equipado/a equipped

equipaje *m.* baggage, luggage (7); **facturar el equipaje** to check one's bags (7)

equipo team; equipment; **equipo estereofónico** stereo equipment (12)

equivalente *n. m.* equivalence; *adj.* equivalent

equivocarse (qu) to be wrong, make a mistake (11)

eres you (*fam.*) are (AT)

ergonómico/a ergonomic

error *m.* error, mistake

erupción *f.* eruption

es he/she/it is (AT); **¿cómo es usted?** what are you like?; **¿cuánto es?** how much is it?** (3); **es cierto** it's certain (13); **es de algodón** it is made of cotton (3); **es de lana** it is made of wool (3); **es de seda** it is made of silk (3); **es extraño** it's strange (13); **es increíble** it's incredible (13); **es la (una)** it's (one) o'clock (AT); **es lástima** it is a shame (13); **es preferible** it's preferable (13); **es seguro** it's a sure thing (5); **es urgente** it's urgent (13) **¿qué hora es?** what time is it? (AT)

escala: hacer (irreg.) escalas to make stops (7)

escalar to climb

escalera stairs; ladder

escalón *m.* stair, step

escalopines *m. pl.* breaded cutlets

escándalo scandal

escapar (de) to escape (from)

escaparate *m.* store (display) window

escasez *f.* (*pl.* **escaseces**) lack, shortage (14)

escaso/a scarce

escayolar to put a cast on

escena scene

escenario stage (13)

esclavitud *f.* slavery

esclavo/a slave

Escocia Scotland

escoger (j) to choose

escolar (*adj.*) *of or pertaining to school*

esconder(se) to hide

Escorpio Scorpio

escribir (*p.p.* **escrito/a**) to write (2); **escribir a máquina** to type (16)

escrito/a *p.p.* written (11)

escritor(a) writer (13)

escritorio desk (1)

escritura writing

escuadrón *m.* squadron

escuchar to listen (to) (1)

escudo shield

escuela school (9)

esculpir to sculpt (13)

escultor(a) sculptor (13)

escultura sculpture (13)

ese, esa *adj.* that (3); *pron.* that one (3)

esencial essential

esfera sphere

esfuerzo effort

eso that (3); **eso quiere decir...** that means . . . (10); **por eso** therefore (1)

esos/as *adj.* those (3); *pron.* those (ones) (3)

espacial *adj.* space

espacio *n.* space

espacioso/a spacious

espantoso/a frightening

español *m.* Spanish (*language*) (1)

español(a) *n., adj.* Spanish (1)

espárragos *m. pl.* asparagus (6)

especial special

especialidad *f.* specialty

especialista *m., f.* specialist

especie *f. s.* species

específico/a specific

espectáculo spectacle, sight

espeleología spelunking

espera: sala de espera waiting room (7)

esperar to wait (for) (6); to expect (6); to hope (12)

espina thorn

espíritu *m.* spirit

esposo/a husband/wife (2)

esqueleto skeleton

esquí *m.* skiing

esquiar (esquío) to ski (9)

esquina (street) corner (14)

está he/she/it is (AT); **¿cómo está?** how are you? (AT); **está nublado** it is cloudy (5)

esta noche tonight (5)

estabilidad *f.* stability

establecer (zc) to establish

estación *f.* season (5); station (7); **estación de autobuses** bus station (7); **estación de gasolina** gas station (14); **estación del tren** train station (7)

estacionamiento parking lot

estacionar to park (11)

estadía *n.* stay

estado state; condition (2); **Estados Unidos** *m. pl.* United States

estadounidense *n., adj. m., f.* American (from the United States)

estallar to break out (*epidemic, war*)

estampilla stamp

estante *m.* bookshelf (4)

estar (*irreg.*) to be (1); **¿cómo está(s)?** how are you? (AT); **está nublado** it's cloudy (5); **estar a dieta** to be on a diet; **estar atrasado/a** to be late (7); **estar bien** to be comfortable (*temperature*) (5); **estar cansado/a** to be tired; **estar de acuerdo** to agree (2); **estar de vacaciones** to be on vacation (7); **estar distraído/a** to be absentminded; **estar enfermo/a** to be sick; **(no) estoy de acuerdo** I (don't) agree (2)

estatal *adj.* state

estatua statue

este *m.* east (5)

este/a *adj.* this (2); *pron.* this one (2)

estéreo stereo

estereofónico/a: equipo estereofónico stereo equipment (12)

estereotipo stereotype
estilo style
estimar to estimate; to value
estimulante stimulating
estimular to stimulate; to encourage
esto *pron.* this (3)
estómago stomach (10)
estos/as *adj.* these (2); *pron.* these (ones) (2)
estoy de acuerdo I agree (2); **no estoy de acuerdo** I don't agree (2)
estrategia strategy
estratégico/a strategic
estrecho/a close
estrella star
estrés *m.* stress (11)
estricto/a strict
estructura structure
estudiante *m., f.* student (1)
estudiantil *adj.* student (11)
estudiar to study (1)
estudio study; *pl.* studies, schooling
estudioso/a studious
estufa stove (9)
estupendo/a stupendous
etapa step; stage (15)
étnico/a ethnic
europeo/a *n., adj.* European
evaluar (evalúo) to evaluate
evento chance event
evidente evident
evitar to avoid (14)
evolución *f.* evolution
exacto/a exact
exagerado/a exaggerated
examen *m.* test, exam (3)
examinar to examine (10)
excedente excessive, superfluous
exceder to exceed
excelente excellent
excepción *f.* exception
excepto *prep.* except
exceso excess
exclusivo/a exclusive
excursión *f.* excursion
excusa excuse
exhibición *f.* exhibition
exigente *adj.* demanding
exigir (j) to demand
exilarse to be exiled
existencia existence
existir to exist
éxito success; **tener** (*irreg.*) **éxito** to be successful
exitoso/a successful
éxodo exodus, emigration
exótico/a exotic; strange
expectativa expectation
experiencia experience
experimento experiment
experto/a *n., adj.* expert
explicación *f.* explanation
explicar (qu) to explain (7)
exploración *f.* exploration
explosión *f.* explosion
explosivo/a explosive

explotación *f.* exploitation, development
explotar to exploit
exportación *f.* exportation
exposición *f.* show, exhibition
expresar to express
expresión *f.* expression; **saludos y expresiones de cortesía** greetings and expressions of courtesy (AT)
expuesto/a *p.p.* exposed; on display
expulsar to expel
expulsión *f.* expulsion
extender (ie) to extend
extensión *f.* extension
extenso/a extensive, vast
extinguido/a extinguished
extraer (*like* **traer**) to extract
extranjero/a *n.* foreigner (1); *adj.* foreign; **lenguas** (*f. pl.*) **extranjeras** foreign languages (1)
extrañar to miss
extraño/a strange (13); **¡qué extraño!** how strange! (13)
extraordinario/a extraordinary
extravagante extravagant
extremo end, tip
extroversión *f.* extroversion
extrovertido/a extrovert
exuberancia exuberance
exuberante exuberant

F

fábrica factory (14)
fabricar (qu) to make, manufacture
fabuloso/a fabulous
fachada facade
fácil easy (5)
facilidad *f.* facility; ease; ability
facilitar to facilitate
factible feasible, workable
factor *m.* factor, cause
factura bill, invoice (16)
facturar (el equipaje) to check (one's bags) (7)
facultad *f.* faculty; campus; department (*of a university*)
falda skirt (3)
fallar to "crash" (*computer*) (12)
falsificado/a falsified
falso/a false
falta lack (11); absence (14)
faltar to be absent, lacking (8)
familia family (2)
familiar *n. m.* relation, member of the family; *adj. pertaining to a family*
famoso/a famous
fantasía fantasy
fantástico/a fantastic
farmacéutico/a pharmacist (10)
farmacia pharmacy (10)
farmacología pharmacology
faro lighthouse
fascinante *adj.* fascinating
fatiga fatigue
favor *m.* favor; **por favor** please (AT)
favorable favorable
favorecer (zc) to favor; to support

favorito/a favorite
fax *m.* fax (12)
febrero February (5)
fecha date (*calendar*) (5); **¿cuál es la fecha de hoy?** what is the date today? (5); **fecha límite** deadline (11)
felicitaciones *f. pl.* congratulations (8)
feliz (*pl.* **felices**) happy (8); **Feliz Año Nuevo** Happy New Year; **feliz cumpleaños** happy birthday; **Feliz Navidad** Merry Christmas; **ser** (*irreg.*) **feliz** to be happy
femenino/a feminine
feminidad *f.* femininity
fenicio/a Phoenician
fenomenal great
fenómeno phenomenon
feo/a ugly (2)
feria holiday
feriado/a: día (*m.*) **feriado** holiday
feroz (*pl.* **feroces**) ferocious
festival *m.* festival
festividad *f.* festivity
festivo/a: día (*m.*) **festivo** holiday (8)
ficción *f.*: **ciencia ficción** science fiction
ficticio/a fictional
fiebre *f.* fever (10); **tener** (*irreg.*) **fiebre** to have a fever
fiel faithful (2)
fiesta party (1); **dar** (*irreg.*)/**hacer** (*irreg.*) **una fiesta** to give/have a party (8)
figura figure
fijar to imagine; **fijarse en** to take note of
fijo/a fixed; **precio fijo** fixed price (3)
filmación *f.* shooting, filming
filmar to film
filosofía philosophy (1)
fin *m.* end; **en fin** in short; **fin de semana** weekend (1); **por fin** finally, at last (4)
final *n. m.* end; **al final de** at the end of; *adj.* final
financiamiento *n.* financing
financiar to finance
financiero/a financial
finanzas *f. pl.* finances
finca farm (14)
firmar to sign
firme firm, steady: **ponerse** (*irreg.*) **firme** to stand at attention
física physics (1)
físico/a physical (6)
flan *m.* baked custard (6)
flexibilidad *f.* flexibility (11)
flexible flexible (11)
flor *f.* flower (7)
florecer (zc) to flourish
folklore *m.* folklore (15)
folklórico/a folkloric (13)
fomentar to promote; to encourage
fondo fund; **al fondo** background
forjar to forge
forma form (3); shape
formación *f.* background
formar to form
fórmula formula; prescription

formular to formulate

foto(grafía) photo(graph) (7); **sacar (qu) fotos** to take photos (7)

fotografiado/a photographed

fotográfico/a photographic

fotógrafo/a photographer (16)

fotos (*f. pl.*): **sacar (qu) fotos** to take pictures

fracturado/a fractured, broken

frágil fragile

fragmento excerpt

fraile *m.* friar, monk, priest

francés *n. m.* French (*language*) (1)

francés, francesa *n., adj.* French (2)

franciscano/a Franciscan

frase *f.* sentence, phrase

frecuencia: con frecuencia frequently (1)

frecuente frequent

fregar (ie) (gu) to scrub, scour

frenar to brake

frenos *m. pl.* brakes (14)

fresco/a fresh (6); cool; **hace fresco** it's cool (*weather*) (5)

frialdad *f.* coldness

frigidez *f.* frigidity

frigorífico *Sp.* refrigerator

frijol *m.* bean (6)

frío *n.* cold(ness) (5); **hace frío** it's cold (*weather*) (5); **tener** (*irreg.*) **frío** to be cold (5)

frío/a *adj.* cold;

frito/a fried (6); **patata/papa frita** French-fried potato (6)

frontera border (16)

frustrado/a frustrated

fruta fruit (6); **jugo de fruta** fruit juice (6)

fruto fruit

fue sin querer it was unintentional (11)

fuego fire; **fuegos artificiales** fireworks

fuente *f.* source; fountain

fuera de *prep.* outside (of)

fuerte strong (6); heavy (*meal, food*) (6)

fuerza strength; **fuerzas armadas** *pl.* armed forces

fumador(a) smoker

fumar to smoke (7); **sección** (*f.*) **de (no) fumar** (non)smoking section (7)

función *f.* function; performance

funcionar to work, function (12); to run (*machines*) (12)

fundación *f.* founding, foundation

fundador(a) founder

fundar to found

furioso/a furious, angry (5)

fútbol *m.* soccer (9); **fútbol americano** football (9)

futuro *n.* future (12)

G

gafas *f. pl.* (eye)glasses (10)

galería gallery

galleta cookie (6)

gallinero henhouse

gamba shrimp, prawn

ganado cattle

ganador(a) winner

ganar to win (9); to earn (12)

ganas *f. pl.* desire, wish; **tener** (*irreg.*) **ganas de** + *inf.* to feel like (*doing something*) (3)

ganga bargain (3)

garaje *m.* garage (4)

garantizar (c) to guarantee

garganta throat (10)

gas *m.s.* gas (12); heat (12)

gasolina gasoline (14)

gasolinera gas station (14)

gastar to spend (*money*) (8); to use, expend (14)

gasto expense (12)

gastronómico/a gastronomic

gato/a cat (2)

gazpacho *Sp. cold soup prepared with oil, vinegar, tomatoes, garlic, and onions*

gemelo/a twin

Géminis Gemini

generación *f.* generation

general *adj.* general; **en general** in general; **por lo general** generally

género gender; type

generoso/a generous

génesis *m. s.* beginning(s)

genio genius

gente *f. s.* people (15)

geografía geography

geográfico/a geographical

germánico/a Germanic

gerontología gerontology

gerundio *gram.* present participle

gigante *adj.* giant, huge

gimnasio gymnasium

glaciación *f.* glaciation

globo balloon

gobernador(a) governor

gobernante *m.* ruler, leader

gobierno government (14)

golf *m.* golf (9)

gordo/a fat (2)

gorra cap

gozar (c) de to enjoy

grabadora tape recorder/player (12)

grabar to record (12); to tape (12)

gracias thank you (AT); **Día** (*m.*) **de Acción de Gracias** Thanksgiving (8); **gracias por** thanks for (8); **muchas gracias** thank you very much (AT)

grado grade, year (*in school*) (9)

graduado/a *adj.* graduate

graduarse (me gradúo) (en) to graduate (from) (16)

gráfico/a *adj.* graphic

gramática grammar

gran, grande big, large (2); great (2)

granada pomegranate

grandeza majesty; grandeur; greatness

grasa *n.* fat; grease

gratis *adv. inv.* free (of charge)

gratuito/a *adj.* free (of charge)

grave serious; important

Grecia Greece

griego/a *n., adj.* Greek

gripe *f.* flu

gris gray (3)

gritar to yell, shout

grotesco/a grotesque

grupo group

guapo/a handsome; good-looking (2)

guaraní *m.* Guarani (*L.A. Indian language*)

guardar to watch over; to keep (12); to save (*a place*) (7); to save (*documents*) (12); **guardar cama** to stay in bed (10)

guardia *m.* guard, guardsman

guerrero/a *adj.* war; warlike

guía *m., f.* guide (13); **guía** (*f.*) **telefónica** telephone book

guiar (guío) to guide

guión *m.* script (13)

guitarra guitar

guitarrista *m., f.* guitarist

gustar to be pleasing (7); **¿le gusta... ?** do you (*form.*) like . . . ? (AT); **(no) me gusta(n)...** I (don't) like . . . (AT); **(no) te gusta(n)...** you (*fam.*) (don't) like . . . (AT); **me gustaría...** I would like . . . (7)

gusto like, preference (AT); **a su gusto** to your taste; **buen gusto** good taste; **mucho gusto** pleased to meet you (AT)

H

haber (*irreg.*) (*inf. form of* **hay**) (there is/are) (12)

habilidad *f.* ability; skill

habitante *m., f.* inhabitant

hábito habit

hablar to speak (1); to talk (1); **hablar por teléfono** to talk on the phone (1)

hace + *time* ago (11); **hace** + *period of time* + **que** + *present tense* to have been (*doing something*) for (*a period of time*) (11)

hacer (*irreg.*) to make; to do (4); **hace** + *period of time* ago (11); **hace** + *period of time* + **que...** + *present tense* it's been (*time*) since . . . (11); **hace buen/mal tiempo** it's good/bad weather (5); **hace fresco** it's cool (5); **hace frío/calor** it's cold/hot (5); **hace sol** it's sunny (5); **hace viento** it's windy (5); **hacer camping** to go camping (7); **hacer cola** to stand in line (7); **hacer copia** to copy (12); **hacer ejercicios (aeróbicos)** to do (aerobic) exercise (4); **hacer escalas/paradas** to make stops (7); **hacer la cama** to make the bed (9); **hacer la(s) maleta(s)** to pack one's suitcase(s) (7); **hacer planes para** + *inf.* to make plans to (*do something*) (9); **hacer un picnic** to have a picnic (9); **hacer un viaje** to take a trip (4); **hacer una fiesta** to give/have a party (8); **hacer una pregunta** to ask a question (4); **hacerse daño** to hurt oneself (11)

hacia toward

hambre *f.* (*but* **el hambre**) hunger (6); **tener** (*irreg.*) **(mucha) hambre** to be (very) hungry (6)

hamburguesa hamburger (6)
hasta *prep.* until (4); **hasta luego** see you later (AT); **hasta mañana** see you tomorrow (AT); **hasta que** *conj.* until (16)
hay: (no) hay there is (not), there are (not) (AT); **hay (mucha) contaminación** there's (lots of) pollution (5); **hay que** + *inf.* it is necessary to (*do something*) (13); **no hay de qué** you're welcome (AT)
hebreo Hebrew (*language*) (15)
hecho *n.* event, fact (8); **de hecho** in fact (9)
hecho/a *p.p.* made, done
hectárea *land measure equal to 2.5 acres* (6)
helado ice cream (6)
hemisferio hemisphere
heredar to inherit
herencia heritage
hermanastro/a stepbrother/stepsister
hermano/a brother/sister (2); **medio hermano/media hermana** half-brother/half-sister
hermoso/a beautiful
héroe *m.* hero
hidráulico/a hydraulic (14)
hidroeléctrico/a hydroelectric
higiene *f.* hygiene
higiénico/a hygienic
higuera fig tree
hijastro/a stepson/stepdaughter
hijo/a son/daughter (2); *m. pl.* children (2)
himno hymn
hipopótamo hippopotamus
hipoteca mortgage
hipótesis *f. s.* hypothesis
hispánico/a *n., adj.* Hispanic
hispanidad *f.* community of Spanish-speaking cultures
hispano/a *n., adj.* Hispanic
hispanoamericano/a Latin American
historia history (1)
historiador(a) historian
histórico/a historical
hockey *m.* hockey (9)
hogar *m.* home
hola hello (AT)
hombre *m.* man (1); **hombre de negocios** businessperson (16)
honesto/a honest, sincere (15)
honrado/a *p.p.* honored
hora hour; **¿a qué hora?** (at) what time? (AT); **¿qué hora es?** what time is it? (AT)
horario schedule (11)
hornear to bake
horno de microondas microwave oven (9)
horóscopo horoscope
hospicio hospice
hospital *m.* hospital
hoy today (AT); **¿cuál es la fecha de hoy?** what's today's date? (5); **hoy (en) día** nowadays

huerto orchard
hueso: carne (*f.*) **y hueso** flesh and blood
huevo egg (6)
huir (y) to flee
humanidad *f.* humanity; *pl.* humanities (1)
humanitario/a humanitarian
humano/a *n., adj.* human (10)
humedad *f.* humidity
humilde humble
humor *m.* humor; mood; **estar** (*irreg.*) **de mal humor** to be in a bad mood; **sentido del humor** sense of humor
Hungría Hungary
huracán *m.* hurricane

I

ibérico/a Iberian
ida: boleto de ida one-way ticket (7); **boleto de ida y vuelta** round-trip ticket (7)
idéntico/a identical
identificación *f.* identification
identificarse (qu) to identify
idioma *m.* language
iglesia church
ignorante ignorant
igual equal
igualmente likewise, same here (AT)
ilegal illegal
iluminación *f.* illumination
imagen *f.* image
imaginación *f.* imagination
imaginar to imagine
imaginario/a imaginary
imitar to imitate
impaciente impatient
impacto impact
impar odd (*with numbers*)
imperfecto/a imperfect
imperio empire
impermeable *m.* raincoat (3)
importancia importance
importante important
importar to matter, be important; **(no) importar(le)** to (not) matter (to someone)
importe *m.* amount, cost, value
imposible impossible
imprescindible indispensable
impresión *f.* impression
impresionante impressive
impresionar to impress
impresora printer (12)
imprimir to print (12)
impulsivo/a impulsive
inadecuado/a inadequate
inaugurar to inaugurate
inca *m.* Inca
incaico/a *adj.* Inca, Incan
incidencia incidence
incidente *m.* incident
incluir (y) to include
inclusive *adj.* including
incomodar to inconvenience, bother

inconcebible inconceivable
inconveniente *m.* drawback, difficulty
incorrecto/a incorrect
increíble unbelievable (13)
incrementar to increase, augment
incursión *f.* incursion
indefinido/a indefinite (6)
independencia independence; **Día** (*m.*) **de la Independencia** Independence Day (8)
independiente independent
indicación *f.* instruction; direction
indicado/a indicated
indicar (qu) to indicate
indicativo *gram.* indicative
índice *m.* index
indígena *adj. m., f.* indigenous
indio/a *n.* Indian
indirecto/a indirect
indiscreto/a indiscreet
indispensable essential
individuo person; individual
industria industry
inevitablemente inevitably
infancia infancy (15)
infantil *adj.* infant
infección *f.* infection
inferior inferior; lower
infinito/a infinite
infinitivo *gram.* infinitive
influencia influence
influyente influential
información *f.* information
informativo/a informative
informe *m.* report (11)
infortunio misfortune
infraestructura infrastructure
ingeniería engineering
ingeniero/a engineer (16)
ingenuo/a innocent, naive
ingerir (ie, i) to eat, drink, ingest
Inglaterra England
inglés *m.* English (*language*) (1)
inglés, inglesa *n.* English person; *adj.* English (2)
ingrediente *m.* ingredient
inhumano/a inhuman, cruel
iniciar to initiate
injusticia injustice
injusto/a unfair
inmediato/a immediate
inmenso/a immense
inmigrante *n. m., f.; adj.* immigrant
inmobiliaria real estate; **agente** (*m., f.*) **de inmobiliaria** real estate agent
innecesario/a unnecessary
inocente innocent
inolvidable unforgettable
inquietante worrisome
inquilino/a tenant, renter (12)
inquisición *f.* inquisition
inscribirse (*p.p.* **inscrito/a**) to register
insistir to insist; **insistir en** + *inf.* to insist on (*doing something*)
insolente insolent
insomnio insomnia

inspiración *f.* inspiration
inspirar to inspire
inspirativo/a inspiring
instalación *f.* installation
institución *f.* institution
instrucción *f.* instruction
instrumento instrument
intacto/a intact
integral: arroz (*m.*) **integral** whole grain rice; **pan** (*m.*) **integral** whole wheat bread
integridad *f.* integrity
intelectual *adj.* intellectual
inteligente intelligent (2)
intención *f.* intention
intenso/a intense, acute
intentar to try (13)
intercambio *n.* exchange
interés *m.* interest
interesante interesting
interesar to interest, be interesting; **interesar(le)** to be interesting (*to someone*)
interior *n. m.; adj.* interior; inside; **ropa interior** underwear (3)
internacional international
internarse en to check into (*a hospital*) (10)
interno/a *n.* intern; *adj.* internal
interpretación *f.* interpretation
interpretar to interpret, explain
interrogativo/a *gram.* interrogative (AT)
interrumpir to interrupt
intervención *f.* intervention
íntimamente intimately
íntimo/a intimate
intranquilidad *f.* uneasiness, restlessness
intricado/a intricate
introducción *f.* introduction
introducir (*irreg.*) to introduce
intromisión *f.:* **sin intromisiones** without intrusions
introversión *f.* abstraction
introvertido/a introverted
invasión *f.* invasion
invasor(a) invader
invención *f.* invention
inventar to invent, discover
investigación *f.* research
investigar (gu) to investigate
invierno winter (5)
invitación *f.* invitation
invitado/a *n.* guest (8)
invitar to invite (6)
inyección *f.* shot, injection (10); **poner(le)** (*irreg.*) **una inyección** to give (someone) a shot, injection (10)
ir (*irreg.*) to go (3); **ir a** + *inf.* to be going to (*do something*) (3); **ir a pie** to go on foot (walk) (10); **ir de compras** to go shopping (3); **ir de vacaciones** to go on vacation (7); **ir de viaje** to go on a trip (10); **ir en (autobús/avión/barco/tren)** to go by (bus/airplane/boat/train) (7); **irse** to go away, leave
Irlanda Ireland

irresponsable irresponsible, unreliable
irreverente irreverent
isla island (5)
Italia Italy
italiano *m.* Italian (*language*) (1)
italiano/a *n., adj.* Italian (2)
izquierda *n.* left-hand side; **a la izquierda (de)** to the left (of) (5)
izquierdo/a left (*direction*); **levantarse con el pie izquierdo** to get up on the wrong side of the bed (11)

J

jamás never, not ever (6)
jamón *m.* ham (6)
Japón *m.* Japan
japonés, japonesa *n., adj.* Japanese (1)
jarabe *m.* (cough) syrup (10)
jardín *m.* garden (4)
jeans *m. pl.* jeans (3)
jefe/a boss, chief (11)
jerez *m.* (*pl.* **jereces**) sherry
jeroglífico/a hieroglyphical
jirafa giraffe
jornada (de tiempo completo/parcial) (full-time/part-time) workday (12)
joven *n. m., f.* youth (2); *adj.* young (2); **de joven** as a youth (9)
joya jewel, jewelry
joyería jewelry store
jubilado/a retired (*from work*)
jubilarse to retire (*from work*) (16)
judío/a *n.* Jew; *adj.* Jewish
juego game
jueves *m. s., pl.* Thursday (4)
jugador(a) player (9)
jugar (ue) (gu) (al) to play (*a game, sport*) (4); (4) **jugar a las cartas** to play cards (9) **jugar al ajedrez** to play chess
jugo (de fruta) (fruit) juice (6)
juguete *m.* toy
julio July (5)
jungla jungle
junio June (5)
juntos/as together (15)
justicia justice
justificar (qu) to justify
justo/a fair
juvenil youthful
juventud *f.* youth (15)
juzgar (gu) to judge

L

la *definite article f. s.* the; *d.o. f. s.* you (*form.*), her it; **a la una** at one o'clock (AT)
labor *f.* work
laboral *adj.* pertaining to work or labor
laboratorio lab, laboratory (2)
lado *n.* side; **al lado** *adv.* beside; alongside; **al lado (de)** *prep.* beside (5)
ladrar to bark
ladrón, ladrona thief
lagarto lizard
lago lake
lámpara lamp (4)

lana wool (3); **es de lana** it is made of wool (3)
langosta lobster (6)
lanza *n.* spear
lápiz *m.* (*pl.* **lápices**) pencil (1)
largo/a long (2)
las *definite article f. pl.* the; *d.o. f. pl.* you (*form.*), them; **a las dos** at two o'clock (AT); **las demás** others (12)
lástima shame (13); **¡qué lástima!** what a shame! (13)
lastimarse to injure oneself (11)
lata (tin) can; **es una lata** it's a pain, drag
Latinoamérica Latin America
latinoamericano/a *n., adj.* Latin American
lavabo (bathroom) sink (4)
lavadora washing machine (9)
lavaplatos *m. s., pl.* dishwasher (9)
lavar to wash (9); **lavar (las ventanas, los platos, la ropa)** to wash (the windows, the dishes, clothes) (9); **lavar(se)** to wash (oneself)
le *i.o. s.* to/for you (*form.*), him, her, it; **¿le gusta... ?** do you like . . . ? (AT)
lección *f.* lesson
leche *f.* milk (6)
lechuga lettuce (6)
lector(a) reader (13)
lectura *n.* reading
leer (y) to read (2)
legalización *f.* legalization
legislación *f.* legislation
lejos *adv.* far away; **lejos de** *prep.* far from (5)
lengua tongue; language; **lenguas extranjeras** foreign languages (1); **sacar (qu) la lengua** to stick out one's tongue (10)
lenguaje *m.* speech, idiom
lenteja lentil
lentes (*m. pl.*) **de contacto** contact lenses (10)
lento/a slow
leña (fire)wood; **estufa de leña** wood stove
letra letter (*of the alphabet*); *pl.* arts, letters (2); **letras cursivas** italics
letrero sign
levantar to lift, raise up; **levantarse** to get up (4); to stand up (4); **levantarse con el pie izquierdo** to get up on the wrong side of the bed (11)
leyenda legend
libertador(a) liberator
libra pound
libre free; **al aire libre** outdoors (9); **ratos** (*m. pl.*) **libres** spare time (9); **tiempo libre** free time
librería bookstore (1)
libro (de texto) (text)book (1)
licencia license (14)
líder *m.* leader
liga league
ligero/a light, not heavy (6)

limitación *f.* limitation
limitar to limit
límite *m.* limit (14); **fecha límite** deadline (11); **límite de velocidad** speed limit (14)
limón *m.* lemon (5)
limonada lemonade
limonero lemon tree
limpiaparabrisas *m. s. pl.* windshield wiper
limpiar to clean (9); **limpiar la casa (entera)** to clean the (whole) house (9)
limpio/a clean (5)
línea line; **patinar en línea** to rollerblade (9)
lingüístico/a linguistic
lío mess; **lío de tráfico** traffic jam
líquido liquid
lista list
listo/a smart; clever (2)
literario/a literary
literatura literature (1)
litro liter
llamada *n.* (telephone) call
llamar to call (6); **llamarse** to be called, named (4); **¿cómo se llama usted?** *form.* what's your name? (AT); **¿cómo te llamas?** *fam.* what's your name? (AT); **me llamo...** my name is . . . (AT)
llano *n.* level ground, plain
llanta tire (14)
llanura plain; flatness
llave *f.* key (11)
llegada arrival (7)
llegar (gu) to arrive (2); **llegar a tiempo/ tarde** to arrive on time/late (11)
llenar to fill (up) (14); to fill out (*a form*) (16)
lleno/a full
llevar to take (3); to carry (3); to wear (*clothing*) (3); **llevar una vida sana/tranquila** to lead a healthy/calm life (10); **llevarse bien/mal (con)** to get along well/poorly (with) (15)
llorar to cry (8)
llover (ue) to rain (5); **llueve** it's raining (5)
lluvia rain; **lluvia de ideas** brainstorm
lluvioso/a rainy
lo *d.o. m. s.* you (*form.*), him, it; **lo bueno / lo malo** the good/bad news (10); **lo siento (mucho)** I'm (very) sorry (11); **lo suficiente** enough (10)
lobo wolf
localidad *f.* ticket (*theater, etc.*)
localización *f.* location
localizar (c) to find, locate
loco/a crazy (5)
locura madness, craziness
lógico/a logical
lograr to achieve, attain
los *definite article m. pl.* the; *d.o. m. pl.* you (*form.*), them; **los demás** the rest (12)
lotería lottery
lubricar (qu) to lubricate

lucha fight
luchar to fight
luego *adv.* then; **hasta luego** see you later (AT); **luego de** *prep.* after
lugar *m.* place (1)
lujo luxury (12)
luna moon; **luna de miel** honeymoon (15)
lunar *m.*: **de lunares** polka-dotted (3)
lunes *m. s., pl.* Monday (4)
lustroso/a lustrous, shiny
luz *f.* (*pl.* **luces**) light (11); electricity (11)

M

maceta flowerpot
machista *adj. m., f.* he-man, chauvinistic
macho *n.* male
madera wood
maderero/a *adj. of or pertaining to wood*
madrastra stepmother
madre *f.* mother (2)
madrileño/a from Madrid; **callos** (*m. pl.*) **a la madrileña** *tripe specialty of Madrid*
madurez *f.* middle age (15)
maduro/a ripe, mature (5)
maestro/a schoolteacher (16)
maestro/a: obra maestra masterpiece (13)
mágico/a *adj.* magic
magnético/a magnetic
magnífico/a magnificent; great
magos *m. pl.*: **Día** (*m.*) **de los Reyes Magos** Day of the Magi (8)
maíz *m.* corn (5)
majestuoso/a majestic
mal *adv.* poorly (1); **caerle** (*irreg.*) **mal a alguien** to make a bad impression on someone (16); **llevarse mal (con)** to get along badly (with) (15); **pasarlo mal** to have a bad time (8)
mal, malo/a *adj.* bad (2); **hace mal tiempo** it's bad weather (5); **lo malo** the bad thing, news (10)
maleducado/a ill-mannered, rude; poorly brought up
maleta suitcase (7); **hacer** (*irreg.*) **las maletas** to pack one's suitcases (7)
maletero porter (7)
maligno/a malignant
malvado/a evil, wicked
mamá mom, mother (2)
mancha stain
mandar to send (7); to order (12)
mandato command
manejar to drive (12); to operate (*a machine*) (12)
manera manner, way
manía furor, craze
manifestación *f.* demonstration
manjares *m. pl.* delicacies
mano *f.* hand (11)
mantener (*like* **tener**) to maintain
mantequilla butter (6)
manzana apple (6)
mañana *n.* morning (AT); *adv.* tomorrow (AT); **de la mañana** in the morning (AT); **hasta mañana** until tomorrow

(AT); **pasado mañana** day after tomorrow (4); **por la mañana** during the morning (1)
mapa *m.* map
máquina machine; **escribir a máquina** to type (16)
mar *m.* sea (7)
maratón *m.* marathon
maravilloso/a marvelous
marca brand
marcar (qu) to dial; to mark
mareado/a dizzy, nauseated (10)
marido husband (15)
marihuana marijuana
marinero sailor
marisco shellfish (6)
marítimo/a *adj.* maritime; nautical
martes *m. s., pl.* Tuesday (4)
marzo March (5)
más *adv.* more (1); **más... que** more . . . than (5)
masa mass
máscara mask
mascota pet (2)
masculino/a masculine
matar to kill
matemáticas *f. pl.* mathematics (1)
materia subject (*school*) (1)
material *n. m.* material (3)
maternidad *f.* maternity
materno/a maternal
matrícula tuition (1)
matrimonio marriage; married couple (15)
máximo/a *adj.* maximum
maya *n., adj. m., f.* Maya(n)
mayo May (5); **Cinco de Mayo** Cinco de Mayo (8)
mayor older (5); greater
mayoría majority (14)
me *d.o.* me; *i.o.* to/for me; *refl. pron.* myself; **me gustaría...** I would like . . . (7); **me llamo...** my name is . . . (AT); **no, no me gusta...** no, I don't like . . . (AT); **sí, me gusta...** yes, I like . . . (AT)
mecánico/a mechanic (14)
media: (las tres) y media (three) thirty, half past (three) (*with time*) (AT)
medianoche *f.* midnight (8)
medias *f. pl.* stockings (3)
medicina medicine (10)
médico/a (medical) doctor (2); *adj.* medical (10)
medida *s.* means, measure; measurement
medio *n. s.* means, middle; *pl.* media; **medio ambiente** environment (14)
medio/a *adj.* half; middle; **medio hermano / media hermana** half-brother/half-sister
mediodía *m.* noon, midday; **a mediodía** at noon
mediterráneo/a Mediterranean
mejillón *m.* mussel
mejor better (5); best (5); **mejor que** better than (5)
mejora improvement

mejorar to improve
melancólico/a melancholic
mellizo/a twin
melodrama *m.* melodrama
membrana mucosa mucous membrane
memoria memory (12)
mencionar to mention
menor younger (5); least
menos less (5); minus; least; **a menos que** *conj.* unless (15); **(las tres) menos cuarto (quince)** a quarter to (three) (AT); **menos... que** less . . . than (5); **por lo menos** at least (10)
mensaje *m.* message
mensual monthly
mensualidad *f.* monthly installment
mentira lie
menú *m.* menu (6)
menudo: a menudo frequently, often
mercadeo marketing
mercado market(place) (3)
merecer (zc) to deserve
merengue *m.* merengue (*Latin dance*)
merienda (afternoon) snack
mes *m.* month (5)
mesa table (1); **poner** (*irreg.*) **la mesa** to set the table (9); **quitar la mesa** to clear the table (9)
meseta plain (*geographic*)
mesita end table (4)
mesón *m.* inn; tavern
mestizo/a mixed-race (*person*)
metáfora metaphor
meteorólogo/a meteorologist
método method
metro meter; metro (subway)
metrópolis *f.* city, metropolis
mexicano/a *n., adj.* Mexican (2)
mexicoamericano/a *n., adj.* Mexican American
mezcla mixture
mezclar to mix; to blend
mi(s) *poss.* my (2)
mí *obj. of prep.* me (5)
microondas *f. pl.*: **horno de microondas** microwave oven (9)
miedo fear (3); **tener** (*irreg.*) **miedo (de)** to be afraid (of) (11)
miel *f.* honey; **luna de miel** honeymoon (15)
miembro/a member
mientras *conj.* while (9)
miércoles *m. s., pl.* Wednesday (4)
migrante *adj.* migrant
mil *m.* thousand, one thousand (3)
milenio millennium
miligramo milligram
militar *adj.* military
milla mile
millón *m.* million (3)
millonario/a millionaire
mineral: agua (*f. but* **el agua**) **mineral** mineral water (6)
minero/a *adj.* mining
minidiálogo minidialogue
minidrama *m.* minidrama

minifalda miniskirt
ministerio ministry
minucioso/a meticulous, thorough
minúsculo/a minuscule
minuto *n.* minute (*time*)
mirar to look at, watch (2); **mirar la televisión** to watch television (2)
mismo/a self; same (10); **ahora mismo** right now; **lo mismo** the same thing
misquito *indigenous language spoken in Nicaragua*
misterio mystery
misterioso/a mysterious
mitad *f.* half
mito myth
mitología mythology
mixto/a mixed
mochila backpack (1)
moda fashion; **de última moda** the latest style (3)
modales *m. pl.* manners, behavior
modelo model
módem *m.* modem (12)
moderación *f.* moderation
moderado/a moderate
moderno/a modern (13)
modificación *f.* modification
modificar (qu) to modify
modo way, manner; **de todos modos** anyway
molestar to bother (13); **me (te, le,...) molesta** it bothers me (you, him, . . .) (13)
molestia *n.* bother
momento moment, instant
monarca *m.* monarch, king
monarquía monarchy
moneda currency; coin
monólogo monologue
monopatín *m.* skateboard (12)
monstruo monster
monstruoso/a monstrous, outrageous
montaña mountain (7)
montañismo mountaineering
montañoso/a mountainous
montar to ride (9); to set up; **montar a caballo** to ride horseback (9)
monumento monument (10)
morado/a purple (3)
moralidad *f.* morality
moratorio moratorium
morcilla blood sausage
moreno/a *n., adj.* brunet(te) (2)
morir(se) (ue, u) (*p.p.* **muerto/a**) to die
mosaico/a *adj.* mosaic
mosca fly
mostrar (ue) to show (7)
motivo motive, reason
moto(cicleta) motorcycle, moped (12)
moverse (ue) to move (*around*)
movimiento movement
muchacho/a boy / girl (4)
mucho *adv.* much, a lot (1); **lo siento mucho** I'm very sorry (11)
mucho/a(s) *adj.* a lot (of) (2); *pl.* many (2); **muchas gracias** thank you very

much, many thanks (AT); **mucho gusto** pleased to meet you (AT)
mudanza moving (*from one residence to another*)
mudarse to move (*residence*) (16)
muebles *m. pl.* furniture (4); **sacudir los muebles** to dust the furniture (9)
muela: sacar (qu) una muela to extract a tooth (10)
muerte *f.* death (15)
muerto/a *p.p.* dead; **Día** (*m.*) **de los Muertos** Day of the Dead (8)
mujer *f.* woman (1); wife (15); **mujer de negocios** businessperson (16); **mujer soldado** female soldier (16)
muleta crutch
multicentro multicenter
multimillonario/a multimillionaire
multinacional *adj.* multinational
múltiple multiple
mundial *adj.* worldwide
mundo world (7)
muralista *m., f.* muralist
músculo muscle
museo museum (9); **visitar un museo** to visit a museum (9)
música music (13)
músico/a musician (13)
musulmán, musulmana *n., adj.* Moslem
mutuo/a mutual
muy very (1); **muy bien** very well (AT); **muy buenas** good afternoon / evening (AT)

N

nacer (zc) to be born (15)
nacido/a: recién nacido/a newborn
nacimiento birth (15)
nación *f.* nation
nacional national
nacionalidad *f.* nationality (2)
nacionalista *m., f.* nationalist; *adj.* nationalistic
nada nothing, not anything (6); **de nada** you're welcome (AT)
nadar to swim (7)
nadie nobody, not anybody, no one (6)
naranja orange (*fruit*) (6)
nariz *f.* (*pl.* **narices**) nose (10)
narración *f.* narration
narrador(a) narrator
narrar to narrate
natación *f.* swimming (9)
natal *adj.* native (*country*)
nativo/a native, indigenous
natural: recursos (*m. pl.*) **naturales** natural resources (14)
naturaleza nature (14)
náuseas *f. pl.* nausea
navegable navigable
navegante *m., f.* navigator; *adj.* navigating, sailing
navegar (gu) la red to surf the net (12)
Navidad *f.* Christmas (8)
navideño/a *adj. pertaining to Christmas*
necesario/a necessary (2)

necesidad *f.* necessity
necesitar to need (1)
negación *f.* negation
negar (ie) (gu) to deny (13)
negativo/a negative (6)
negocio business; **hombre** (*m.*)**/mujer** (*f.*)
  de negocios businessperson (16)
negro/a black (3)
nervio nerve
nervioso/a nervous (5)
neutro/a neutral
nevar (ie) to snow (5); **nieva** it's
  snowing (5)
nevera refrigerator
ni neither; nor; **ni siquiera** not even
nicaragüense *n., adj. m., f.* Nicaraguan
nido nest
nieto/a grandson/granddaughter; *m. pl.*
  grandchildren (2)
nieva it's snowing (5)
ningún, ninguno/a no, none, not
  any (6)
niñero/a baby-sitter (9)
niñez *f.* childhood (9)
niño/a child; boy/girl (2); **de niño/a** as a
  child (9)
nivel *m.* level (14)
no no, not (AT); **¿no?** right? (3)
noche *f.* night; **buenas noches** good
  evening/night (AT); **de la noche** in
  the evening/at night (AT); **esta noche**
  tonight (5); **Noche Vieja** New Year's
  Eve (8); **por la noche** in the night (1)
Noche Vieja New Year's Eve (8)
Nochebuena Christmas Eve (8)
nomádico/a nomadic
nombrar to name
nombre *m.* (first) name
nominar to nominate
noreste *m.* northeast
norma norm; rule
normalidad *f.* normalcy
noroeste *m.* northwest
norte *m.* north (5)
Norteamérica North America
norteamericano/a *n., adj.* North
  American (2)
Noruega Norway
nos *d.o.* us; *i.o.* to/for us; *refl. pron.*
  ourselves; **nos vemos** see you
  around (AT)
nosotros/as *sub. pron.* we (1);
  obj. of prep. us
nostalgia nostalgia
nota note; grade (*in a class*) (11)
notable outstanding
novato/a novice
novecientos/as nine hundred (3)
novela novel (3)
novelista *m., f.* novelist
noveno/a *adj.* ninth (13)
noventa ninety (2)
noviazgo engagement (15)
noviembre *m.* November (5)
novio/a boyfriend/girlfriend (5);
  fiancé(e); groom/bride (15)

nublado/a cloudy; **está (muy) nublado**
  it's (very) cloudy, overcast (5)
nuclear nuclear (14)
núcleo nucleus, core
nuera daughter-in-law
nuestro/a *poss.* our (2)
nueve nine (AT)
nuevo/a new (2); **Día** (*m.*) **de Año
  Nuevo** New Year's Day (8)
número number (AT)
numeroso/a numerous
nunca never (2); **casi nunca** almost
  never (2)

O

o or (AT)
obedecer (zc) to obey (14)
objetivo objective
objeto object
obligación *f.* obligation
obligado/a obliged, compelled
obligar (gu) to obligate
obligatorio/a required
obra (de arte) work (of art) (13); **obra
  maestra** masterpiece (13)
obrero/a worker, laborer (16)
observación *f.* observation
observar to observe, watch
obstáculo obstacle
obtener (*like* **tener**) to get, obtain (12)
obvio/a obvious
ocasión *f.* occasion
occidental occidental, western
occidente *m.* west
océano ocean (7)
ochenta eighty (2)
ocho eight (AT)
ochocientos/as eight hundred (3)
octavo/a *adj.* eighth (13)
octubre *m.* October (5)
ocular *adj. of the eye,* ocular
ocupado/a busy (5)
ocupar to occupy
ocurrir to occur, happen
odiar to hate (7)
odioso/a hateful, odious
oeste *m.* west (5)
ofender to offend, insult
oferta offer (12)
oficial official
oficiar to officiate
oficina office (1)
oficio trade (16)
ofrecer (zc) to offer (7)
oído inner ear (10)
oír (*irreg.*) to hear (4)
ojalá (que) I hope, wish (that) (13)
ojear to look over
ojo eye (10); **¡OJO!** watch out, be careful
olímpicos: juegos (*m. pl.*) **olímpicos**
  Olympic Games
oliva: aceite (*m.*) **de oliva** olive oil
olvidadizo/a forgetful
olvidarse (de) to forget (about) (8)
ombligo navel
ómnibus *m.* bus

once eleven (AT)
opción *f.* option
ópera opera (13)
operación *f.* operation
opinar to think, believe
opinión *f.* opinion
oportunidad (*f.*) **de avanzar** opportunity
  for advancement (12)
optimista *n. m., f.* optimist; *adj.*
  optimistic
opuesto/a opposite
oración *f.* sentence
oral oral (11)
orden *m.* order (*chronological*); *f.* order,
  command; **en orden** in order,
  orderly
ordenado/a neat (5)
ordenador *m.* (*Sp.*) computer (12);
  ordenador portátil laptop
  computer (12)
ordenar to arrange, put in order; to
  order, command
oreja outer ear (10)
organismo organism
organización *f.* organization
organizar (c) to organize
orgulloso/a proud
orientación *f.* orientation, direction
Oriente (*m.*) **Medio** Middle East
origen *m.* origin
originar to originate
orilla riverbank
oro gold
orquesta orchestra
ortográfico/a orthographical; spelling
os *Sp. d.o.* you (*fam.*); *i.o. pl.* to/for you
  (*fam.*); *refl. pron. pl.* yourselves (*fam.*)
oscuro/a dark
óseo/a bony
ostra oyster
otoño fall, autumn (5)
otorgar (gu) to grant, give
otro/a other, another (2)
oxígeno oxygen
ozono: capa de ozono ozone layer (14)

P

paciencia patience
paciente *n., adj. m., f.* patient (10)
pacífico/a peaceful
padrastro stepfather
padecer (zc) to suffer, feel deeply
padre *m.* father; *pl.* parents (2)
padrinos godparents (3)
paella paella (*dish made with rice, shellfish,
  and often chicken, and flavored with
  saffron*)
pagar (gu) to pay (1); **pagar a plazos** to
  pay in installments (16); **pagar al
  contado** to pay cash (16); **pagar en
  efectivo** to pay cash (16)
página page
país *m.* country (2)
paisaje *m.* countryside
pájaro bird (2)
palabra word (1)

palacio palace

palma palm tree

paloma dove

palomitas *f. pl.* popcorn

palpitante palpitating, beating

pampa pampa, prairie

pan *m.* bread (6); **pan tostado** toast (6)

panameño/a *n., adj.* Panamanian

panamericano/a Panamerican

panda panda

pandilla group of friends

panorama *m.* panorama

pantalla screen

pantalón, pantalones (*m.*) pants (3); **pantalones cortos** shorts

papa potato (*L.A.*) (5); *m.* pope; **papa frita** (*L.A.*) French-fried potato

papá *m.* dad, father (2)

papel *m.* paper (1); role (13)

par *m.* pair (3)

para *prep.* (intended) for; in order to (2); **para** + *inf.* in order to (*do something*) (9); **para que** *conj.* so that (15)

parabrisas *m. s.* windshield (14)

paracaidismo parachute jumping

parada stop; **hacer** (*irreg.*) **paradas** to make stops

paraguas *m. s., pl.* umbrella

parar to stop (14)

parcial partial; **trabajo de tiempo parcial** part-time job (12)

pardo/a brown (3)

parecer (zc) to seem (13)

pared *f.* wall (4)

pareja (married) couple; partner (15)

paréntesis *m. s., pl.* parenthesis

pariente *m., f.* relative (2)

paródico/a parodical

parque *m.* park (5)

párrafo paragraph

parrandero/a party-loving

parrilla: a la parrilla grilled

parroquiano/a customer, client

parte (*f.*) part (4); **por todas partes** everywhere (11)

participante *m., f.* participant

participar to participate

particular particular; private

partida departure; **punto de partida** starting point

partido game

partir: a partir de starting from

pasado/a *adj.* past; **el año pasado** last year; **pasado mañana** day after tomorrow (4)

pasaje *m.* passage, ticket (7)

pasajero/a *n.* passenger (7); *adj.* passing, fleeting (10)

pasar to spend (*time*) (5); to happen (5); **pasar la aspiradora** to vacuum (9); **pasar tiempo (con)** to spend time (with) (15); **pasarlo bien/mal** to have a good/bad time (8)

pasatiempo pastime, hobby (9)

Pascua (Florida) Easter (8); **Pascua de los hebreos** Passover (8)

pasear en bicicleta to ride a bicycle (9)

paseo stroll; **dar** (*irreg.*) **un paseo** to take a walk (9)

pasión *f.* passion

pasivo/a passive

paso step

pastel *m.* cake (6); pie (6); **pastel de cumpleaños** birthday cake (8)

pastilla pill (10)

pastor(a) pastor; shepherd; **pastor** (*m.*) **alemán** German shepherd (*dog*)

pata *paw, foot of an animal*

patata (*Sp.*) **(frita)** (French-fried) potato (6)

patinar to skate (9); **patinar en línea** to rollerblade (9)

patines *m. pl.* roller skates (12)

patio yard, patio (4)

patriótico/a patriotic

patrona: santa patrona patron saint

pavo turkey (6)

pecho chest

pedagogía pedagogy; education

pedir (i, i) to ask for; to order (4); **pedir disculpas** to apologize (11); **pedir prestado/a** to borrow (16)

pegar (gu) to hit (9); **pegarse en / contra** to run/bump into (11)

peinarse to comb one's hair (4)

pelado/a peeled

pelear to fight (9)

película movie (4)

peligro danger

peligroso/a dangerous

pelo hair

pelota ball (9)

peluquero(a) hairstylist (16)

pena penalty; sorrow; **¡qué pena!** what a shame; **vale la pena** it's worth the trouble

península peninsula

pensar (ie) to think (4); to intend (4)

peor worse (5); worst

pequeño/a small (2)

percibido/a perceived

perder (ie) to lose (9); to miss (*a function, bus, plane, etc.*) (4)

pérdida loss (13)

perdón pardon me, excuse me (AT)

perezoso/a lazy (2)

perfecto/a perfect

perfil *m.* profile

perfume *m.* perfume

periódicamente periodically

periódico newspaper (2)

periodista *m., f.* journalist (16)

período period

perjudicar (qu) to harm

permiso permission; **(con) permiso** pardon me, excuse me (AT)

permitir to allow, permit (12)

pero *conj.* but (AT)

perpetuo/a perpetual

perro/a dog (2)

perseguir (i, i) (g) to pursue, chase

persiana Venetian blind

persistir to persist, continue

persona person (1)

personaje *m.* character (*fictional*)

personal *n. m.* personnel (10); **dirección** (*f.*) **de personal** personnel office (16); **director(a) de personal** personnel director (16)

personalidad *f.* personality

perspectiva perspective

persuadir to persuade

pertenecer (zc) to belong

pertinencia relevance

perturbar to disturb

peruano/a *n., adj.* Peruvian

pesado/a heavy

pesar to weigh; **a pesar de** (*prep.*) in spite of, despite

pesas *f. pl.*: **levantar pesas** to lift weights

pescado fish (*cooked*) (6)

peseta *unit of currency in Spain*

pesimista *n. m., f.* pessimist; *adj.* pessimistic

peso weight; *unit of currency in Mexico and several other Latin American countries*

pesticida *m.* pesticide

petróleo *m.* petroleum, oil

pez *m.* (*pl.* **peces**) fish (*live*)

picnic *m.*: **hacer** (*irreg.*) **un** *picnic* to have a picnic (9)

pie *m.* foot (11); **levantarse con el pie izquierdo** to get up on the wrong side of the bed (11)

piedad *f.* piety

piedra stone

piel *f.* skin

pierna leg (11)

pieza piece

píldora pill

pincho *tidbits broiled and served on skewers*

pingüino penguin

pintar (las paredes) to paint (the walls) (9)

pintor(a) painter (13)

pintura *n.* painting (13)

pirámide *f.* pyramid

pirata *m., f.* pirate

piscina swimming pool (4)

piso floor (*of building*) (12); **barrer el piso** to sweep the floor (9)

pito: no me importa un pito I don't care a bit

pizarra chalkboard (1)

placer *m.* pleasure

plan *m.*: **hacer** (*irreg.*) **planes para** + *inf.* to make plans to (*do something*) (9)

planchar la ropa to iron clothing (9)

planeación *f.* planning, designing

planear to plan

planeta *m.* planet

planta plant; floor (*of a building*); **planta baja** ground floor (12)

plantación *f.* plantation

plantar to plant

plástico *n.* plastic
plata silver (*metal*)
plato dish, plate (4); (*prepared*) dish (4); course (*of a meal*) (6)
playa beach (5)
plaza town square; **plaza de toros** bullring
plazo period, time; **pagar (gu) a plazos** to pay in installments (16)
plomero/a plumber (16)
pluralismo pluralism
población *f.* population (14)
pobre poor (2)
pobreza poverty
poco *adv.* little (1); **un poco** a little bit (1)
poco/a *adj.* little, few (3)
poder *v.* (*irreg.*) to be able, can (3)
poder *n. m.* power
poderoso/a powerful
poema *m.* poem
poesía poetry
poeta *m., f.* poet (13)
poético/a poetic
policía *m., f.* police officer (14); *f.* police force
policíaco/a *pertaining to the police*
político/a politician *adj.* political; **ciencias** (*f. pl.*) **políticas** political science
pollo chicken (6)
polvo dust
poner (*irreg.*) to put; to place (4); to turn on (*machines*) (11); **poner la mesa** to set the table (9); **poner(le) una inyección** to give (*someone*) a shot, injection (10); **ponerse** to put on (*clothing*) (4); **ponerse + adj.** to become, get + *adj.* (8)
por *prep.* in (*the morning, evening, etc.*) (1); by, through, during, for (4); **por ciento** percent (11); **por Dios** for God's sake (11); **por ejemplo** for example (11); **por eso** therefore (1); **por favor** please (AT); **por fin** finally (4); **por la noche/mañana/tarde** in the evening/morning/afternoon (1); **por lo general** generally (4); **por lo menos** at least (10); **por primera/última vez** for the first/last time (11); **¿por qué?** why? (2); **por si acaso** just in case (11); **por supuesto** of course (11); **por todas partes** (*f. pl.*) everywhere (11); **por último** last of all
¿por qué? why? (2)
porque because (2)
portarse to behave (8)
portátil *adj.* portable; **computadora portátil** laptop computer (12); **ordenador** (*m.*) **portátil** laptop computer (12)
portavoz *m.* (*pl.* **portavoces**) spokesperson
porteño/a from Buenos Aires
portero/a building manager; doorman (12)
portugués *m.* Portuguese (*language*)

porvenir *m.* future
posesión *f.* possession
posesivo/a *gram.* possessive (2)
posgraduado/a *adj.* graduate; postgraduate
posibilidad *f.* possibility
posible possible (2)
posición *f.* position
positivo/a positive
postal: tarjeta postal postcard (7)
postre *m.* dessert (6)
potente potent, strong
práctica practice
practicante *m., f.* apprentice
practicar (qu) to practice (1); to participate (*in a sport*) (9)
práctico/a practical (2)
precio price (3); **precio fijo** fixed price (3)
precioso/a precious; lovely
precipitado/a hasty
precocinado/a pre-cooked
precolombino/a pre-Columbian (before Columbus)
predicción *f.* prediction
predominar to dominate
preferencia preference (AT)
preferible preferable (13)
preferir (ie, i) to prefer (3)
pregunta *n.* question; **hacer** (*irreg.*) **una pregunta** to ask a question (4)
preguntar to ask a question (6)
prematuro/a premature
premio prize
prender to switch on (*an appliance*)
prenupcial prenuptial
preocupación *f.* worry, care, concern
preocupado/a worried (5)
preocuparse (por) to worry (about)
preparación *f.* preparation
preparar to prepare (6)
preposición *f. gram.* preposition
presencia presence; appearance
presentación *f.* presentation
presentar to present; to introduce
presente *n. m.; adj.* present
preservación *f.* preservation
presidente/a president
presión *f.* pressure (11); **sufrir presiones** to be under pressure (11)
prestación *f.* lending, loan
prestado/a: pedir (i, i) prestado/a to borrow (16)
préstamo loan (16)
prestar to lend (7)
prestigio prestige
prestigioso/a prestigious
presupuesto budget (16)
previo/a previous
primario/a primary
primavera spring (5)
primer, primero/a *adj.* first (4); **a primera vista** at first sight (15); **el primero de** first of (*month*) (5); **primera clase** first class (7)
primo/a cousin (2)

princesa princess
principal main, principal
príncipe *m.* prince
principiante *m., f.* beginner
principio beginning; **al principio de** at the beginning of (16)
prisa haste, hurry; **tener** (*irreg.*) **prisa** to be in a hurry (3)
privado/a private
probar (ue) to taste, try
problema *m.* problem
proceso process
procurar to try; to produce
producción *f.* production
producir (*irreg.*) to produce
producto product
productor(a) producer
profesión *f.* profession (16)
profesional professional
profesor(a) professor (1)
profundidad *f.* depth
profundo/a deep
programa (*m.*) program
programador(a) programmer (16)
progresivo/a progressive
prohibir (prohíbo) to prohibit, forbid (12)
proliferación *f.* proliferation
promedio *n. m.* average
prometer to promise (7)
pronombre *m. gram.* pronoun
pronosticable predictable
pronto *adv.* soon; **tan pronto como** *conj.* as soon as (16)
pronunciación *f.* pronunciation
pronunciar to pronounce
propenso/a inclined, prone
propiedad *f.* property
propio/a *adj.* own (15)
proporcionar to provide; to adapt
propósito purpose
propuesto/a *p. p.* proposed
protagonista *m., f.* protagonist
protección *f.* protection
proteger (j) to protect (14)
protegido/a protected
protestar to protest
protocolo protocol
proveer (y) to provide
provincia province, region
provocar (qu) to provoke
proximidad *f.* proximity
próximo/a next (4)
proyectil *m.* projectile
proyecto project
prudente prudent, wise
prueba test; quiz (11)
psicología psychology
psicológico/a psychological
psíquico/a *adj.* psychic
publicación *f.* publication
publicar (qu) to publish
público/a *adj.* public (14)
pueblo small town
puerta door (1)
puerto (sea)port (7)

puertorriqueño/a *n., adj.* Puerto Rican
puesto place (*in line, etc.*) (7); job (16)
puesto/a *p.p.* put
pulmón *m.* lung (10)
pulpo octopus
punto point; **en punto** on the dot (AT); **punto de partida** point of departure; starting point; **punto de vista** point of view; **puntos cardinales** cardinal directions (5)
puntual punctual
puro/a pure (14)
púrpura purple

Q

que that, which; who (2)
¿qué? what? which? (AT); **¿a qué hora... ?** what time . . . ? (AT); **¿por qué?** why? (2); **¿qué hora es?** what time is it? (AT); **¿qué tal?** how are you (doing)? (AT)
¡qué... ! what . . . !; **¡qué lástima!** what a shame! (13); **¡qué mala suerte!** what bad luck! (11)
quechua *m., f.* Quechuan; *m.* Quechua (*language*)
quedar(se) to stay, to remain (*in a place*) (5); to be left (11)
quehacer *m.* chore (9); **quehaceres domésticos** household chores (9)
quejarse (de) to complain (about) (8)
quemar to burn
querer (*irreg.*) to want (3); to love (15); **fue sin querer** it was unintentional (11); **quiere decir** it means
querido/a *n., adj.* dear (5)
queso cheese (6)
quetzal *m. monetary unit of Guatemala*
quiché *m.* Quiche (*language*)
quien(es) who, whom
¿quién(es)? who? whom? (AT); **¿de quién?** whose? (2)
química chemistry (1)
quince fifteen (AT); **menos quince** a quarter (fifteen minutes) to (the hour) (AT); **y quince** a quarter (fifteen minutes) past (the hour) (AT)
quinceañera *girl's fifteenth birthday party* (8)
quinientos/as five hundred (3)
quinto/a *adj.* fifth (13)
quitarse to take off (*clothing*) (4); **quitar la mesa** to clear the table (9); **quitarle** to get rid of
quizá(s) perhaps

R

rabino/a rabbi
racismo racism
radio *m.* radio (*set*); **radio portátil** portable radio (12); *f.* radio (*medium*) (12)
radioyentes *m. pl.* radio audience
raíz *f.* (*pl.* **raíces**) root
rama branch
ramo bouquet

ranchero/a farmhand
rancho ranch
rápido/a *adj.* fast (6)
ráquetbol *m.* racquetball
raro/a strange; rare (8)
rascacielos *m. s.* skyscraper (14)
rasgar (gu) to tear, rip
raso/a *adj.* flat
rato *n.* while, short time; **ratos libres** spare time (9)
ratón *m.* mouse (12)
raya: de rayas striped (3)
raza race; **Día** (*m.*) **de la Raza** Columbus Day (8)
razón *f.* reason (3); **(no) tener** (*irreg.*) **razón** to be right (wrong) (3)
razonable reasonable
reacción *f.* reaction
reaccionar to react (8)
real real; royal; **Real Academia Española** Royal Spanish Academy
realidad *f.* reality
realismo realism
realista *m., f.* realistic
realizar (c) to attain, achieve
rebaja reduction, sale (3)
rebasar to exceed, overflow
rebelde rebellious
rebelión *f.* rebellion
rebozo shawl
recado: dejar un recado to leave a message
recambio: llanta de recambio spare tire
recepcionista *m., f.* receptionist
receta prescription (10)
recetar to prescribe (*medicine*)
rechazar (c) to reject
recibir to receive (2)
reciclaje *m.* recycling
reciclar to recycle (14)
recién nacido/a newborn
reciente recent
reciprocidad *f.* reciprocity
recoger (j) to collect (11); to pick up (11)
recomendación *f.* recommendation
recomendar (ie) to recommend (7)
reconocer (zc) to recognize
recopilado/a compiled; abridged
recordar (ue) to remember (8)
recorte *m.* clipping
recreación *f.* recreation
recreativo/a entertaining
recto/a straight
rector(a) university president
recuerdo memory; souvenir
recuperación *f.* recovery
recurso resource; **recursos naturales** natural resources (14)
red *f.* Internet (12); **navegar (gu) la red** to surf the net (12)
redacción *f.*: **jefe/a de redacción** editor-in-chief
redecorar to redecorate
redondo/a round
reducción *f.* reduction
reducir (*irreg.*) to reduce

reembolsar to refund
reemplazar (c) to replace
referencia reference
referir (ie, i) to refer
reflejar to reflect
reflexivo/a *gram.* reflexive (4)
reformado/a reformed
refrán *m.* proverb
refresco soft drink (6); refreshment (8)
refrigerador *m.* refrigerator (9)
refugiar to take refuge
regalar to give (*as a gift*) (7)
regalo gift, present (2)
regatear to haggle, bargain (3)
régimen *m.* regimen
región *f.* region
registro register; record
regla rule
regresar to return (*to a place*) (1); **regresar a casa** to go home (1)
regular *adj.* OK (AT)
reírse (i, i) (de) to laugh (at) (8)
relación *f.* relationship (15)
relacionado/a related, associated
relacionar to relate, connect, associate
relajante relaxing
relajar to relax
religión *f.* religion
religioso/a religious
reloj *m.* watch (3)
remar to row (*a boat*)
remedio remedy
remoto distant, remote; **control** (*m.*) **remoto** remote control (12)
renunciar (a) to resign (from) (16)
repasar to review
repaso *n.* review
repente: de repente suddenly (10)
repertorio repertory
repetición *f.* repetition
reportaje *m.* report
reporte *m.* news, information, report
reposo rest
represa dam
representar to represent (13)
representativo/a *adj.* representative
reproducción *f.* reproduction
república republic
requerir (ie, i) to require
requisito requirement
resaltar to be evident, stand out
reservado/a reserved
reservar to reserve
resfriado cold (*illness*) (10)
resfriarse (me resfrío) to catch/get a cold (10)
residencia dormitory (1)
resolver (ue) (*p.p.* **resuelto/a**) to solve, resolve (14)
respecto respect, relation; **con respecto a** with regard to
respetar to respect
respeto respect, deference
respiración *f.* breathing
respirar to breathe (10)
respiratorio/a respiratory

responsable responsible
respuesta answer (5)
restaurante *m.* restaurant (6)
resto rest; *pl.* remains
restricción *f.* restriction
resuelto/a *p.p.* determined
resultado result
resultar to turn out, result
resumen *m.* summary
retablo *group of religious paintings*
retórica rhetoric; speech
retrato portrait
reunión *f.* meeting
reunir (reúno) to unite; **reunirse (con)** to get together (with) (8)
revelar to reveal
revisar to check (14)
revista magazine (2)
revolución *f.* revolution
revolucionario/a revolutionary
rey *m.* king; **Día** (*m.*) **de los Reyes Magos** Day of the Magi (8)
rico/a rich (2)
ridículo/a ridiculous
riesgo risk
riñón *m.* kidney
río river
riqueza *s.* riches, wealth
risa laugh, laughter; **muerto/a de risa** dying of laughter
ritmo rhythm, pace (14)
rivalidad *f.* rivalry
robar to rob
rodeado/a surrounded
rodilla knee
rojo/a red (3)
romano/a Roman
romántico/a romantic
romper (*p.p.* **roto/a**) to break (11); **romper (con)** to break up (with) (15)
ron *m.* rum
ropa clothing (3); **planchar la ropa** to iron clothes (9); **ropa interior** underwear (3)
rosa *n.* rose; **(de color) rosa** pink
rosado/a pink (3)
roto/a *p.p.* broken
rubio/a *n., adj.* blond(e) (2)
ruido noise (4)
ruidoso/a noisy
ruina ruin (13)
ruso/a *n., adj.* Russian
ruta route
rutina diaria daily routine (4)
rutinario/a *adj.* routine

S

sábado Saturday (4)
saber (*irreg.*) to know (6); to know how (6)
sabiduría wisdom, knowledge
sabor *m.* taste, flavor
sabroso/a savory
sacar (qu) to take out (11); to get (11); to extract (10); to take (photos) (7); **sacar buenas/malas notas** to get good/bad grades (11); **sacar el saldo** to balance a checkbook (16); **sacar la basura** to take out the trash (9); **sacar la lengua** to stick out one's tongue (10); **sacar una muela** to extract a tooth (10)
sacrificio sacrifice
sacudir los muebles (*m. pl.*) to dust the furniture (9)
Sagitario Sagitarius
sagrado/a sacred, holy
sal *f.* salt (5)
sala living room (4); **sala de emergencias/urgencia** emergency room (10); **sala de espera** waiting room (7)
salario salary (16)
salchicha sausage (6); hot dog (6)
salida departure (7)
saliente prominent
salir (*irreg.*) **(de)** to leave (4); to go out (4); **salir con** to go out with (15)
salmón *m.* salmon (6)
salón *m.* living room
salsa salsa (*music*); sauce
saltar to jump
salud *f.* health (10)
saludable healthful, healthy
saludarse to greet each other (10)
saludo greeting (AT); **saludos y expresiones de cortesía** greetings and everyday expressions of courtesy (AT)
salvadoreño/a *n., adj.* Salvadoran
sandalia sandal (3)
sándwich *m.* sandwich (6)
sangre *f.* blood (10)
sano/a healthy (10); **llevar una vida sana** to live a healthy life (10)
santo/a saint; **Día** (*m.*) **de Todos los Santos** All Saints' Day (8); **día** (*m.*) **del santo** saint's day (8)
satélite *m.* satellite
satirizar (c) to satirize
satisfacer (*like* **hacer**) to satisfy
saxofón *m.* saxophone
se (*impersonal*) one; *refl. pron.* yourself (*form.*) herself, himself, itself, themselves, yourselves (*form.*); **¿cómo se llama usted?** what's your name? (AT)
secadora clothes dryer (9)
sección (*f.*) **de (no) fumar** (non)smoking section (7)
seco/a dry
secretario/a secretary (1)
secreto *n.* secret
secuencia sequence; series
secundario/a secondary; **escuela secundaria** high school
sed *f.* thirst; **tener** (*irreg.*) **sed** to be thirsty (6)
seda silk (3); **es de seda** it is made of silk (3)
segmento segment, part
seguida: en seguida right away, immediately
seguir (i, i) (g) to continue (14)

según according to (2)
segundo/a *adj.* second (13)
seguridad *f.* safety
seguro/a *adj.* sure, certain (5); **es seguro** it's a sure thing (13)
seis six (AT)
seiscientos/as six hundred (3)
selección *f.* selection, choice
seleccionar to choose
selva (tropical) (tropical) jungle (10)
semáforo traffic signal (14)
semana week (4); **fin** (*m.*) **de semana** weekend (4); **la semana que viene** next week (4)
sembrar (ie) to sow, plant
semejanza similarity
semestre *m.* semester
senador(a) senator
sencillo/a simple
sendero path
sensación *f.* sensation
sensible sensitive, caring
sentarse (ie) to sit down (4)
sentido sense
sentimiento feeling
sentir (ie, i) to regret (13); to feel sorry (13); **sentirse** to feel (8); **lo siento (mucho)** I'm (very) sorry (11)
señor (Sr.) *m.* man; Mr., sir (AT)
señora (Sra.) woman; Mrs., lady (AT)
señorita (Srta.) young woman; Miss, Ms. (AT)
separado/a separated
separarse (de) to separate (from) (15)
septiembre *m.* September (5)
séptimo/a *adj.* seventh (13)
ser (*irreg.*) to be (2); **ser aburrido/a** to be boring (9); **ser aficionado/a (a)** to be a fan (of) (9); **ser descortés** to be impolite; **ser divertido/a** to be fun (9); **ser en** + *place* to take place in/at (*place*) (8); **ser flexible** to be flexible (11)
ser *m.* being
serie *f.* series
serio/a serious
serpenteante winding
serpiente *f.* serpent
servicio service (14); **servicio público** public service
servilleta (dinner) napkin
servir (i, i) to serve (4)
sesenta sixty (2)
setecientos/as seven hundred (3)
setenta seventy (2)
sexo sex
sexto/a *adj.* sixth (13)
si if (1); **por si acaso** just in case (11)
sí yes (AT); **sí, me gusta...** yes, I like . . . (AT)
sicoanálisis *m.* psychoanalysis
sicología psychology (1)
sicólogo/a psychologist (16)
siempre always (2)
sierra mountain range (10)
siesta nap; **dormir (ue, u) la siesta** to take a nap (4)

siete seven (AT)
siglo century
significado *n.* meaning
significar (qu) to mean
significativo/a significant, meaningful
signo sign
siguiente *adj.* following (5)
sílaba syllable
silencio silence
silla chair (1)
sillón *m.* armchair (4)
simbólico/a symbolic
símbolo symbol
simpático/a nice (2); likeable (2)
sin without (4); **fue sin querer** it was unintentional (11); **sin duda** without doubt; **sin embargo** however; **sin falta** without fail
sincero/a sincere
sindicato (labor) union
sino but (rather)
sinónimo synonym
sintético/a synthetic
síntoma *m.* symptom (10)
siquiatra *m., f.* psychiatrist (16)
siquiera even; **ni siquiera** not even
sistema *m.* system; **analista** (*m., f.*) **de sistemas** systems analyst (16)
sitio place, location
situación *f.* situation
situado/a located
sobre *prep.* about; on, on top of; **sobre todo** above all, especially
sobredosis *f. s.* overdose
sobrepasar to exceed, surpass
sobrepopulación *f.* overpopulation
sobresaliente outstanding
sobrino/a nephew/niece (2)
social: trabajador(a) social social worker (16)
socialista *m., f.* socialist
socializar (c) to socialize
sociedad *f.* society
socio/a member
sociología sociology (1)
sociólogo/a sociologist
socorro *n.* help
sofá *m.* sofa (4)
sofisticado/a sophisticated
sol *m.* sun; **hace sol** it's sunny (5); **tomar el sol** to sunbathe (7)
solamente *adv.* only
solar solar (14)
soldado soldier (16); **mujer** (*f.*) **soldado** female soldier (16)
soleado/a sunny
soledad *f.* solitude
solicitar to request
solicitud *f.* application (form) (16)
solidaridad *f.* solidarity
solitario/a solitary
sólo *adv.* only (1)
solo/a *adj.* alone (7)
soltero/a single (*not married*) (2)
solución *f.* solution
solucionar to solve

sombra shadow; shade
sombrero hat (3)
sombrilla sunshade, umbrella
son las... it's . . . o'clock (AT)
sonar (ue) to sound (9); to ring (9)
sonreír(se) (i, i) to smile (8)
sopa soup (6)
sorprendente surprising
sorprender to surprise (13); **me (te, le,...) sorprende** it surprises me (you, him, . . .) (13)
sorpresa surprise (8)
sospechar to suspect
soy I am (AT)
su(s) *poss.* his, her, its, their, your (*form. s., pl.*) (2)
subir to go up (7); to get on/in (*a vehicle*) (7)
subjuntivo *gram.* subjunctive
subrayar to underline
subsistir to subsist
substituir (y) to substitute
subterráneo/a subterranean, underground
subtítulo subtitle
suburbio suburb (4)
subyugado/a subjugated
sucio/a dirty (5)
sucursal *f.* branch (*office*) (16)
sudafricano/a *n., adj.* South African
sudamericano/a *n., adj.* South American
Suecia Sweden
suegro/a father-in-law/mother-in-law
sueldo salary (12); **aumento de sueldo** raise in salary (16)
sueño dream; **tener** (*irreg.*) **sueño** to be sleepy (3)
suerte *f.* luck
suéter *m.* sweater (3)
suficiente sufficient, enough; **lo suficiente** enough (10)
sufijo *gram.* suffix
sufrir to suffer (11); **sufrir presiones** to be under pressure (11)
sugerencia suggestion
sugerir (ie, i) to suggest (8)
suicidio suicide
sujeto subject
suma sum, amount
sumamente extremely
superlativo/a *gram.* superlative
supermercado supermarket
superstición *f.* superstition
supervisión *f.* supervision
supervisor(a) supervisor
supuesto/a: por supuesto of course (11)
sur *m.* south (5)
surgir (j) to spring up, arise
suscribir (*p.p.* **suscrito/a**) to subscribe
suspender to cut off (*an allowance*)
sustantivo *gram.* noun
sustituirse (y) to substitute

T

tabacalero/a related to tobacco
tabla table, chart

tal such, such a; **con tal de que** *conj.* provided that (15); **¿qué tal?** how are you (doing)? (AT); **tal como** just as; **tal vez** perhaps
talento talent
talentoso/a talented
talla size
tallado/a *p.p.* cut; carved
taller *m.* (repair) shop (14)
tamaño size
también also, too (AT)
tambor *m.* drum
tampoco neither, not either (6)
tan *adv.* as, so; **tan... como** as . . . as (5); **tan pronto como** *conj.* as soon as (16)
tanque *m.* tank (14)
tanto/a *adj.* so much; such; *pl.* so many; **tanto(s)/tanta(s)... como** as much/many . . . as (5)
tapa snack
tarde *n. f.* afternoon, evening (1); **buenas tardes** good afternoon/evening (AT); **de la tarde** in the afternoon, evening (AT); **por la tarde** in the afternoon, evening (1); *adv.* late (1)
tarea homework (4); task (9)
tarjeta card (7); **tarjeta de crédito** credit card (6); **tarjeta de identificación** identification card (11); **tarjeta postal** postcard (7)
tasa rate, level; **tasa de alfabetización** literacy rate
tasca tavern
Tauro Taurus
taza cup
te *d.o. s.* you (*fam.*); *i.o. s.* to/for you (*fam.*); *refl. pron. s.* yourself (*fam.*); **¿cómo te llamas?** what's your (*fam.*) name? (AT); **te gusta...** you (*fam.*) like . . . (AT)
té *m.* tea (6)
teatral theatrical
teatro theater (9)
teclado keyboard
técnico/a *n.* technician (16); *adj.* technical
tecnología technology
tecnológico/a technological
tejano/a Texan
tejer to weave (13)
tejidos *m. pl.* woven goods (13)
telaraña web
tele *f.* television
telediario newscast
telefonear to telephone
telefónica telephone company office (10)
teléfono telephone; **hablar por teléfono** to talk on the phone (1); **teléfono celular / de coche** cellular/car phone (12)
telegrama *m.* telegram
telenovela soap opera (13)
televisión *f.* television; **mirar la televisión** to watch television (2)
televisor *m.* television set (4)
tema *m.* theme, topic
temblar (ie) to tremble

temer to fear (13)

temperatura temperature (10); **tomarle la temperatura** to take someone's temperature (10)

templado/a cool, temperate

templo temple

temporada season

temporal temporary

temprano *adv.* early (1)

tender (ie) to tend to; to make (*a bed*)

tener (*irreg.*) to have (3); **tener... años** to be . . . years old (2); **tener (mucho) calor/frío** to be (very) warm, hot/cold (5); **tener dolor de** to have a pain in (10); **tener ganas de** + *inf.* to feel like (*doing something*) (3); **tener (mucha) hambre/sed** to be (very) hungry/thirsty (6); **tener miedo (de)** to be afraid (of) (3); **tener prisa** to be in a hurry (3); **tener que** + *inf.* to have to (*do something*) (3); **(no) tener razón** to be right (wrong) (3); **tener sueño** to be sleepy (3)

tenis *m. s.* tennis (9); **zapato de tenis** tennis shoe (3)

tensión *f.* tension; stress (11)

tenue faint; tenuous

teoría theory

tercer, tercero/a *adj.* third (13)

tercio/a *adj.* third

terco/a stubborn, obstinate

térmico/a thermal

terminación *f.* ending

terminar to finish

término term

termómetro thermometer

ternura tenderness

terraza terrace (4)

terremoto earthquake

terreno/a earthly; worldly

terrestre terrestrial, earthly

territorio territory

terrorista *m., f.* terrorist

tertulia social gathering

testimonio testimony

texto text (1); **libro de texto** textbook (1)

ti *obj. (of prep.)* you (*fam. s.*) (5)

tiempo time (5); weather; **a tiempo** on time (7); **hace buen/mal tiempo** it's good/bad weather (5); **llegar (gu) a tiempo** to arrive on time (11); **pasar tiempo (con)** to spend time (with) (15); **¿qué tiempo hace?** what's the weather like? (5); **trabajo a tiempo completo (parcial)** full-time (part-time) job (11)

tienda store (3); **tienda de campaña** tent (7)

tierra earth, land

timbre *m.* doorbell

tímido/a timid

tinta ink

tinto: vino tinto red wine (6)

tío/a uncle/aunt (2)

típico/a typical

tipo type

tira cómica comic strip

tirar to throw (out)

título title

toalla towel

tobillo ankle

tocar (qu) to touch; to play (*a musical instrument*) (1); **tocar música** to play music (8); **tocarle a uno** to be someone's turn (9)

todavía yet, still (5)

todo/a *n. m.* all; everything; **de todo** everything (3); **todo derecho** straight ahead (14)

todo(s)/a(s) *adj.* all (2); every (2); **de todas maneras** anyway; **por todas partes** everywhere (11); **todos los días** every day (1)

tomar to take (1); to drink (1); **tomar el sol** to sunbathe (7); **tomarle el pelo** to pull his/her leg; **tomarle la temperatura** to take someone's temperature (10)

tomate *m.* tomato (6)

tontería silly, foolish thing

tonto/a silly, foolish (2)

torcido/a twisted

toreo bullfighting

torno: en torno a about, regarding

toro bull; **plaza de toros** bullring

torpe clumsy (11)

tos *f.* cough (10)

toser to cough (10)

tostado/a toasted (6); **pan** (*m.*) **tostado** toast (6)

tostadora toaster (9)

total *n. m.* total; *adj.* total; **en total** in all

tóxico/a toxic

trabajador(a) *n.* worker; *adj.* hardworking (2); **trabajador(a) social** social worker (16)

trabajar to work (1)

trabajo job, work (11); report, (piece of) work (11); **trabajo de tiempo completo/parcial** full-time/part-time job (11)

trabalenguas *m. s., pl.* tongue-twister

tradición *f.* tradition (13)

tradicional traditional

traducir (*irreg.*) to translate

traductor(a) translator (16)

traer (*irreg.*) to bring (4)

traficar (qu) to traffic, deal

tragedia tragedy

trágico/a tragic

traje *m.* suit (3); **traje de baño** bathing suit (3)

trámite *m.* step, procedure

tranquilidad *f.* tranquility, calm

tranquilo/a calm, tranquil; **llevar una vida tranquila** to lead a calm life (10)

transbordador (*m.*) **(espacial)** (space) shuttle

transeúnte *m., f.* transient

transferir (ie, i) to transfer

tránsito traffic (14)

transmisión *f.* transmission

transmitir to transmit

transportación *f.* transportation

transporte *m.* (*means of*) transportation (14)

tras *prep.* after

trascendental important, far-reaching

trasladar to transfer, move

tratamiento treatment (10)

tratar to treat; **tratar de** + *inf.* to try to (*do something*) (13)

trauma *m.* trauma

través: a través de through, by means of

travieso/a mischievous

trece thirteen (AT)

treinta thirty (AT); **y treinta** thirty, half past (*with time*) (AT)

tremendo/a tremendous

tren *m.* train (7); **estación** (*f.*) **del tren** train station (7); **ir** (*irreg.*) **en tren** to go by train (7)

tres three (AT)

trescientos/as three hundred (3)

trimestre *m.* trimester; quarter

triste sad (5)

tristeza sadness

trofeo trophy

trompeta trumpet

tropa troop, group

tropezar (c) to run into

trozo piece, chunk

tu(s) *poss. s.* your (*fam.*) (2)

tú *subj. pron. s.* you (*fam.*) (1); **¿y tú?** and you? (AT)

tubería plumbing

turbulento/a turbulent

turismo tourism

turista *n. m., f.* tourist

turístico/a *adj.* tourist; **clase** (*f.*) **turística** tourist class (7)

U

u or (*used instead of* **o** *before words beginning with stressed* **o** *or* **ho**)

ubicar (qu) to locate, place

último/a last (7); **de última moda** the latest style (3)

ultravioleta *adj. m., f.* ultraviolet

un, uno/a one (AT); *indefinite article* a, an; **a la una** at one o'clock (AT); **una vez** once (10)

único/a *adj.* only; unique

unidad *f.* unity

unido/a close-knit

unificación *f.* unification

unificar (qu) to unify

unión *f.* union

unir to unite, join

universidad *f.* university (1)

universitario/a (of the) university (11)

unívoco/a univocal; of one voice

urbanismo city planning

urbano/a urban

urgencia: sala de urgencia emergency room (10)

urgente urgent (13)

usar to use (3); to wear (*clothing*) (3)

uso use

usted (Ud., Vd.) *sub. pron. s.* you (*form.*) (1); *obj. (of prep.) s.* you (*form.*) (1); **¿cómo es usted?** what are you like? (AT); **¿cómo se llama usted?** what's your name? (AT); **¿y usted?** and you? (AT)

ustedes (Uds., Vds.) *sub. pron. pl.* you (*form.*) (1); *obj. (of prep.) pl.* you (*form.*) (1)

usualmente usually

útil useful (15)

utilización *f.* utilization

utilizar (c) to utilize, use

uva grape (5)

V

vaca cow

vacación *f.* vacation (7); **estar** (*irreg.*) **de vacaciones** to be on vacation (7); **ir** (*irreg.*) **de vacaciones** to go on vacation (7); **vacaciones de primavera** spring break (8)

vacuna shot, vaccination

vahído dizzy spell

Valentín: Día (*m.*) **de San Valentín** St. Valentine's Day (8)

válido/a valid

valle *m.* valley

valor *m.* value

variación *f.* variation

variado/a varied

variar (varío) to vary

variedad *f.* variety

varios/as *pl.* several

vaso (*drinking*) glass

vecindad *f.* neighborhood (12)

vecino/a neighbor (12)

vegetariano/a vegetarian

vehículo vehicle (12)

veinte twenty (AT)

veinticinco twenty-five (AT)

veinticuatro twenty-four (AT)

veintidós twenty-two (AT)

veintinueve twenty-nine (AT)

veintiocho twenty-eight (AT)

veintiséis twenty-six (AT)

veintisiete twenty-seven (AT)

veintitrés twenty-three (AT)

veintiún, veintiuno/a twenty-one (AT)

vejez *f.* old age (15)

velocidad *f.* speed (14); **límite** (*m.*) **de velocidad** speed limit (14)

vendedor(a) salesperson (16)

vender to sell (2)

venezolano/a *n., adj.* Venezuelan

venir (*irreg.*) to come (3)

venta sale

ventaja advantage (10)

ventana window (1)

ventilación f. ventilation

ver (*irreg.*) to see (4); **nos vemos** see you around (AT)

verano summer (5)

verbo *gram.* verb (1)

verdad *f.* truth; **¿verdad?** right? (3)

verdadero/a true

verde green (3)

verdura vegetable (6)

verificar (qu) to check

versión *f.* version

vestido dress (3)

vestirse (i, i) to get dressed (4)

veterinario/a veterinarian (16)

vez *f.* (*pl.* **veces**) time; **en vez de** instead of (16); **tal vez** perhaps; **por primera/última vez** for the first/last time (11); **una vez** once (10); **a veces** sometimes, at times (2); **dos veces** twice (10)

viajar to travel (7)

viaje *m.* trip (7); **agencia de viajes** travel agency (7); **agente** (*m., f.*) **de viajes** travel agent (7); **de viaje** on a trip (7); **hacer** (*irreg.*) **un viaje** to take a trip (4)

víctima *m., f.* victim

vida life (11); **llevar una vida sana/tranquila** to lead a healthy/calm life (10)

vídeo video

videocasetera videocassette recorder (VCR) (12)

videoteca video library

viejo/a *adj.* old (2); **Noche** (*f.*) **Vieja** New Year's Eve (8)

viento wind (5); **hace viento** it's windy (5)

viernes *m. s., pl.* Friday (4)

vietnamita *n., adj. m., f.* Vietnamese

vínculo bond, tie, link

vinícola *adj., m., f.* wine, wine-making

vino (blanco, tinto) (white, red) wine (6)

viñedo vineyard

violencia violence (14)

violento/a violent

violeta violet

violín *m.* violin

visita *n.* visit

visitante *m., f.* visitor

visitar un museo to visit a museum (9)

vista view (12); **a primera vista** at first sight (15); **punto de vista** point of view

vitamina vitamin

viudo/a widower/widow

vivienda housing (12)

vivir to live (2)

vocabulario vocabulary

vocación *f.* vocation

vocal *f. gram.* vowel

volante *adj.* flying; **objeto volante no identificado (OVNI)** unidentified flying object (UFO)

volcán *m.* volcano

vólibol *m.* volleyball (9)

volumen *m.* volume

voluntario/a *n.* volunteer; *adj.* voluntary

volver (ue) (*p.p.* **vuelto/a**) to return (*to a place*) (4); **volver a** + *inf.* to (*do something*) again (4)

vosotros/as *Sp. sub. pron. pl.* you (*fam.*) (1); *obj. (of prep.) pl.* you (*fam.*)

votar to vote

voz *f.* (*pl.* **voces**) voice; **en voz alta** out loud

vuelo flight (7); **asistente** (*m., f.*) **de vuelo** flight attendant (7)

vuelto/a *p.p.* returned; **billete** (*m.*)**/boleto de ida y vuelta** round-trip ticket (7)

Y

y and (AT); **y cuarto (quince)** fifteen minutes, a quarter past (*the hour*) (AT); **y media (treinta)** thirty minutes, half past (*the hour*) (AT)

ya already (8); **ya no** no longer; **ya que** since

yacimiento deposit (*mineral*)

yerno son-in-law

yo *sub. pron.* I (1)

yogur *m.* yogurt (6)

Z

zanahoria carrot (6)

zapatería shoe store

zapato shoe (3); **zapato de tenis** tennis shoe (3)

zona zone

Vocabularies

English–Spanish Vocabulary

A

able: to be able **poder** (*irreg.*) (3)
absence **falta** (14)
absent: to be absent **faltar** (8)
absentminded **distraído/a** (11)
accelerated **acelerado/a** (14)
accent **acento** (14)
according to **según** (2)
account **cuenta** (16); checking account **cuenta corriente** (16); savings account **cuenta de ahorros** (16)
accountant **contador(a)** (16)
ache **doler (ue)** *v.* (10)
ache **dolor** *n.m.* (10)
acquainted: to be acquainted with **conocer (zc)** (6)
actor **actor** *m.* (13)
actress **actriz** *f.* (*pl.* **actrices**) (13)
address **dirección** *f.* (12)
adjective **adjetivo** *gram.* (2)
administration: business administration **administración** (*f.*) **de empresas** (1)
adolescence **adolescencia** (15)
adult **adulto/a** (9)
advantage **ventaja** (10)
advice (piece of) **consejo** (6)
advisor **consejero/a** (1)
aerobic **aeróbico/a** (10); to do aerobics **hacer** (*irreg.*) **ejercicios aeróbicos** (10)
affectionate **cariñoso/a** (5)
afraid: to be afraid (of) **tener** (*irreg.*) **miedo (de)** (11)
after *prep.* **después de** (4); *conj.* **después (de) que** (16)
afternoon **tarde** *n. f.* (1); good afternoon **buenas tardes** (AT); (a time) in the afternoon **de la tarde** (AT); in the afternoon **por la tarde** (1)
age: old age **vejez** *f.* (15)
agency: travel agency **agencia de viajes** (7)
agent: travel agent **agente** (*m., f.*) **de viajes** (7)
agree: I agree **estoy de acuerdo** (2)
ahead of time **con anticipación** (7); straight ahead **todo derecho** (14)
air **aire** *m.* (14)
airplane **avión** *m.* (7)
airport **aeropuerto** (7)
alarm clock **despertador** *m.* (11)
alike: to be alike **parecerse (zc)** (10)
all **todo(s)/a(s)** *adj.* (2)
allow **permitir** (12)
almost: almost never **casi nunca** (2)
alone **solo/a** *adj.* (7)
already **ya** (8)

also **también** (AT)
always **siempre** (2)
among **entre** *prep.* (5)
amusement **diversión** *f.* (9)
analyst: systems analyst **analista** (*m., f.*) **de sistemas** (16)
and **y** (AT)
angry **furioso/a** (5); to get angry (at) **enojarse (con)** (8)
announce **anunciar** (7)
another **otro/a** (2)
answer *v.* **contestar** (4); *n.* **respuesta** (5)
answering machine **contestador** (*m.*) **automático** (12)
antibiotic **antibiótico** (10)
any **algún, alguno/a** (6)
anyone **alguien** (6)
anything **algo** (3)
apartment **apartamento** (1); apartment building **bloque** (*m.*) **de apartamentos** (12); **casa de apartamentos** (12)
apologize **pedir (i, i) disculpas** (11)
apple **manzana** (6)
appliance: home appliance **aparato doméstico** (9)
applicant **aspirante** *m., f.* (16)
application (form) **solicitud** *f.* (16)
appreciate **apreciar** (13)
April **abril** *m.* (5)
architect **arquitecto/a** (13)
architecture **arquitectura** (13)
area **área** *f.* (*but* **el área**) (12)
argue (about) (with) **discutir (sobre) (con)** (8)
arm **brazo** (11)
armchair **sillón** *m.* (4)
arrival **llegada** (7)
arrive **llegar (gu)** (2); to arrive on time/late **llegar a tiempo/tarde** (11)
art **arte** *f.* (*but* **el arte**) (1); work of art **obra de arte** (13)
article **artículo** (1)
artist **artista** *m., f.* (13)
artistic **artístico/a** (13)
arts and crafts **artesanía** (13)
arts, letters **letras** *f. pl.* (2)
as . . . as **tan... como** (5); as much/many as **tanto/a... como** (5); as soon as **tan pronto como** *conj.;* **en cuanto** *conj.* (16)
ask: to ask for **pedir (i, i)** (4); to ask a question **hacer** (*irreg.*) **una pregunta** (4); **preguntar** (6)
asparagus **espárragos** *m. pl.* (6)
at **en** (AT); **a** (*with time*) (AT); at . . . (hour) **a la(s)...** (AT); at home **en casa** (1); at last **por fin** (4); at least **por lo**

menos (11); at once **ahora mismo;** at the beginning of **al principio de** (16); at times **a veces** (2)
attend (*a function*) **asistir (a)** (2)
attendant: flight attendant **asistente** (*m., f.*) **de vuelo** (7)
August **agosto** (5)
aunt **tía** (2)
automatic teller machine **cajero automático** (16)
autumn **otoño** (5)
avenue **avenida** (12)
avoid **evitar** (14)

B

baby-sitter **niñero/a** (9)
backpack **mochila** (1)
bad **mal, malo/a** *adj.* (2); it's bad weather **hace mal tiempo** (5); the bad thing, news **lo malo** (10)
baggage **equipaje** *m.* (7)
balance a checkbook **sacar (qu) el saldo** (16)
ball **pelota** (9)
ballet **ballet** *m.* (13)
ballpoint pen **bolígrafo** (1)
banana **banana** (6)
bank **banco** (16); (bank) check **cheque** *m.* (16)
bar **bar** *m.* (9)
bargain **ganga** (3)
baseball **béisbol** *m.* (9)
basketball **basquetbol** *m.* (9)
bath: to take a bath **bañarse** (4)
bathing suit **traje** (*m.*) **de baño** (3)
bathroom **baño** (4)
bathtub **bañera** (4)
battery **batería** (14)
be **estar** (*irreg.*) (1); **ser** (*irreg.*) (2); to be (very) hungry **tener** (*irreg.*) **(mucha) hambre** (6); to be (feel) warm, hot **tener** (*irreg.*) **calor** (5); to be . . . years old **tener** (*irreg.*)**... años** (2); to be a fan (of) **ser** (*irreg.*) **aficionado/a (a)** (9); to be able **poder** (*irreg.*) (3); to be afraid (of) **tener** (*irreg.*) **miedo (de)** (11); to be boring **ser** (*irreg.*) **aburrido/a** (9); to be cold **tener** (*irreg.*) **frío** (5); to be comfortable (*temperature*) **estar** (*irreg.*) **bien** (5); to be flexible **ser** (*irreg.*) **flexible** (11); to be fun **ser** (*irreg.*) **divertido/a** (9); to be in a hurry **tener** (*irreg.*) **prisa** (3); to be late **estar** (*irreg.*) **atrasado/a** (7) to take place in/at (*place*) **ser** (*irreg.*) **en** + *place* (8)
beach **playa** (5)

bean **frijol** *m.* (6)
beautiful **bello/a** (14)
because **porque** (2)
become + *adj.* **ponerse** (*irreg.*) + *adj.* (8)
become accustomed to **acostumbrarse a** (10)
bed: to make the bed **hacer** (*irreg.*) **la cama** (9); to stay in bed **guardar cama** (10)
bedroom **alcoba** (4)
beer **cerveza** (1)
before *conj.* **antes (de) que** (15); *prep.* **antes de** (4)
begin **empezar (ie) (c)** (4)
beginning: at the beginning of **al principio de** (16)
behave **portarse** (8)
behind **detrás de** *prep.* (5)
believe (in) **creer (y) (en)** (2)
below **debajo de** *prep.* (5)
belt **cinturón** *m.* (3)
bend **doblar** (14)
beside **al lado (de)** *prep.* (5)
best **mejor** (5)
better **mejor** (5)
between **entre** *prep.* (5)
beverage **bebida** (6)
bicycle **bicicleta** (12); to ride a bicycle **pasear en bicicleta** (9)
bicycling **ciclismo** (9)
big **gran, grande** (2)
bilingual **bilingüe** (11)
bill (*for service*) **cuenta** (6); **factura** (16)
biology **biología** (2)
bird **pájaro** (2)
birth **nacimiento** (15)
birthday **cumpleaños** *m. s., pl.* (5); birthday cake **pastel** (*m.*) **de cumpleaños** (8); to have a birthday **cumplir años** (8)
black **negro/a** (3)
blond(e) **rubio/a** *n., adj.* (2)
blood **sangre** *f.* (10)
blouse **blusa** (3)
blue **azul** (3)
boat **barco** (7)
body **cuerpo** (10)
bookshelf **estante** *m.* (4)
bookstore **librería** (1)
boot **bota** (3)
border **frontera** (11)
bore **aburrir** (13)
bored **aburrido/a** (5); to get bored **aburrirse** (9)
boring: to be boring **ser** (*irreg.*) **aburrido/a** (9)
born: to be born **nacer (zc)** (15)
borrow **pedir (i, i) prestado/a** (16)
boss **jefe/a** (11)
bother **molestar** (13); it bothers me (you, him, . . .) **me (te, le, ...) molesta** (13)
boy **muchacho** (4); **niño** (2)
boyfriend **novio** (5)
brain **cerebro** (10)
brakes **frenos** (14)
branch (office) **sucursal** *f.* (16)

bread **pan** *m.* (6)
break **romper** (*p.p.* **roto/a**) (11); to break up (with) **romper (con)** (15)
breakfast **desayuno** (4); to have breakfast **desayunar** (6)
breathe **respirar** (10)
bring **traer** (*irreg.*) (4)
brother **hermano** (2)
brown **pardo/a** (3)
brunet(te) **moreno/a** *n., adj.* (2)
brush one's teeth **cepillarse los dientes** (4)
budget **presupuesto** (16)
build **construir (y)** (14)
building **edificio** *n.* (1); building manager **portero/a** (12)
bump into **pegarse (gu) en/contra** (11)
bureau (*furniture*) **cómoda** (4)
bus **autobús** *m.* (7); bus station **estación** (*f.*) **de autobuses** (7)
business **empresa** (16); business administration **administración** (*f.*) **de empresas** (1)
businessperson **hombre** (*m.*)/**mujer** (*f.*) **de negocios** (16)
busy **ocupado/a** (5)
but **pero** *conj.* (AT)
butter **mantequilla** (6)
buy **comprar** (1)
by **por** *prep.* (4); by check **con cheque** (16)

C

cabin **cabina** (*on a ship*) (7)
cafeteria **cafetería** (1)
cake **pastel** *m.* (6); birthday cake **pastel de cumpleaños** (8)
calculator **calculadora** (1)
calendar **calendario** (11)
call *v.* **llamar** (6); to be called **llamarse** (4)
campground *camping m.* (7)
camping: to go camping **hacer** (*irreg.*) *camping* (7)
can **poder** *v. irreg.* (3)
cancel a reservation **cancelar una reserva** (10)
candidate **aspirante** *m., f.* (16)
candy **dulces** *m. pl.* (6)
capital city **capital** *f.* (5)
car **coche** *m.* (2); car telephone **teléfono del coche** (12); convertible car **carro descapotable** (12)
card: identification card **tarjeta de identificación** (11); to play cards **jugar (ue) (gu) a las cartas** (9)
cardinal directions **puntos** (*m. pl.*) **cardinales** (5)
career **carrera** (2)
carrot **zanahoria** (6)
carry **llevar** (3)
case **caso**; in case **en caso de que** (15); just in case **por si acaso** (11)
cash (*a check*) **cobrar** (16); in cash **en efectivo** (16); to pay in cash **pagar (gu) al contado** (16)
cashier **cajero/a** (16)
cat **gato/a** (2)

catch a cold **resfriarse (me resfrío)** (10)
CD-ROM **CD-ROM** *m.* (12)
celebrate **celebrar** (5)
cellular telephone **teléfono celular** (12)
ceramics **cerámica** (13)
cereal **cereales** *m. pl.* (6)
certain **seguro/a** *adj.* (5); **cierto/a** (13)
chair **silla** (1); armchair **sillón** *m.* (4)
chalkboard **pizarra** (1)
change *v.* **cambiar (de)** (12)
channel **canal** *m.* (12)
charge (*someone for an item or service*) **cobrar** (16); (*to an account*) **cargar (gu)** (16)
cheap **barato/a** (3)
check (*bank*) **cheque** *m.* (16); by check **con cheque** (16); to check **revisar** (14); to check into (*a hospital*) **internarse en** (10); to check one's bags **facturar el equipaje** (7)
check-up **chequeo** (10)
checking account **cuenta corriente** (16)
cheese **queso** (6)
chef **cocinero/a** (16)
chemistry **química** (1)
chess **ajedrez** *m.* (4); to play chess **jugar (ue) (gu) al ajedrez** (4)
chicken **pollo** (6)
chief **jefe/a** (11)
child **niño/a** (2); as a child **de niño** (9)
childhood **niñez** *f.*
children **hijos** *m. pl.* (2)
chop: **chuleta** (6) pork chop **chuleta de cerdo** (6)
chore: household chore **quehacer** *m.* **doméstico** (9)
Christmas Eve **Nochebuena** (8)
Christmas **Navidad** *f.* (8)
city **ciudad** *f.* (2)
class **clase** *f.* (1); first class **primera clase** (7); tourist class **clase turística** (7)
classical **clásico/a** (13)
classmate **compañero/a de clase** (1)
clean *adj.* **limpio/a** (5)
clean **limpiar** (9); to clean the (whole) house **limpiar la casa (entera)** (9)
clear the table **quitar la mesa** (9)
clerk **dependiente/a** (1)
clever **listo/a** (2)
client **cliente** *m., f.* (1)
climate **clima** *m.* (5)
close **cerrar (ie)** (4)
close to *prep.* **cerca de** (5)
closed **cerrado/a** (5)
closet **armario** (4)
clothes dryer **secadora** (9)
clothing **ropa** (3); to wear (*clothing*) **llevar, usar** (3)
cloudy: it's (very) cloudy, overcast **está (muy) nublado** (5)
clumsy **torpe** (11)
coffee **café** *m.* (1)
coffee pot **cafetera** (9)
cold (*illness*) **resfriado** (10); it's cold (*weather*) **hace frío** (5) to be cold **tener** (*irreg.*) **frío** *n.* (5)

collect **recoger (j)** (11)
collide (with) **chocar (qu) (con)** (14)
color **color** *m.* (3)
comb one's hair **peinarse** (4)
come **venir** (*irreg.*) (3)
comfortable **cómodo/a** (4); to be comfortable (*temperature*) **estar** (*irreg.*) **bien** (5)
communication (*major*) **comunicación** *f.* (1)
compact disc **disco compacto** (12)
comparison **comparación** *f.* (5)
complain (about) **quejarse (de)** (8)
composer **compositor(a)** (13)
computer **computadora** (*L.A.*) (12); **ordenador** *m.* (*Sp.*) (12); computer disk **disco de computadora** (12); computer file **archivo** (12); computer science **computación** *f.* (1); laptop computer **computadora/ordenador portátil** (12)
concert **concierto** (9); to go to a concert **ir** (*irreg.*) **a un concierto** (9)
congested **congestionado/a** (10)
congratulations **felicitaciones** *f. pl.* (8)
conserve **conservar** (14)
contact lenses **lentes** (*m. pl.*) **de contacto** (10)
content *adj.* **contento/a** (5)
continue **seguir (i, i) (g)** (14); to continue straight ahead **seguir (i, i) derecho** (14)
control: remote control **control** (*m.*) **remoto** (12)
convertible (*car*) **descapotable** (12)
cook *v.* **cocinar** (6); *n.* cook **cocinero/a** (16)
cookie **galleta** (6)
cool: it's cool (*weather*) **hace fresco** (5)
copy **copia** (12); to copy **hacer** (*irreg.*) **copia** (12)
corn **maíz** *m.* (5)
corner (street) **esquina** (14)
corporation **empresa** (16)
cotton **algodón** *m.* (3); it is made of cotton **es de algodón** (3)
cough **tos** *f.* (10); to cough **toser** (10); cough syrup **jarabe** *m.* (10)
country **país** *m.* (2)
countryside **campo** (12)
course (*of a meal*) **plato** (6)
courtesy **cortesía** (AT)
cousin **primo/a** (2)
cover **cubrir** (*pp.* **cubierto/a**) (14)
crash (*computer*) **fallar** (12)
crazy **loco/a** (5)
create **crear** (13)
credit card **tarjeta de crédito** (16)
crime **delito, crimen** *m.* (14)
cry **llorar** (8)
custard: baked custard **flan** *m.* (6)
custom **costumbre** *f.* (9)

D

dad **papá** *m.* (2)
daily routine **rutina diaria** (4)
dance **baile** *m.* (8); **danza** (13); to dance **bailar** (1)

dancer **bailarín, bailarina** (13)
date (*calendar*) **fecha** (5); (*social*) **cita** (15)
daughter **hija** (2)
day **día** *m.* (1); day after tomorrow **pasado mañana** (4); every day **todos los días** (1)
deadline **fecha límite** (11)
dear **querido/a** *n., adj.* (5)
death **muerte** *f.* (15)
December **diciembre** *m.* (5)
delay *n.* **demora** (7)
delighted **encantado/a** (AT)
dense **denso/a** (14)
dentist **dentista** *m., f.* (10)
deny **negar (ie) (gu)** (13)
department store **almacén** *m.* (3)
departure **salida** (7)
deposit **depositar** (16)
desirable **deseable** (12)
desk **escritorio** (1)
dessert **postre** *m.* (6)
destroy **destruir (y)** (14)
detail **detalle** *m.* (6)
develop **desarrollar** (14)
dictionary **diccionario** (1)
die **morir (ue, u)** (*p.p.* **muerto/a**) (15); to be dying **morir(se)** (8)
difficult **difícil** (5)
dining room **comedor** *m.* (4)
dinner **cena** (6); to have dinner **cenar** (6)
direction **orientación** *f.*
directions: cardinal directions **puntos** (*m. pl.*) **cardinales** (5)
director **director(a)** (13); personnel director **director(a) de personal** (16)
dirty **sucio/a** (5)
disadvantage **desventaja** (10)
disc: compact disc **disco compacto** (12)
discotheque **discoteca** (9)
discover **descubrir** (*pp.* **descubierto**) (14)
dish (prepared) **plato** (4)
dishwasher **lavaplatos** *m. s., pl.* (4)
disk: computer disk **disco de computadora** (12)
divorce **divorcio** (15)
divorced: to get divorced (from) **divorciarse (de)** (15)
dizzy **mareado/a** (10)
do **hacer** (*irreg.*) (4); (*do something*) again **volver a** + *inf.* (4); to do aerobics **hacer** (*irreg.*) **ejercicios aeróbicos** (10); to do exercise **hacer** (*irreg.*) **ejercicio** (4)
doctor (medical) **médico/a** (2)
dog **perro/a** (2)
door **puerta** (1)
doorman **portero/a** (12)
dormitory **residencia** (1)
doubt **dudar** (12)
downtown **centro** (3)
drama **drama** *m.* (13)
draw **dibujar** (13)
dress **vestido** (3)
dressed: to get dressed **vestirse (i, i)** (4)
dresser (*furniture*) **cómoda** (4)
drink **bebida** (6); to drink **tomar** (1); **beber** (2)

drive (*a vehicle*) **conducir** (*irreg.*) (14); **manejar** (12)
driver **conductor(a)** (14)
during **durante** (4); **por** (4)
dust the furniture **sacudir los muebles** (9)

E

each **cada** *inv.* (4)
ear (inner) **oído** (10); (outer) **oreja** (10)
early **temprano** *adv.* (1)
earn **ganar** (12)
earring **arete** *m.* (3)
east **este** *m.* (5)
Easter **Pascua (Florida)** (8)
easy **fácil** (5)
eat **comer** (2); eat breakfast **desayunar** (6); eat dinner **cenar** (6)
economize **economizar (c)** (16)
economy **economía** (1)
egg **huevo** (6)
eight **ocho** (AT)
eight hundred **ochocientos/as** (3)
eighteen **dieciocho** (AT)
eighth **octavo/a** *adj.* (13)
eighty **ochenta** (2)
electric **eléctrico/a** (14)
electrician **electricista** *m., f.* (16)
electricity **luz** *f.* (*pl.* **luces**) (11)
electronic mail **correo electrónico** (12)
eleven **once** (AT)
embarrassed **avergonzado/a** (8)
emergency room **sala de emergencias** (10)
emotion **emoción** *f.* (8)
energy **energía** (14)
engagement **noviazgo** (15)
engineer **ingeniero/a** (16)
English (*language*) **inglés** *m.* (1); *n., adj.* **inglés, inglesa** (2)
enjoy oneself, have a good time **divertirse (ie, i)** (4)
enough **bastante** *adv.* (15); **lo suficiente** (10)
entertainment **diversión** *f.* (9)
entire **entero/a** (9)
equipment: stereo equipment **equipo estereofónico** (12)
era **época** (9)
evening **tarde** *f.* (1); good evening **buenas tardes** (AT); in the afternoon, evening **de la tarde** (AT); in the evening **por la tarde** (1)
event **hecho** (8)
every **cada** *inv.* (4); **todo(s)/a(s)** *adj.* (2); every day **todos los días** (1)
everything **de todo** (3)
everywhere **por todas partes** (11)
exactly, on the dot (*time*) **en punto** (AT)
exam **examen** *m.* (3)
examine **examinar** (10)
excuse me **con permiso, perdón** (AT); **discúlpeme** (11)
exercise **ejercicio** (3)
expect **esperar** (6)
expend **gastar** (8)
expense **gasto** (12)
expensive **caro/a** (3)

explain **explicar (qu)** (7)

expressions: greetings and expressions of courtesy **saludos** (*m. pl.*) **y expresiones** (*f. pl.*) **de cortesía** (AT)

extract **sacar (qu)** (10); extract a tooth **sacar una muela** (10)

eye **ojo** (10)

eyeglasses **gafas** *f. pl.* (10)

F

fact **hecho** *n.* (8); **de hecho** in fact (9)

factory **fábrica** (14)

faithful **fiel** (2)

fall (*season*) **otoño** (5)

fall *v.* **caer** (*irreg.*) (11); to fall asleep **dormirse** (4); to fall down **caerse** (11); to fall in love (with) **enamorarse (de)** (15)

fan **aficionado/a** (9); to be a fan (of) **ser** (*irreg.*) **aficionado/a (a)** (9)

far from **lejos de** *prep.* (5)

farm **finca** (14); farm worker **campesino/a** (14)

farmer **agricultor(a)** (14)

fashion **moda**; the latest fashion; style **de última moda** (3)

fast **rápido/a** *adj.* (6); **acelerado/a** (14)

fat **gordo/a** (2)

father **papá** *m.*, **padre** *m.* (2)

fax **fax** *m.* (12)

fear **miedo** (3); to fear **temer** (13)

February **febrero** (5)

feel **sentirse** (ie, i) (8); **encontrarse (ue)** (10); to feel like (*doing something*) **tener** (*irreg.*) **ganas de** + *inf.* (3); to feel sorry **sentir (ie, i)** (13); I'm (very) sorry **lo siento (mucho)** (11)

female soldier **mujer soldado** (16)

fever **fiebre** *f.* (10); have a fever **tener** (*irreg.*) **fiebre**

fifteen **quince** (AT); a quarter (fifteen minutes) past (the hour) **y quince** (AT); a quarter (fifteen minutes) to (the hour) **menos quince** (AT)

fifth **quinto/a** *adj.* (13)

fifty **cincuenta** (2)

fight **pelear** (9)

file: computer file **archivo** (12)

fill (up) **llenar** (14); to fill out (*a form*) **llenar** (16)

finally **por fin** (4)

find **encontrar (ue)** (8)

fine **muy bien** (AT)

finger **dedo (de la mano)** (11)

finish **acabar** (11)

first **primer, primero/a** *adj.* (4); first class **primera clase** (7) at first sight **a primera vista** (15); first of (month) **el primero de (mes)** (5); first class **primera clase** (7)

fish (*cooked*) **pescado** (6)

five **cinco** (AT)

five hundred **quinientos/as** (3)

fix **arreglar** (12)

fixed price **precio fijo** (3)

flat (*tire*) **desinflado/a** (14)

fleeting **pasajero/a** *adj.* (10)

flexibility **flexibilidad** *f.* (11)

flexible **flexible** (11)

flight **vuelo** (7); flight attendant **asistente** (*m., f.*) **de vuelo** (7)

floor (*of a building*) **planta, piso** (12); ground floor **planta baja** (12); to sweep the floor **barrer el piso** (9)

flower **flor** *f.* (7)

folklore **folklore** *m.* (15)

folkloric **folklórico/a** (13)

following *adj.* **siguiente** (5)

food **comida** (6)

foolish **tonto/a** (2)

foot **pie** *m.* (11)

football **fútbol** (*m.*) **americano** (9)

for (intended) **por** *prep.* (1); **para** *prep.* (2); for example **por ejemplo** (11); for God's sake **por Dios** (11); for the first/ last time **por primera/última vez** (11)

forbid **prohibir (prohíbo)** (12)

foreign languages **lenguas** (*f. pl.*) **extranjeras** (1)

foreigner **extranjero/a** *n.* (1)

forest **bosque** *m.* (14)

forget (about) **olvidarse (de)** (8)

forty **cuarenta** (2)

four **cuatro** (AT)

four hundred **cuatrocientos/as** (3)

fourteen **catorce** (AT)

fourth **cuarto/a** *adj.* (13)

freeway **autopista** (14)

freezer **congelador** *m.* (9)

French (*language*) **francés** *n. m.* (1); **francés, francesa** *n., adj.* (2); (French-fried) potato **patata (frita)** (6)

frequently **con frecuencia** (1)

fresh **fresco/a** (6)

Friday **viernes** *m. s., pl.* (4)

fried **frito/a** (6); French-fried potato **patata frita** (6)

friend **amigo/a** (1)

friendly **amable** (2); **amistoso/a** (15)

friendship **amistad** *f.* (15)

from **de** (AT); from the **del** (*contraction of* **de** + **el**) (2)

front: in front of **delante de** *prep.* (5)

frozen; very cold **congelado/a** (5)

fruit **fruta** (6); **jugo de fruta** fruit juice (6)

full-time job **trabajo de tiempo completo** (12); full-time workday **jornada (de tiempo completo)** (12)

fun: to be fun **ser** (*irreg.*) **divertido/a** (9)

function **funcionar** (12)

furious **furioso/a** (5)

furniture **muebles** *m. pl.* (4); to dust the furniture **sacudir los muebles** (9)

future **futuro** *n.* (12)

G

garage **garaje** *m.* (4)

garden **jardín** *m.* (4)

gas **gas** *m.s.* (12)

gas station **gasolinera** (14)

gasoline **gasolina** (14)

generally **por lo general** (4)

German (*language*) **alemán** *m.* (1); **alemán, alemana** *n., adj.* (2)

get **sacar (qu)** (11); to get along well/ poorly (with) **llevarse bien/mal (con)** (15); to get down (from) **bajar (de)** (7); to get good/bad grades **sacar (qu) buenas/malas notas** (11); to get off (of) **bajar (de)** (7); to get on/in (*a vehicle*) **subir** (7); to get together (with) **reunirse (me reúno) (con)** (8); to get up **levantarse** (4); to get up on the wrong side of the bed **levantarse con el pie izquierdo** (11); to get used to **acostumbrarse a** (10); to get, obtain **conseguir (i, i) (g)** (8); **obtener** (*like* **tener**) (12)

gift **regalo** (2)

girl **niña** (2); *girl's fifteenth birthday party* **quinceañera** (8)

girlfriend **novia** (5)

give **dar** (*irreg.*) (7); to give (*as a gift*) **regalar** (7); give a party **dar** (*irreg.*) **una fiesta** (8); to give (someone) a shot, injection **poner(le)** (*irreg.*) **una inyección** (10)

go **ir** (*irreg.*) (3); to be going to (*do something*) **ir a** + *inf.* (3); to go (to) (*a function*) **asistir (a)** (2); to go away, leave **irse**; to go by (train/airplane/bus/ boat) **ir en (tren/avión/autobús/barco)** (7); to go home **regresar a casa** (1); to go out **salir** (*irreg.*) **(de)** (4); to go out with **salir** (*irreg.*) **con** (15); to go to bed **acostarse (ue)** (4); to go up **subir** (7)

golf **golf** *m.* (9)

good **buen, bueno/a** *adj.* (2); good morning **buenos días** (1); good night **buenas noches** (AT); the good thing, news **lo bueno** (10)

good-bye **adiós** (AT)

good-looking **guapo/a** (2)

government **gobierno** (14)

grade **calificación** *f.*, **nota** (11); **grado** (9)

graduate (from) **graduarse (me gradúo) (en)** (16)

grandchildren **nietos** *m. pl.* (2)

granddaughter **nieta** (2)

grandfather **abuelo** (2)

grandmother **abuela** (2)

grandparents **abuelos** *m. pl.* (2)

grandson **nieto** (2)

grape **uva** (5)

gray **gris** (3)

great **gran, grande** (2)

green **verde** (3)

green pea **arveja** (6)

greet each other **saludarse** (10)

greeting **saludo** (AT); greetings and expressions of courtesy **saludos y expresiones de cortesía** (AT)

ground floor **planta baja** (12)

grow **crecer (zc)** (15)

guest **invitado/a** *n.* (8)

guide **guía** *m., f.* (13)

H

habit **costumbre** *f.* (9)

hairstylist **peluquero(a)** (16)

ham **jamón** *m.* (6)

hamburger **hamburguesa** (6)
hand in **entregar (gu)** (11)
hand **mano** *f.* (11)
handsome **guapo/a** (2)
happen **pasar** (5)
happy **alegre** (5); **feliz** (*pl.* **felices**) (8); **contento/a** (5); to be happy (about) **alegrarse (de)** (12)
hard **difícil** (5)
hard drive **disco duro** (12)
hat **sombrero** (3)
hate **odiar** (7)
have **tener** (*irreg.*) (3); **haber** (*irreg.*) *auxiliary* (12); to have a good/bad time **pasarlo bien/mal** (8); to have been (*doing something*) for (*a period of time*) **hace** + *time ago* (11); **hace** + *period of time* + **que** + *present tense* (11); to have just (*done something*) **acabar de** (+ *inf.*) (6)
he **él** (1)
head **cabeza** (10)
headache **dolor** (*m.*) **de cabeza** (10)
health **salud** *f.* (10)
healthy **sano/a** (10)
hear **oír** (*irreg.*) (4)
heart **corazón** *m.* (10)
heat **calor** *m.* (5); **gas** *m.s.* (12)
heavy (*meal, food*) **fuerte** (6)
Hebrew (*language*) **hebreo** (15)
hello **hola** (AT)
help **ayudar** (6)
her *obj. (of prep.)* **ella** (1)
her *poss.* **su(s)** (2)
here **aquí** (1)
highway **carretera** (14)
his *poss.* **su(s)** (2)
history **historia** (1)
hit **pegar (gu)** (9)
hobby **pasatiempo, afición** *f.* (9)
hockey **hockey** *m.* (9)
holiday **día** (*m.*) **festivo** (8)
home **casa** (2); at home **en casa** (1)
homework **tarea** (4)
honest **honesto/a** (15)
honeymoon **luna de miel** (15)
hope **esperar** (12); I hope, wish (that) **ojalá (que)** (13)
hors d'oeuvres **entremeses** *m. pl.* (8)
horseback: to ride horseback **montar a caballo** (9)
host **anfitrión** (8)
hostess **anfitriona** (8)
hot: it's hot **hace calor** (5); to be (feel) hot **tener** (*irreg.*) **calor**
hot dog **salchicha** (6)
hour **hora**; (at) what time? **¿a qué hora?** (AT); what time is it? **¿qué hora es?** (AT)
house **casa** (2)
household chore **quehacer** (*m.*) **doméstico** (9)
housing **vivienda** (14)
how? what? **¿cómo?** (AT); how are you? **¿cómo está(s)?** (AT); how are you (doing)? **¿qué tal?** (AT); how many? **¿cuántos/as?** (AT); how much does it

cost? **¿cuánto cuesta?** (3); how much is it? **¿cuánto es?** (3)
humanities **humanidades** *f. pl.* (1)
hunger **hambre** *f.* (*but* **el hambre**)
hungry: to be (very) hungry **tener** (*irreg.*) **(mucha) hambre** (6)
hurry: to be in a hurry **tener** (*irreg.*) **prisa** (3)
hurt **doler (ue)** (10)
hurt oneself **hacerse** (*irreg.*) **daño** (11)
husband **esposo** (2); **marido** (15)
hydraulic **hidráulico/a** (14)

I

I **yo** (1); I am **soy** (AT); I'm sorry **discúlpeme** (11), **lo siento** (11)
ice cream **helado** (6)
identification card **tarjeta de identificación** (11)
if **si** (1)
in **en** (AT); (*the morning, evening, etc.*) **por** *prep.* (1); in a balanced way **equilibradamente** (10); in case **en caso de que** (15); in cash **efectivo: en efectivo** (16); in order to **para** *prep.* (2)
incredible: it's incredible **es increíble** (13)
inexpensive **barato/a** (3)
infancy **infancia** (15)
injection **inyección** *f.* (10)
injure oneself **lastimarse** (11)
installment: to pay in installments **pagar (gu) a plazos** (16)
instead of **en vez de** (16)
intelligent **inteligente** (2)
intend **pensar (ie)** (4)
Internet **red** *f.* (12)
interview **entrevistar** (16)
interviewer **entrevistador(a)** (16)
invite **invitar** (6)
invoice **factura** (16)
iron clothes **planchar la ropa** (9)
island **isla** (5)
isolation **aislamiento** (14)
Italian (*language*) **italiano** *m.* (1); **italiano/a** *n., adj.* (2)
its *poss.* **su(s)** (2)

J

jacket **chaqueta** (3)
January **enero** (5)
Japanese **japonés, japonesa** *n., adj.* (1)
jeans **jeans** *m. pl.* (3)
job **trabajo** (11); **puesto** (16); full-time/ part-time job **trabajo de tiempo completo/parcial** (11)
jog **correr** (9)
joke **chiste** *m.* (8)
journalist **periodista** *m., f.* (16)
juice: (fruit) juice **jugo (de fruta)** (6)
July **julio** (5)
June **junio** (5)
jungle (tropical) **selva (tropical)** (10)
just in case **por si acaso** (11)

K

keep (*a place/documents*) **guardar** (7)
key **llave** *n. f.* (11)

kitchen **cocina** (4)
know **conocer (zc)** (6); to know (how) **saber** (*irreg.*) (6)

L

lab, laboratory **laboratorio** (2)
laborer **obrero/a** (16)
lack **falta** (11); **escasez** *f.* (*pl.* **escaseces**) (14)
lacking: to be lacking **faltar** (8)
lady **señora (Sra.)** (AT)
lamp **lámpara** (4)
landlady **dueña** (12)
landlord **dueño** (12)
language: foreign languages **lenguas** (*f. pl.*) **extranjeras** (1)
laptop computer **computadora portátil** (12); **ordenador** (*m.*) **portátil** (12)
large **gran, grande** (2)
last **último/a** (7)
late **tarde** *adv.* (1); to be late **estar** (*irreg.*) **atrasado/a** (7)
later: see you later **hasta luego** (AT)
latest: the latest style **de última moda** (3)
laugh (about) **reírse (i, i) (de)** (8)
lawyer **abogado/a** (16)
lazy **perezoso/a** (2)
lead a healthy/calm life **llevar una vida sana/tranquila** (10)
learn **aprender** (2)
least **menos** (5); at least **por lo menos** (11)
leave **salir** (*irreg.*) **(de)** (4); (behind) (in, at) **dejar (en)** (9)
left: to the left (of) **a la izquierda (de)** (5); to be left **quedar(se)** (11)
leg **pierna** (11)
lemon **limón** *m.* (5)
lend **prestar** (7)
lenses: contact lenses **lentes** (*m. pl.*) **de contacto** (10)
less **menos** (5); less . . . than **menos... que** (5)
letter **carta** (2); (*of the alphabet*) **letra** (2)
lettuce **lechuga** (6)
level **nivel** *m.* (14)
librarian **bibliotecario/a** (1)
library **biblioteca** (1)
license **licencia** (14)
life **vida** (14); to lead a healthy/calm life **llevar una vida sana/tranquila** (10)
light **luz** *f.* (*pl.* **luces**) (11); *adj.* light, not heavy **ligero/a** (6)
like **gusto** (AT); do you (*form.*) like . . . ? **¿le gusta... ?** (AT); I (don't) like . . . **(no) me gusta(n)...** (AT); I would like . . . **me gustaría...** (7); to like very much **encantar** (7)
likeable **simpático/a** (2)
likewise **igualmente** (AT)
limit **límite** *m.* (14); speed limit **límite de velocidad** (*f.*) (14)
line: to stand in line **hacer** (*irreg.*) **cola** (7)
listen (to) **escuchar** (1)
literature **literatura** (1)
little, few **poco/a** *adj.* (3); little bit **un poco** (1)

live **vivir** (2); to live a healthy life **llevar una vida sana** (10)
loan **préstamo** (16)
lobster **langosta** (6)
long **largo/a** (2)
look at **mirar** (2); to look for **buscar (qu)** (1)
lose **perder (ie)** (9)
loss **pérdida** (13)
love **amar** (15); **encantar** (7); **querer** (*irreg.*) (15); **amor** *n. m.* (15)
luggage **equipaje** *m.* (7)
lunch **almuerzo** (6); to have lunch **almorzar (ue) (c)** (4)
lung **pulmón** *m.* (10)
luxury **lujo** *n.* (12)

M

machine: answering machine **contestador** (*m.*) **automático** (12)
magazine **revista** (2)
mail **correo** electronic mail **correo electrónico** (12)
major (*academic*) **carrera** (2)
majority **mayoría** (14)
make **hacer** (*irreg.*) (4); to make a good/ bad impression on someone **caerle** (*irreg.*) **bien/mal a alguien** (16); to make plans to (*do something*) **hacer** (*irreg.*) **planes para** + *inf.* (9); to make stops **hacer** (*irreg.*) **escalas** (7); to make the bed **hacer** (*irreg.*) **la cama** (9)
mall: shopping mall **centro comercial** (3)
man **hombre** *m.* (1); **señor (Sr.)** *m.* (AT)
many: how many? **¿cuántos/as?** (AT)
March **marzo** (5)
market(place) **mercado** (3)
marriage **matrimonio** (15)
married **casado/a** (2); married couple **pareja** (15)
marry **casarse (con)** (15)
masterpiece **obra maestra** (13)
material **material** *n. m.* (3)
mathematics **matemáticas** *f. pl.* (1)
mature **maduro/a** (5)
May **mayo** (5)
me *d.o., i.o.* **me**; *obj.* (*of prep.*) **mí** (5)
meal **comida** (6)
meat **carne** *f.* (6)
mechanic **mecánico/a** (14)
medical **médico/a** (10); medical office **consultorio** (10)
medicine **medicina** (10)
meet (*someone somewhere*) **encontrarse (con)** (10)
memory **memoria** (12)
menu **menú** *m.* (6)
merchant **comerciante** *m., f.* (16)
messy **desordenado/a** (5)
Mexican **mexicano/a** *n., adj.* (2)
microwave oven **horno de microondas** *f. pl.* (9)
midday: at noon **a mediodía**
middle age **madurez** *f.* (15)
midnight **medianoche** *f.* (8)
milk **leche** *f.* (6)

million **millón** *m.* (3)
mineral water **agua** *f.* (*but* **el agua**) **mineral** (6)
minus **menos** (5)
miss (*a function, bus, plane, etc.*) **perder (ie)** (4)
Miss **señorita (Srta.)** (AT)
mistake: to make a mistake **equivocarse (qu)** (11)
modem **módem** *m.* (12)
modern **moderno/a** (13)
molar **muela** (10)
mom **mamá** (2)
Monday **lunes** *m. s., pl.* (4)
money **dinero** (1)
month **mes** *m.* (5)
monument **monumento** (10)
moped **moto(cicleta)** *f.* (12)
more **más** *adv.* (1); more . . . than **más... que** (5)
morning **mañana** *n.* (AT); during the morning **por la mañana** (1); in the morning **de la mañana** (AT); good morning **buenos días** (AT)
mother **mamá, madre** *f.* (2)
motorcycle **moto(cicleta)** *f.* (12)
mountain **montaña** (7)
mountain range **sierra** (10)
mouse **ratón** (*m.*) (12)
mouth **boca** (10)
move (*residence*) **mudarse** (16)
movie **película** (4); **cine** *m.* (4); movie theater **cine** *m.* (4)
Mr. **señor (Sr.)** *m.* (AT)
Mrs. **señora (Sra.)** (AT)
Ms. **señorita (Srta.)** (AT)
much, a lot **mucho** *adv.* (1); how much does it cost? **¿cuánto cuesta?** (3); how much is it? **¿cuánto es?** (3)
museum **museo** (9); to visit a museum **visitar un museo** (9)
mushroom **champiñón** *m.* (6)
music **música** (13)
musician **músico/a** *n. m., f.* (13)
must (*do something*) **deber** (+ *inf.*) (2)

N

named: to be named **llamarse** (4); my name is . . . **me llamo...** (AT); what's your name? **¿cómo se llama usted?** (*form.*) (AT); what's your name? **¿cómo te llamas?** *fam.* (AT)
nap: to take a nap **dormir (ue, u) la siesta** (4)
nationality **nacionalidad** *f.* (2)
natural resources **recursos** (*m. pl.*) **naturales** (14)
nature **naturaleza** (14)
nauseated **mareado/a** (10)
neat **ordenado/a** (5)
necessary **necesario/a** (2); it is necessary to (*do something*) **hay que** + *inf.* (13)
need *v.* **necesitar** (1)
neighbor **vecino/a** (12)
neighborhood **barrio, vecindad** *f.* (12)
neither, not either **tampoco** (6)

nephew **sobrino** (2)
nervous **nervioso/a** (5)
net: to surf the net **navegar (gu) la red** (12)
never **nunca** (2); **jamás** (6); almost never **casi nunca** (2)
new **nuevo/a** (2); New Year's Eve **Noche** (*f.*) **Vieja** (8)
news item **noticia** (8)
newspaper **periódico** (2)
next **próximo/a** *adj.* (4); next to **al lado de** *prep.* (5)
nice **simpático/a** (2)
niece **sobrina** (2)
night **noche** *f.*; good evening/night **buenas noches** (AT); every night **todas las noches** in the evening/at night **de la noche** (AT); in the night **por la noche** tonight **esta noche** (5); (1);
nine **nueve** (AT)
nine hundred **novecientos/as** (3)
nineteen **diecinueve** (AT)
ninety **noventa** (2)
ninth **noveno/a** (13)
no, not **no** (AT)
nobody, not anybody, no one **nadie** (6)
noise **ruido** (4)
none, not any **ningún, ninguno/a** (6)
noon: at noon **a mediodía**
north **norte** *m.* (5)
North American **norteamericano/a** *n., adj.* (2)
nose **nariz** *f.* (*pl.* **narices**) (10)
not ever **jamás** (6)
note **nota** (11)
notebook **cuaderno** (1)
nothing, not anything **nada** (6)
noun **sustantivo** *gram.* (1)
novel **novela** (1)
November **noviembre** *m.* (5)
now **ahora** (1)
nuclear **nuclear** (14)
number **número** (AT)
nurse **enfermero/a** (10)

O

obey **obedecer (zc)** (14)
ocean **océano** (7)
October **octubre** *m.* (5)
of **de** *prep.* (AT); of course **por supuesto** (11); of the **del** (*contraction of* **de** + **el**) (2)
offer **oferta** (12); to offer **ofrecer (zc)** (7)
office **oficina** (1); personnel office **dirección** (*f.*) **de personal** (16)
oil **aceite** *m.* (14)
OK **regular** *adj.* (AT)
old **viejo/a** *adj.* (2); **anciano/a** (9); old person **anciano/a** *n.* (9)
older **mayor** (5)
on **en** (AT); on the other hand **en cambio** (10); on top of **encima de** *prep.* (5)
once **una vez** (10)
one **un, uno/a** (AT)
one hundred **cien, ciento** (2)
one-way (*ticket*) **de ida** (7)

only **sólo** *adv.* (1)
open **abierto/a** (5); to open **abrir** (*p.p.* **abierto/a**) (2)
opera **ópera** (13)
operate (*a machine*) **manejar** (12)
opportunity for advancement **oportunidad** (*f.*) **de avanzar (c)** (12)
or **o** (AT)
oral **oral** (11)
orange (*color*) **anaranjado/a** *adj.* (3); orange (*fruit*) **naranja** (6)
order (*in a restaurant*) **pedir (i, i)** (4); (*someone to do something*) **mandar** (12)
organization **organización** *f.*
organize **organizar (c)**
orientation **orientación** *f.*
other **otro/a** (2); others **los/las demás** (12)
ought to (*do something*) **deber** (+ *inf.*) (2)
our *poss.* **nuestro/a(s)** (2)
outdoors **afuera** *adv.* (5); **al aire libre** (9)
outskirts **afueras** *n. pl.* (12)
oven: microwave oven **horno de microondas** (9)
overcoat **abrigo** (3)
own **propio/a** *adj.* (15)
owner **dueño/a** (6)
ozone layer **capa de ozono** (14)

P

pace **ritmo** (14)
pack one's suitcases **hacer** (*irreg.*) **las maletas** (7)
pain **dolor** *m.* (10); to have a pain (in) **tener** (*irreg.*) **dolor (de)** (10)
paint (the walls) **pintar (las paredes)** (9)
painter **pintor(a)** (13)
painting **cuadro, pintura** (13)
pair **par** *m.* (3)
pants **pantalón, pantalones** *m.* (3)
paper **papel** *m.* (1)
pardon me **(con) permiso, perdón** (AT); **discúlpeme** (11)
parents **padres** *m. pl.* (2)
park **parque** *m.* (5); to park **estacionar** (11)
part-time job **trabajo de tiempo parcial** (12)
participate (*in a sport*) **practicar (qu)** (9)
party **fiesta** (1); to have a party **hacer** (*irreg.*) **una fiesta** (8)
passage **pasaje** *m.* (7)
passenger **pasajero/a** *n.* (7)
passing **pasajero/a** *adj.* (10)
pastime **pasatiempo** (9)
patient **paciente** *n., adj. m., f.* (10)
pay **pagar (gu)** (1); to pay cash **pagar al contado/en efectivo** (16); to pay in installments **pagar a plazos** (16)
pea: green pea **arveja** (6)
peasant **campesino/a** (14)
pencil **lápiz** *m.* (*pl.* **lápices**) (1)
people **gente** *f. s.* (15)
percent **por ciento** (11)
perform (*a part*) **desempeñar** (13)
permit **permitir** (12)
person **persona** (1)

personnel director **director(a) de personal** (16); personnel office **dirección** (*f.*) **de personal** (16)
pet **mascota** (2)
pharmacist **farmacéutico/a** (10)
pharmacy **farmacia** (10)
philosophy **filosofía** (1)
phone: to talk on the phone **hablar por teléfono** (1)
photo(graph) **foto(grafía)** *f.* (7)
photographer **fotógrafo/a** (15)
photos: to take photos **sacar (qu) fotos** *f. pl.* (7)
physical **físico/a** (6)
physics **física** (1)
pick up **recoger (j)** (11)
picnic: to have a picnic **hacer** (*irreg.*) **un picnic** (9)
pie **pastel** *m.* (6)
pill **pastilla** (10)
pink **rosado/a** (3)
place (*in line, etc.*) **puesto** (7); to place **poner** (*irreg.*) (4)
plaid **de cuadros** (3)
plans: to make plans to (*do something*) **hacer** (*irreg.*) **planes para** + *inf.* (9)
play (*a game, sport*) **jugar (ue) (gu) (a)** (4); to play cards **jugar (ue) (gu) a las cartas** (9); to play chess **jugar (ue) (gu) al ajedrez** (4); to play (*a musical instrument*) **tocar (qu)** (1); to play music **tocar (qu) música** (8); to play (*a part*) **desempeñar** (13)
player **jugador(a)** (9)
playwright **dramaturgo/a** (13)
please **por favor** (AT); pleased to meet you **mucho gusto** (AT); to please **agradar** (7)
pleased to meet you **encantado/a** (AT)
pleasing: to be pleasing **gustar** (7)
plumber **plomero/a** (16)
poet **poeta** *m., f.* (13)
point **punto**
police officer **policía** *m., f.* (14)
politician **político/a**
polka-dotted **de lunares** *m. pl.* (3)
pollute **contaminar** (14)
pollution: there's (lots of) pollution **hay (mucha) contaminación** *f.* (5)
poor **pobre** (2)
poorly **mal** *adv.* (1)
population **población** *f.* (14)
pork chop **chuleta de cerdo** (6)
porter **maletero** (7)
possible **posible** (2)
postcard **tarjeta postal** (7)
potato **patata** (*Sp.*) (6); French fried potato **patata frita** (*Sp.*) (6)
pottery **cerámica** (13)
practical **práctico/a** (2)
practice **entrenar** (9); **practicar (qu)** (1)
prefer **preferir (ie, i)** (3)
preferable **preferible** (13)
preference **gusto, preferencia** (AT)
prepare **preparar** (6)
prescription **receta** (10)

present (*gift*) **regalo** *n.* (2)
pressure: to be under pressure **sufrir presiones** *f. pl.* (11)
pretty **bonito/a** (2)
price **precio** (3); fixed price **precio fijo** (3)
print **imprimir** (12)
printer **impresora** (12)
profession **profesión** *f.* (16)
professor **profesor(a)** (1)
programmer **programador(a)** (16)
prohibit **prohibir (prohíbo)** (12)
promise *v.* **prometer** (7)
protect **proteger (j)** (14)
provided (that) **con tal (de) que** (15)
psychiatrist **siquiatra** *m., f.* (16)
psychologist **sicólogo/a** (16)
psychology **sicología** (1)
public **público/a** *adj.* (14)
pure **puro/a** (14)
purple **morado/a** (3)
purse **bolsa** (3)
put **poner** (*irreg.*) (4); to put on (*clothing*) **ponerse** (*irreg.*) (4)

Q

quarter past (*with time*) **y cuarto** (AT)
quit **dejar** (16); (*doing something*) **dejar de** + *inf.* (10)
quiz **prueba** (11)

R

radio **radio** *m.* (*set*); **radio** *f.* radio (*medium*) (12) portable radio **radio portátil** (12);
rain **llover (ue)** (5); it's raining **llueve** (5)
raincoat **impermeable** *m.* (3)
raise **aumento** (12); (in salary) **aumento de sueldo** (16)
rare **raro/a** (8)
rather **bastante** *adv.* (15)
react **reaccionar** (8)
read **leer (y)** (2)
reader **lector(a)** (13)
reason **razón** *f.* (3)
receive **recibir** (2)
recommend **recomendar (ie)** (7)
record **grabar** (12)
recycle **reciclar** (14)
red **rojo/a** (3); red wine **vino tinto** (6)
reduction **rebaja** (3)
refreshment **refresco** (8)
refrigerator **refrigerador** *m.* (9)
regret **sentir (ie, i)** (13)
relative **pariente** *m., f.* (2)
remain (*in a place*) **quedar(se)** (5)
remember **recordar (ue)** (8); **acordarse (ue) (de)** (11)
remote control **control** (*m.*) **remoto** (12)
rent **alquiler** *m.* (12); to rent *v.* **alquilar** (12)
renter **inquilino/a** (12)
repair **arreglar** (12); (repair) shop **taller** *m.* (14)
report **informe; trabajo** (11)
represent **representar** (13)
resign (from) **renunciar (a)** (16)

resolve **resolver (ue)** (*p.p.* **resuelto/a**) (14)

resource **recurso**; natural resources **recursos naturales** (14)

rest **descansar** (4)

restaurant **restaurante** *m.* (6)

résumé **currículum** *m.* (16)

retire **jubilarse** (16)

return (*to a place*) **regresar** (1); **volver (ue)** (*p.p.* **vuelto/a**) (4); (*something*) **devolver (ue)** (*pp.* **devuelto/a**) (16)

rhythm **ritmo** (14)

rice **arroz** *m.* (6)

rich **rico/a** (2)

ride: ride a bicycle **pasear en bicicleta** (9); to ride horseback **montar a caballo** (9)

right (*direction*) **derecha** *n.* (5); right? **¿verdad?** (3); to be right **tener** (*irreg.*) **razón** (3); to the right (of) **a la derecha (de)** (5)

ring **sonar (ue)** (9)

ripe **maduro/a** (5)

road **camino** (14)

role **papel** *m.* (13)

roller skates **patines** *m. pl.* (12)

rollerblade *v.* **patinar en línea** (9)

room **cuarto** (1); emergency room **sala de urgencia** (10); living room **sala** (4); waiting room **sala de espera** (7)

roommate **compañero/a de cuarto** (1)

round-trip ticket **billete** (*m.*)**/boleto de ida y vuelta** (7)

routine: daily routine **rutina diaria** (4)

rug **alfombra** (4)

ruin *n.* **ruina** (13)

run **correr** (9); (*machines*) **funcionar** (12); to collide (with) **chocar (qu) (con)** (14); to run into **darse** (*irreg.*) **con, pegarse (gu) en/contra** (11); to run out of **acabar(se)** (11)

S

sad **triste** (5)

salad **ensalada** (6)

salary **sueldo** (12); **salario** (16); raise in salary **aumento de sueldo** (16)

sale **rebaja** (3)

salesperson **vendedor(a)** (16)

salmon **salmón** *m.* (6)

salt **sal** *f.* (5)

same **mismo/a** (10); same here **igualmente** (AT)

sandal **sandalia** (3)

sandwich **sándwich** *m.* (6)

Saturday **sábado** (4)

sausage **salchicha** (6)

save (*a place/documents*) **guardar** (7)

save **conservar** (14); (*money*) **ahorrar** (16)

savings **ahorros** *m. pl.*; savings account **cuenta de ahorros** (16)

say **decir** (*irreg.*) (7); to say good-bye (to) **despedirse (i, i) (de)** (8)

schedule **horario** (11)

school **escuela** (9)

schoolteacher **maestro/a** (16)

science **ciencia** (1); computer science **computación** *f.* (1)

script **guión** *m.* (13)

sculpt **esculpir** (13)

sculptor **escultor(a)** (13)

sculpture **escultura** (13)

sea **mar** *m., f.* (7)

seaport **puerto** (7)

season **estación** *f.* (5)

seat **asiento** (7)

second **segundo/a** *adj.* (13)

secretary **secretario/a** (1)

see **ver** (*irreg.*) (4); see you around **nos vemos** (AT); see you later **hasta luego** (AT); see you tomorrow **hasta mañana** (AT)

seem **parecer (zc)** (13)

self **mismo/a** (10)

sell **vender** (2)

send **mandar** (7)

separate (from) *v.* **separarse (de)** (15)

September **septiembre** *m.* (5)

servant **criado/a** (16)

serve **servir (i, i)** (4)

service **servicio** (14)

set the table **poner** (*irreg.*) **la mesa** (9)

seven **siete** (AT)

seven hundred **setecientos/as** (3)

seventeen **diecisiete** (AT)

seventh **séptimo/a** *adj.* (13)

seventy **setenta** (2)

shame **lástima** (13); it is a shame **es lástima** (13); what a shame! **¡qué lástima!** (13)

shave oneself **afeitarse** (4)

she **ella** (1)

shellfish **marisco** (6)

ship **barco** (7)

shirt **camisa** (3)

shoe **zapato** (3); tennis shoe **zapato de tenis** (3)

shop (repair) **taller** *m.* (14)

shopkeeper **comerciante** *m., f.* (16)

shopping **de compras** (3); shopping mall **centro comercial** (3); to go shopping **ir** (*irreg.*) **de compras** (3)

short (*in height*) **bajo/a;** (*in length*) **corto/a** (2)

shortage **escasez** *f.* (*pl.* **escaseces**) (14)

shot **inyección** *f.* (10)

should (*do something*) **deber** (+ *inf.*) (2)

show **mostrar (ue)** (7)

shower **ducharse** (4)

shrimp **camarón** *m.* (6)

sick **enfermo/a** *adj.* (5); to get sick **enfermarse** (8)

sickness **enfermedad** *f.* (10)

sight: at first sight **a primera vista** (15)

silk **seda** (3); it is made of silk **es de seda** (3)

silly **tonto/a** (2)

sincere **honesto/a** (15)

sing **cantar** (1)

singer **cantante** *m., f.* (13)

single (*not married*) **soltero/a** (2)

sink (bathroom) **lavabo** (4)

sir **señor (Sr.)** *m.* (AT)

sister **hermana** (2)

sit down **sentarse (ie)** (4)

six **seis** (AT)

six hundred **seiscientos/as** (3)

sixteen **dieciséis** (AT)

sixth **sexto/a** *adj.* (13)

sixty **sesenta** (2)

skate **patinar** (9)

skateboard **monopatín** *m.* (12)

ski **esquiar (esquío)** (9)

skirt **falda** (3)

skyscraper **rascacielos** *m. s.* (14)

sleep **dormir (ue, u)** (4)

sleepy: to be sleepy **tener** (*irreg.*) **sueño** (3)

slender **delgado/a** (2)

small **pequeño/a** (2)

smart **listo/a** (2)

smile **sonreír(se) (i, i)** (8)

smoke **fumar** (7)

smoking (nonsmoking) section **sección** (*f.*) **de (no) fumar** (7)

snorkle **bucear** (8)

snow **nevar (ie)** (5); it's snowing **nieva** (5)

so much; *pl.* so many **tanto/a** *adj.*

so that **para que** (15)

soap opera **telenovela** (13)

soccer **fútbol** *m.* (9)

social worker **trabajador(a) social** (16)

sociology **sociología** (1)

sock **calcetín, calcetines** *m.* (3)

sofa **sofá** *m.* (4)

soft drink **refresco** (6)

solar **solar** (14)

soldier **soldado**; female soldier **mujer** (*f.*) **soldado** (16)

solve **resolver (ue)** (*p.p.* **resuelto/a**) (14)

some **algún, alguno/a** (6)

someone **alguien** (6)

something **algo** (3)

sometimes **a veces** (2)

son **hijo** (2)

song **canción** *f.* (13)

soon **pronto**; as soon as **tan pronto como** (16); *conj.* **en cuanto** (16)

sound *v.* **sonar (ue)** (9)

soup **sopa** (6)

south **sur** *m.* (5)

Spanish (*language*) **español** *m.* (1); **español(a)** *n., adj.* (1)

speak **hablar** (1)

speed **velocidad** *f.* (14); speed limit **límite** (*m.*) **de velocidad** (14)

spend (*money*) **gastar** (8); (*time*) **pasar** (5)

sport **deporte** *m.* (9)

sports player **deportista** *m., f.* (8)

sports-loving **deportivo/a** *adj.* (9)

spring **primavera** (5); spring break **vacaciones** (*f. pl.*) **de primavera** (8)

stage **escenario** (13)

stand in line **hacer** (*irreg.*) **cola** (7); to stand up **levantarse** (4)

start (*a motor*) **arrancar (qu)** (12)

state **estado** (2)

station **estación** *f.* (7); bus station **estación de autobuses** (7); train station **estación del tren** (7); station wagon **camioneta** (7) stay (*in a place*) **quedar(se)** (5); to stay in bed **guardar cama** (10)

steak **bistec** *m.* (6)

stereo equipment **equipo estereofónico** (12)

stick out one's tongue **sacar (qu) la lengua** (10)

still **todavía** (5)

stockings **medias** *f. pl.* (3)

stomach **estómago** (10)

stop **parar** (14); (*doing something*) **dejar de + inf.** (10); to make stops **hacer** (*irreg.*) **escalas** (7)

store **tienda** (3)

stove **estufa** (9)

straight ahead **todo derecho** (14)

straighten (up) **arreglar** (12)

strange **raro/a** (8); **extraño/a** (13); it's strange **es extraño** (13)

street **calle** *f.* (12); **camino** (14)

stress **estrés** *m.*; **tensión** *f.* (11)

striped **de rayas** (3)

strong **fuerte** (6)

student **estudiante** *m., f.* (1)

study **estudiar** (1)

style: latest style **de última moda** (3)

subject (*school*) **materia** (2)

suburb **suburbio** (4); **afueras** *n. f. pl.* (12)

succeed in (*doing something*) **conseguir (i, i) (g) + inf.** (8)

such **tanto/a** (5)

suddenly **de repente** (10)

suffer **sufrir** (11)

sufficiently **bastante** *adv.* (15)

suggest **sugerir (ie, i)** (8)

suit **traje** *m.* (3); bathing suit **traje de baño** (3)

suitcase **maleta** (7); to pack one's suitcases **hacer** (*irreg.*) **las maletas** (7)

summer **verano** (5)

sun: it's sunny **hace sol** (5); sunbathe **tomar el sol** (7)

Sunday **domingo** (4)

supper **cena** (6)

sure **seguro/a** *adj.* (5); it's a sure thing **es seguro** (13)

surf the net **navegar (gu) la red** (12)

surprise **sorpresa** (8); to surprise **sorprender**; it surprises me (you, him, . . .) **me (te, le, ...) sorprende** (13)

sweater **suéter** *m.* (3)

sweep (the floor) **barrer (el piso)** (9)

sweets **dulces** *m. pl.* (6)

swim **nadar** (7)

swimming **natación** *f.* (9); swimming pool **piscina** (4)

symptom **síntoma** *m.* (10)

systems analyst **analista** (*m., f.*) **de sistemas** (16)

T

T-shirt **camiseta** (3)

table **mesa** (1); table (*end*) **mesita** (4)

take **tomar** (1); to take (*a class*) **llevar** (3); to take (photos) **sacar (qu)** (7); to take care of oneself **cuidar(se)** (10); to take

leave (of) **despedirse (i, i) (de)** (8); to take off (*clothing*) **quitarse** (4); to take out **sacar (qu)** (11); to take someone's temperature **tomarle la temperatura** (10) to take out the trash **sacar (qu) la basura** (9)

talk **hablar** (1); to talk on the phone **hablar por teléfono** (1)

tall **alto/a** (2)

tank **tanque** *m.* (14)

tape **cinta** (3); to tape **grabar** (12); tape recorder/player **grabadora** (12)

task **tarea** (9)

taste **gusto** (AT)

tea **té** *m.* (6)

teach **enseñar** (1)

technician **técnico/a** *n.* (16)

telephone: cellular/car phone **teléfono celular / de coche** (12)

telephone company office **telefónica** (10)

television set **televisor** *m.* (4); to watch television **mirar la televisión** (2)

tell **decir** (*irreg.*) (7); to tell jokes **contar chistes** *m. pl.* (8)

teller **cajero/a** (16); automatic teller machine **cajero automático** (16)

temperature **temperatura** (10)

ten **diez** (AT)

tenant **inquilino/a** (12)

tennis **tenis** *m. s.* (9); tennis shoe **zapato de tenis** (3)

tension **tensión** *f.* (11)

tent **tienda de campaña** (7)

tenth **décimo/a** (13)

terrace **terraza** (4)

test **examen** *m.* (3); **prueba** (11)

text **texto** (1); textbook **libro de texto** (1)

thank you **gracias** (AT); thank you very much **muchas gracias** (AT); thanks for **gracias por** (8)

that *adj.*, that one *pron.* **ese, esa** (3); that *adj.*, that one *pron.* (*over there*) **aquel, aquella** (3); that *pron.* **eso** (3); that *pron.* (*over there*) **aquello** (4); *conj.* **que** (2)

theater **teatro** (13)

their *poss.* **sus** (2)

there: (over) there **allí** (3); **allá** (4)

there is (not), there are (not) **(no) hay** (AT)

therefore **por eso** (1)

these *adj.*, these (ones) *pron.* **estos/as** (2)

they **ellos/as** (1)

thin **delgado/a** (2)

thing **cosa** (1)

think **creer (y) (en)** (2); **pensar (ie)** (4)

third **tercer, tercero/a** *adj.* (13)

thirst **sed** *f.*; to be thirsty **tener** (*irreg.*) **sed** (6)

thirteen **trece** (AT)

thirty **treinta** (AT); thirty, half past (*with time*) **y treinta** (AT)

this *adj.* this one *pron.* **este, esta** (2); this *pron.* **esto** (3)

those *adj.* those (ones) *pron.* **esos/as** (3); those *adj.* (*over there*) those (ones) *pron.* (*over there*) **aquellos/as** (3)

three **tres** (AT); (three) thirty, half past (three) (*with time*) **media: (las tres) y media** (AT)

three hundred **trescientos/as** (3)

throat **garganta** (10)

through **por** *prep.* (1) (4)

Thursday **jueves** *m. s., pl.* (4)

ticket **boleto, billete** *m.* (7); **pasaje** *m.* (7); one-way ticket **billete** (*m.*)**/boleto de ida** (7); round trip ticket **billete** (*m.*)**/ boleto de ida y vuelta**

tie **corbata** (3)

time **tiempo** (5); time (*period*) **época** (9); ahead of time **con anticipación** (7); full-time (part-time) job **trabajo a tiempo completo (parcial)** (11); on time **a tiempo** (7); spare time **ratos** (*m. pl.*) **libres** (9); to arrive on time **llegar (gu) a tiempo** (11); to spend time (with) **pasar tiempo (con)** (15)

tire *n.* **llanta** (14)

tired **cansado/a** (5); to be tired **estar** (*irreg.*) **cansado/a** (6)

to the **al** (*contraction of* **a + el**) (3)

toast **pan** (*m.*) **tostado** (6)

toasted **tostado/a** (6)

toaster **tostadora** (9)

today **hoy** (AT); **¿cuál es la fecha de hoy?** what's today's date? (5)

toe **dedo del pie** (11)

together **juntos/as** (15)

tomato **tomate** *m.* (6)

tomorrow **mañana** *adv.* (AT); day after tomorrow **pasado mañana** (4); see you tomorrow **hasta mañana** (AT); until tomorrow **hasta mañana** (AT)

tongue: to stick out one's tongue **sacar (qu) la lengua** (10)

too **también** (AT); too, too much **demasiado** *adv.* (9)

tooth **diente** *m.* (10)

tourist **turístico/a** *adj.*; tourist class **clase** (*f.*) **turística** (7)

trade **oficio** (16)

traffic **tránsito**; **circulación** *f.* (14); traffic signal **semáforo** (14)

train **tren** *m.* (7); to go by train **ir** (*irreg.*) **en tren** (7); to train **entrenar** (9); train station **estación** (*f.*) **de trenes** (7)

translator **traductor(a)** (16)

transportation (means of) transportation **transporte** *m.* (14)

trash: to take out the trash **sacar (qu) la basura** (9)

travel **viajar** (7); travel agency **agencia de viajes** (7); travel agent **agente** (*m. f.*) **de viajes** (7)

treatment **tratamiento** (10)

tree **árbol** *m.* (14)

trip **viaje** *m.* (7); on a trip **de viaje** (7); round-trip ticket **billete** (*m.*)**/boleto de ida y vuelta** (7); to go on a trip **ir** (*irreg.*) **de viaje** (10); to take a trip **hacer** (*irreg.*) **un viaje** (4)

try **intentar** (13); try to (*do something*) **tratar de + inf.** (13)

Tuesday **martes** *m. s., pl.* (4)
tuition **matrícula** (1)
tuna **atún** *m.* (6)
turkey **pavo** (6)
turn **doblar** (14); to turn in **entregar (gu)** (11); to turn on (*machines*) **poner** (*irreg.*) (11); to be someone's turn; **tocarle (qu) a uno** (9)
twelve **doce** (AT)
twenty **veinte** (AT)
twice **dos veces** (10)
two **dos** (AT)
two hundred **doscientos/as** (3)
type **escribir** (*pp.* **escrito/a**) **a máquina** (16)

U

ugly **feo/a** (2)
unbelievable **increíble** (13)
uncle **tío** (2)
understand **comprender** (2); **entender (ie)** (4)
underwear **ropa interior** (3)
unintentional: it was unintentional **fue sin querer** (11)
university **universidad** *f.* (1); (of the) university **universitario/a** (11); university campus *campus m. s.* (12)
unless **a menos que** (15)
unpleasant **antipático/a** (2)
until **hasta** *prep.* (4); **hasta que** *conj.* (16); until tomorrow **hasta mañana** (AT)
upon + *verb form* **al** + *inf.* (3)
urgent **urgente** (13)
us **nos** *d.o.; i.o.* to/for us; *refl. pron.* ourselves; see you around **nos vemos** (AT)
use **usar** (3); **gastar** (8); to use up completely **acabar** (14)

V

vacation **vacación** *f.* (7); to be on vacation **estar** (*irreg.*) **de vacaciones** (7); to go on vacation **ir** (*irreg.*) **de vacaciones** (7)
vacuum cleaner **aspiradora** (9); to vacuum **pasar la aspiradora** (9)
vegetable **verdura** (6)
vehicle **vehículo** (12)
verb **verbo** *gram.* (1)
very **muy** (1); very well **muy bien** (AT)
veterinarian **veterinario/a** (16)
videocassette recorder (VCR) **videocasetera** (12)
view **vista** (12)
violence **violencia** (14)
visit a museum **visitar un museo** (9)
volleyball **vólibol** *m.* (9)

W

wait (for) **esperar** (6)
waiter **camarero** (6)

waiting room **sala de espera** (7)
waitress **camarera** (6)
wake up **despertarse (ie)** (4)
walk **caminar** (10); to go on foot (walk) **ir** (*irreg.*) **a pie** (10); to take a walk **dar** (*irreg.*) **un paseo** (9)
wall **pared** *f.* (4)
wallet **cartera** (3)
want **desear** (1); **querer** (*irreg.*) (3)
warm: to be (feel) warm, hot **tener** (*irreg.*) **calor** (5)
wash **lavar** (9); to wash (the windows, the dishes, clothes) **lavar (las ventanas, los platos, la ropa)** (9); to wash (oneself) **lavar(se)**
washing machine **lavadora** (4)
waste **desperdiciar** (14)
watch **reloj** *m.* (3); to watch **mirar** (2); to watch television **mirar la televisión** (2)
water **agua** *f.* (*but* **el agua**); mineral water **agua** *f.* (*but* **el agua**) **mineral** (6); waterbed **cama de agua** (4)
we **nosotros/as** (1)
wear (clothing) **llevar, usar** (3)
weather **tiempo** (5); it's good/bad weather **hace buen/mal tiempo** (5); what's the weather like? **¿qué tiempo hace?** (5)
weave **tejer** (13)
wedding **boda** (15)
Wednesday **miércoles** *m. s., pl.* (4)
week **semana** (4); next week **la semana que viene** (4)
weekend **fin** (*m.*) **de semana** (4)
welcome: you're welcome **de nada, no hay de qué** (AT)
well **bien** *adv.* (AT); well . . . *interj.* **bueno...** (2)
well-being **bienestar** *m.* (10)
west **oeste** *m.* (5)
what . . . ! **¡qué... !;** what a shame! **¡qué lástima!** (13)
what? which? **¿qué? ¿cuál(es)?** (AT); what are you like? **¿cómo es usted?** (AT); what is the date today? **¿cuál es la fecha de hoy?** (5); what time is it? **¿qué hora es?** (AT); what's your name? **¿cómo te llamas? / ¿cómo se llama usted?** (AT)
when + *verb form* **al** + *inf.* (3)
when? **¿cuándo?** (AT)
where (to)? **¿adónde?** (3)
where? **¿dónde?** (AT); where are you from? **¿de dónde es Ud.?** (2)
which **que** (2)
while + *verb form* **al** + *inf.* (3); **mientras** *conj.* (10); **rato** *n.* (9)
white **blanco/a** (3); white wine **vino blanco** (6)
who **que** (2)
who? whom? **¿quién(es)?** (AT)

whole **entero/a** (9)
whose? **¿de quién?** (2)
why? **¿por qué?** (2)
wife **esposa** (2); **mujer** *f.* (15)
win **ganar** (9)
wind *n.* **viento** (5); *adj.* **eólico/a** (14); it's windy **hace viento** (5)
window **ventana** (1)
windshield **parabrisas** *m. s.* (14)
wine (white, red) **vino (blanco, tinto)** (6)
winter **invierno** (5)
wish **deseo** (8)
with **con** (1)
without **sin** (4)
woman **señora (Sra.)** (AT); **mujer** *f.* (1)
wool **lana** (3); it is made of wool **es de lana** (3)
word **palabra** (1)
work (of art) **obra (de arte)** (13); **trabajo** *n.* (11); to work **trabajar** (1); (*machine*) **funcionar** (12)
worker **obrero/a** (16); **trabajador(a)** *n.* (2); social worker **trabajador(a) social** (16)
world **mundo** (7)
worried **preocupado/a** (5)
worse **peor** (5)
woven goods **tejidos** *m. pl.* (13)
write **escribir** (*p.p.* **escrito/a**) (2)
writer **escritor(a)** (13)
written **escrito/a** *p.p.* (11)
wrong: to be wrong **no tener** (*irreg.*) **razón** (3); **equivocarse (qu)** (11)

Y

yard, patio **patio** (4)
year **año** (5); (*in school*) **grado** (9); to be . . . years old **tener** (*irreg.*)**... años** (2)
yellow **amarillo/a** (3)
yes **sí** (AT); yes, I like . . . **sí, me gusta...** (AT)
yesterday **ayer** (4)
yet **todavía** (5)
yogurt **yogur** *m.* (6)
you *sub. pron.* **tú** (*fam. s.*) (AT); **usted (Ud., Vd.)** (*form. s.*) (AT); **vosotros/as** (*fam. pl., Sp.*); **ustedes (Uds., Vds.)** (*pl.*); *d.o.* **te, os, lo/la, los, las;** to/for you *i.o.* **te, os, le, les;** *obj.* (*of prep.*) **ti** (5), **Ud., Uds., vosotros/as**
you're welcome **de nada, no hay de qué** (AT)
young woman **señorita (Srta.)** (AT)
younger **menor** (5)
your *poss.* **tu** (*fam. s.*) (2); **su(s)** (*form.*) (2); **vuestro/a(s)** (*fam. pl., Sp.*) (2)
youth **joven** *n. m., f.* (*pl.* **jóvenes**) (2); *adj.* young (2); as a youth **de joven** (9); (*young adulthood*) **juventud** *f.* (15)

Z

zero **cero** (AT)

Index

In this Index, communication strategies, cultural notes, and vocabulary topic groups are listed by individual topic as well as under those headings.

Credits

About the Authors

Marty Knorre was formerly Associate Professor of Romance Languages and Coordinator of basic Spanish courses at the University of Cincinnati, where she taught undergraduate and graduate courses in language, linguistics, and methodology. She received her Ph.D. in foreign language education from The Ohio State University in 1975. Dr. Knorre is coauthor of *Cara a cara* and *Reflejos* and has taught at several NEH Institutes for Language Instructors. She received a Master of Divinity at McCormick Theological Seminary in 1991.

Thalia Dorwick is Vice President and Editor-in-Chief of Humanities, Social Sciences, and Languages for McGraw-Hill. She has taught at Allegheny College, California State University (Sacramento), and Case Western Reserve University, where she received her Ph.D. in Spanish in 1973. Dr. Dorwick is the coauthor of several textbooks and the author of several articles on language teaching issues. She was recognized as an Outstanding Foreign Language Teacher by the California Foreign Language Teachers Association in 1978.

Ana María Pérez-Gironés is an Adjunct Associate Professor of Spanish at Wesleyan University, Middletown, Connecticut, where she teaches and coordinates Spanish language courses. She received a Licenciatura en Filología Anglogermánica from the Universidad de Sevilla in 1985, and her M.A. in General Linguistics from Cornell University in 1988. Professor Pérez-Gironés' professional interests include second language acquisition and the use of technology in language learning. She is also coauthor of *¿Qué tal?*, Sixth Edition, and is coauthor of the *Student Manuals for Intermediate Grammar Review* and *Intensive and High Beginner Courses* that accompany *Nuevos Destinos*.

William R. Glass is Publisher for World Languages at McGraw-Hill, where he is in charge of the McGraw-Hill World Languages list. He was an Adjunct Professor of Spanish at The Pennsylvania State University, where he taught both undergraduate and graduate courses in language and applied linguistics. He received his Ph.D. from the University of Illinois at Urbana–Champaign in 1992 in Spanish Applied Linguistics with a concentration in Second Language Acquisition and Teacher Education (SLATE). Dr. Glass' research interests include second language reading theory and second language acquisition in tutored contexts. He is also a coauthor of *Manual que acompaña ¿Sabías que... ?*, and *¿Qué tal?*, Sixth Edition, two additional McGraw-Hill textbook series.

Hildebrando Villarreal is Professor of Spanish at California State University, Los Angeles, where he teaches undergraduate and graduate courses in language and linguistics. He received his Ph.D. in Spanish with an emphasis in Applied Linguistics from UCLA in 1976. Professor Villarreal is the author of several reviews and articles on language, language teaching, and Spanish for Native Speakers of Spanish. He is the author of *¡A leer! Un paso más,* an intermediate textbook that focuses on reading skills, and is a coauthor of *¿Qué tal?*, Sixth Edition.

Los hispanos en los Estados Unidos	1500–1600	1700–1776	1835–1836	1846–1848
	Exploraciones españolas	Establecimiento de misiones en Arizona y California	Guerra de la independencia tejana	Guerra entre México y los Estados Unidos

México y Centroamérica	a.C.ª 800–400	d.C.ᵇ 300–900	1200–1521	1821
	Civilización olmeca	Civilización maya	Civilización azteca florece hasta la conquista de Tenochtitlán por Hernán Cortés	Independencia de México y Centroamérica

ªantes de Cristo ᵇdespués de Cristo

Las naciones caribeñas	d.C. 25–600	1492–1498	1500–1512	1821
	Civilización igneri y fundación del pueblo de Tibes en Puerto Rico	Viajes de Cristóbal Colón al Caribe y a Venezuela	Colonización española de Venezuela, Puerto Rico y Cuba	Independencia de Venezuela y Colombia

Las naciones andinas	1000–1500	1200–1532	1532	1821
	Civilización nasca en el Perú	Imperio incaico	Francisco Pizarro conquista a los incas	Independencia del Perú

Las naciones del Cono Sur	1536	1724	1816	1818
	Primera fundación de Buenos Aires	Expulsión de los portugueses del Uruguay	Independencia de la Argentina, el Paraguay, el Uruguay	Independencia de Chile

España	a.C. 200	711–1492	1492	1500–1700
	Llegada de los romanos a la Península	Establecimiento del imperio moro en la Península	Reconquista de Granada; expulsión de los judíos de España; primer viaje de Cristóbal Colón	El Siglo de Oro

Los Estados Unidos y el Canadá	a.C. 800–d.C. 1600	1534	1600–1750	1776–1789
	Varias culturas indígenas	Jacques Cartier reclama el Canadá en nombre de Francia	Fundación de las colonias británicas	Guerra de la Independencia en los Estados Unidos